敦煌石窟全集

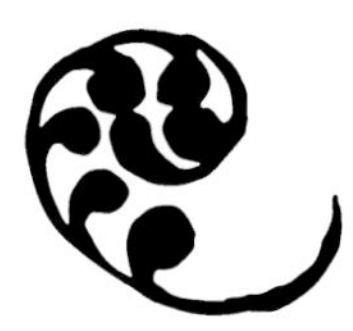

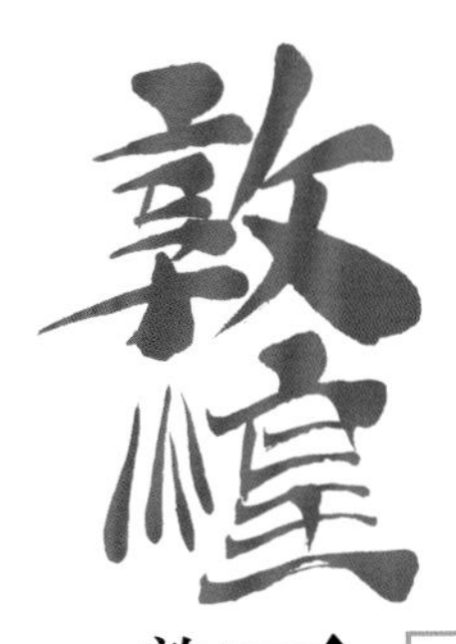

敦煌石窟全集 1

再現敦煌

本卷主編 段文杰 樊錦詩

敦煌研究院 主編

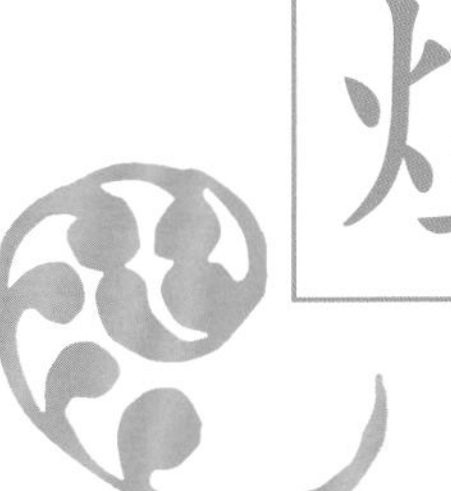

商務印書館

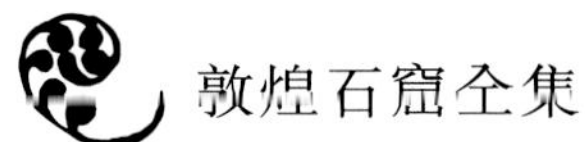

主編單位 ……………… 敦煌研究院

主　　編 ……………… 段文杰

副 主 編 ……………… 樊錦詩（常務）

編著委員會（按姓氏筆畫排序）
主　　任 ……………… 段文杰　樊錦詩（常務）
委　　員 ……………… 吳　健　施萍婷　馬　德　梁尉英　趙聲良

出版顧問 ……………… 金沖及　宋木文　張文彬　劉　杲　謝辰生
　　　　　　　　　　 羅哲文　王去非　金維諾　周紹良　馬世長

出版委員會
主　　任 ……………… 彭卿雲　沈　竹　劉　煒（常務）
委　　員 ……………… 樊錦詩　龍文善　黃文昆　田　村
總 攝 影 ……………… 吳　健
藝術監督 ……………… 田　村

再現敦煌

主　　編 ……………… 段文杰　樊錦詩

副 主 編 ……………… 羅華慶　趙聲良

攝　　影 ……………… 余生吉　吳　健　宋利良　孫志軍　張偉文
　　　　　　　　　　 傅立誠　（按姓氏筆畫排序）

封面題字 ……………… 徐祖蕃

出 版 人 ……………… 陳萬雄
策　　劃 ……………… 張倩儀
責任編輯 ……………… 劉　煒　蘇　榮
設　　計 ……………… 呂敬人
出　　版 ……………… 商務印書館（香港）有限公司
　　　　　　　　　　 香港筲箕灣耀興道3號東滙廣場8樓
　　　　　　　　　　 http://www.commercialpress.com.hk
製　　版 ……………… 中華商務彩色印刷有限公司
　　　　　　　　　　 香港新界大埔汀麗路36號中華商務印刷大廈
印　　刷 ……………… 中華商務彩色印刷有限公司
　　　　　　　　　　 香港新界大埔汀麗路36號中華商務印刷大廈
版　　次 ……………… 2005年4月第1版第1次印刷

ISBN 962 07 5299 6

All inquiries should be directed to:
The Commercial Press (Hong Kong) Ltd.
8/F., Eastern Central Plaza, No.3 Yiu Hing Road, Shau Kei Wan, Hong Kong

前　　言
敦煌石窟的百年傳奇

敦煌石窟在中國，但它的聲名傳遍世界。因為它的輝煌過去再為人知，竟起於1900年一場傳奇性劫難，引起世界矚目，結果敦煌一個小石室的文物流散於多個國家，引發研究中古絲路幾大文明和多種民族往來的巨大興趣。待得中國人驚魂甫定，再回頭西顧，猶幸小石室的大母體——敦煌石窟本身，還留下大量有價值的藝術品，是世界上連續營造時間最長、現存規模最大、內容最豐富的佛教石窟羣。僅以敦煌地區五個石窟中最主要的莫高窟而言，自十六國時代開窟，營造歷時逾千年，分南北兩區，共建石窟735個，窟羣南北長1680米，至今保存有彩塑二千餘尊，壁畫45000平方米，是世界性的藝術和文化寶庫。

敦煌石窟中古時譽滿絲綢之路，廣為往來者所知，自16世紀中葉明代政府封閉嘉峪關，沙州民眾紛紛內遷，敦煌逐漸淪為遊牧之地，不復往昔絲綢之路重鎮的繁華，敦煌石窟的建窟、造像、繪畫活動也戛然而止，這個千年佛教興盛之地隨而塵封於大漠。直至三百多年後，晚清道士王圓籙無意間發現了藏經洞，洞中為數近五萬件包羅漢文、吐蕃文、于闐文、梵文、敍利亞文、希伯萊文等多種語文的歷代文書，以及木版畫、絹畫、粉本、絲織品等作品，出現在世人面前，震驚了世界，列強的探險家、考古學者接踵東來，英國斯坦因、法國伯希和、俄國奧登堡、日本吉川小一郎等，用白銀從王道士手中騙購藏經洞的寶物，這些流散海外的寶物今天分別收藏於英、法、俄、日、美等十多個國家的三十多個博物館和圖書館。

藏經洞的發現和敦煌文物連遭劫難，驚醒了中國學者，但是中國剛免被瓜分之難，又因義和團事件而致巨額賠款，已是民窮財盡，風雨飄搖，清朝政府朝夕不保，中央政府對遠在西北的藏經洞無暇一顧，初則提出原地封存，及到連遭盜劫，只好提出運送北京，中間被盜換又折損了不少。中國陷入長期戰亂，學者、畫家只能以力之所及，或個人出資，或艱難籲得政府撥款，千里遠赴敦煌，研究劫餘的母體，在當時的亂局和交通條件下，能夠成行者不免是少數。像 **20** 世紀 **40** 年代初，畫家張大千帶着弟子去摹畫，雕塑家王子雲率領教育部撥款的西北藝術考察團，以及史學家向達、夏鼐、勞榦、石璋如、閻文儒等組成的西北史地考察團，乘坐馬車，西行數千公里，來到劫後餘生的敦煌調查、臨摹、攝影、測繪、記錄。中國學者的實地考察，不僅開創敦煌藝術和敦煌史地的研究，還對殘破的石窟高度關注。在有識之士保護敦煌石窟的呼聲中，敦煌研究院的前身——國立敦煌藝術研究所在戰火還未平息的 **1944** 年成立，這標誌着敦煌石窟任由自然侵蝕、人為破壞的歷史結束。正當壯年而熱愛藝術和研究的志士，像常書鴻、段文杰等從法國，從戰時首都重慶等趨赴敦煌，從此以石窟旁的陋室為家，揭開中國學者保護與研究敦煌石窟的序幕。

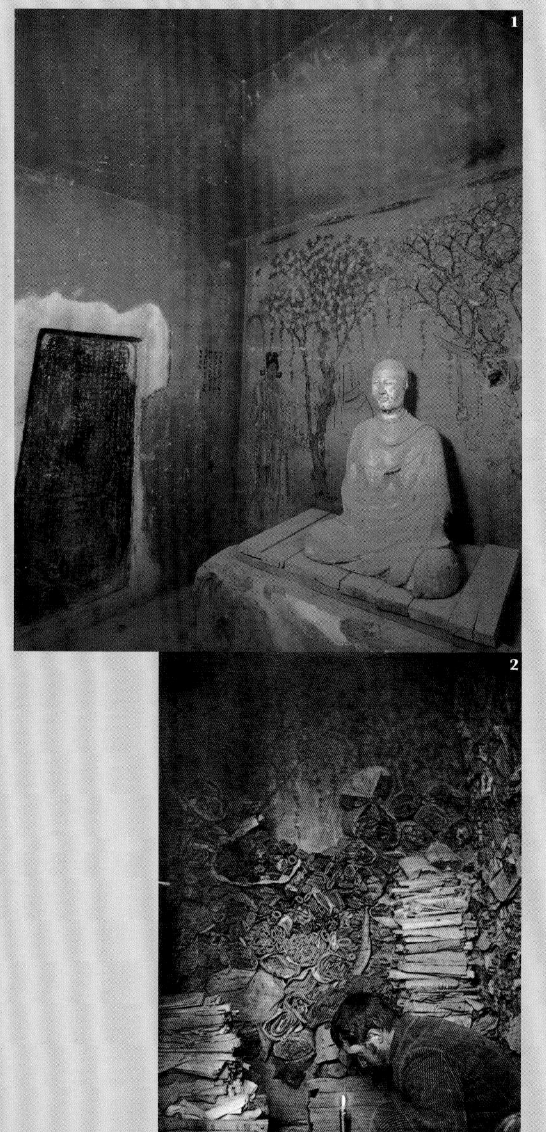

1　藏經洞內景

藏經洞面積很小，原是唐代河西都僧統洪䛒的影窟。洞中原有洪䛒的像，後來被人遷移出去，變成收藏文獻的秘密地點。圖中北壁繪畫的菩提樹，曾被滿室經卷遮擋。藏經洞文獻搬運一空後，洪䛒像才又搬回原位。

晚唐　莫17

吳健　攝

2　伯希和在藏經洞

20世紀初，西方探險家得悉藏經洞藏有大量珍寶，紛紛東來。圖為法國人伯希和在藏經洞內翻檢文獻，可見經卷堆積的情況。

第428窟

第1窟

第17窟（藏經洞）

3

3 藏經洞的位置

4 在宕泉河修水電站

4

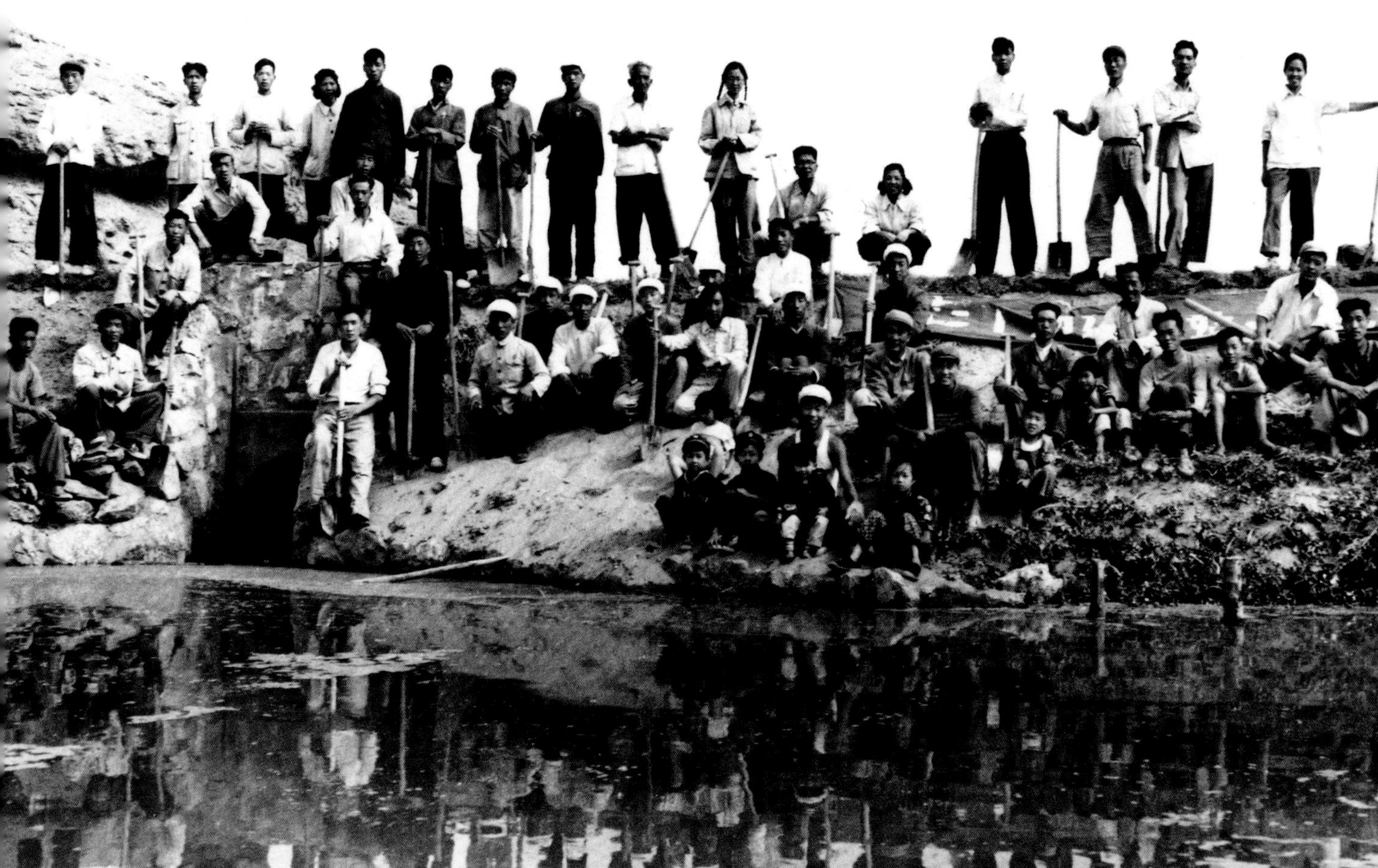

研究所經歷了艱苦創業時期，研究人員在極其簡陋的條件下開始調查、臨摹石窟；50至70年代是研究所初步發展時期，對石窟作考古分期，研究壁畫的宗教內容及文書；80年代進入深入研究、科學管理的時期，對敦煌學展開分科分類、宏觀綜合的研究，並開始作資訊建設。三個歷史時期，六十個春秋，只在彈指一揮間。數十年間，一批又一批有志青年、大學生、研究人員遠離繁華的都市，在荒漠戈壁中的敦煌石窟安家，生活是孤寂與清貧的，甚至可以説閉塞隔絕。他們住寺院，喝鹹水，點油燈，嚴寒酷暑、大漠風沙伴隨他們度過漫長歲月，仍無阻他們滿腔青春熱血。為了心中的事業，一年又一年，一代又一代，“敦煌人”默默地奉獻青春、智慧、家庭，乃至人生。

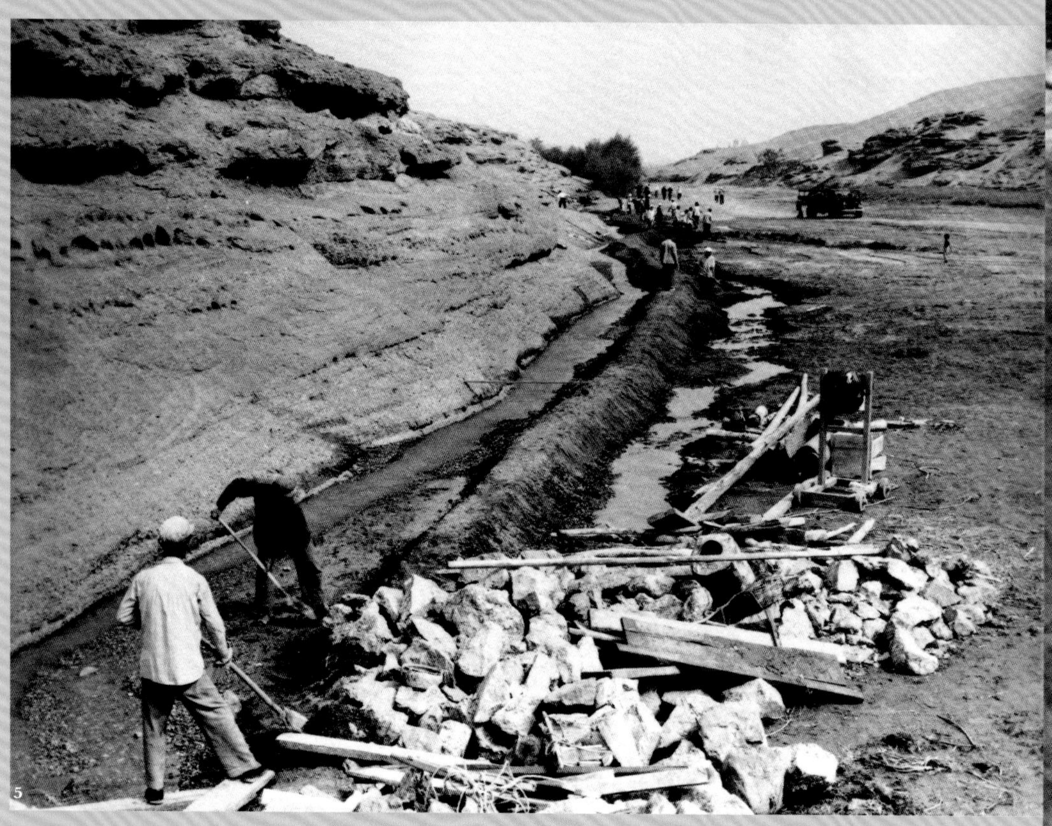

5 整修渠道

6 莫高窟加固工程

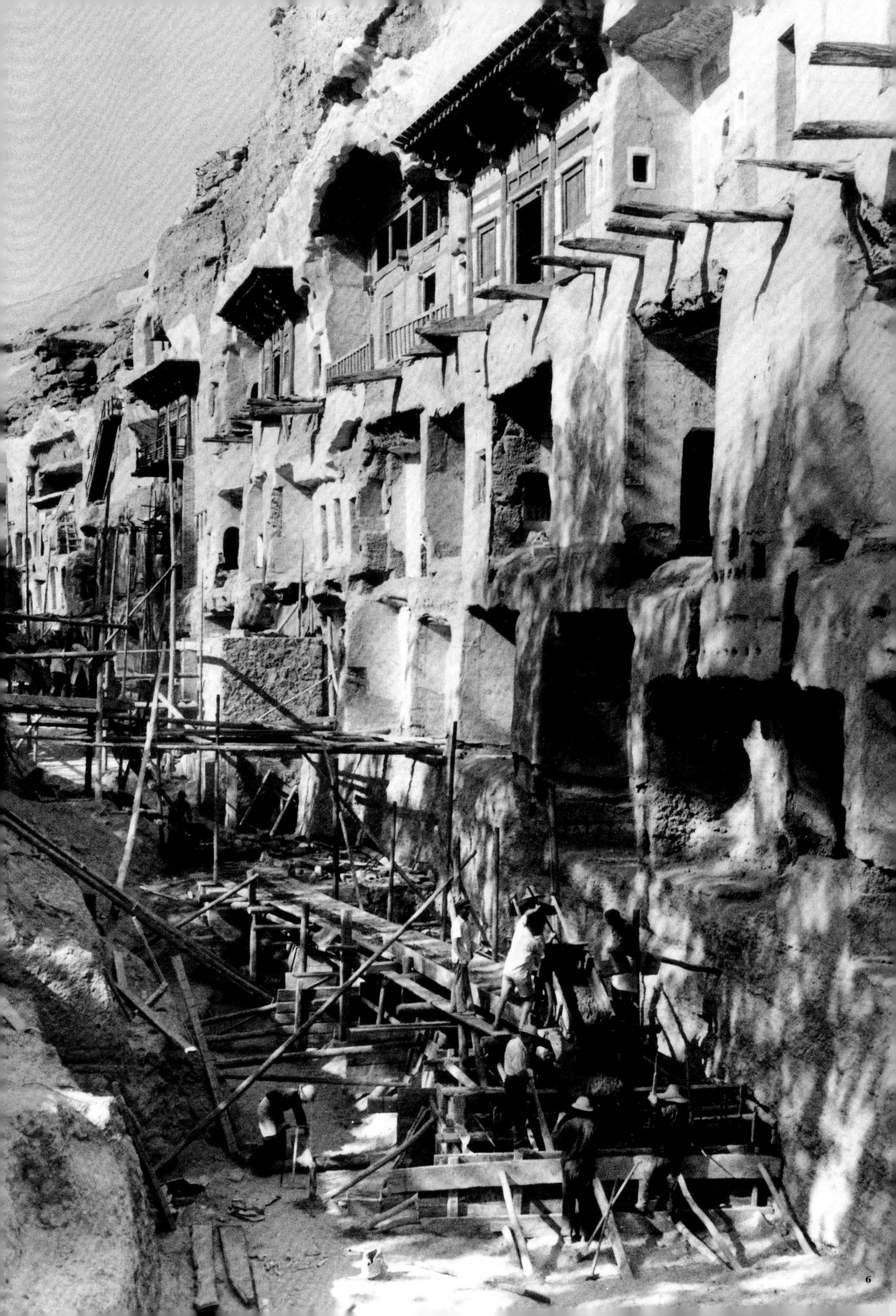

6

經過幾代敦煌學者的調查、考證、研究，敦煌石窟天書般的內容得以揭示和解讀。豐富的圖像資訊涉及中古社會廣泛層面，圖解了中國歷史、佛教經典、繪畫雕塑藝術的發展軌跡，並揭示其文化內涵和發生、發展的規律，從而逐步了解和認識敦煌石窟的歷史、藝術、科技的多元文化價值。

在世界文化遺產中，像敦煌石窟這樣內容浩繁的歷史遺存是罕見的。**1987**年莫高窟被公佈為世界遺產，它向世界展示中華民族在歷史上創造的藝術成就和東方古老文化的輝煌，它向世界講述歷史留在敦煌的繁華和一個悠久的故事。

7 乘馬車到榆林窟工作
8 兒童節的演出
9 在宕泉河取冰化水

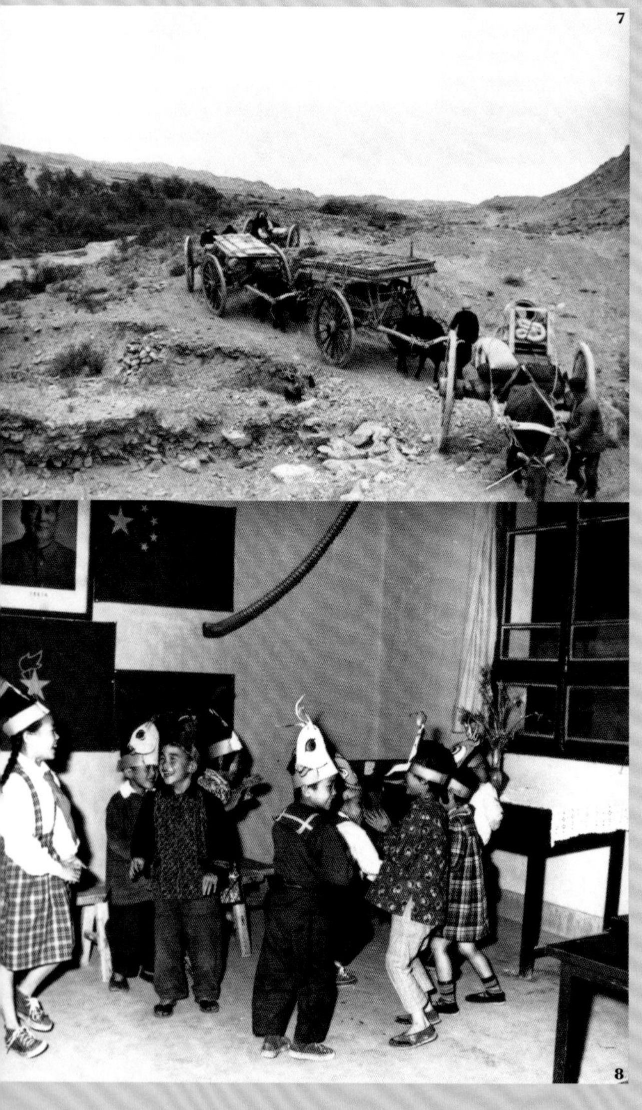

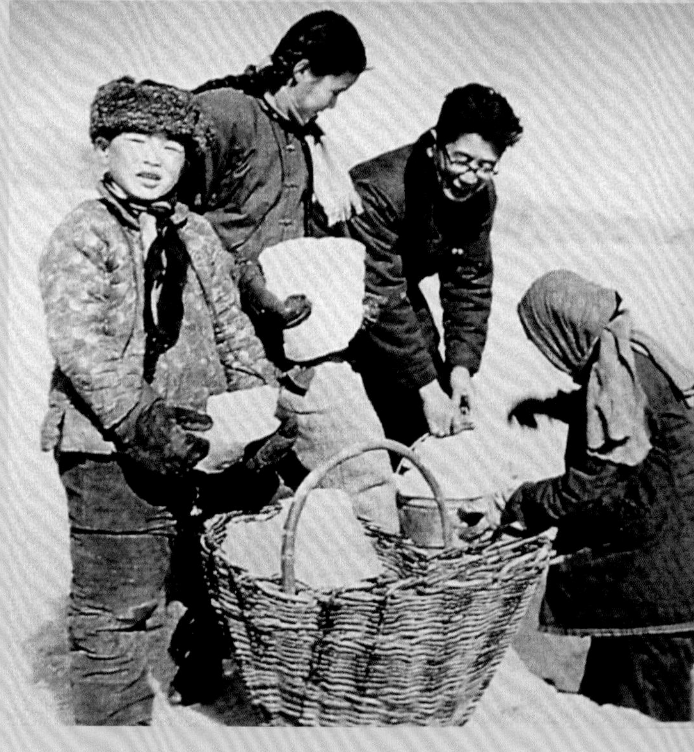

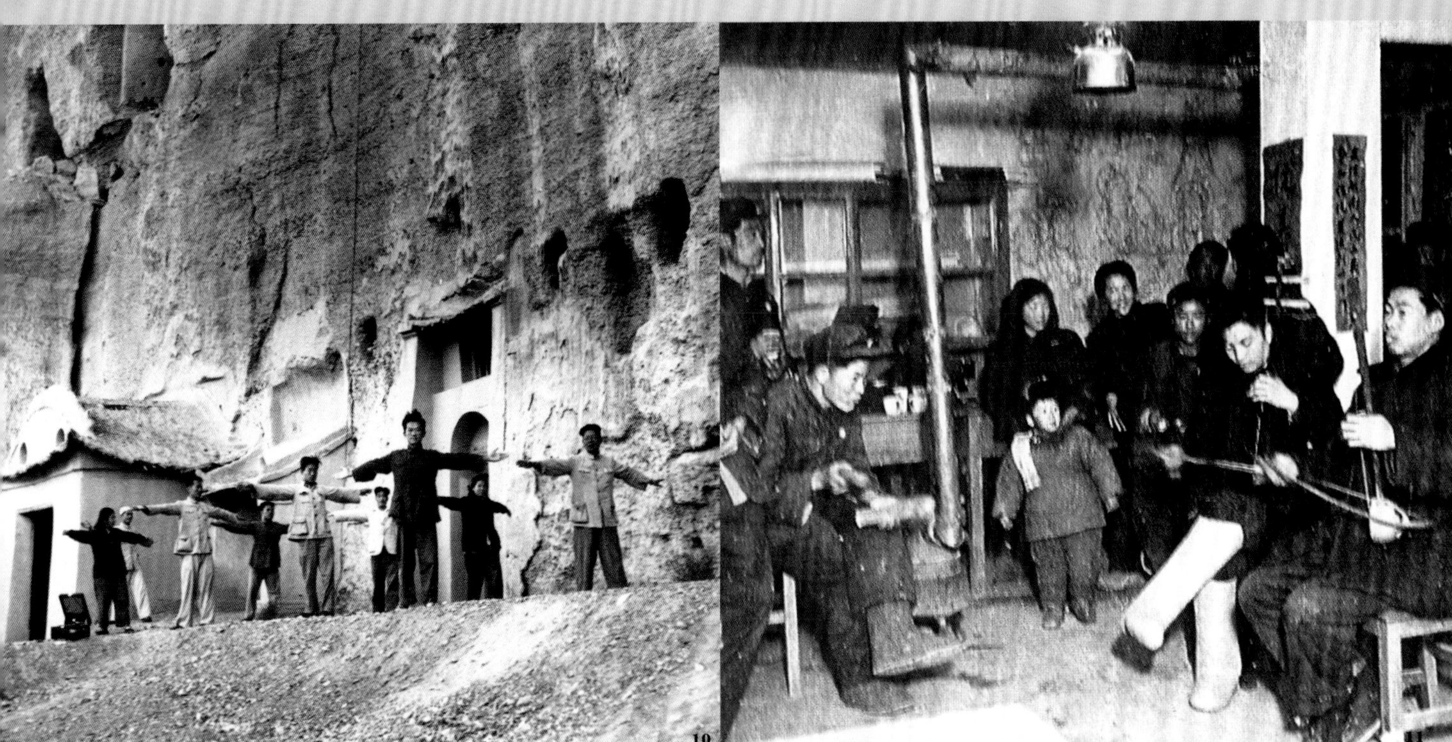

10 榆林窟工作人員做早操
11 職工聯歡晚會

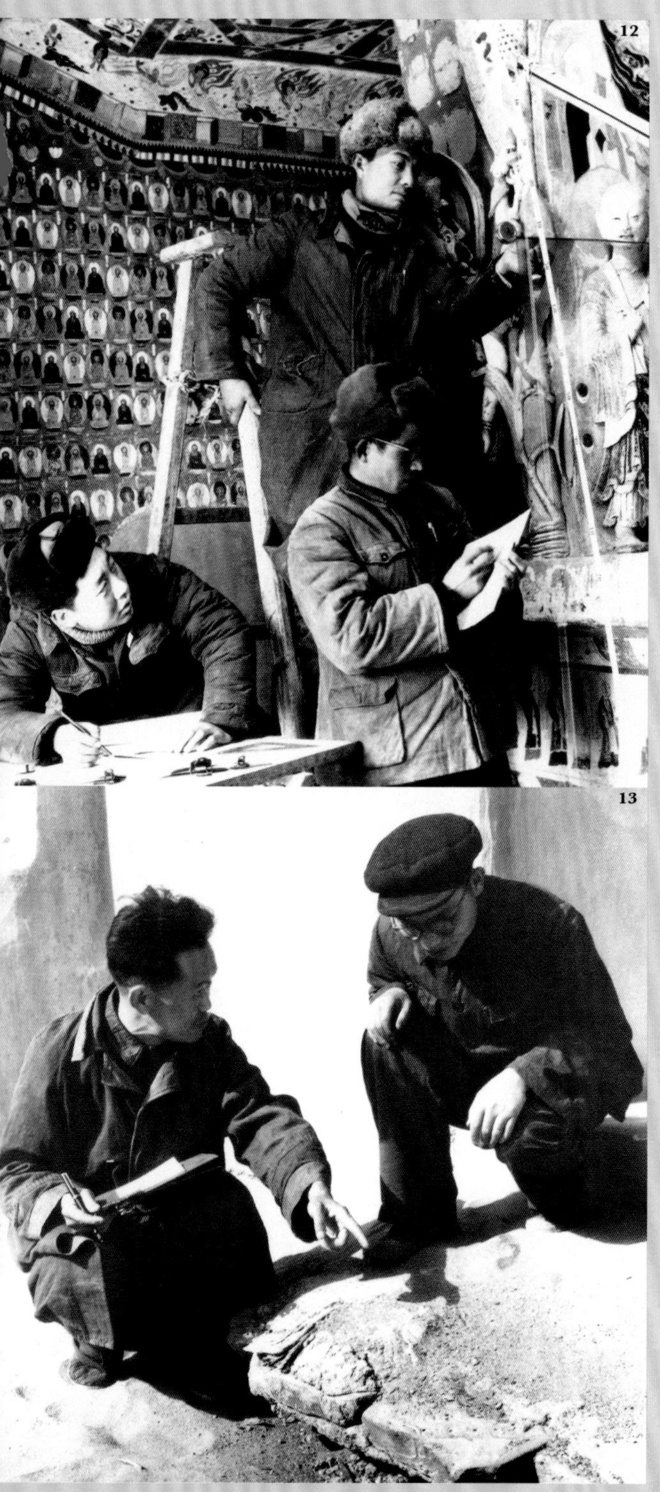

12　實測莫高窟第 290 窟
13　研究窟前遺址
14　臨摹莫高窟第196窟壁畫

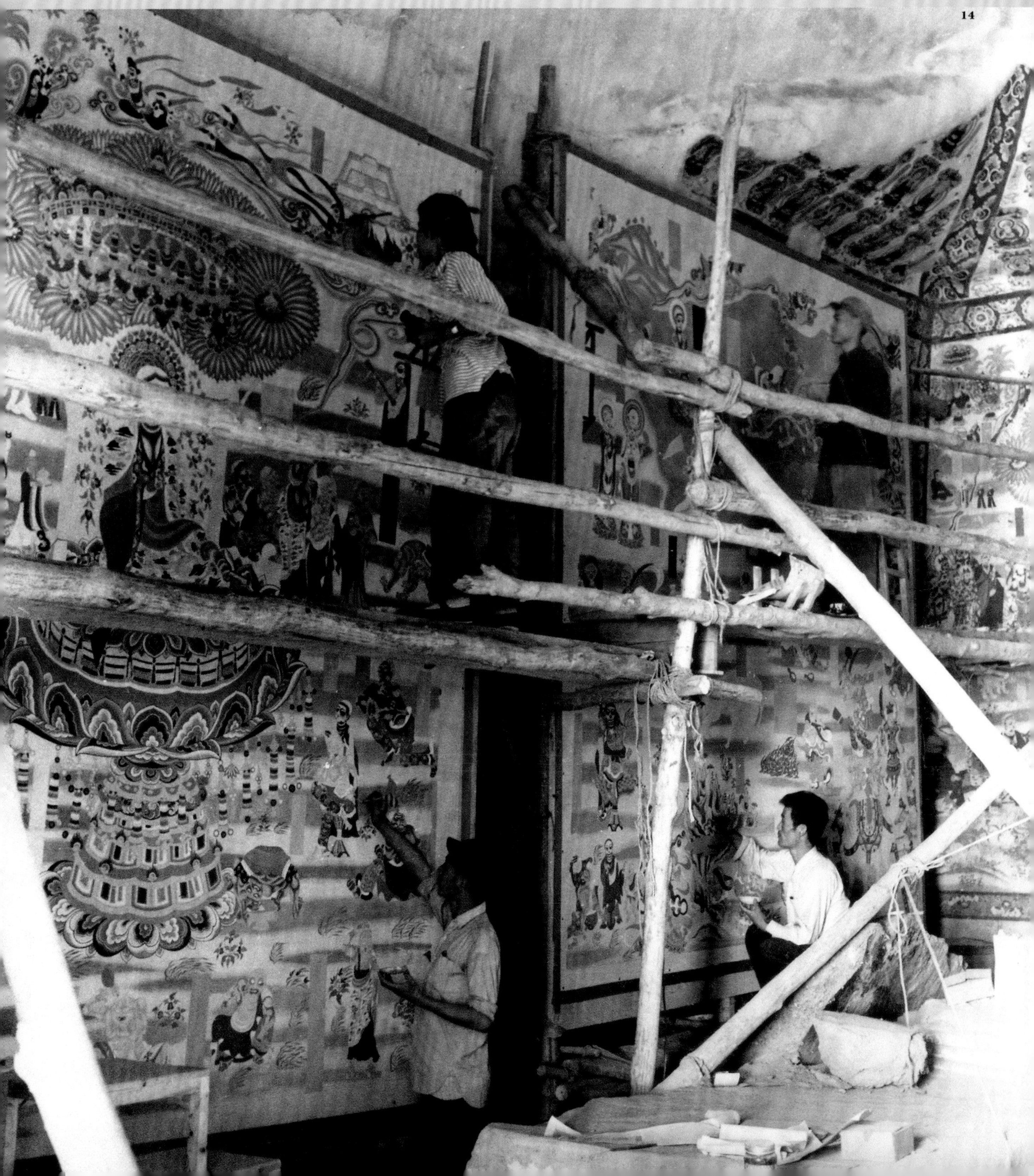

14

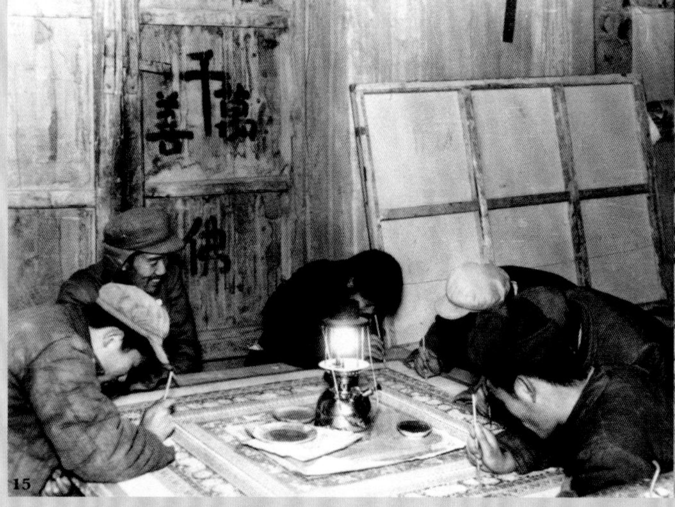

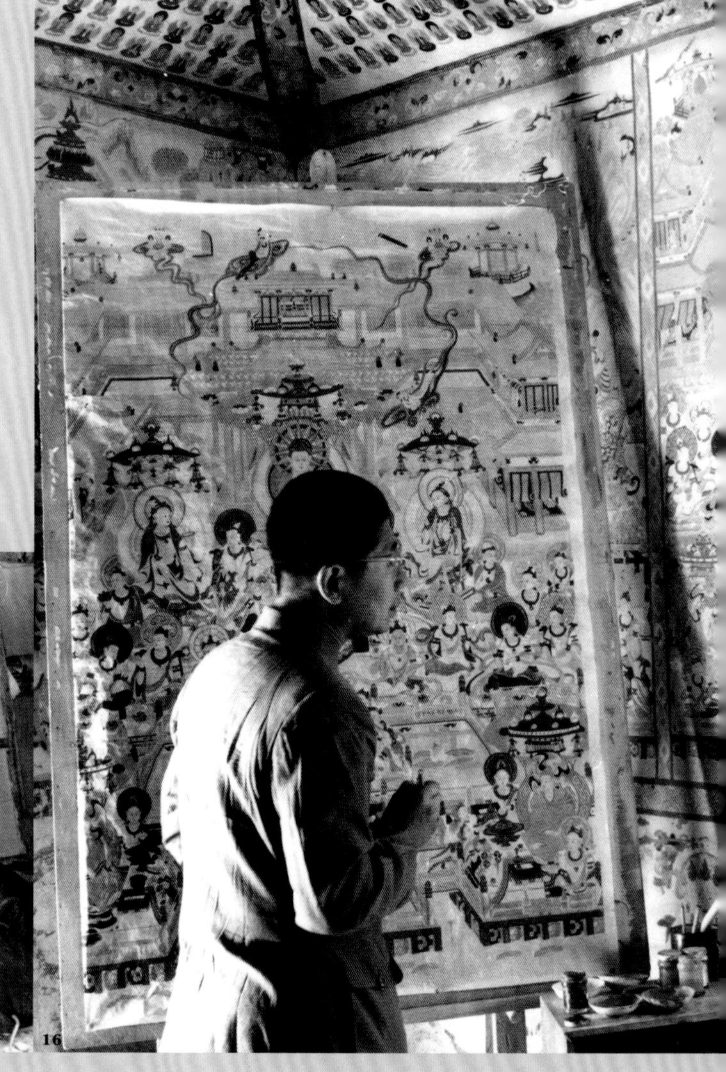

15 夜間在榆林窟臨摹壁畫
16 常書鴻在臨摹莫高窟壁畫
17 段文杰在臨摹莫高窟壁畫

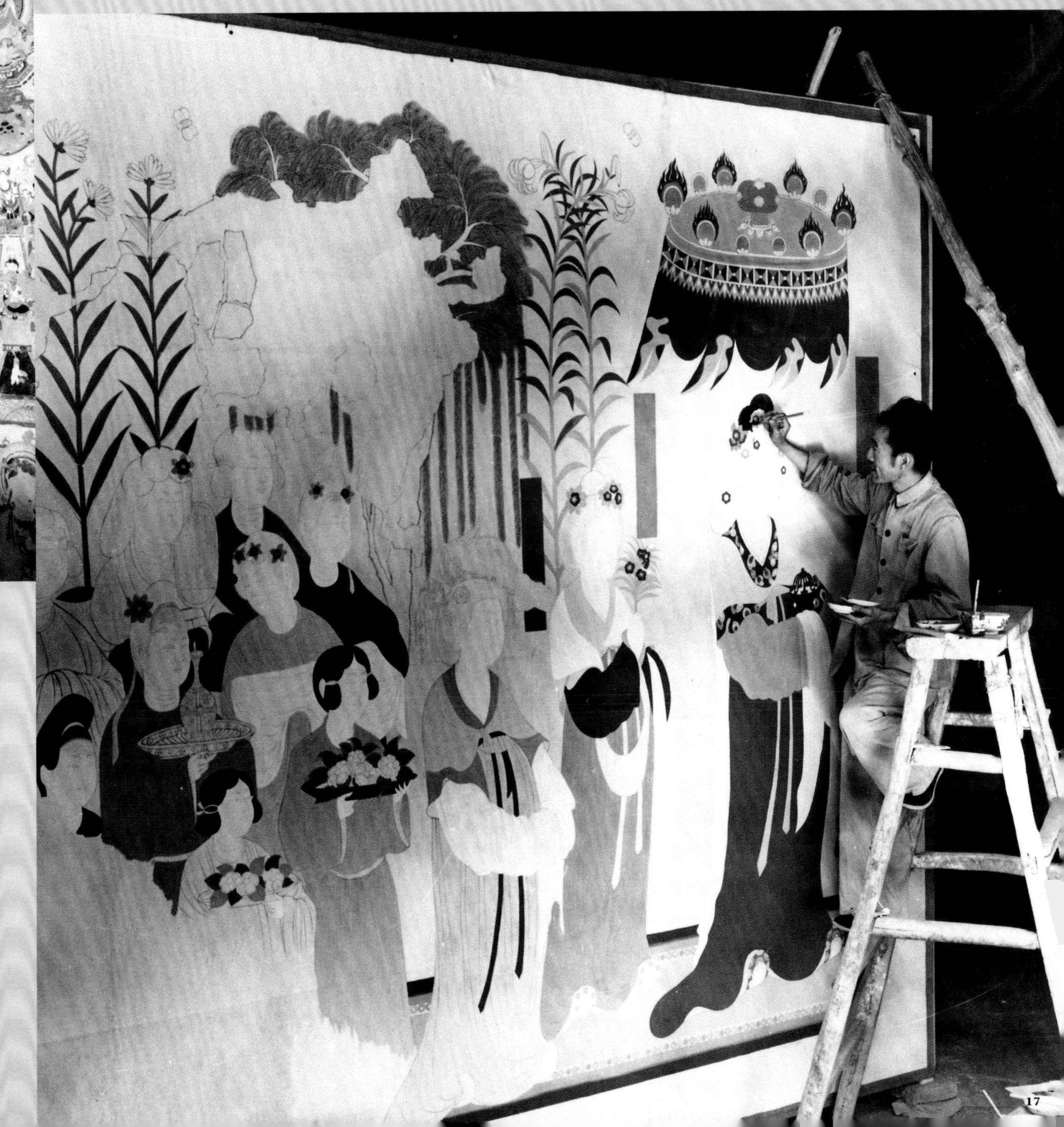

目　錄

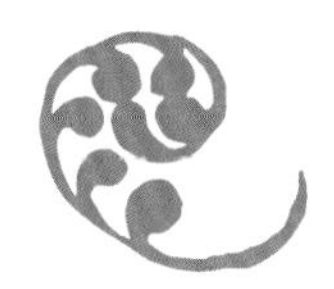

世界文明交匯的敦煌

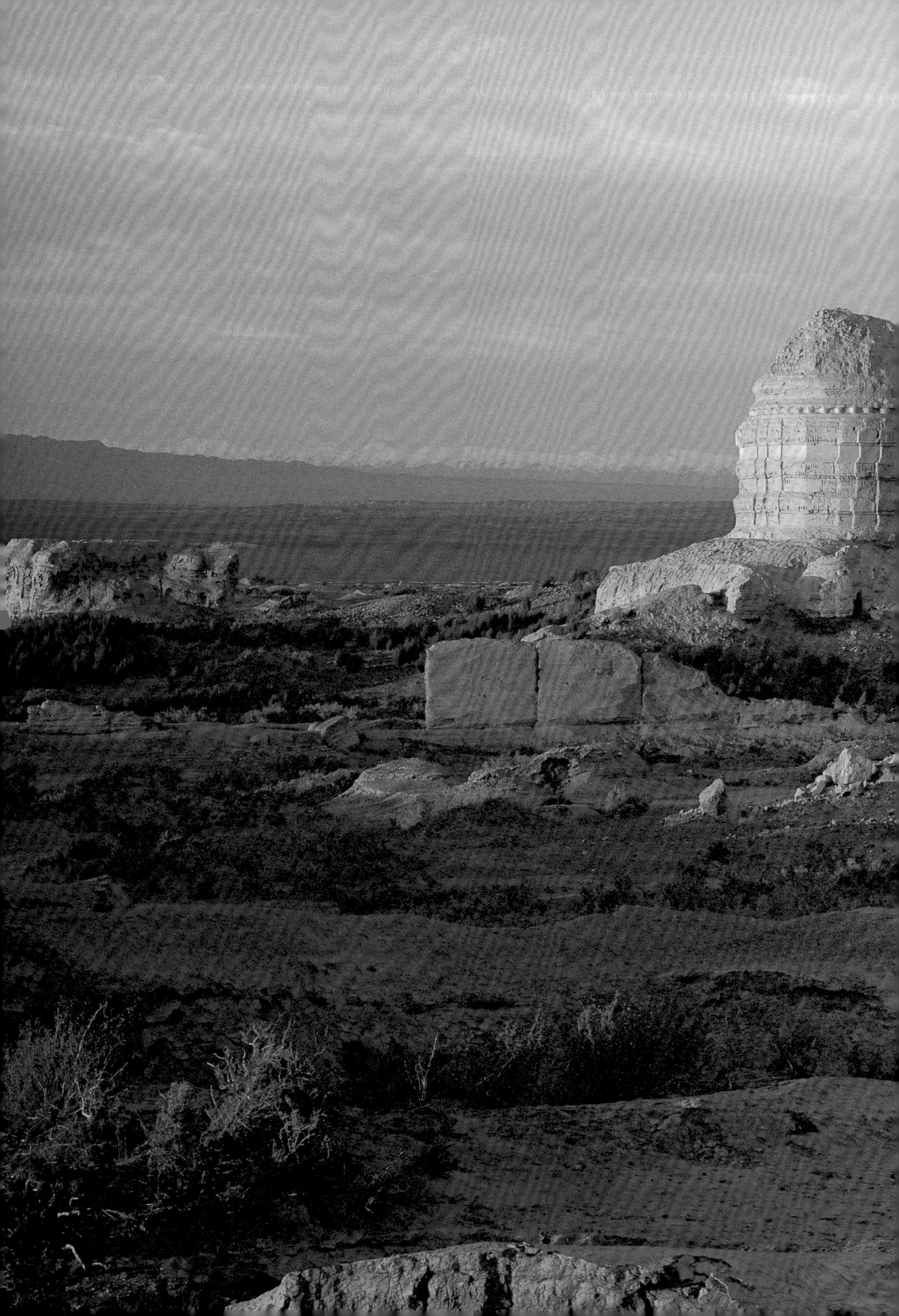

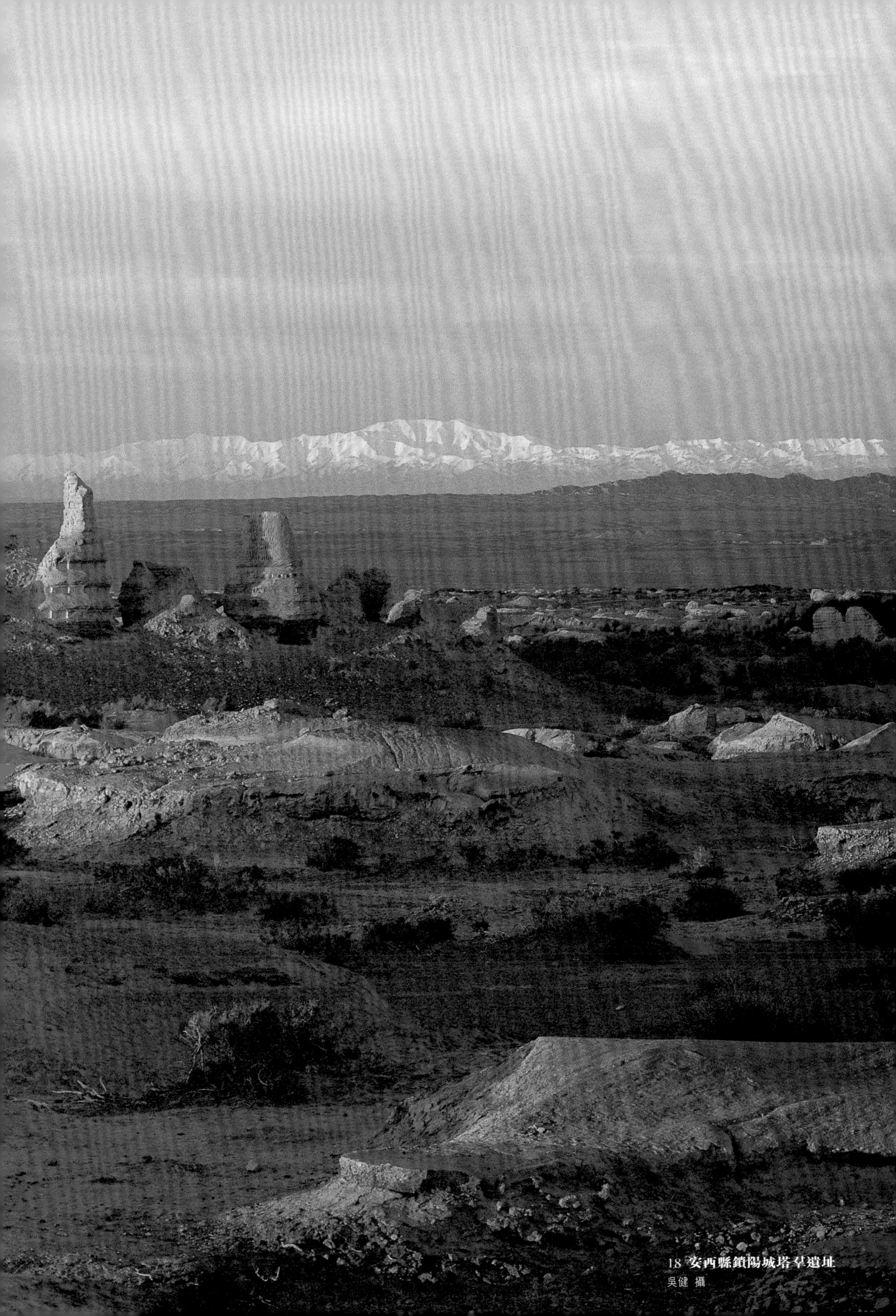

18 安西縣鎖陽城塔羣遺址
吳健 攝

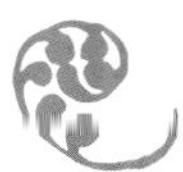

第一節　敦煌的時空

自1900年敦煌藏經洞傳奇性地重新發現，經過一百多年，敦煌研究已成為一門國際性的顯學；敦煌也成為世界文化旅遊的熱點。

眾所周知，敦煌自十六國的北涼（公元401－439年）至元代（公元1279－1368年）保存了綿延不絕、長達千年的以佛教為主體的藝術，是世界文明史上罕見的文化寶庫。敦煌在歷史上曾經是古代歐亞大陸交通大動脈"絲綢之路"的東部咽喉，地位重要，敦煌研究之所以備受重視，敦煌的旅遊考察的價值，不難理解。問題是，對於敦煌，如果我們能從更深廣的歷史時空予以認識，更能理解它在中國以至世界歷史文化上的獨特地位。

歐亞古文明的互動腹地

歐亞大陸是地球面積最大的陸地，在地理結構上也屬不可分割的整體。歐、亞兩洲同是人類最主要古文明的發源地。人類文明首先勃興的是西亞兩河流域的美索不達米亞、南亞的印度河古印度文明、東亞的黃河流域的中國文明、東南歐的愛琴海的古希臘文明，以至非洲和亞洲接壤的尼羅河的埃及文明。這些人類最重要的古文明，都位於歐亞大陸範圍的周邊。由之而相繼遞嬗興起的諸種文明，風起雲湧，遍佈歐亞大陸。在大航海時代來臨前，歐亞大陸一直是人類文明的核心地帶。

歐亞兩洲的諸種文明，自有史以來，東西南北之間即處於一種互動的狀態，相互影響，其活躍的程度，遠遠超過文獻的記載和大多數人的意想。歐亞大陸兩地在悠久的文明進程中，其間的發展規律與脈絡，相當近似，各種文明系統之間，呈現出不少雷同的文化因素，這與歐亞大陸的相連，造就各文明系統間長期的互動，有很大的關係。早在史前的智人時期到新石器時期，歐亞大陸之間已有交流的痕跡，並在考古上得到證實。約當公元前的第一個千年（公元前1200－前150年）時期，歐亞大陸分別出現大型國家或帝國，文化體系分別建立。舉其大者有中國的周代、兩河的亞述帝國、埃及的中王國新王國、印度的吠陀文化、希臘的古典時代和地中海泛希臘時代。這個時期歐亞大陸文明系統的互動，已相當明顯。族群的大規模長程移動，相當規模的軍事衝突，經濟貿易以至文化藝術的互相滲透整合等，屢見不鮮。尤其到了公元前250年到公元1000年，即約當中國的秦漢大帝國到隋唐大帝國時期，與之相應的是地中海的羅馬帝國、印度梵文世界、中亞的波斯和阿拉伯諸帝國的相繼出現，區域文明間的接觸、衝突、交流以至整合更趨活躍。人類文明史上最重要的宗教如佛教、伊斯蘭教與基督諸教，紛紛向其他區域傳播，中國的儒教亦在東亞加強影響，推動人類社會文化的進程甚至改變區域間的文化面貌。下到公元1000年到1500年，大區域的互動更頻繁更全面。甚至有史家認為，歐亞大陸在這個時期的全面互動，是世界史真正的開端。

歐亞大陸逾萬年的區域文化圈和文明系統的互動，有兩方面是很值得重視的。

首先，歐亞幾大古文明，雖地處歐亞的周邊地帶，但歐亞大陸相連的中西亞地區，一直是東西南北區域互動間的腹地，是眾多文化、宗教、民族、貿易衝突交融的過渡地帶。

其次，歐亞大陸除興起的諸種農業與商業文明外，在它們的周邊，尤其歐亞北部從太平洋東岸到大西洋海岸的廣袤的草原地帶，同時存在極其活躍的騎馬民族的遊牧文明。自公元前第一千年開始，遊牧化的歐亞北部草原的民族，常常成為歐亞互動的主要動力。尤其是騎馬的出現與青銅器和鐵器的應用，不管願意不願意，不管引致多少的動盪，草原遊牧成了歐亞文明間互動的最大動力。歐亞不同文明在遊牧民族推動下，有如海上的波濤，一浪乘一浪，後浪逐前浪的向四方八面推展開去。公元前7世紀的斯基泰人，公元3世紀的匈奴人，相繼興替的鮮卑、柔然、突厥、回紇、蒙古等眾多遊牧民族，馳騁於歐亞大陸，在不同歷史時期，都成為催生區域互動的動力來源。

歐亞大陸諸文明網絡的交匯點：敦煌

敦煌是古代“絲綢之路”東端的門戶。“絲綢之路”自公元前後興起，直到16世紀世界海運大通，一直被認為是歐亞大陸的主通道。長期以來我們也側重從交通史的角度去理解“絲綢之路”。實際上，從更深廣的歷史時空去探索，歐亞大陸存在諸種文明間的多重交通網絡，而中亞是其樞紐地帶。

古歐亞大陸的交通網絡，主要由三大網絡系統構成。一是“綠洲之路”，亦即人們慣稱的“絲綢之路”。“絲綢之路”以帕米爾高原為界，可分為東西兩大區段。西區段，早在公元前 9 世紀開始，在兩河流域地區與尼羅河地區間，以及在伊朗高原東南到印度河西北部和東向中亞粟特地區間，都有活躍的交通網絡。至於絲綢之路東區段，直到公元前126年，漢武帝派遣張騫出使西域，隨之驅逐匈奴，建立酒泉、武威、張掖和敦煌四郡，自此從長安到西域開通，東區段得與西區段銜接。二是或比“絲綢之路”更古老的“草原之路”。“草原之路”分佈於北方草原地區，大約位處北緯50度線附近。是從中國華北地區，向北到達蒙古高原，再穿過西伯利亞泰加森林以南的草原，沿鹹海、裏海向西伸延。三是南亞與南歐間的“海洋之路”。

以上曾強調，中亞地區是歐亞文明互動的核心地帶，亦是互動網絡的樞紐地帶。中亞作為一個地理概念，實包括古代中國廣狹二義的“西域”地區。歷史上中國中原與西域和歐洲的主通道是經過河西走廊。敦煌是河西走廊西端的門戶，居中亞地區的最東面。由於地理因素，敦煌自公元前111年建郡起，一直是歐亞多元文明與多重交通網絡的交匯點。

中國一體多元的區域文化的重鎮

河西走廊的東面是黃土高原西端的隴右地區，與中原核心地帶關中地區緊聯。從上古以至中古，隴右與關中平原常常連在一起，稱為"關隴地區"，是中國文明起源和政治經濟的中心之一。隴右與河西走廊相接，合稱河隴，緊挨着青藏高原、蒙新高原，是中原向外與西南、西部和西北交通的交匯處。由於這樣的地理狀況，自遠古以來河隴地區就是一個多民族、多元文化共處的區域。是中國一體多元的其中一個非常重要的區域文化，也是古代中國與世界文明交往最頻密、影響最深遠的地區。敦煌握河西走廊西部的咽喉，是中國境內"綠洲之路"與"草原之路"南北交通的網絡中心，是河隴地域文化的重鎮。敦煌保存的歷史文獻、遺址、文物，尤其是千載以上原封保存的敦煌豐富多彩的石窟藝術，向我們展示的，其實是歐亞多元文明、中原文明與河隴文明交融的真實的歷史面貌。

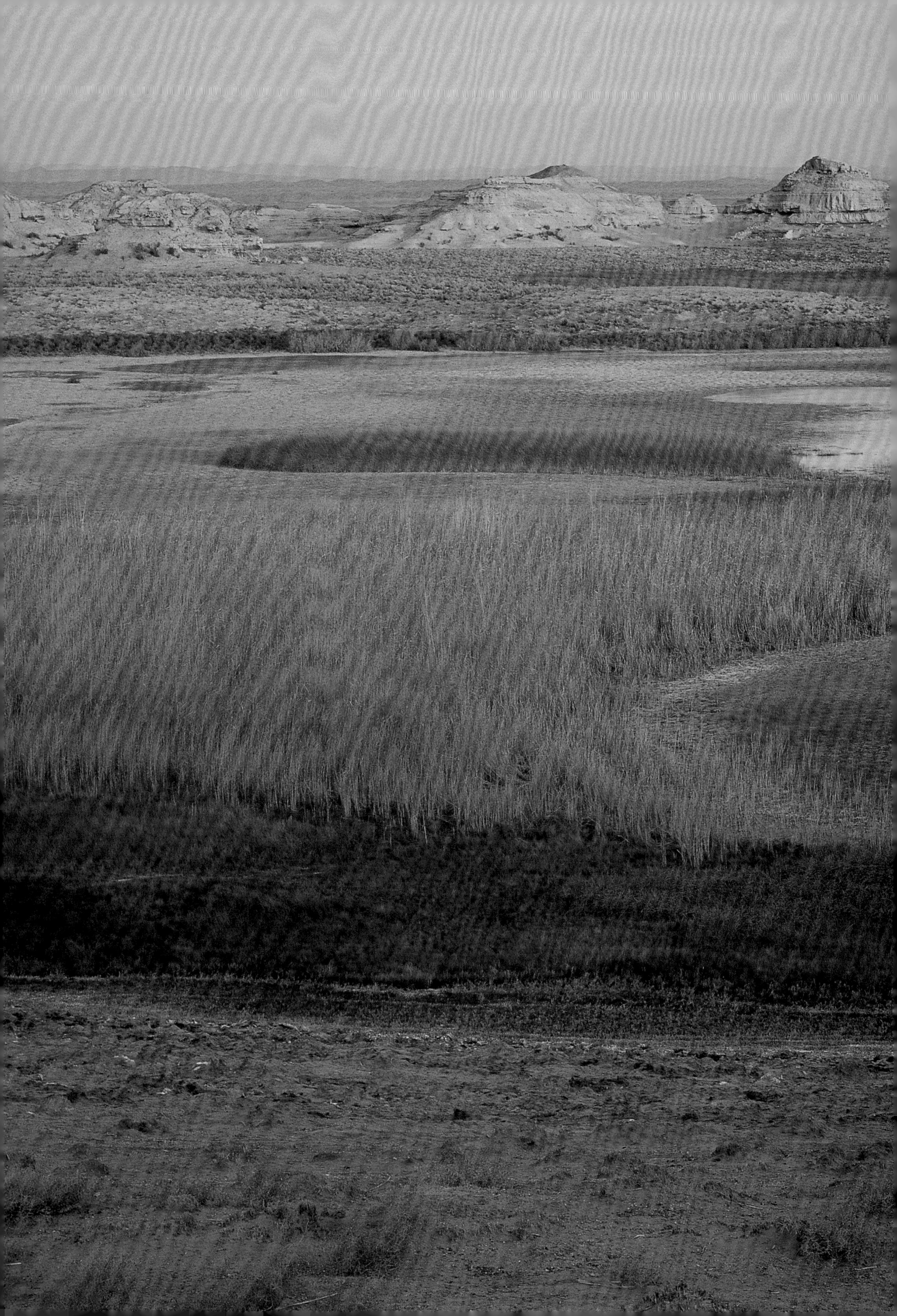

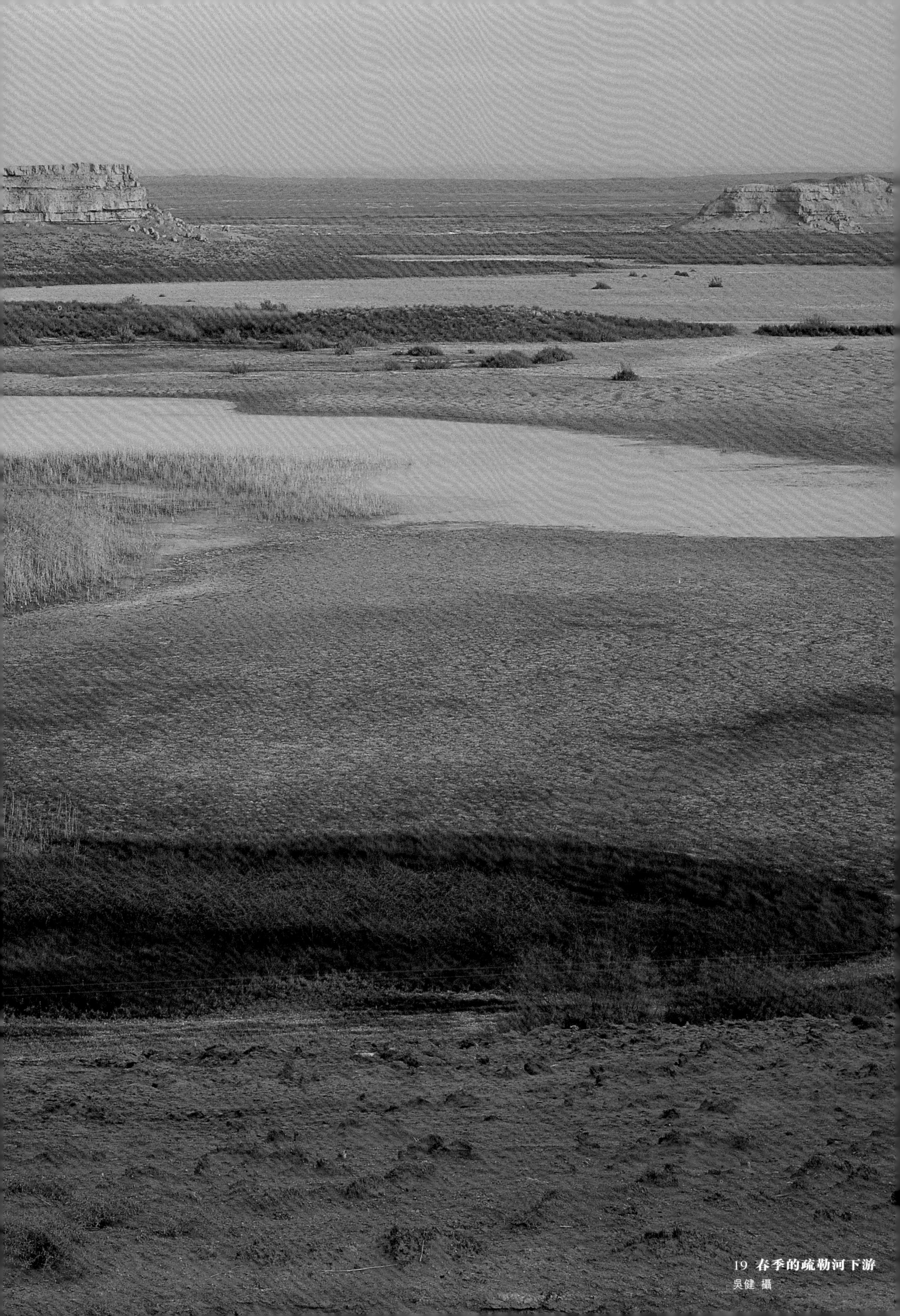

19 春季的疏勒河下游
吳健 攝

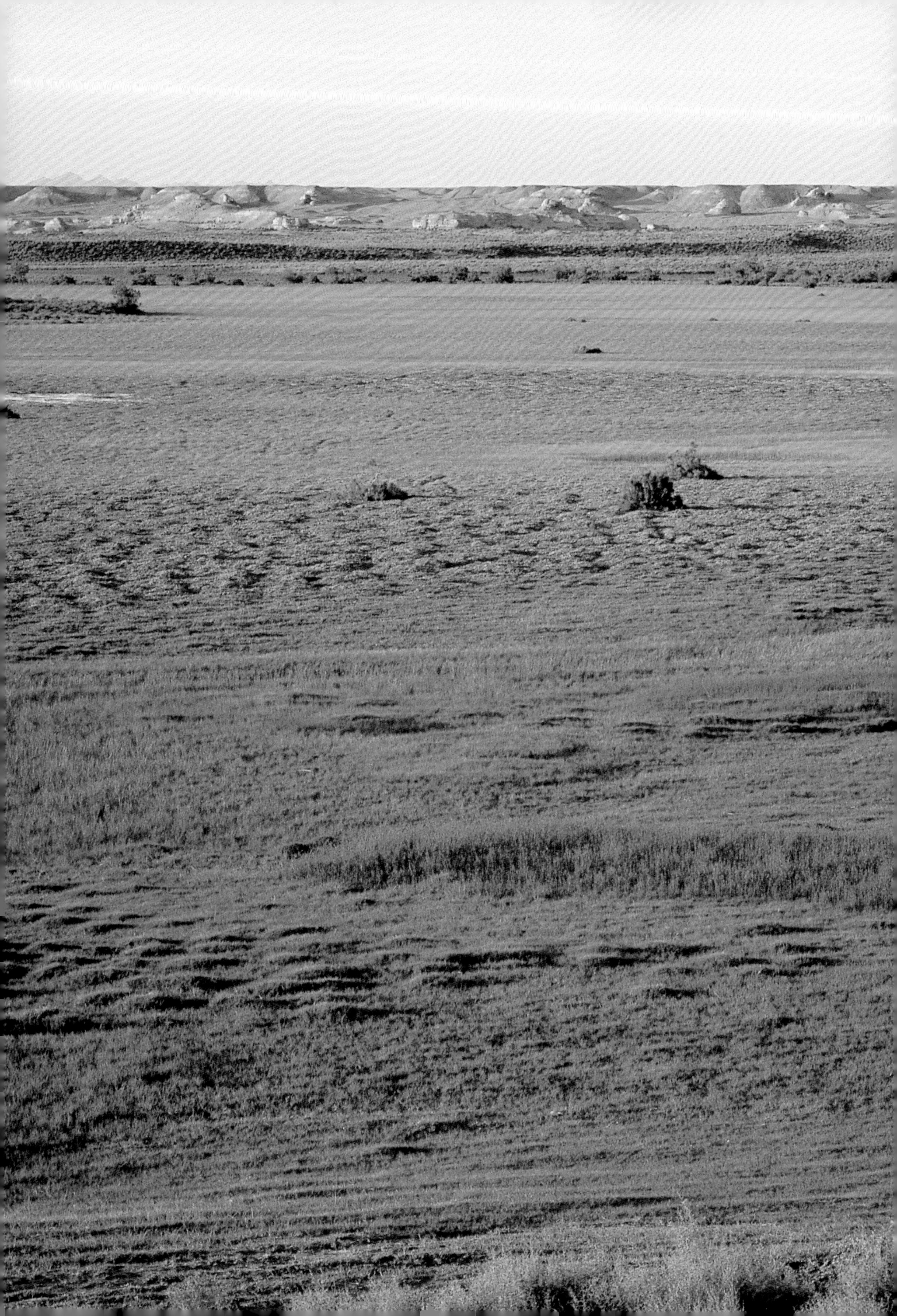

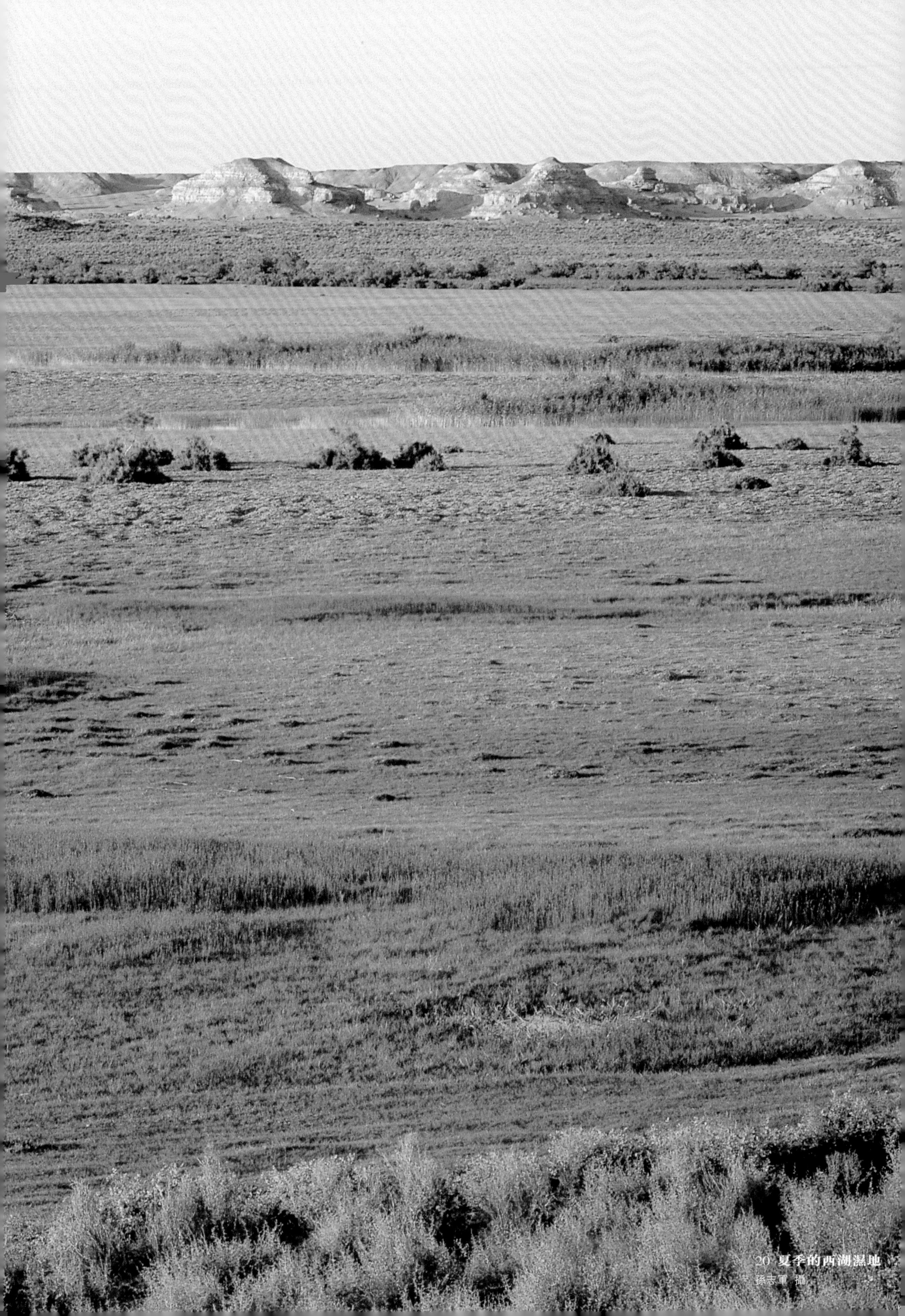

20 夏季的西湖濕地
孫志軍 攝

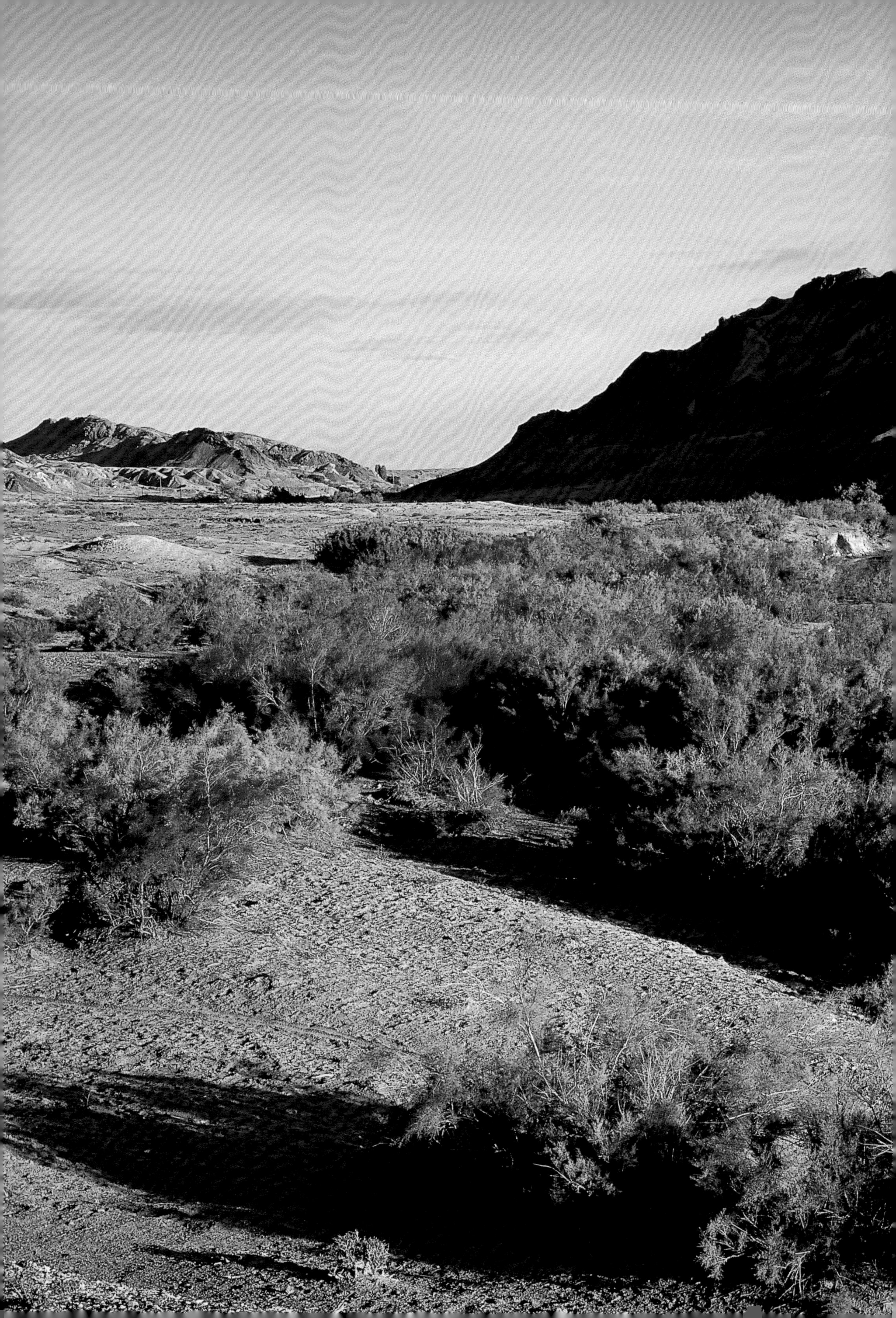

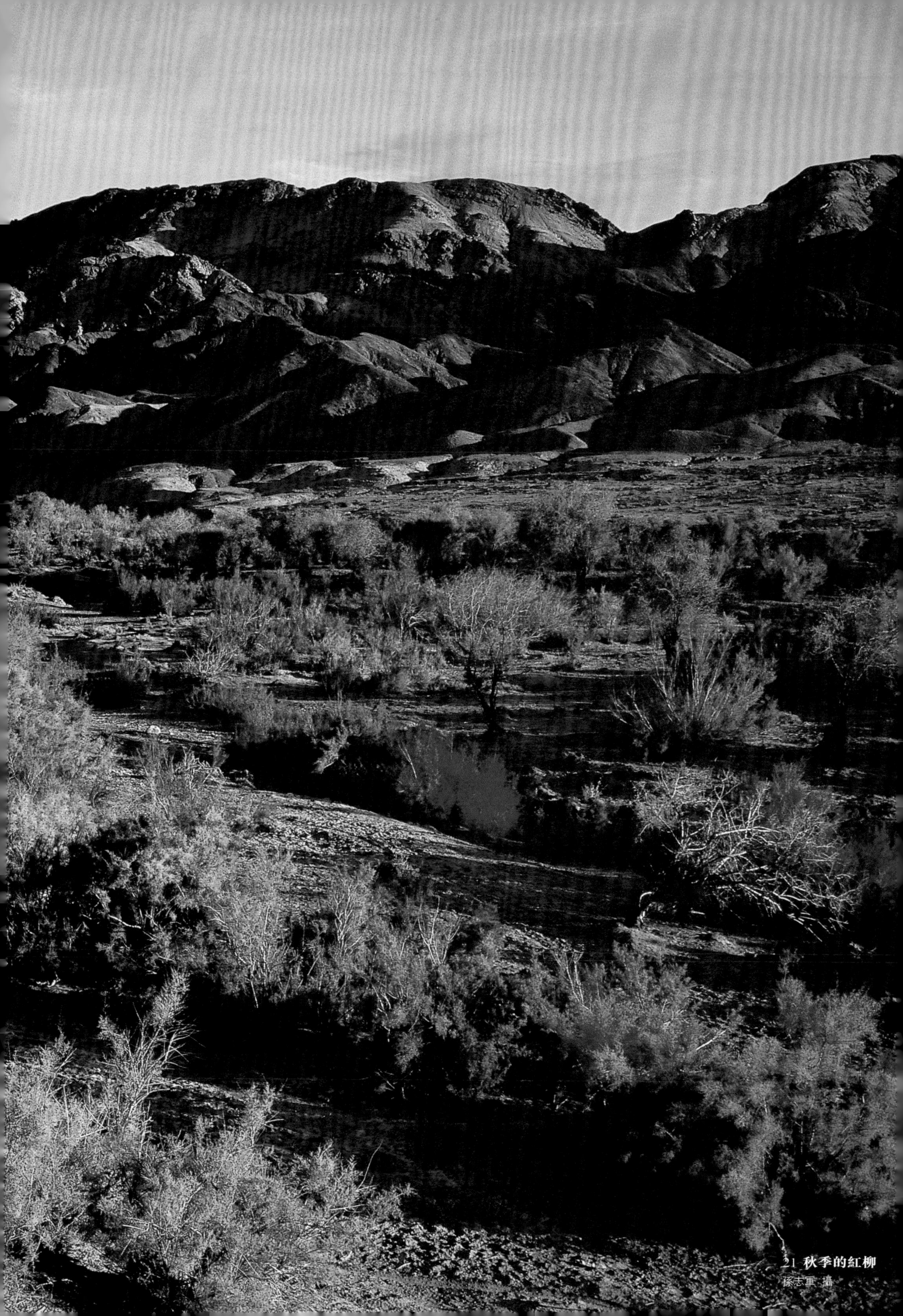

21 秋季的紅柳
孫志軍 攝

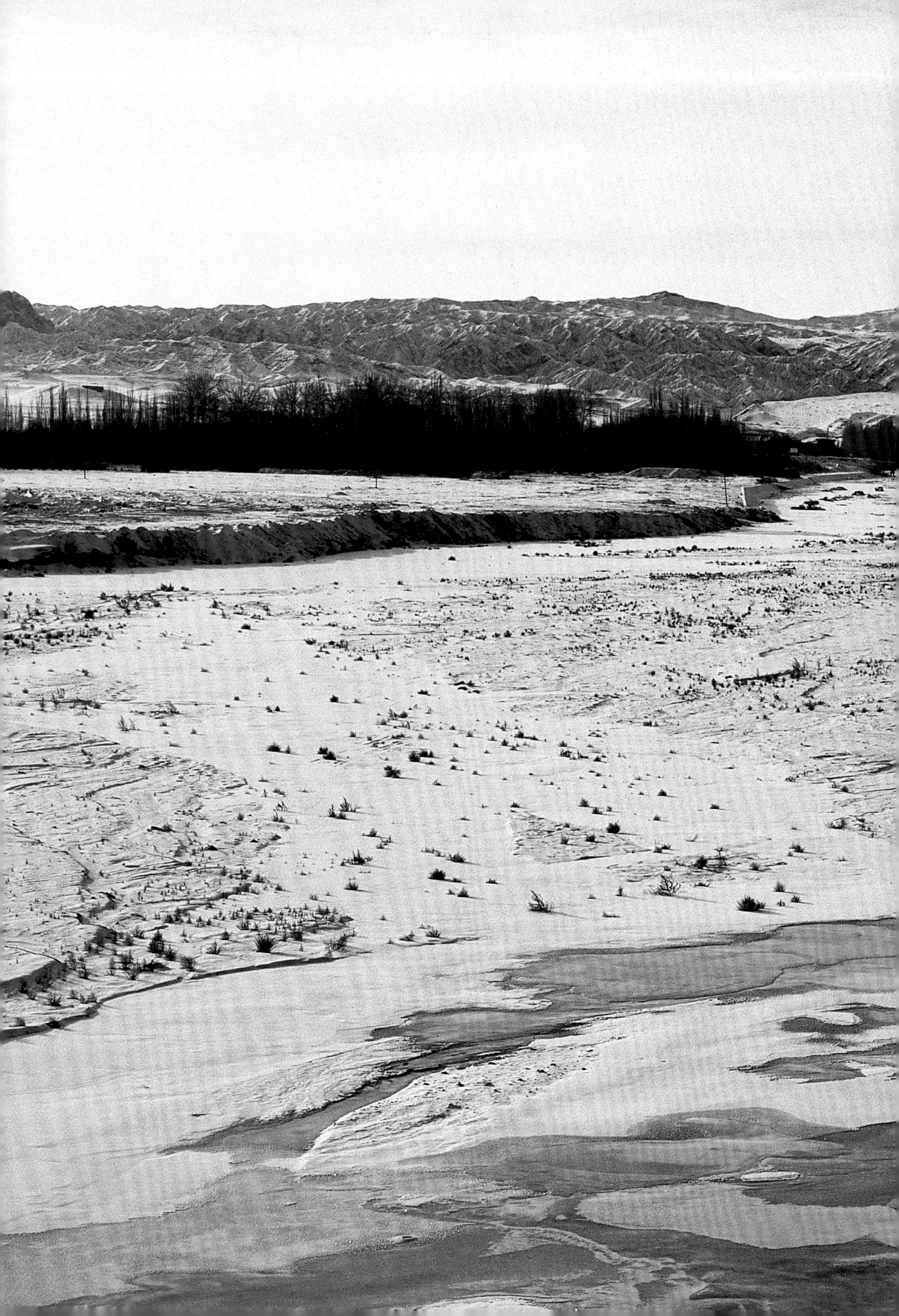

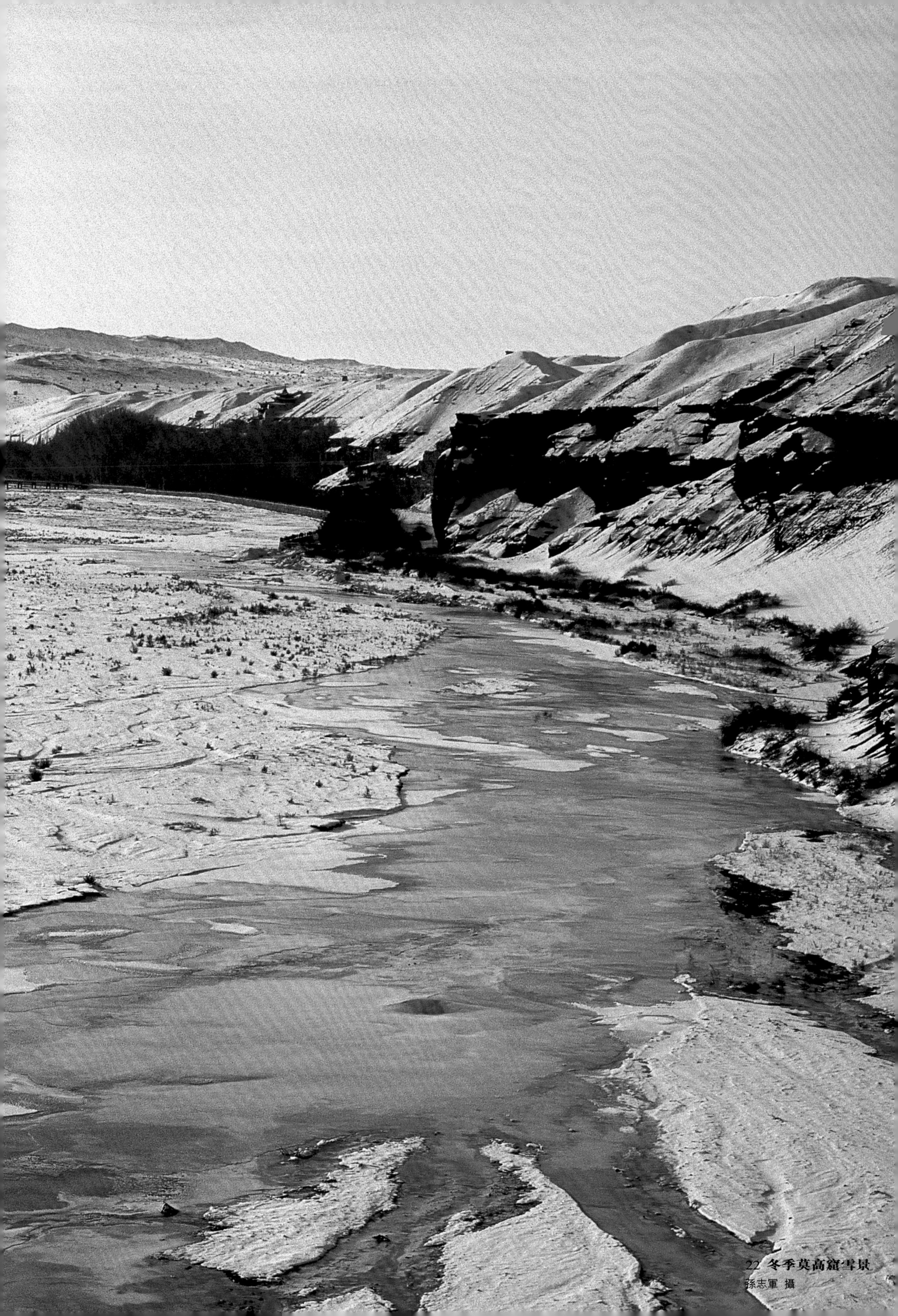

22 冬季莫高窟雪景

孫志軍 攝

23 絲路上胡商遇盜

絲路上的商人既要翻山越嶺，穿越沙漠，還會遭遇強盜的攔劫。
盛唐 莫45 南壁
宋利良 攝

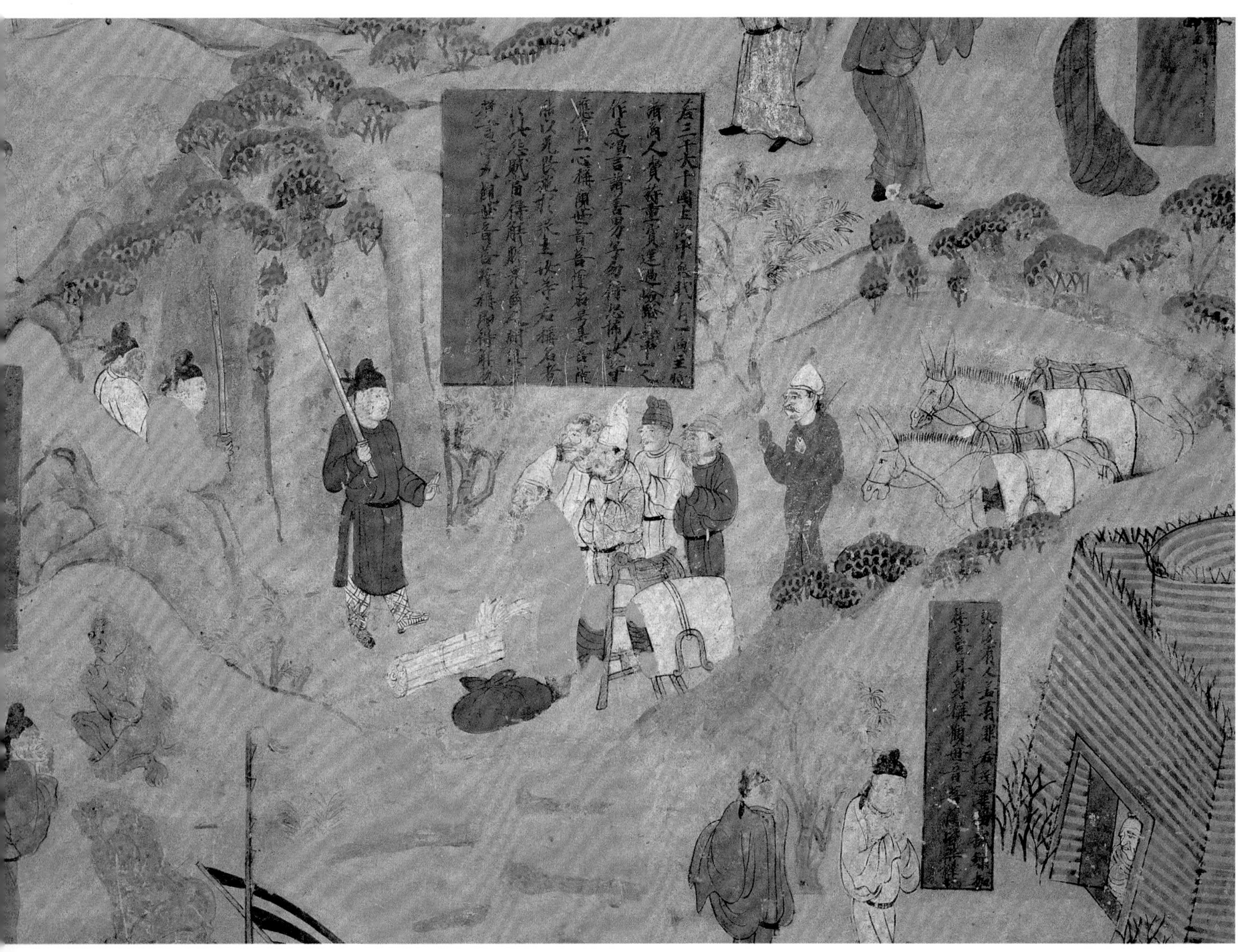

24 張騫出使西域圖

公元前138－前123年，張騫兩次出使西域，最終雖未能完成與大月氏和烏孫結盟的目的，但他對西域以及中亞等地的歷史性訪問，為漢朝開闢通往西域、中亞的通道，提供了重要的資訊。此圖以山巒分隔故事，分為四個小圖，右上為漢武帝在甘泉宮拜金像，底部是張騫辭別漢武帝，左上角是張騫副使抵達大夏國。

初唐 莫323 北壁

宋利良 攝

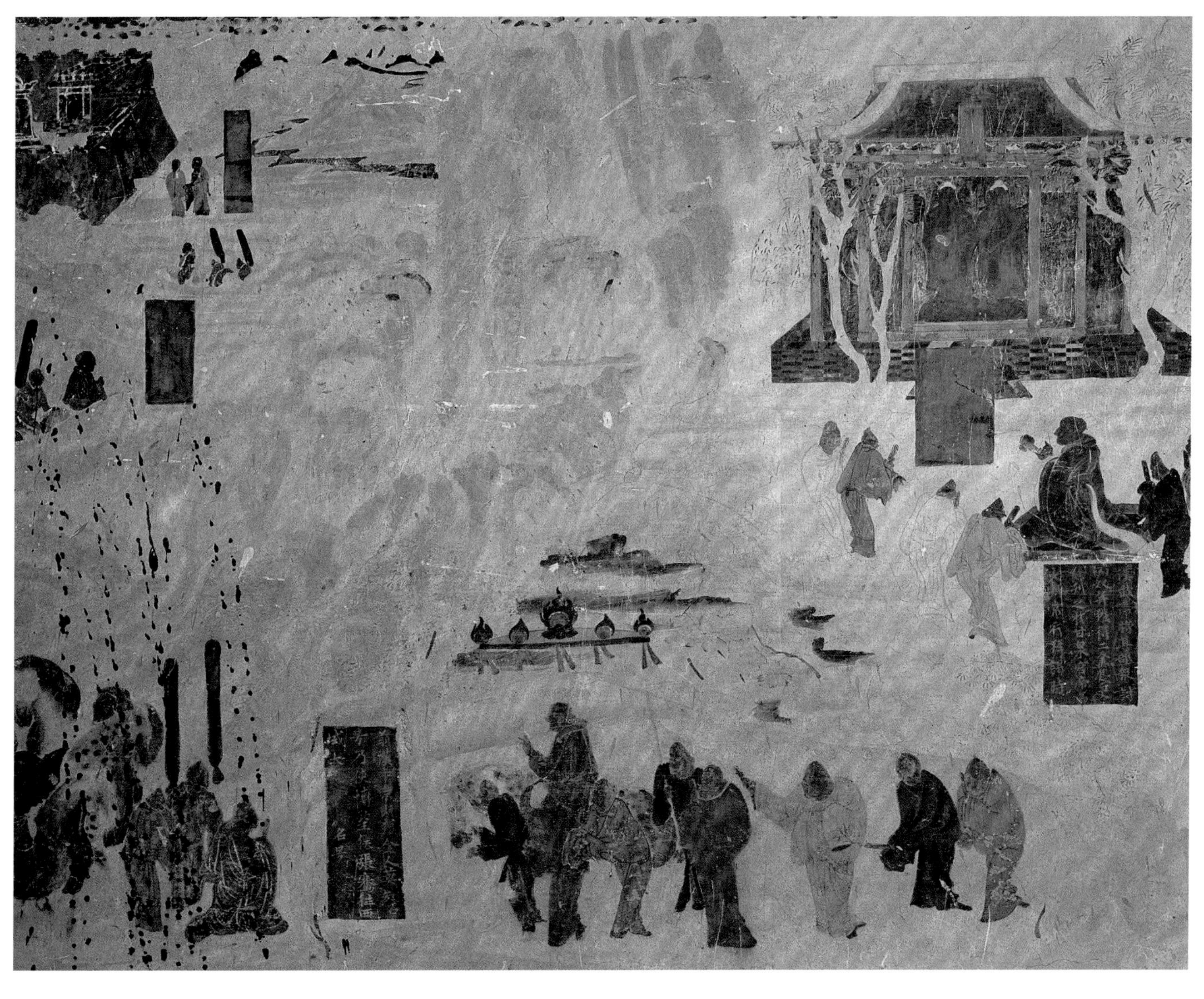

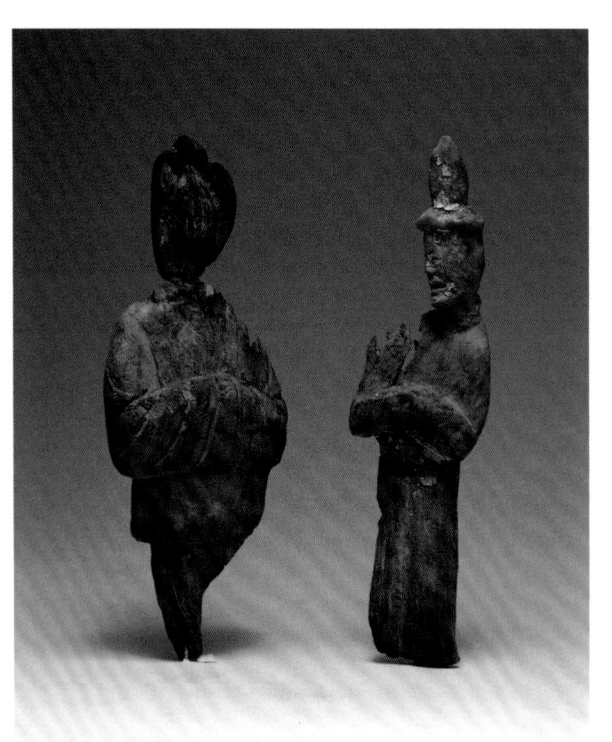

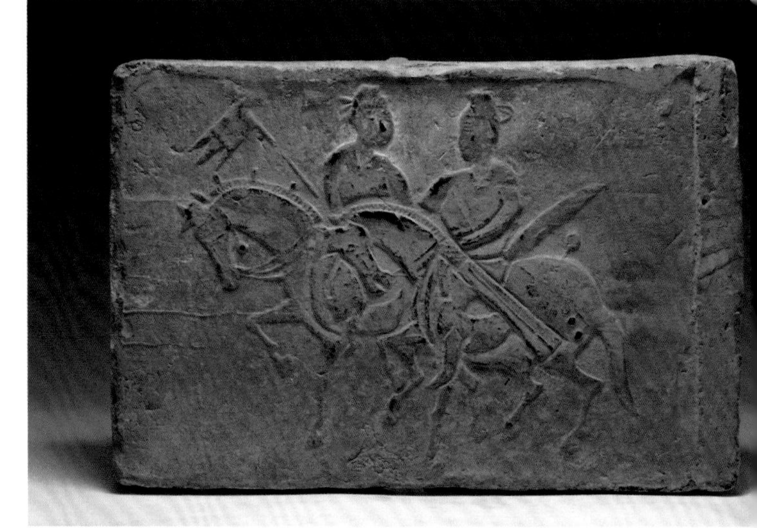

25 彩繪木雕胡人木俑

敦煌作為交通要道，胡人主要通過這裏進入中國內地。胡人木俑在莫高窟北區洞窟出土，原作為瘞埋之物隨葬窟中。木俑高鼻深目，大嘴，頭戴尖帽，雙手藏袖內拱於胸前，其形象與敦煌唐代壁畫中的胡人形象相似。
唐 敦煌研究院藏
吳健 攝

26 模製騎馬商旅磚

磚面上兩位唐朝使者持旌節，佩長劍策馬前行，似出使西域。反映出唐時絲綢之路上使者往來不絕，相望於道的情景。
唐 敦煌市博物館藏
傅立誠 攝

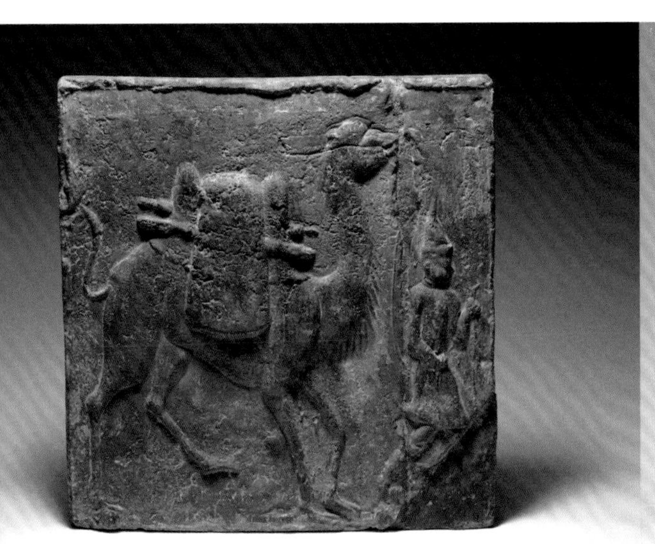

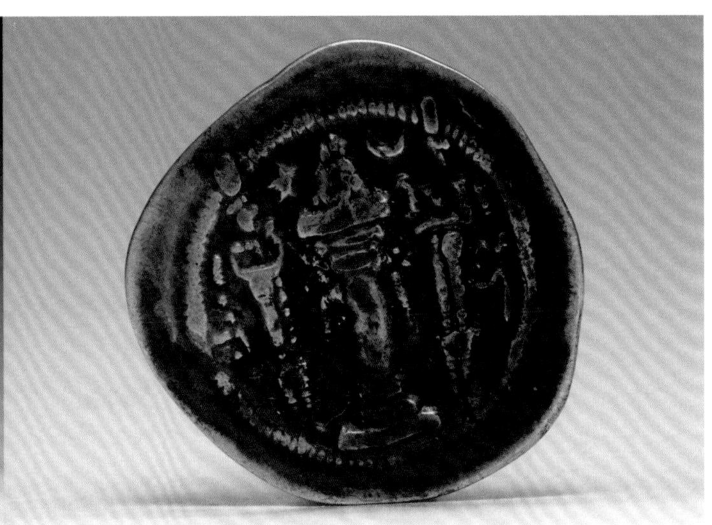

27 **胡人牽駝磚**

駱駝背負重馱，四肢健捷，昂首闊步前行。牽駝人頭戴尖頂帽，高鼻深目，身穿圓領窄袖服，右手緊握韁繩，左手杵杖，表現出牽駝人與駱駝長途跋涉的精神面貌。看到此磚，使人想起張籍《涼州詞》中“無數鈴聲遙過磧，應馱白練到安西”的繁忙景象。

唐 敦煌研究院藏
吳健 攝

28 **波斯薩珊朝銀幣**

這枚波斯銀幣在莫高窟北區第222窟出土，是敦煌地區首次發現的波斯銀幣。銀幣正面有一王者形象，背面是聖火祭壇。據研究，北區第222窟大約在隋末唐初開鑿，在隋代壁畫圖案中，多有波斯薩珊朝風格的圖案紋樣，反映出此時中國內地與西亞地區交往密切。

波斯薩珊朝卑路斯王時期（公元459－484年）敦煌研究院藏
吳健 攝

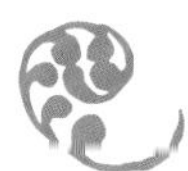

第二節　邊陲的佛教沃土

敦煌的開發

敦煌位處絲綢之路的東端關鍵位置，擁有優越的地理條件，但在中原王朝大規模向西發展以前，幾大文明之間的貿易和來往，規模較小，敦煌的地理優勢未能有大發揮。漢朝西進的鴻圖給予敦煌躍升為中西交往重鎮的機會。

中國在各大文明中處於最東端，加上中國西部高山沙漠雜次，交通條件艱難，與其他重大文明的直接交往不免稍為隔涉。漢代為抗擊強悍的北方遊牧民族匈奴，在河西推行“列四郡，據兩關（陽關和玉門關）”的戰略部署，派駐大軍。中國是重要商品絲綢的生產國，其主動發展，雖然本意在政治軍事，結果卻開通絲路東段，使零星斷續的貿易活動，都匯到經過河西走廊的貿易大道上，而且規模大增，成為波瀾壯闊的東西來往，而敦煌就在這興盛的交往中，奠定其樞紐的地位。

漢朝除在河西駐軍外，又實行屯田，大量中原移民隨之遷徙到河西地區；及至魏晉，因為中原戰亂，而河西僻處一隅，雖也是政權輪流交替，但政治相對穩定，因此出現了新的移民浪潮。這些前後到來的新移民在這片河西走廊的綠洲上傳播漢族先進的農業技術，修築河道溝渠，即使位於河西最西端的敦煌，也出現“州城四面水渠側，流觴曲水，花草果園，豪族世流，家家自足。土不生棘，鳥則無鴞；五穀皆饒，唯無稻黍。其水溉田即盡，更無流派”的局面 。敦煌遺書中記載河渠的名稱有154條，渠道縱橫交錯，最大的河渠寬三丈。為了加強水利工程的管理，各級政府都設立專職官員監督，民間還有“渠人社”等專門從事日常養護的勞務組織。完善的水利設施，保證了農業的生產，使敦煌成為名冠西北的富庶之地。

後來西遷的中原移民中，不乏世家大族，他們帶來了高度發達的漢族傳統文化。因此移民潮不僅使人口大增，也大大提高了河西地區的經濟和文化水平。在此偏處而稍安的土地上，避戰亂而來的中原文化與西域傳入的諸種新養分獲得混合發展的空間。及至北魏統一北方，河西這既有保存又有變化的文化，還反過來影響中原。

河西是通向中原的樽頸，居於這樽頸西向的瓶口的敦煌，自是往來東西方的各國使者、商人、傳教者等進入中原的第一個駐足或居留之地。敦煌在河西這個文化混合的空間裏，時為輔助，時為先發，擔演了複雜的角色。

佛教傳入中國

公元前2世紀，佛教從其發源地印度向外傳播，通過絲綢之路東傳，在中亞信徒甚多。

約公元1世紀，絲綢之路上的商人最早將佛教傳入中國，以後來自印度或西域的僧侶也紛紛到中國傳教。然而，漢朝時，儒學是思想正統，政府又禁止漢人出家，佛教作為外來宗教，社會影響力極其有限。

漢代衰亡後，中原發生戰亂，原來大一統的國土支離破碎，居住在北方的少數民族乘機羣起立國，後世稱“五胡十六國”，勢力達到黃河流域，漢族被迫在長江以南建國。在長期動盪的環境裏，漢朝視為思想支柱的儒學價值觀早已崩潰，提倡平等、戒殺、慈悲救世的佛教，正好為飽受苦難、精神迷惘的中國人提供了光明和慰藉，加上胡族統治者又容易接受作為外來宗教的佛教，於是佛教得以迅速傳播，發揚光大，以致後來南北敵對各國，無論是漢族統治，還是胡族統治，在釋迦牟尼面前空前一致。北魏時期，佛教更一躍成為“國教”，上至帝王貴族，下至平民百姓都皈依佛教，成為佛教發展的直接動力。

相對於大亂的中原，河西政局較為穩定，中原難民移民浪潮此起彼伏，更為佛教提供了良好的發展空間。當時佛教主要是沿着絲綢之路先進入河西，再傳入長安，以後又傳播到江南，因此河西成為首要的中轉站，並與長安和江南廬山並列為中國的佛教傳播中心。據記載，當時透過絲綢之路東傳的，還有波斯的瑣羅亞斯德教（又稱拜火教）、摩尼教，以及由羅馬教會分裂出來的基督教的支派景教等，但是北朝時期西北地區的居民，十居其九為佛教徒。

從敦煌的情況來看佛教的傳播，這裏早在魏晉之際已出現世居敦煌的月氏裔名僧，許多來自西域的胡僧在進入中原前，也先在此學習漢語，翻譯經典，為佛教向中原傳播作好準備，而文人也有皈依佛教，參與傳經的。但以大多數的民眾來看，十六國前期，敦煌居民的信仰，中原傳統和道教色彩濃厚，到北涼時期才出現較明顯的轉變。到了北朝，佛教經過北魏大力提倡，在中國北方蓬勃發展，敦煌地區也大規模建築佛寺，開鑿石窟，官員、貴族、高僧以及平民信眾在莫高窟、西千佛洞等建窟達四十餘窟，敦煌成為佛教傳播的沃土。

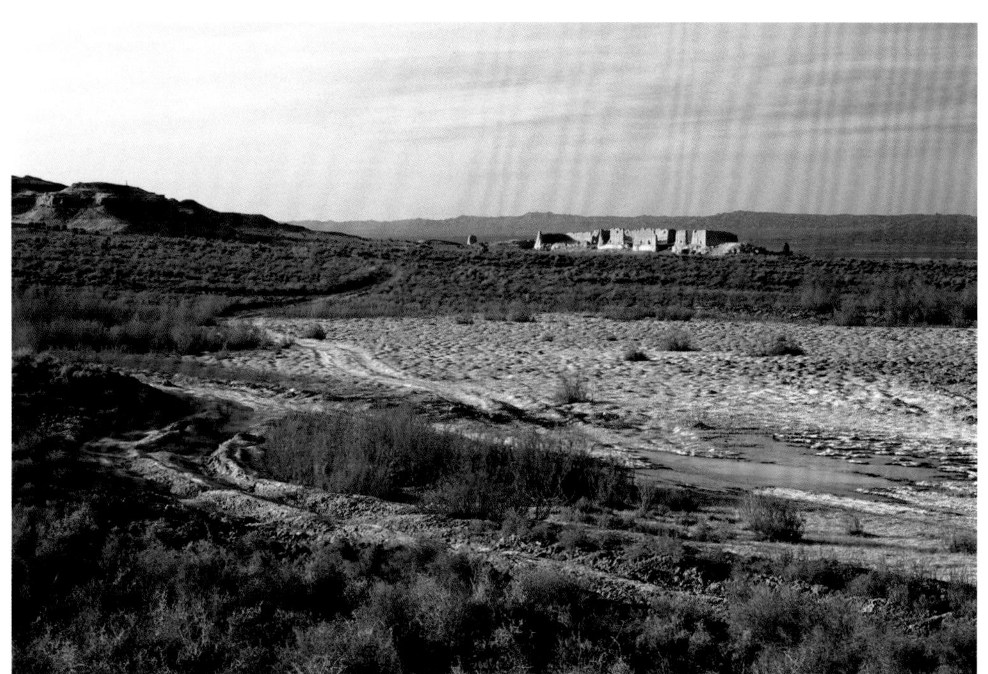

29 河倉城與絲路古道

河倉城又稱大方盤城，位於敦煌西北疏勒河南岸，為漢晉倉儲遺址。據漢簡考證，河倉城為漢代"倉亭燧"。漢代以來出玉門關通往焉耆、龜茲驛路的大磧路即經過這裏。

孫志軍 攝

30 玉門關城堡

關城在敦煌市西北約80公里，建於漢元鼎六年（公元前111年）敦煌建郡前後。相傳新疆和闐的美玉經此輸入中原，故名玉門。玉門關是中原通向西域的門戶。

吳健 攝

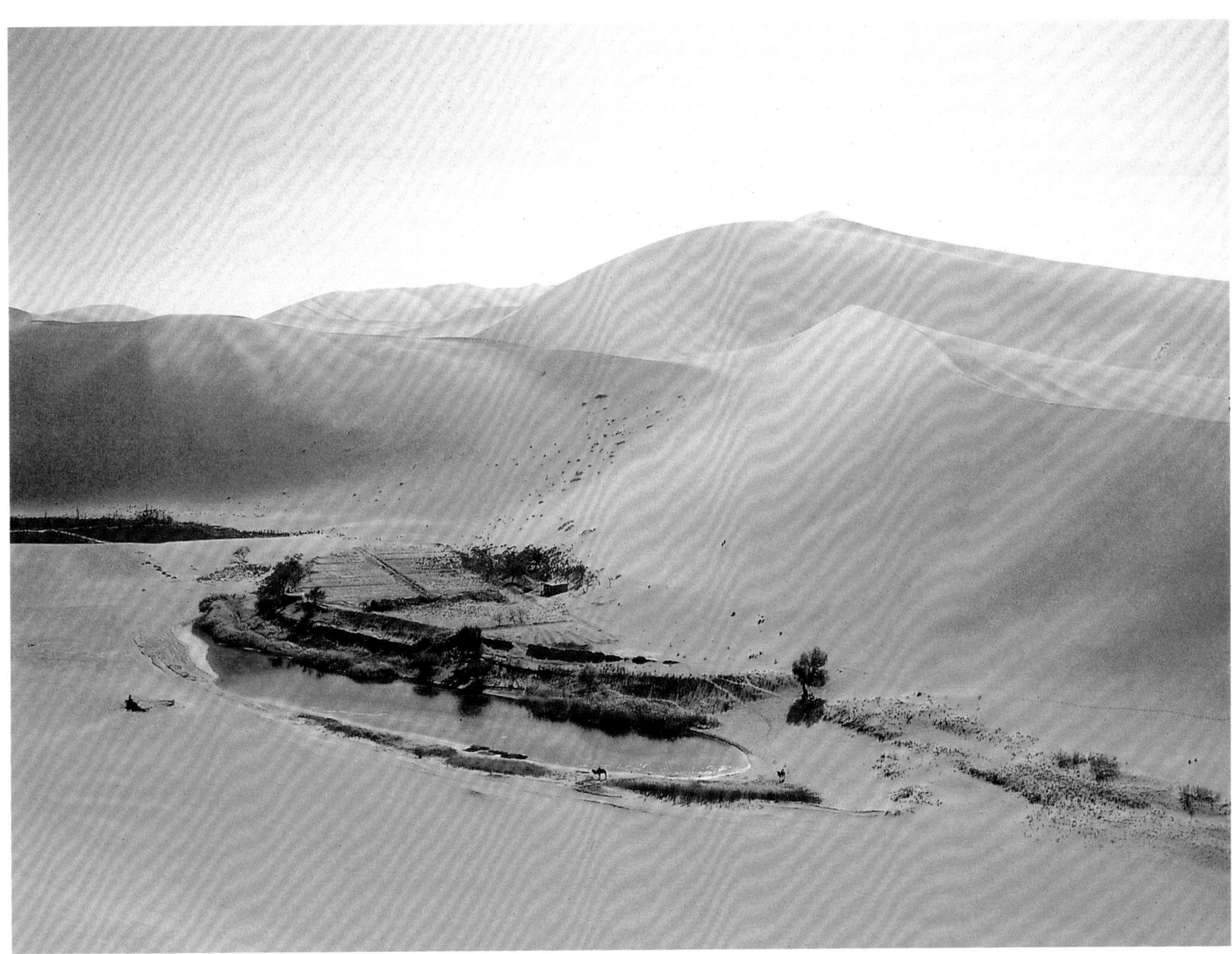

31 **鳴沙山月牙泉**

鳴沙山在敦煌市南5公里，此山東起莫高窟，向西蜿蜒40公里，最高峰海拔1770米。沙山中有一潭月牙狀的清泉，永遠不被周圍的沙山填埋，是敦煌著名風景。
選自商務印書館出版《中國大地》

32 石塔

上半為佛像，像下有古印度婆羅迷字一段，漢文兩段。據研究，婆羅迷字寫的為《像起經》殘文，約刻於五世紀中葉。漢文刻寫《增一阿含經·結禁品》經文。這種北涼時期的石塔，在甘肅敦煌、酒泉和新疆共發現十餘件，這是唯一的兩體文字的石塔。

北涼 敦煌研究院藏

吳健 攝

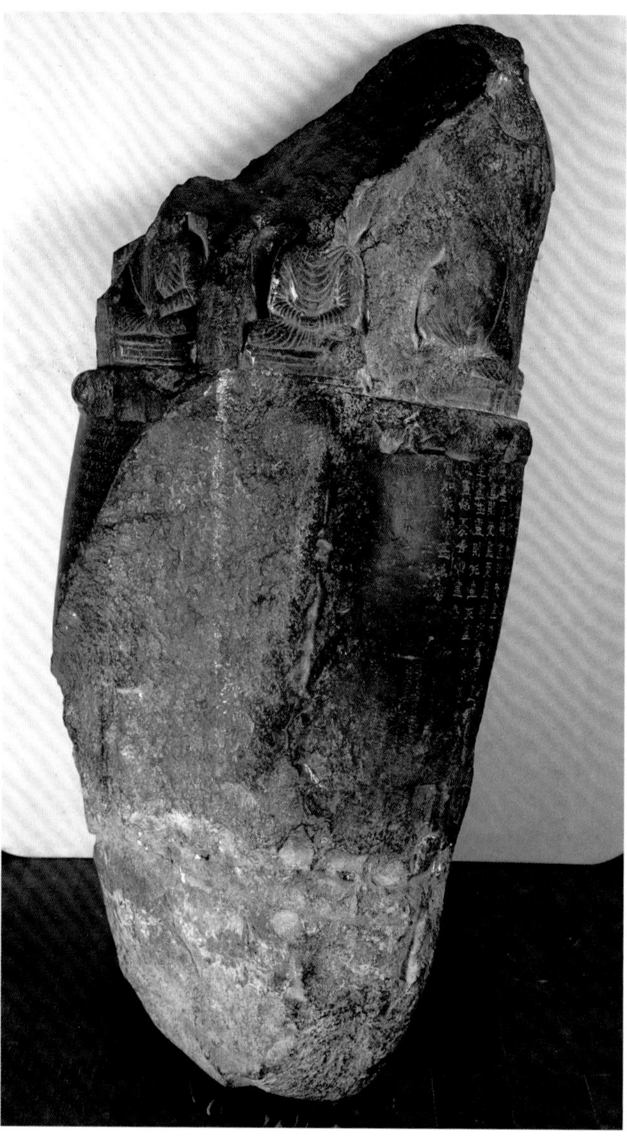

33 銅八角器

八稜柱形，上面和下面是聯珠紋組成的梯形圖案，中間為七個小圓點組成的圓形圖案。八個稜柱面紋樣相同。從形狀、紋飾分析，此器可能來自波斯，用途還有待研究。

敦煌研究院藏

吳健 攝

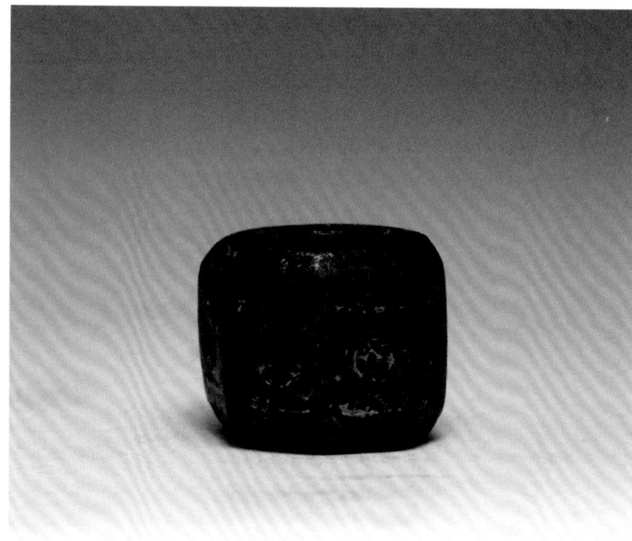

34 **畜牧畫像磚**

河西地區宜耕宜牧，從魏晉時代的墓葬壁畫可知，當地的畜牧業非常蓬勃。

魏晉 嘉峪關魏晉墓七號墓

吳健 攝

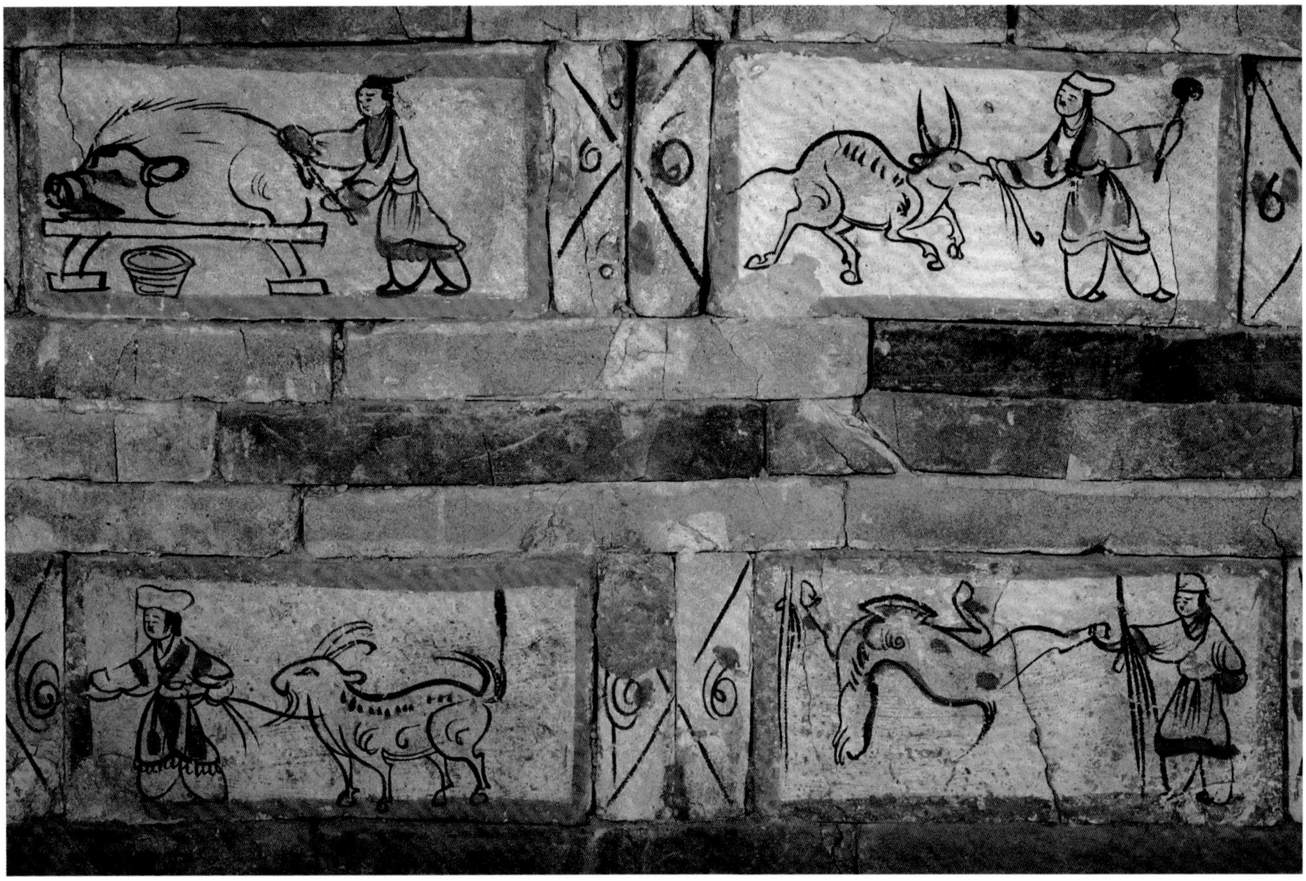

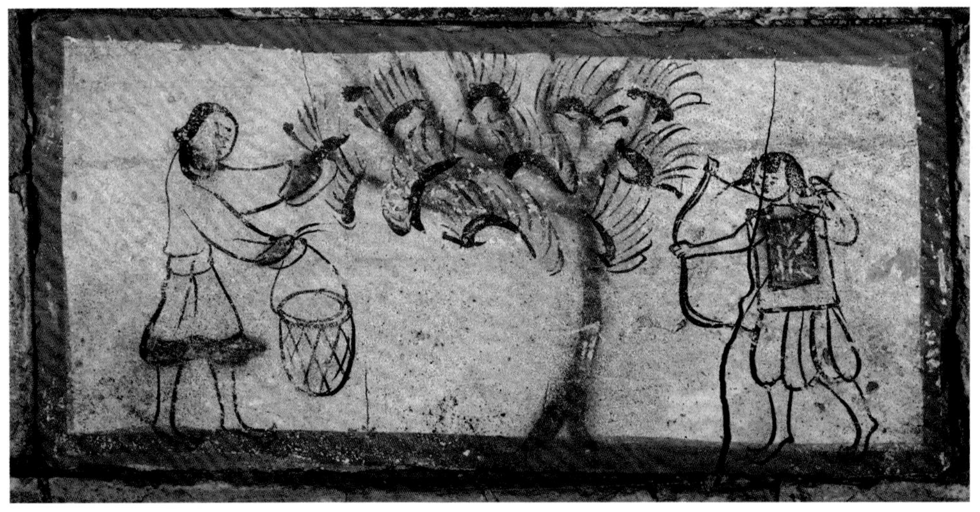

35 **採桑圖**

圖中兩人均赤足，應是少數民族。提籃的少女正採摘桑葉，可見養蠶已成為河西地區的生產活動。

魏晉 嘉峪關魏晉墓七號墓

吳健 攝

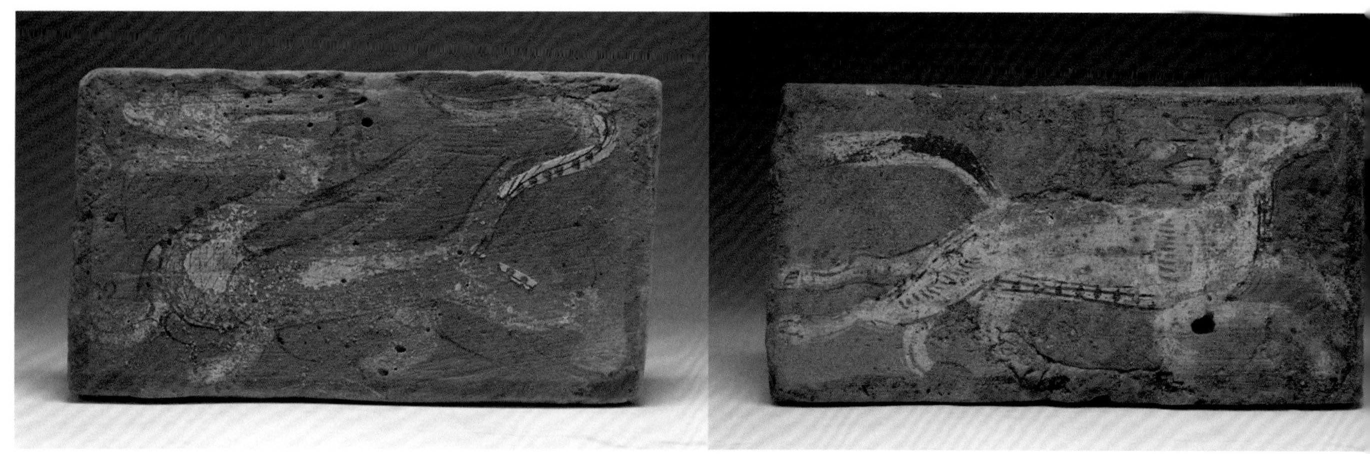

36 青龍畫像磚

龍首高昂，雙目暴突，龍鬚上揚，張口吟嘯。前肢蹬騰，後肢作行進狀。前膀處有排羽狀翼，向上延出，全身畫網格狀鱗，尾部曲揚。圖僞漫漶，墨書"青龍"。

西晉 敦煌市博物館藏

傅立誠 攝

37 麒麟畫像磚

身披羽狀鱗，頭頂劍狀獨角，獸首高昂，四肢作奔躍狀。許慎《說文解字》說："麒麟，仁獸也。麇身，牛尾，一角。"古代以之為祥瑞之獸。磚面榜題"麒麟"。

西晉 敦煌市博物館藏

傅立誠 攝

38 地志

唐地志寫本。首尾俱殘，由七張麻紙黏連成卷，現存一百零六行。起隴右道同穀郡，止嶺南道賀水郡。見於地志的郡（州府）共一百三十八個，縣六百四十一個。其所志郡縣約佔當時中國郡縣總數的百分之四十以上，是研究唐代歷史、地理、軍政、經濟、公廨錢制度等方面的珍貴資料。當中所記諸州貢物，也為研究唐代植物、動物、礦物等自然資源和手工藝品提供了新的線索。

唐 敦煌市博物館藏

傅立誠 攝

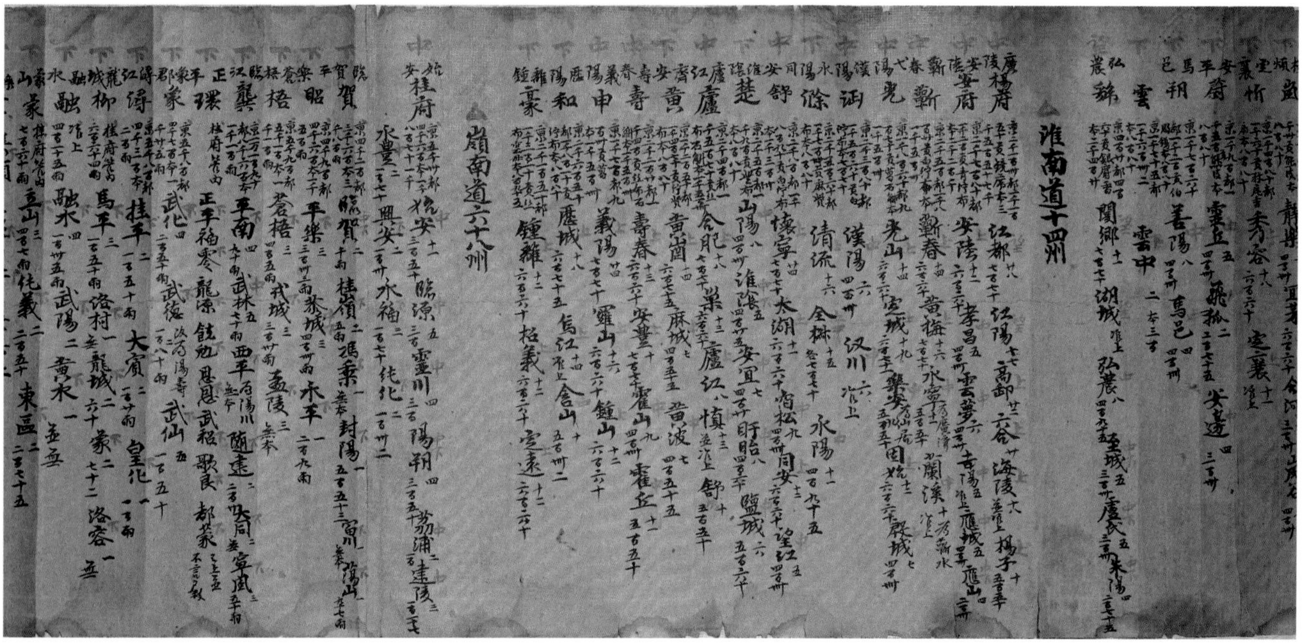

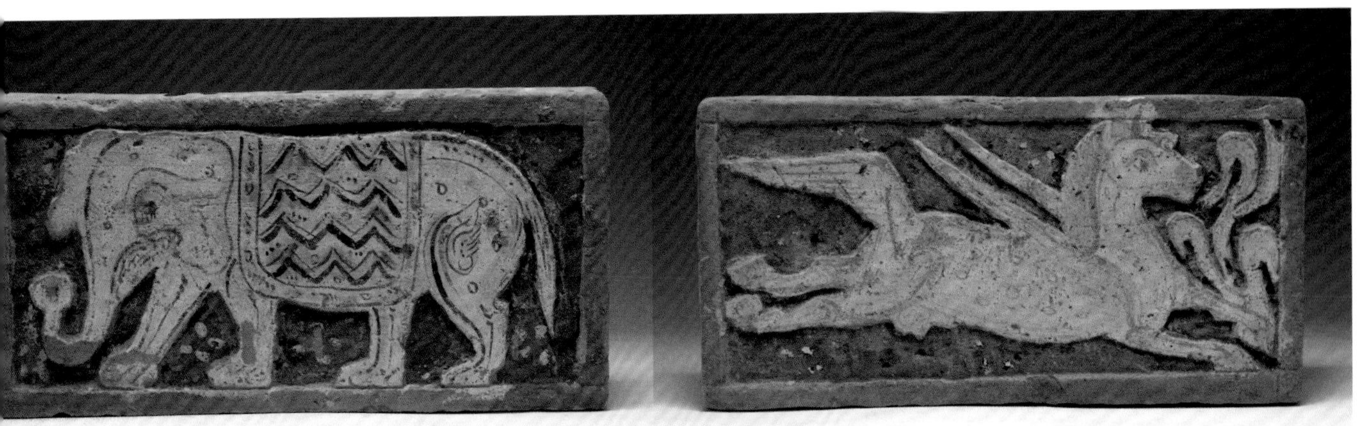

39 白象畫像磚

大象垂首曲鼻，作行走狀，身披山形圖案毯，後胯處起翼。這件白象畫像磚，不僅反映出絲綢之路上往來交流的情況，也說明了帶有佛教色彩的瑞獸在敦煌地區的流傳。

西晉 敦煌市博物館藏

傅立誠 攝

40 翼馬畫像磚

翼馬是傳說中的靈獸。磚上的翼馬立鬃排翼，身有圓點，前肩、後胯處均生翼。

西晉 敦煌市博物館藏

傅立誠 攝

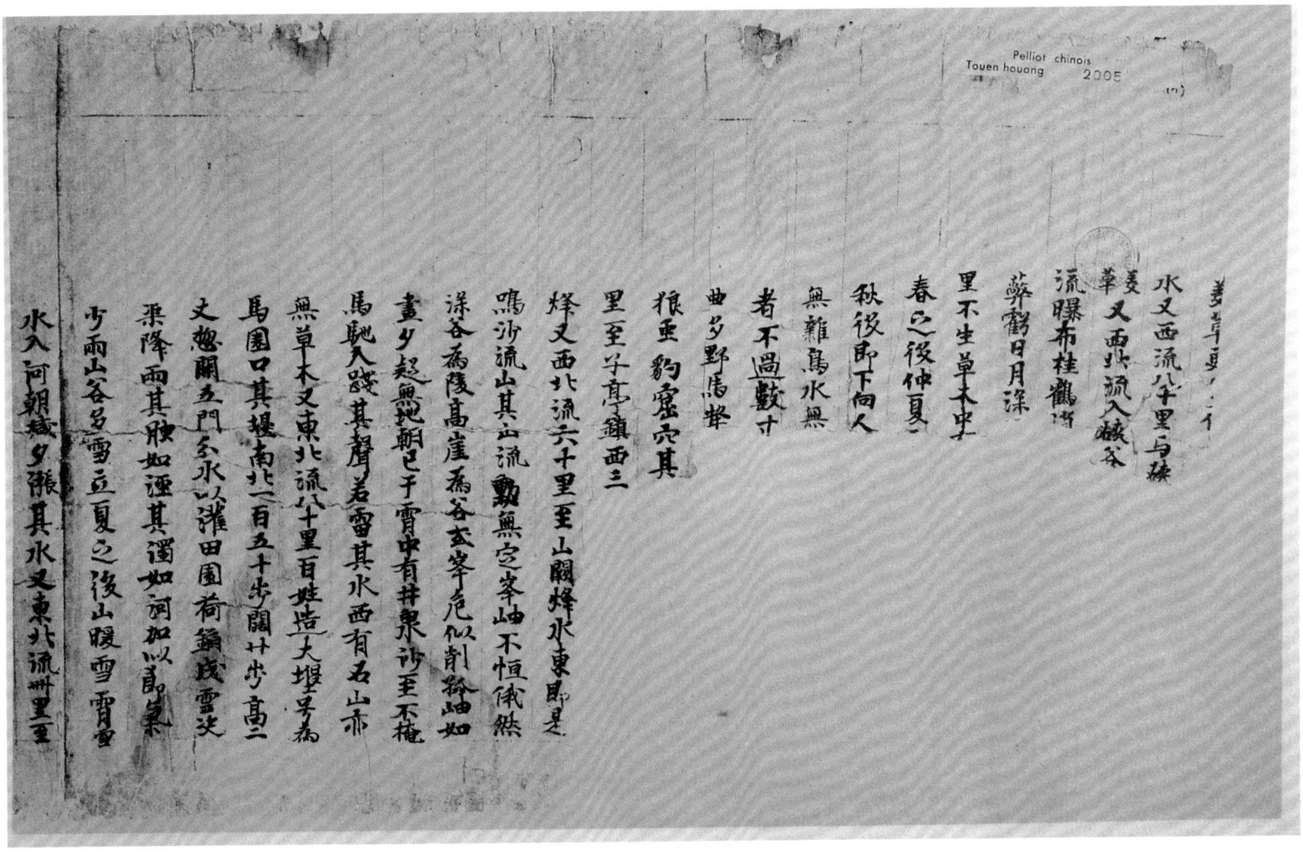

41 沙州都督府圖經

唐代沙州的地志。武周萬歲通天元年（696年）編纂《沙州圖經》五卷，唐永泰二年（766年）沙州升為都督府，改名《沙州都督府圖經》。此圖經保存了唐代敦煌縣河流、水渠、泉澤、堤堰、道路、驛館、學校以至"歌謠"等豐富資料，對研究敦煌歷史、地理、人文有重要價值。

唐 敦煌藏經洞出土

選自《法藏敦煌文獻》1

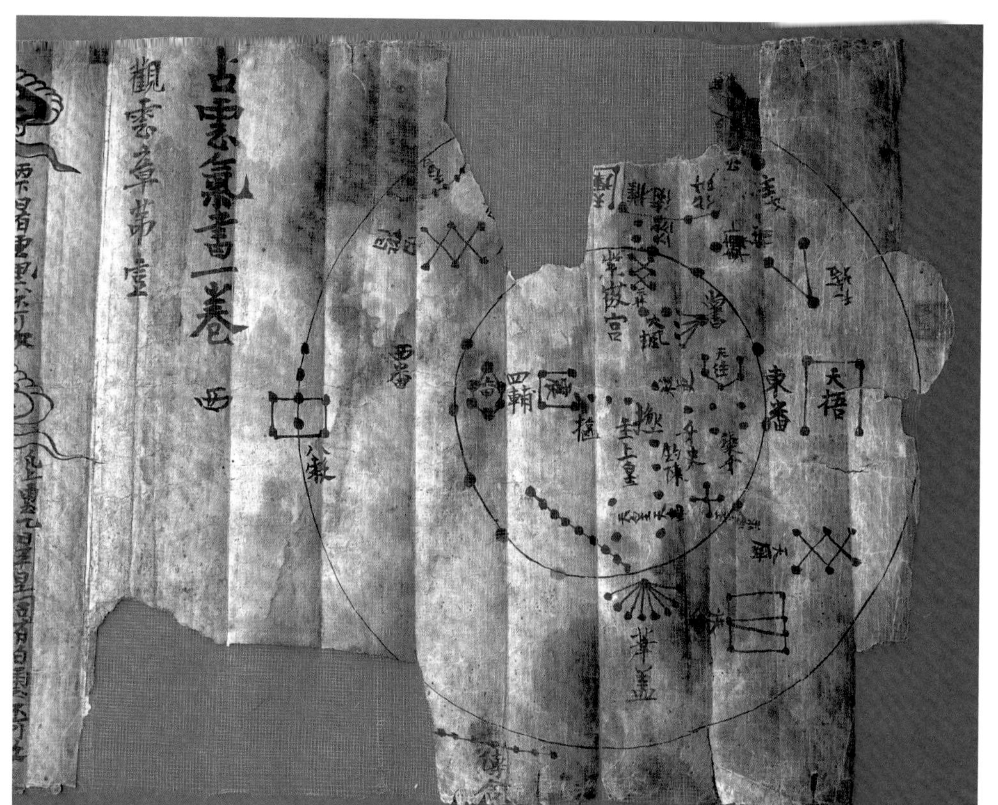

42 紫微垣星圖

現存圖高、寬各31厘米，其方位是上南、下北、左西、右東，與同時代星圖的方位不同，但同仰視星空一致。圖中星用紅、黑二色標示，凡不屬紫微宮的星，雖離北極星較近，也略去不繪。反之，凡屬紫微宮的，雖離北極星較遠均繪出。現存星名三十二個，一百三十八星。據圖中傳舍、八谷、文昌等星位置推測，此圖的觀測地點大概在西安、洛陽等地，故此有可能是從中原傳來敦煌的。

唐 敦煌市博物館藏

傅立誠 攝

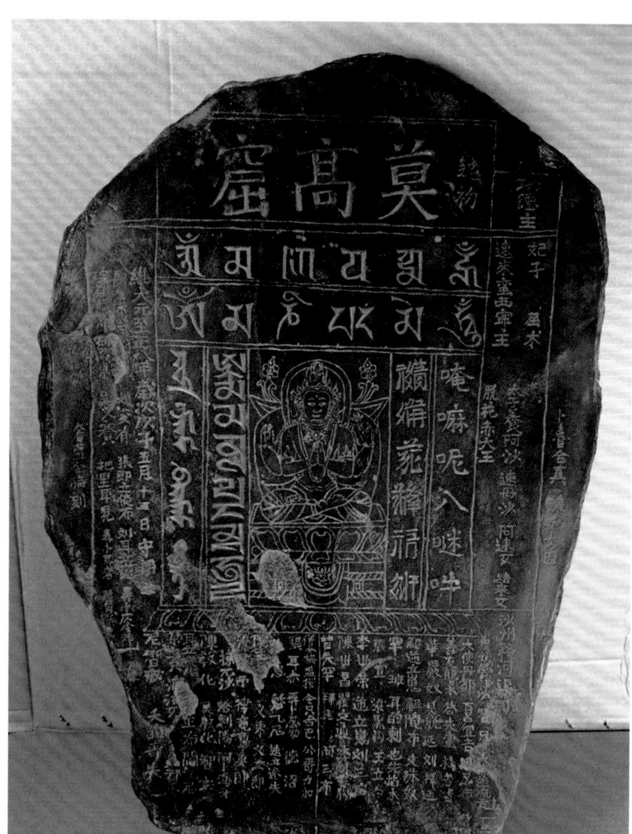

43 莫高窟六字真言碣

元代莫高窟造像碣。殘石高75厘米，寬57厘米。上額横刻“莫高窟”三字，碑心刻四臂觀音坐像。坐像上方及左右兩側各刻“六字真言”兩行，每行一種文字，計有梵、藏、漢、西夏、八思巴蒙古、回鶻等六種文字。碑上還有功德主、當地官員、僧人和長老等的題名。這碣説明元代敦煌地區的佛教仍盛，信眾更不限族屬。

元 敦煌研究院藏

吴健 攝

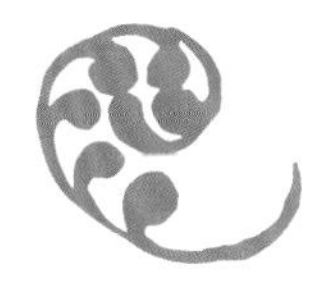

多民族活動的舞台

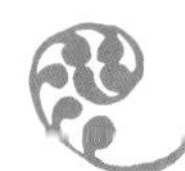

第一節　多民族聚居之地

敦煌是一個多民族聚居之地，自漢以來，當地居民已和移居的漢族融合，絲路又匯集來自四面八方的民族，各族在敦煌停留、雜居，互相滲透、影響，共同創造敦煌的歷史和文化。南朝劉昭注《後漢書》引《耆舊志》的一段話很能概括箇中情況：敦煌"國當乾位，地列艮墟，水有懸泉之神，山有鳴沙之異，川無蛇虺，澤無兕虎，華戎所交一都會也。"

其實，"敦煌"一詞的來源已經體現多民族並存的特點。敦煌一名最早應為當地少數民族居民所取地名的音譯。有學者認為，戰國至秦漢，河西地區活動着説伊朗語和吐火羅語兩種屬印歐語系語言的部族，因此敦煌一名可能源於印歐語系。也有提出敦煌是古代民族"吐火羅"的另一譯名，説是吐火羅人在《山海經》中譯為"敦薨"，而敦煌在漢代以前可能就叫敦薨。也有據"祁連"是匈奴語中"天"的譯音，推斷與祁連並用的"敦煌"也應是少數民族語等等。今天我們公認的"敦，大也，煌，盛也"之説，也許並非它最初的語源，卻生動體現了敦煌多民族共存，多元文化兼容並蓄的襟懷。而敦煌石窟所反映的，相當程度就是一種多民族多元文化的融合。

漢族在敦煌的開發

漢代之前，敦煌曾經是烏孫、月氏、匈奴等族的遊牧之所。從漢代開始，漢族居民逐漸成為主體，這與敦煌的戰略位置及漢代以來的移民有關係。

敦煌地處西北，在漢朝控制河西以後，漢武帝將此邊陲之地視作"臂掖"，屯兵佈防，把這裏發展成為開發西域和捍衛中原的前沿陣地。中原王朝從內地大量移民到河西戍邊。西漢時，河西戍卒達三十萬人，與當地原有的二十八萬居民共同捍衛和開發邊陲。元鼎六年（公元前111年）敦煌設郡，敦煌之名，據當地民族語音寫成漢字。西漢末年，敦煌郡發展成為擁有一萬一千餘戶、三萬八千多人的城鎮。

魏晉南北朝時期，敦煌又掀起了移民高潮。西晉末年，中原地區接連遭受戰亂，而河西局勢卻相對穩定，吸引了一批從中原避亂而來的士人，加上漢代屯田戍邊的漢族軍士後裔，敦煌居民的民族結構發生根本變化，形成以漢族為主體的多民族成分，經濟從遊牧過渡到農牧，並形成貿易中心。漢族移民帶來中原先進的生產技術和文明程度較高的生活方式，他們同河西人民一道，促進河西地區經濟、文化的發展。

雖然漢人大量增加，但敦煌仍然是多民族雜居的地方。從自然條件上看，敦煌所在的河西是一個宜耕宜牧的地區，祁連山的融雪形成的大小河流，滋潤着山前豐曠之野，使水草茂密，適合作為牛羊的牧場；澆灌了走廊南北兩山之間的平坦土地，使之成為可資耕種的農地。這種宜耕宜牧的自然環境不僅吸引了農耕為生的漢人，也吸引了以畜牧為業的諸多部族。

各族消長相繼

敦煌是漢族和其他民族共同的家園，曾經在這裏活動的民族，多不勝數。

上古的河西地區，生活着以遊牧為生的羌人。戰國到漢初，這裏又是烏孫、月氏、匈奴等族的牧場。西漢建郡以來的二千多年，敦煌更成為眾多民族聯繫交往的路口要埠。

漢以來在河西附近或中原建國，勢力及於敦煌的，除了漢唐等漢人朝代外，還有五胡的鮮卑（北魏、西魏、北周）、氐（前秦）、匈奴支裔盧水胡（後涼），起自漠北的匈奴、突厥、蒙古（元），來自青藏高原的吐蕃，與鮮卑可能有關係的黨項（西夏）。作為一方勢力在河西以至敦煌有活動的還有回鶻、鮮卑的支裔吐谷渾。因絲路貿易而在敦煌停留甚至居留的族屬就更多了，他們的原居之地有遠離河西的，活動能量也不限於依賴軍事勢力，像中亞的粟特人，西亞的薩珊波斯人、阿拉伯人，多來經商；南亞的印度人、因避匈奴已西遷的月氏人，不少東來傳教。還有新疆綠洲的居民，因地緣關係，與敦煌從來都很密切，在新疆分成南北路的絲路，總湊於敦煌然後入中原，因此敦煌與南北疆的綠洲王國一直有來往。隋代曾在河西召集西域二十七國的國王和使者，一時冠蓋雲集。晚唐五代時敦煌張姓和曹姓的歸義軍，不可能完全依靠已衰弱的中央政府來維持其勢力，因此與附近的民族既有抗衡，又要維持良好關係，與南疆的于闐國雖然族屬不同（于闐國的王族可能是操伊朗語的塞人），但因為同樣信仰佛教，在伊斯蘭教勢力東漸時，互相支持，結成聯姻關係。現在敦煌壁畫還可以見到于闐故事題材的影響。

僅以絲路上有名的商業民族粟特來看，在敦煌不僅曾有過他們的聚居地，還有他們所信祆教的寺廟和賽祆活動，粟特人信仰祆教而不在中國傳教，有自己的社區和組織，但他們的幻術、歌舞在中國極有名，影響很大，加上他們幾代人入居中國，他們的風俗習慣其實已滲透到漢族之中，他們自己也逐漸漢化，敦煌石窟雖然沒有一個為粟特人所開，沒有一幅專門表現粟特人的壁畫，但千絲萬縷的關係正點滴顯露出來。

總的來說，以上這些民族在敦煌的活動可說盛衰相繼，同一時間活動的民族亦有不少，因此“華戎所交一都會”的複雜面目，一直都是研究的熱點，未來尚有許多等待細緻發掘的地方。

44 **西魏王族**
西魏 莫285 南壁
吳健 攝

45 **西魏禪僧**
西魏 莫285 北坡
吳健 攝

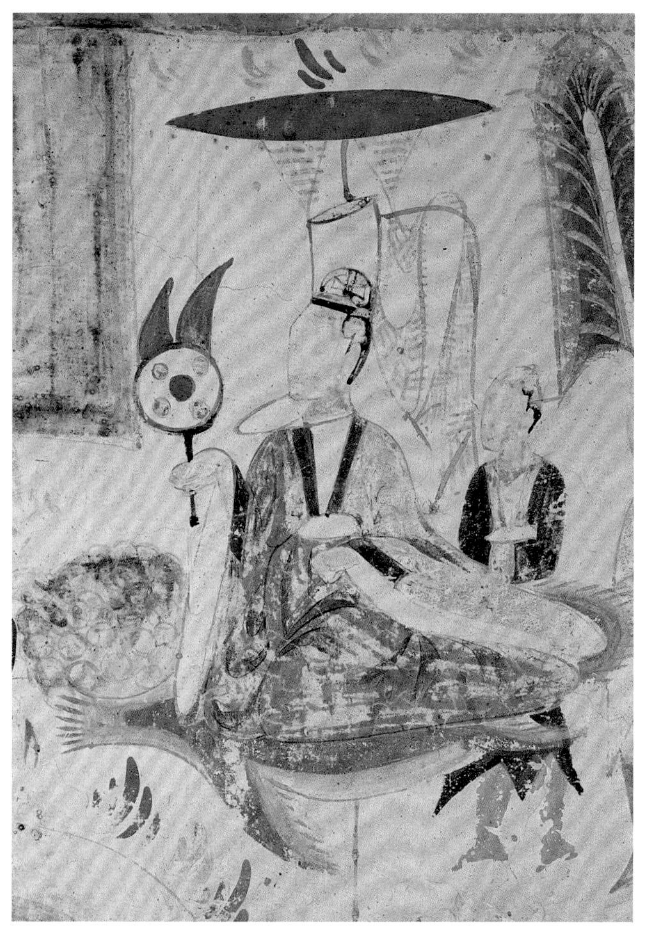

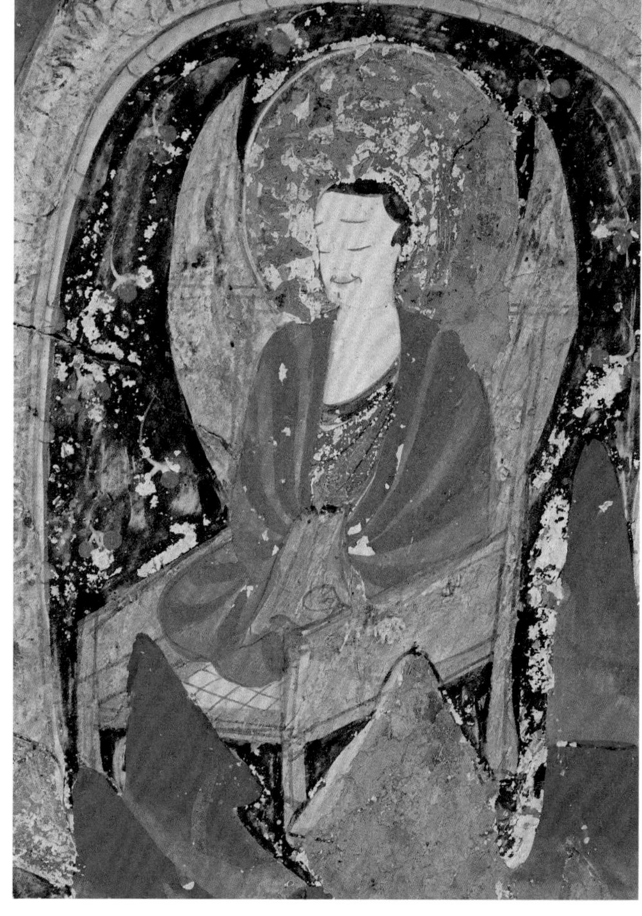

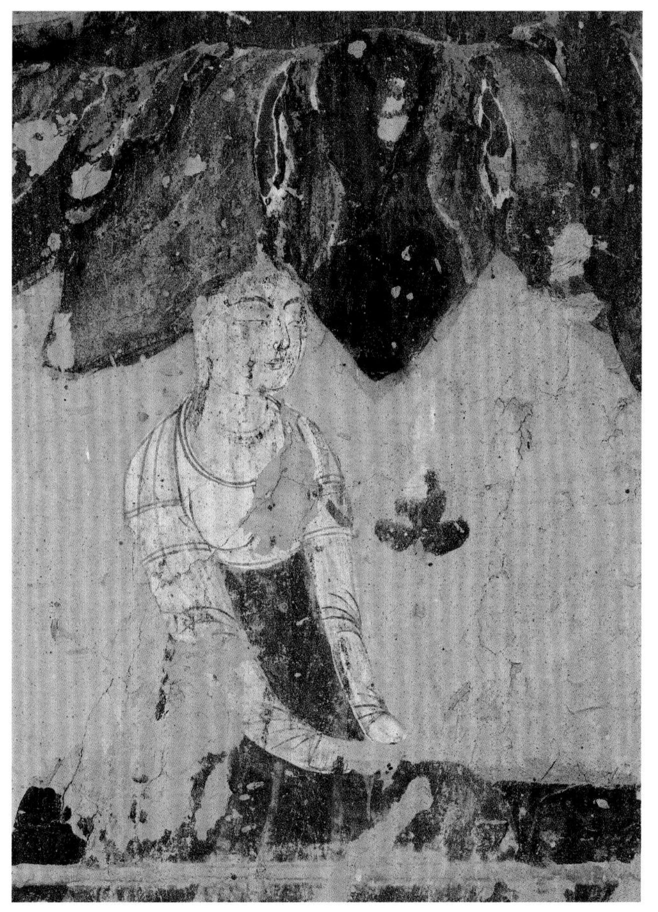

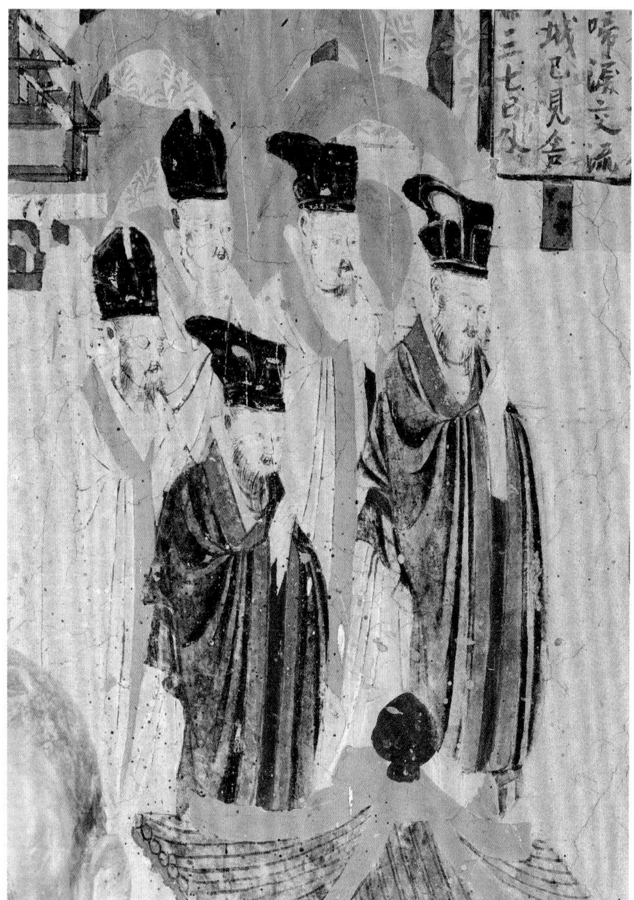

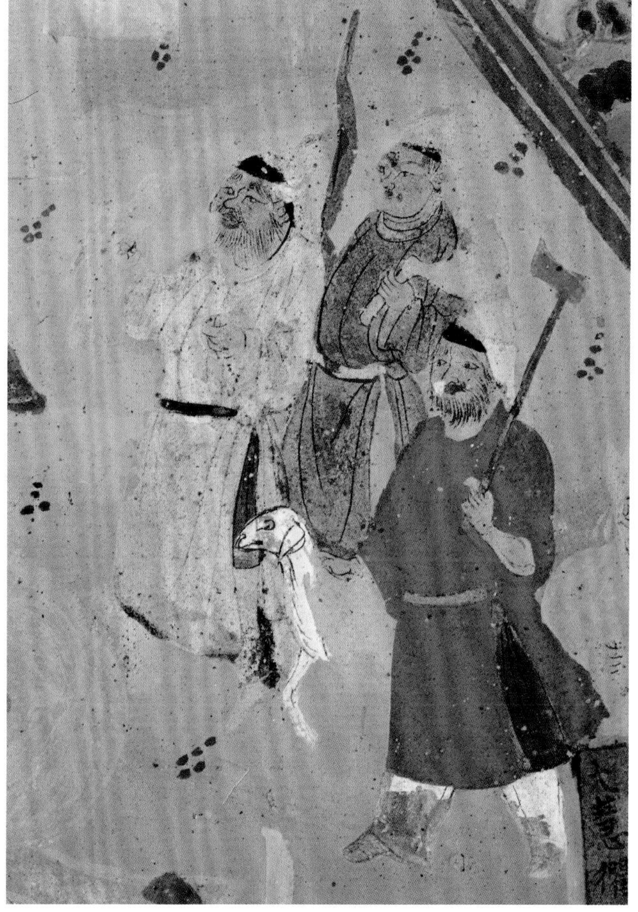

46 **唐代漢族貴婦**
初唐 莫329 東壁
吳健 攝

47 **唐代漢族王侯與官員**
盛唐 莫148 西壁
吳健 攝

48 **唐代庶族男子**
晚唐 莫85 窟頂東坡
孫志軍 攝

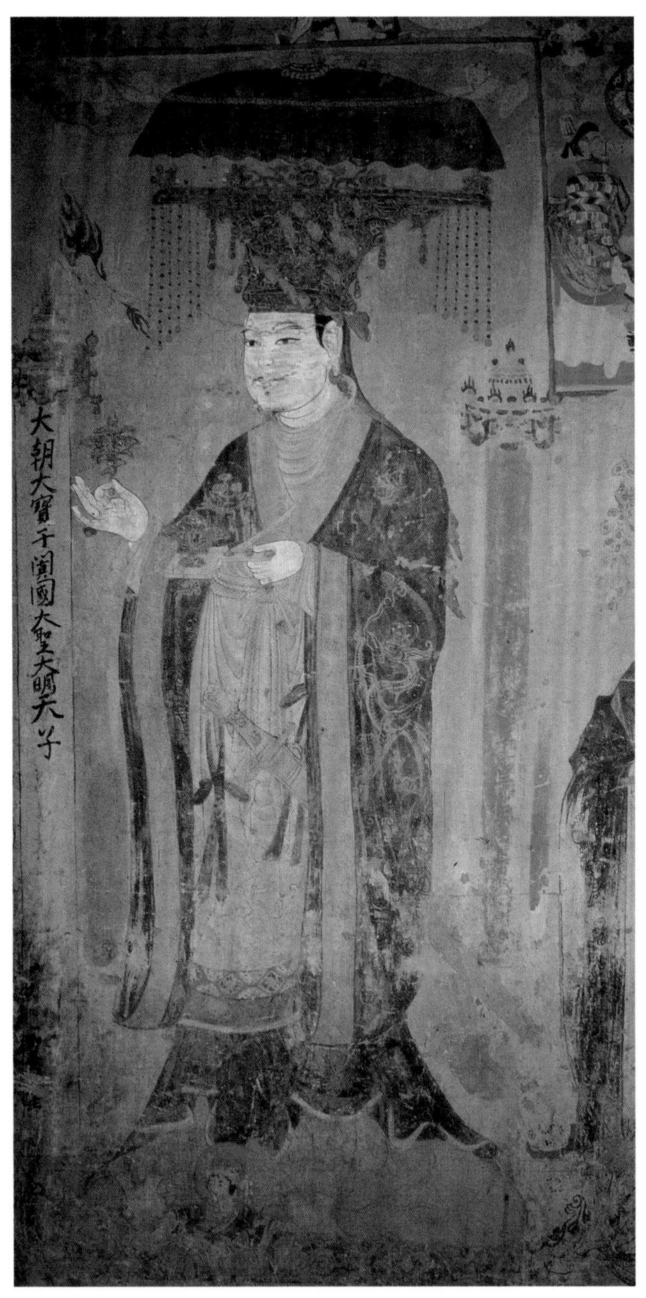

49 穿冕服的于闐國王

五代 莫98 東壁

吳健 攝

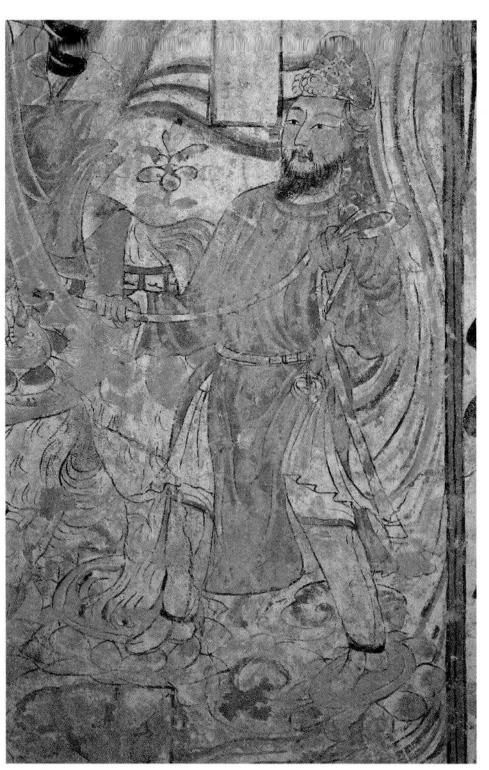

50 穿常服的于闐國王

五代 莫220 甬道北壁

吳健 攝

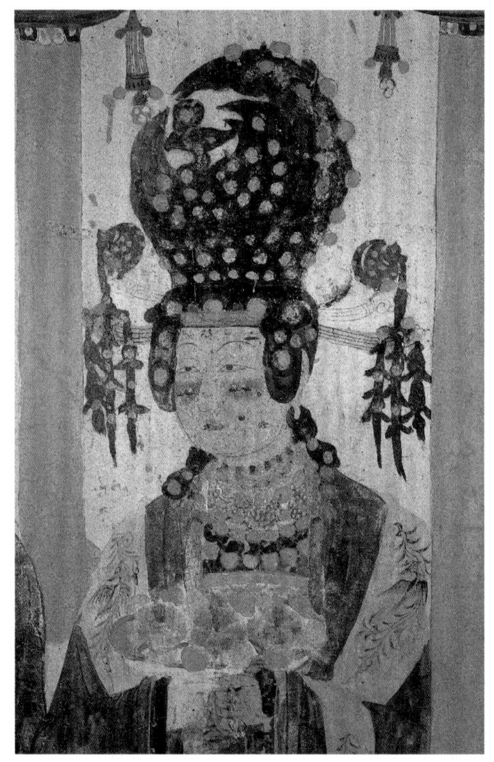

51 于闐王后

五代 莫61 東壁

孫志軍 攝

52 穿禮服的回鶻貴族

五代 榆39 甬道
吳健 攝

53 回鶻王妃

五代 莫409 東壁
吳健 攝

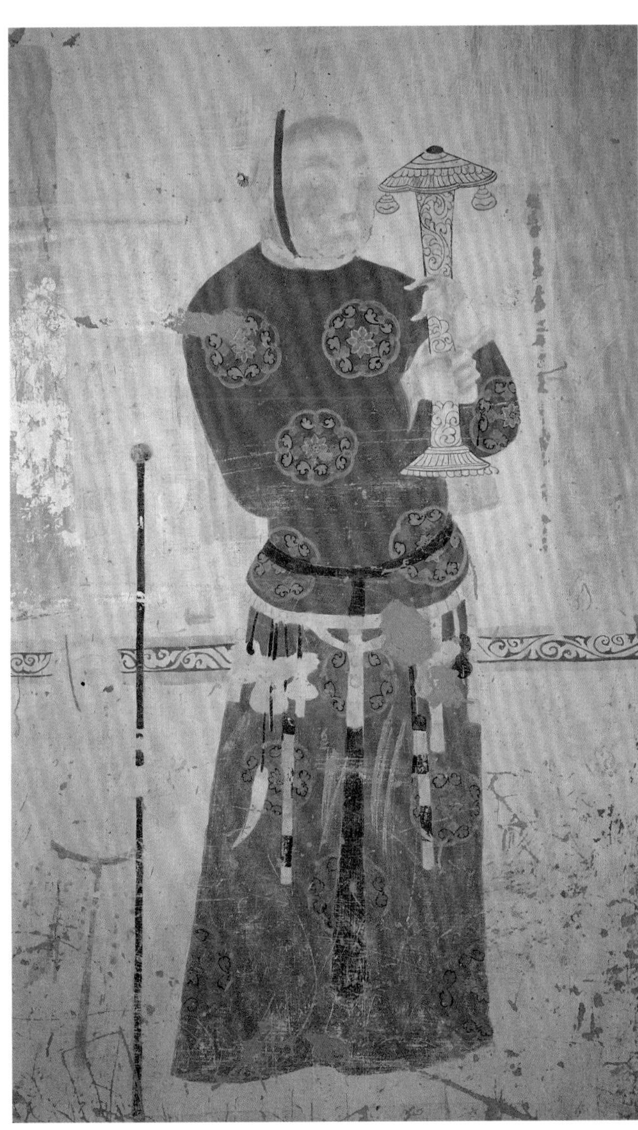

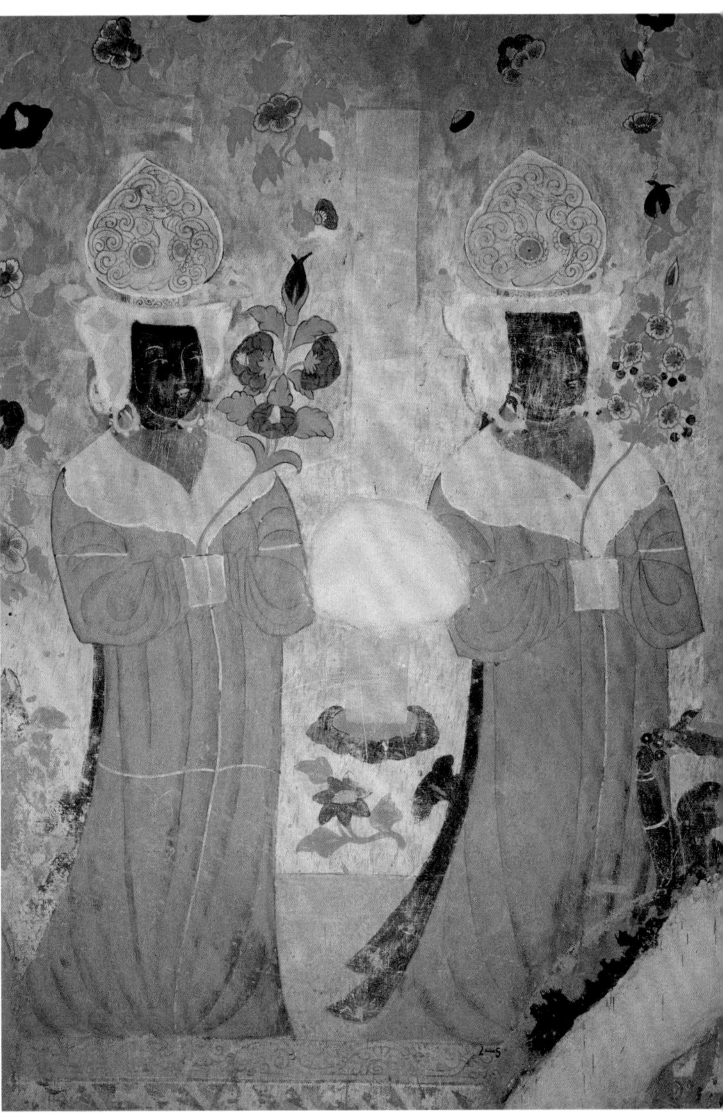

54 吐蕃新郎與新娘
中唐 榆25 北壁
孫志軍 攝

55 穿禮服的吐蕃贊普
中唐 莫360 東壁
吳健 攝

56 吐蕃貴婦
宋 莫454 東壁
吳健 攝

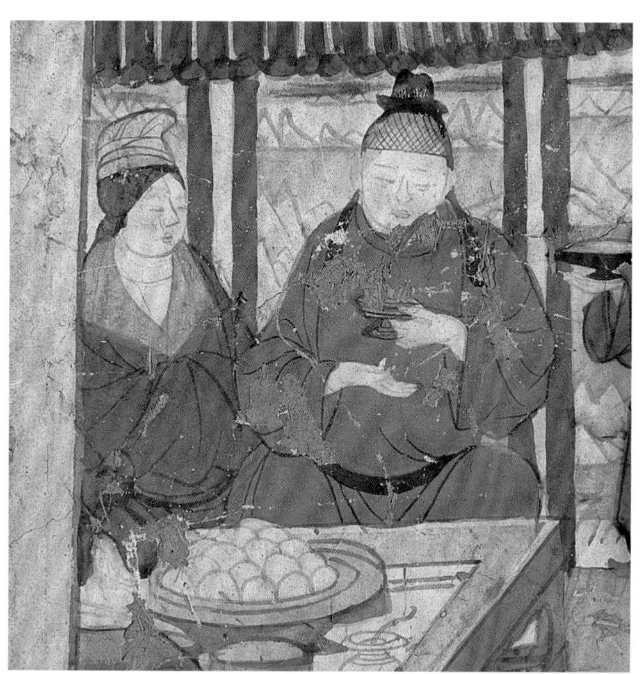

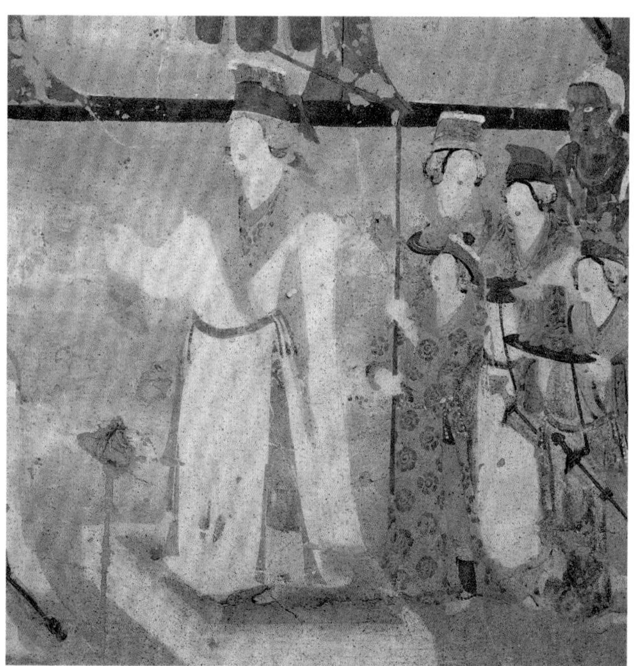

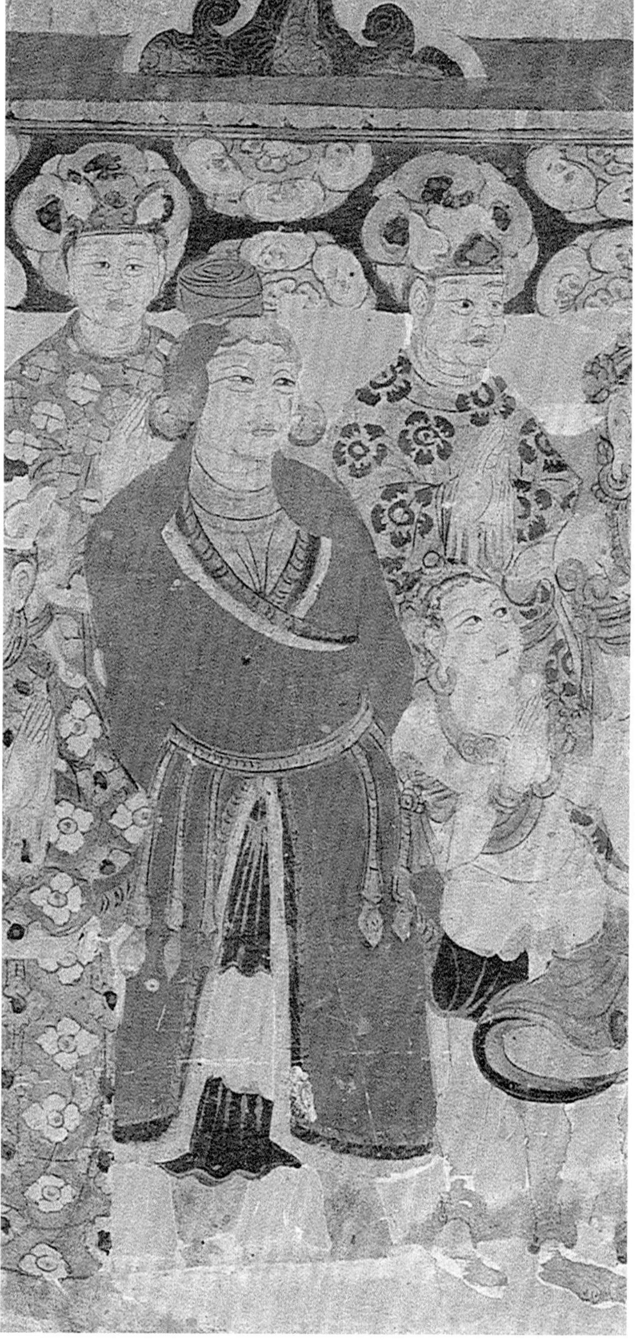

57 **西夏武官**
西夏 榆29 南壁
吳健 攝

58 **西夏僧國師**
西夏 榆29 東壁門東
吳健 攝

59 **西夏供佛童子**
西夏 榆29 南壁
吳健 攝

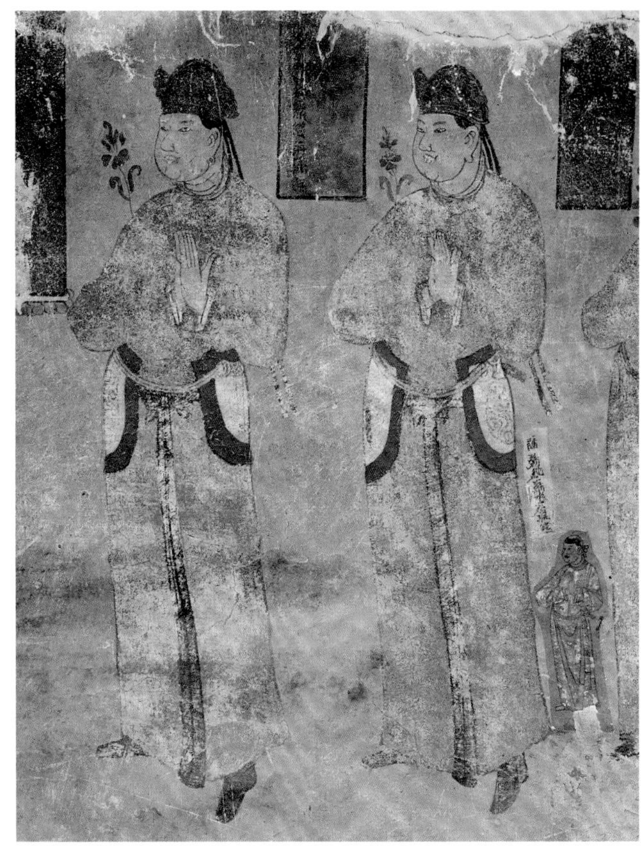

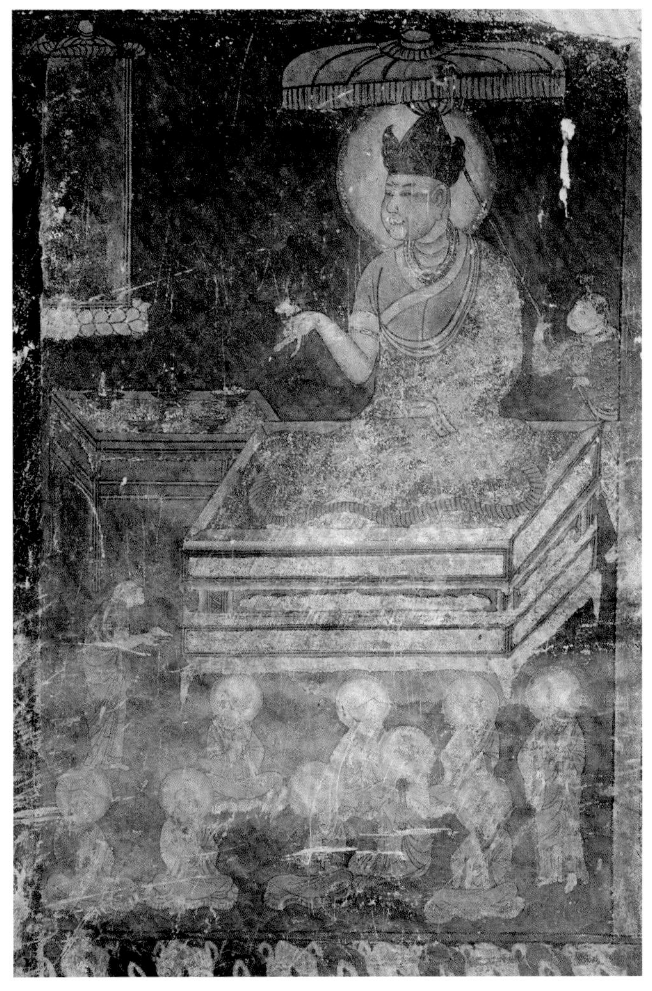

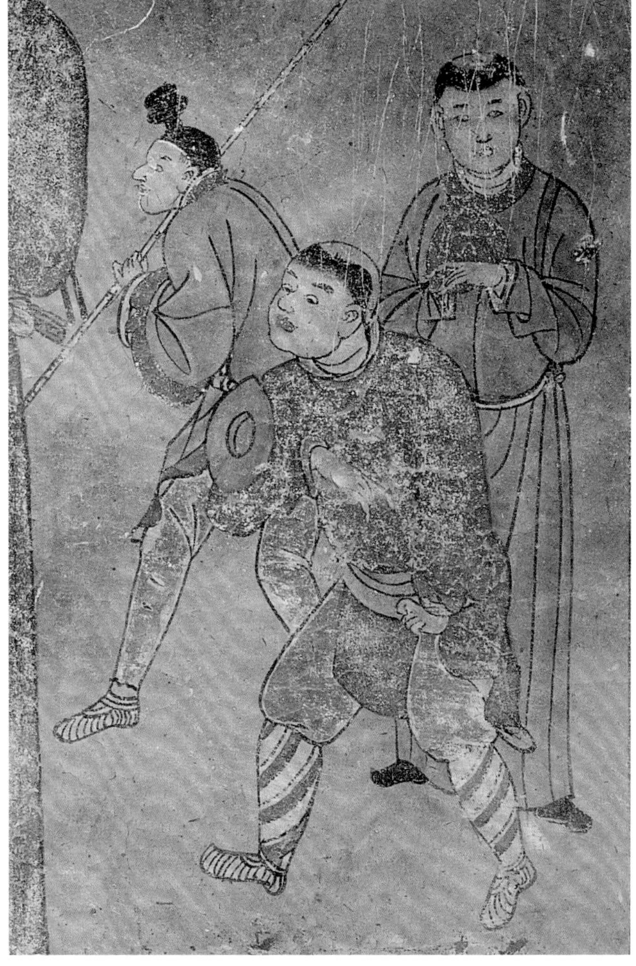

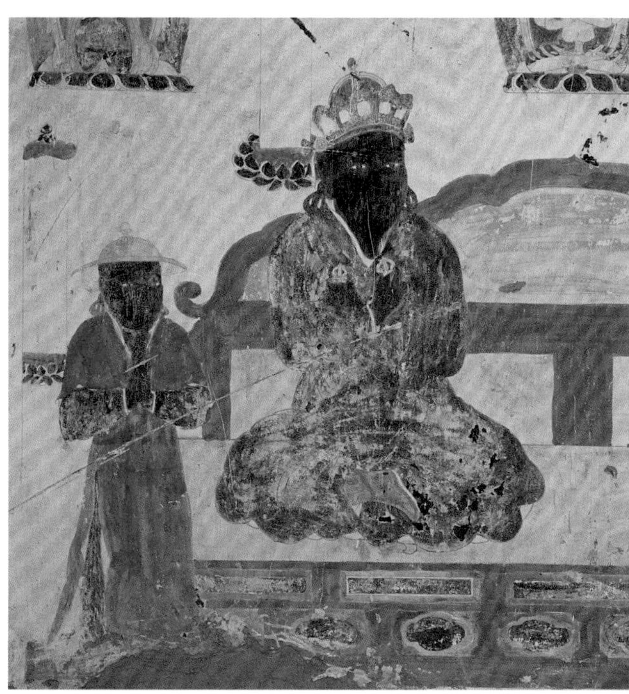

60 **蒙古貴族**
元 榆6 前室西壁
吳健 攝

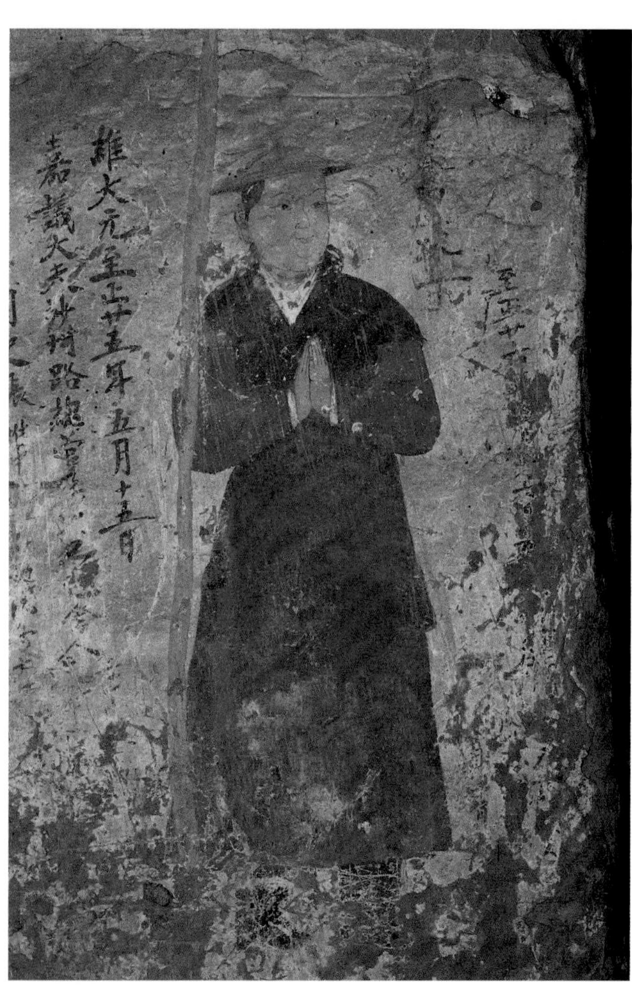

61 **蒙古貴族**
元 榆3 甬道
吳健 攝

62 **來往於絲路上的少數民族與外國使臣**
盛唐 莫103 東壁窟門南側
孫志軍 攝

63 **昆侖奴**
中唐 榆25 西壁南側
孫志軍 攝

64 **印度穿紗麗舞者**
北魏 莫251 北壁
吳健 攝

65 **印度人形象的火天神**
中唐 莫360 南壁
吳健 攝

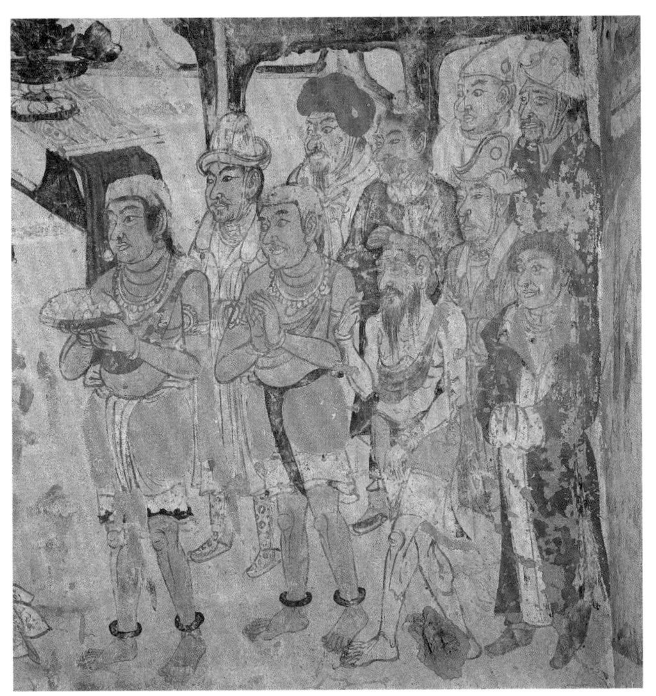

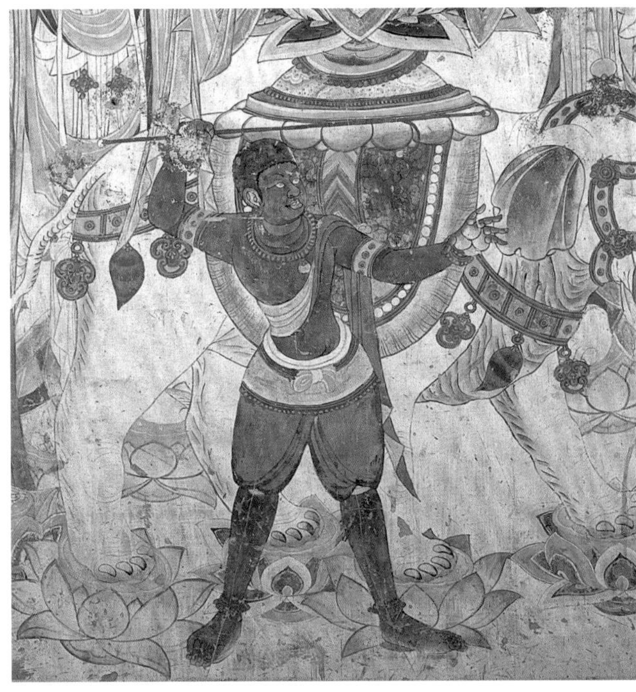

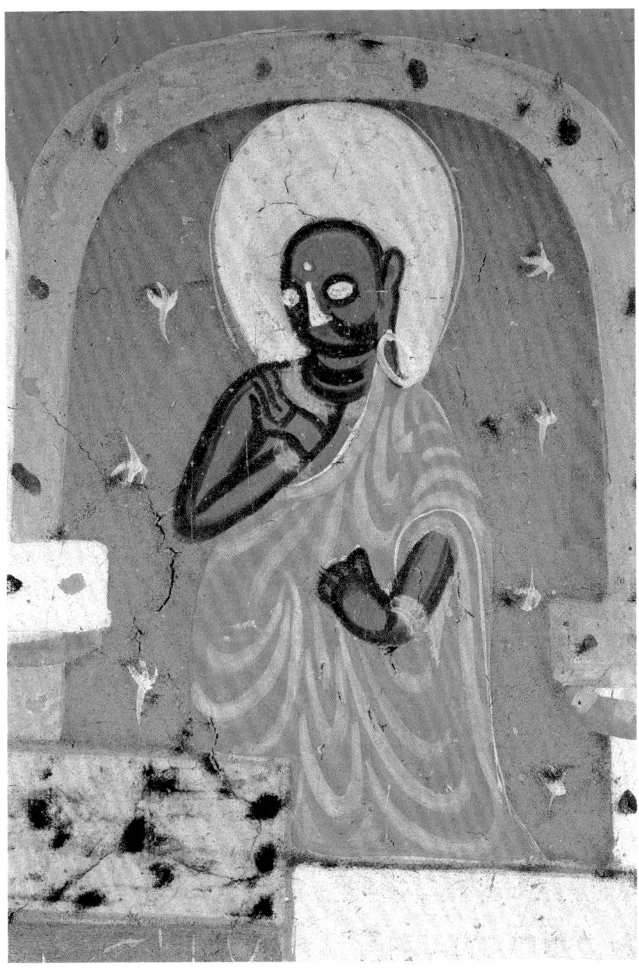

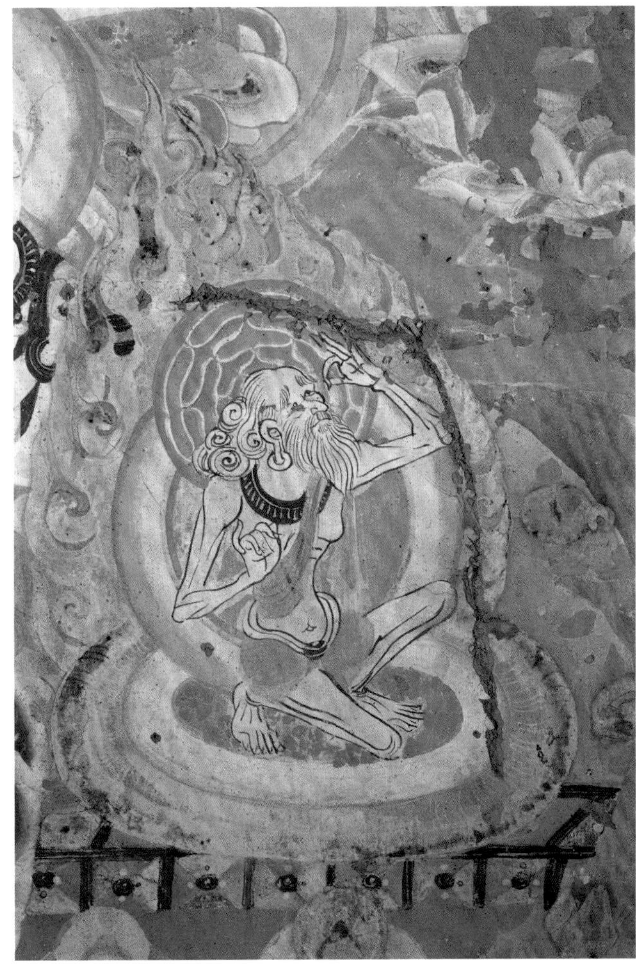

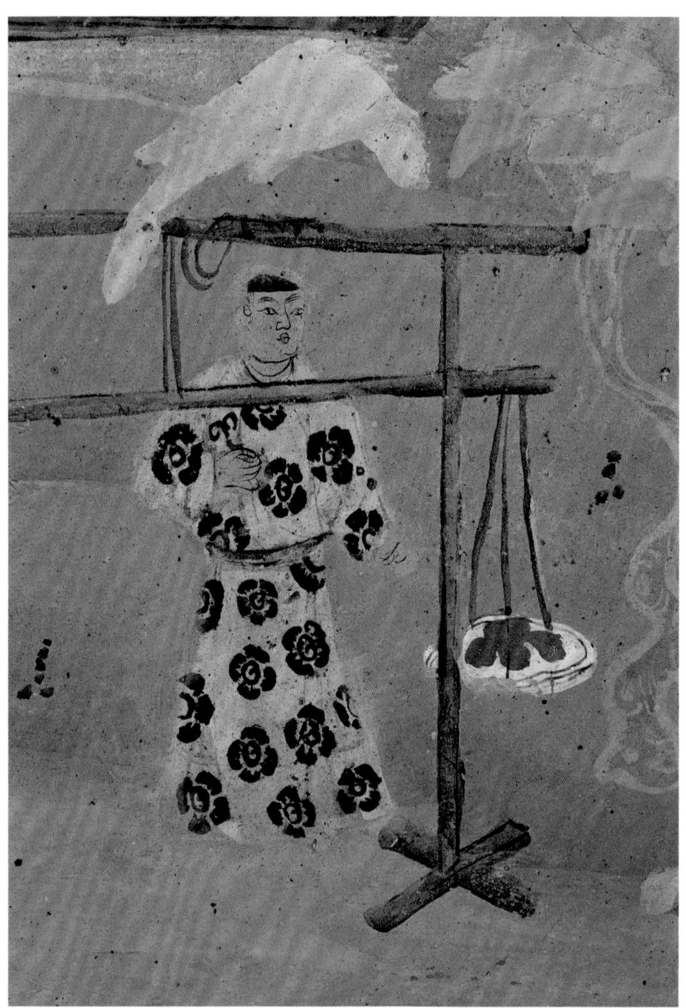

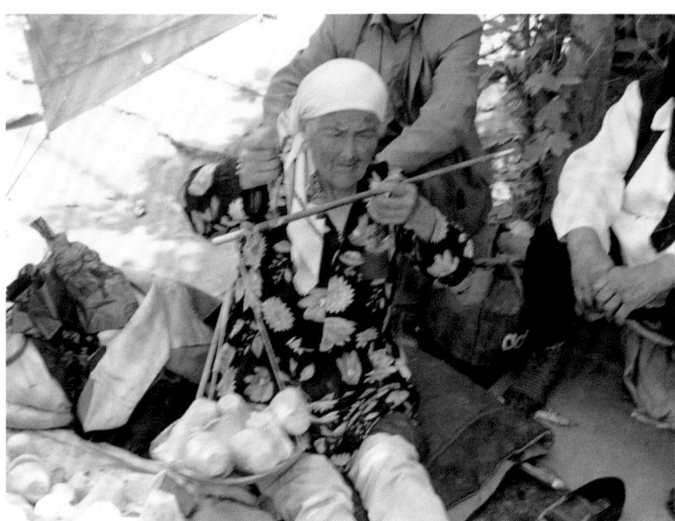

66 **壁畫中的小商人**
晚唐 莫85 東坡
吳健 攝

67 **維吾爾族賣貨老婦**
張偉文 攝

壁畫描繪的小商人，正在掌秤賣貨，應該是晚唐時市井的寫照。一千年後，這位維吾爾族的老婦在市集中仍然用相同的方式賣貨。

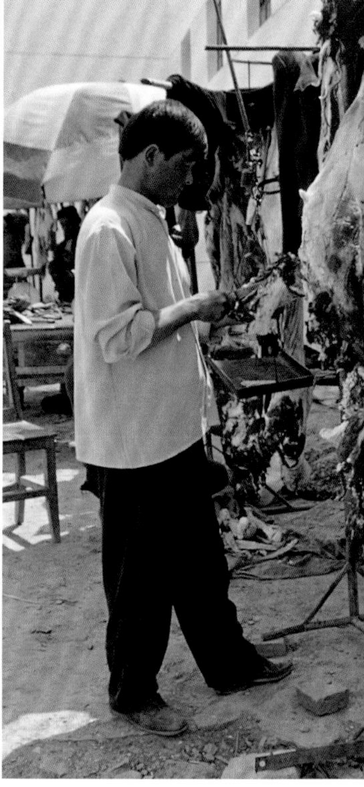

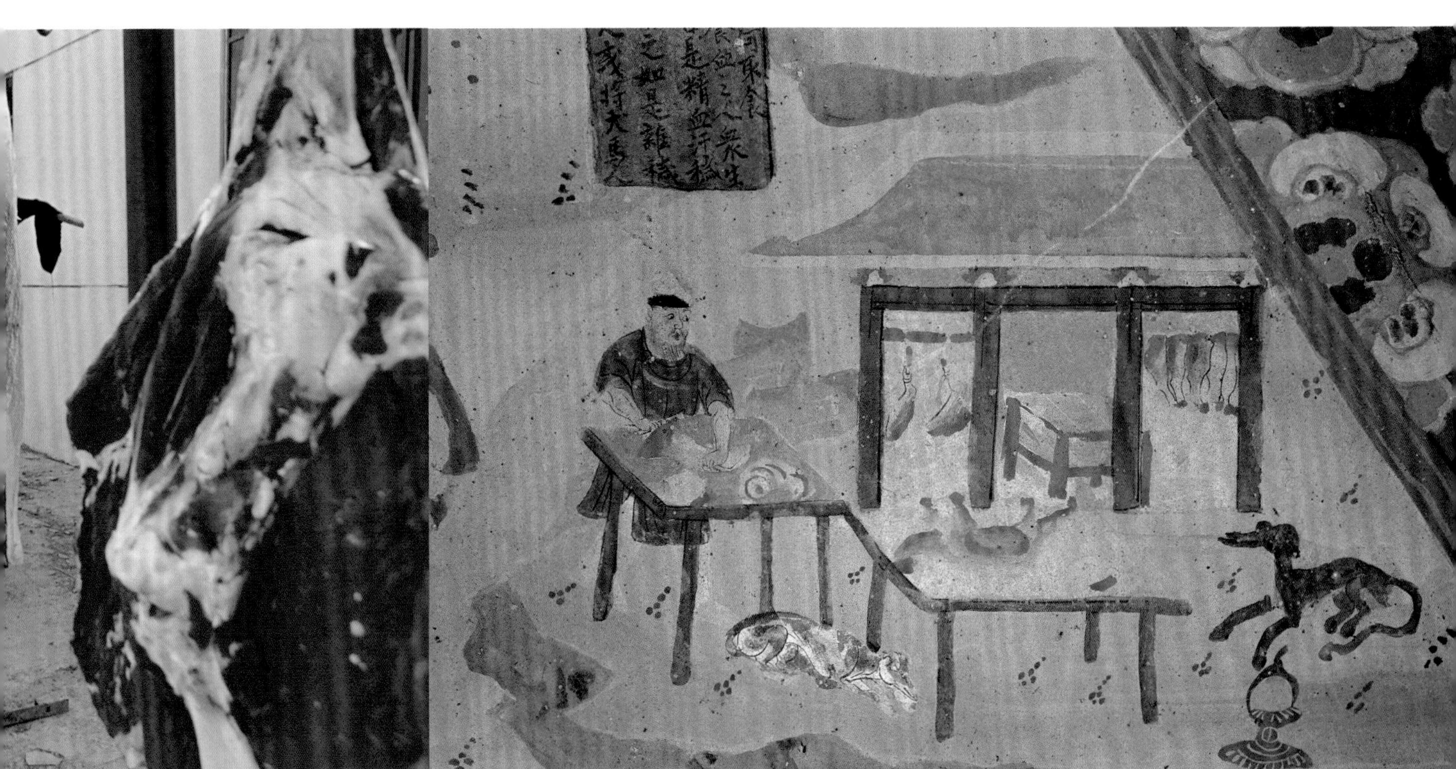

68 **現代的肉坊**
張偉文 攝

69 **壁畫中的肉坊**
晚唐 莫85 窟頂東坡
孫志軍 攝

在壁畫和敦煌現代的肉坊，都在架子上掛滿待售的肉，顯得貨色豐富。

70 壁畫中做胡餅（烤饢）的場面

中唐 莫159 西龕內西壁
孫志軍 攝

71 現代的烤饢小舖

張偉文 攝

壁畫中有四種食品，其中左上角的是烤饢。從敦煌現代的烤饢小舖可見，這種食品大抵仍保存着一千多年前的風味。

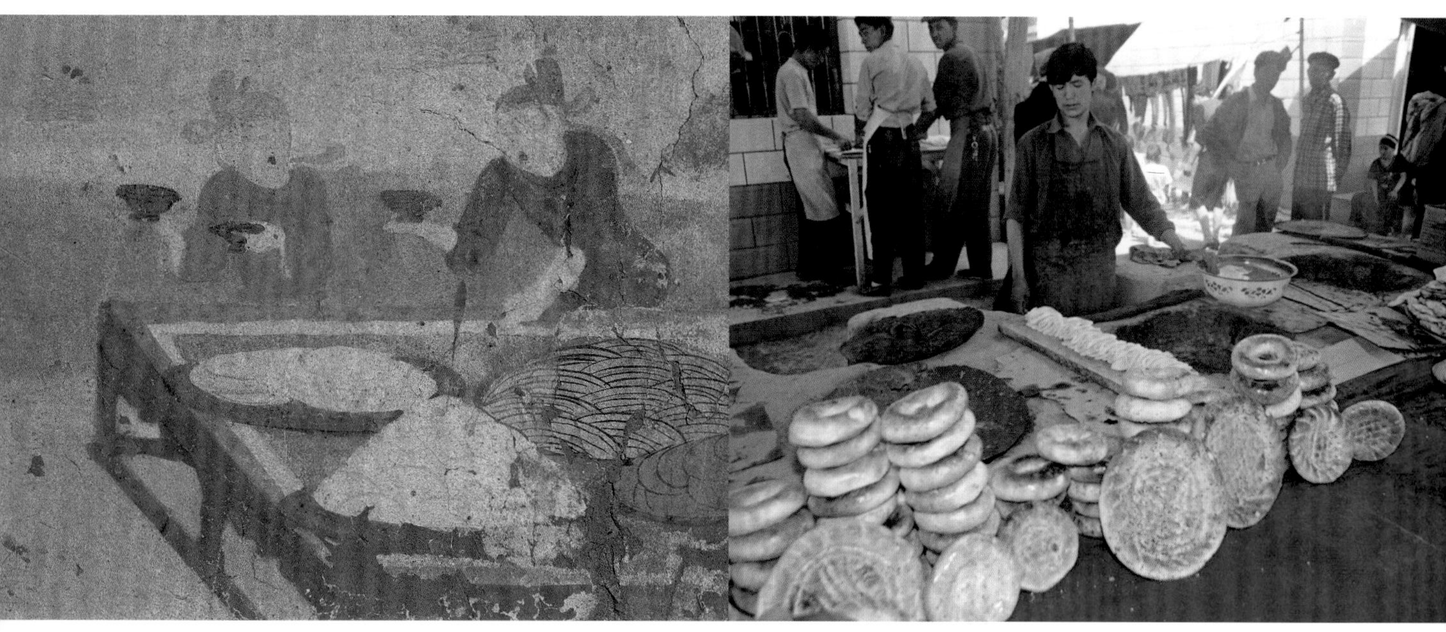

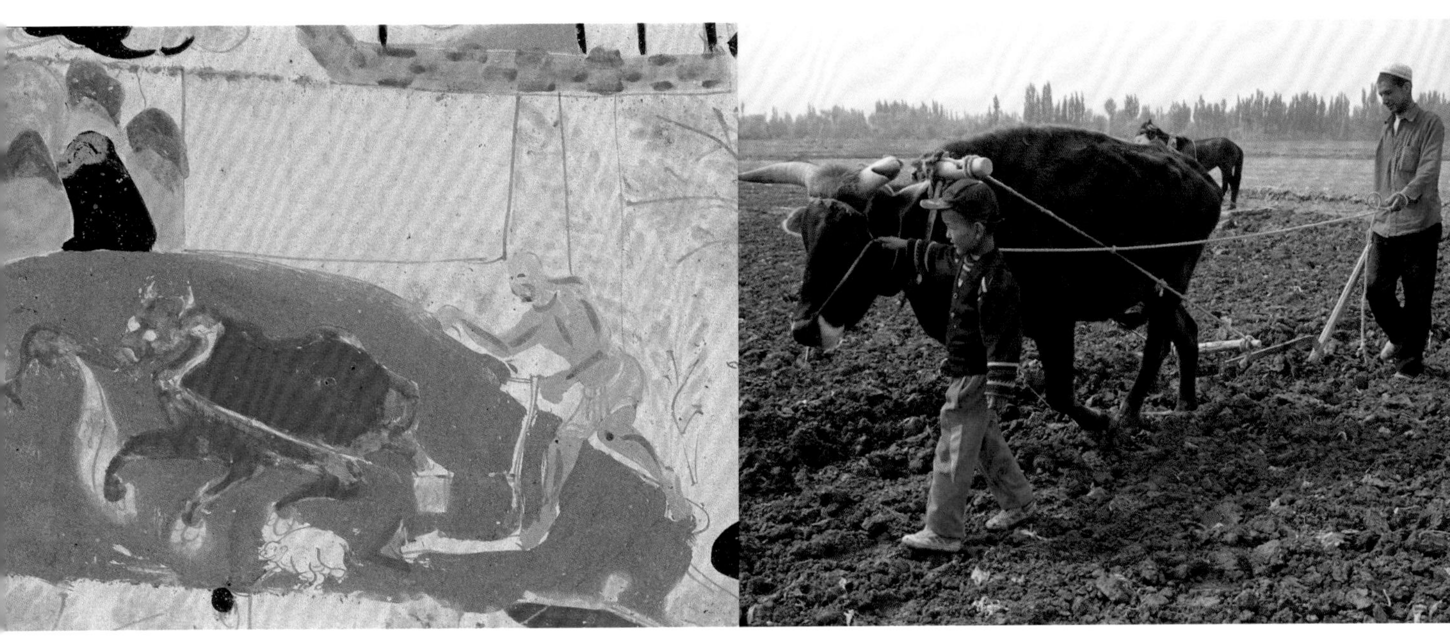

72 **壁畫中的古代牛耕**
北周 莫290 西頂
余生吉 攝

73 **現代農村的牛耕**
宋利良 攝

壁畫描繪的是大約一千五百年前的牛耕場面，其採用的一牛一犁耕作方式，到今天仍在使用。

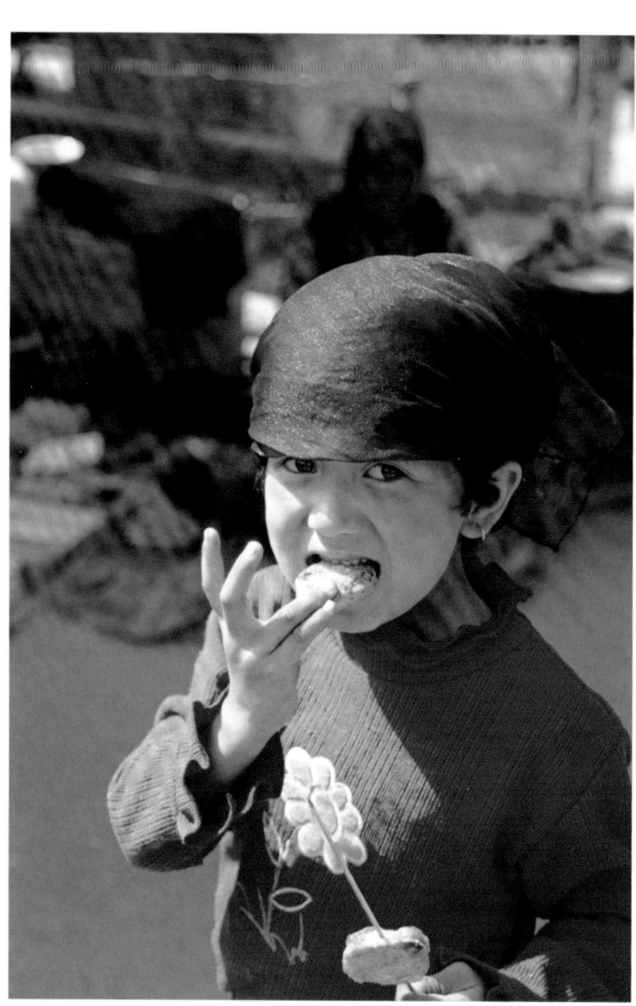

74 **現代的維吾爾族兒童**
張偉文 攝

75 **行獵的裕固族人**
選自商務印書館出版《河隴文化》

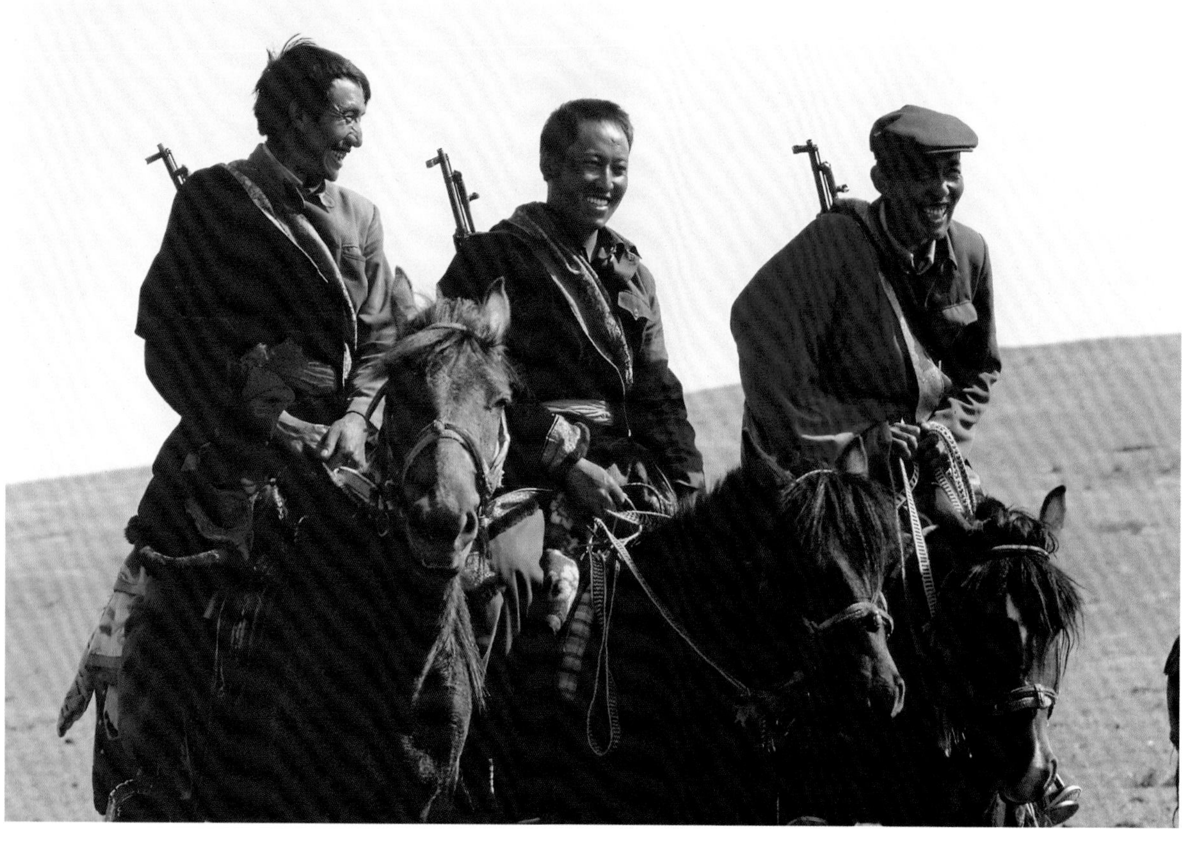

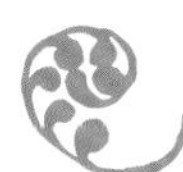

第二節　敦煌文書反映的多民族面目

敦煌文書的重要性

過去，由於許多民族缺少傳世文獻，我們對邊疆民族的認識有賴於中原王朝編修的正史，材料所限，難免有所偏頗。上世紀初，在敦煌藏經洞出土了公元5世紀至11世紀初的古文書五萬餘件，除大量漢文文獻外，還有超過十五種文字的少數民族非漢文文獻。從敦煌石窟本身來看，壁畫上有少數民族文字題記；90年代起，在莫高窟北區洞窟又發掘出大量民族文字資料，包括于闐文、粟特文、回鶻文、梵文，還有較晚的西夏文和蒙古文等所寫的文獻。這些文字有些在十一世紀以後已經滅絕，成為"死文字"。此外，敦煌西北長城烽燧下，也發現少數民族的文書。這些民族文字材料真實記錄了絲路上各民族的歷史片斷，對還原他們的生活面貌有不可估量的作用。其形式有的一面漢文，一面他種文字；有的在漢文中注以其他文字；有的先為漢文卷，後被利用其空隙寫入其他文字等。

敦煌出土的非漢文文獻以佛教典籍和寺院文書為主，包括佛經、疏釋、願文禱詞等，還有少量的梵文佛教經典。這些不同文字的佛典對了解敦煌地區吐蕃、回鶻、于闐、粟特、西夏、蒙古等民族的佛教發展流傳，提供了重要的原始證據。同時，這些以少數民族語言寫成的佛典，除直接譯自梵文外，也有相當數量譯自漢文佛典，既有音譯本，也有漢文與其他文字對照本。隋唐時期的寫經，校勘精良，錯訛較少，對校勘唐以後印刷的佛典大有幫助。而少數民族文字與漢文對照的佛經，對明確漢譯佛經的來源以及考證佛經原文意義重大。特別是有些佛典的漢文版本已佚失，少數民族語文版本可作為研究原來的漢文佛典的參考。

除佛教經典外，敦煌文獻中還有大量世俗文書，包括訴狀、告牒、戶籍、賦稅賬冊、契約、醫藥文獻、文學作品、使臣報告、地理文書、公私賬冊、雙語詞表、習字或字母表等，是研究各少數民族政治、經濟、歷史、軍事、社會、宗教、文學、語言、科技、藝術等範疇不可或缺的資料。如吐蕃王朝自公元786年至848年一直統治敦煌，對敦煌的政治、經濟、文化產生巨大影響。但在藏經洞文獻出土以前，藏學家幾乎從未掌握過任何有關古西藏（公元1000年以前）的直接歷史資料。敦煌古藏文文獻中有關吐蕃歷史、社會經濟方面的資料，對研究吐蕃史、西域史有重要意義。又如敦煌西北長城烽燧下發現的寫於公元4世紀初的粟特文信札，表明當時在敦煌的粟特商人人數頗為可觀，已經形成聚落，並擁有一定自治權。這是有關粟特商人在中國最早的也是最重要的粟特文史料，從中可以了解中外及漢族與粟特民族文化交流的渠道、路徑和方式，相互影響的程度和內容。敦煌少數民族文獻對了解敦煌地區民風民俗也有重要價值，寫本占卜文獻是敦煌民俗文獻的主要部分，古藏文、回鶻文和突厥文的解夢、宅經、相書、雜占等占卜文獻，是研究唐代吐蕃、回鶻、突厥等族的珍貴資料。

此外，在敦煌莫高窟、榆林窟和西千佛洞等石窟中，還保存了一些少數民族文字的題記，這些題記大多寫於石窟的甬道壁上，既有遊人、香客的題辭，也有壁畫榜題和供養人題記，包括供養人誓願、禱告詞，或修建石窟過程、時間、功德主名及官銜等。這些記錄一般不見於史書的記載，是了解古代敦煌、河西乃至絲路地區的少數民族的最原始、最直接的資料。

絲路民族活動的真實記錄

以藏經洞出土文物為主的敦煌文書，包含了不少民族以本族文字書寫的文獻。從文獻寫成的時代看，大抵與該民族在敦煌歷史上最活躍的時期相當；從數量看，個別曾經統治敦煌的民族，遺留在敦煌的文獻也較多。更重要的是，我們可以透過文字和圖像內容，了解敦煌各族間多元文明交流的情況，以下以粟特文獻為例，略為說明。

粟特語是中亞阿姆河和錫爾河之間的粟特民眾所用的語言，屬於印歐語系伊朗語族中古伊朗語東部方言。粟特人在唐代史籍中被稱為“昭武九姓”，他們善於經商，是活躍於絲路的國際商販。兩漢以來，就有大批粟特胡商東來，在敦煌及絲路上留下痕跡。敦煌藏經洞出土了大批粟特文寫卷，主要是譯自漢文的佛典，也有摩尼教文獻及殘卷、波斯史詩、醫藥文獻、基督教占卜書和世俗文書，是研究敦煌地區各民族文化和中西交通史的重要材料，也是研究粟特人、粟特文的基本資料。這些寫本大多流落國外。

在流落國外的敦煌粟特文獻中，有一件藏於法國的帛畫，畫中繪兩個女神，一位捧杯盤，盤中有犬；另一位有四臂，前兩手各執蛇蠍，後兩手各執日月，身後有一犬伸舌。經考證，畫中女神都是粟特人奉祀的神祇形象，與粟特人廣泛信奉的祆教有關。然而，兩位女神所戴的頭冠，則是公元9至11世紀流行於敦煌回鶻女供養人圖像中的桃形冠，這種冠是回鶻人流行的服飾。而四臂女神所穿褒衣博帶、寬袖的服飾，更是漢裝中的王者服或道服。可說女神雖為粟特神像，但衣飾已經漢化，這正是敦煌地區多元文明交融的具體說明。

除了粟特文文書以外，敦煌還出土了其他各族文獻，簡述如下：

古藏文。是吐蕃文獻所用的文字，相傳是公元7世紀松贊干布贊普執政期間，參照當時梵文體系中的某種字體創製的拼音文字。8至9世紀吐蕃統治敦煌期間，留存有豐富的古藏文文獻，目前已知編號文獻有五千卷，數量僅次於漢文寫卷，佔敦煌出土文獻的第二位。敦煌藏經洞出土古藏文文獻以佛教典籍為主，其中有經典、疏釋、願文禱詞等，其他世俗文書內容龐雜，包括訴狀、告牒、賦稅賬冊等，涉及宗教、文學、藝術、歷史、語言、法律、經濟、醫學、地理等內容。敦煌古藏文文獻大部分流落國外，以英國、法國所藏最為豐富，在中國河西諸地有部分劫餘收藏。

突厥回鶻文。是回鶻西遷（公元840年）後至14世紀左右所使用的文字，來源於中亞粟特文，屬阿爾泰語系突厥語族中的東支。歷史上，回鶻文曾對周邊民族產生很大影響，蒙古文分為畏吾兒蒙文和八思巴蒙文，畏吾兒即回鶻的異譯，後來與蒙古族結盟的滿族，在畏吾兒蒙文的基礎上創製滿文。敦煌所出回鶻文文獻有兩組，一組為藏經洞出土，約有五十件，包括佛經、書信、雜記、詩歌片斷、公私文書、賬單、格言集等，寫作時間多為11世紀以前；11世紀以後的回鶻文獻，多屬元代，有佛經和宗教詩歌。另一組是莫高窟北區第464窟元代洞窟出土回鶻文殘葉，約有三百五十件，此外還遺存有近千枚回鶻文木活字，這些文獻和遺物幾乎都流落到國外，中國國內只有少量遺存。

于闐文。是新疆和闐地區古代民族所用的文字，由於操這種語言的民族被稱為塞種，其語文又稱于闐塞語，屬於印歐語系伊朗語族中古伊朗語東部方言。敦煌所出于闐文寫本寫於10世紀。由於敦煌歸義軍曹氏與于闐皇家有通婚關係，兩地交往密切，因此敦煌積集了一批于闐文文獻，內容包括佛教典籍、文學作品、使臣報告等，並有由于闐人寫的梵文、漢文、藏文文獻。它們是研究于闐歷史和文化、于闐與敦煌的交往以及西北各民族變遷的重要原始史料。這些寫本全部流落國外。

西夏文。是黨項族的文字，西夏國主李元昊命大臣野利仁榮創製，於公元1036年頒行，共六千餘字，屬表意文字，字體方整，結構仿漢字。西夏統治敦煌時期，西夏文流行此地約三百年，見於敦煌石窟壁畫等處的西夏文題記近百處，其中有發願文、供養人榜題和巡禮題款等，內容涉及西夏政治史實、社會生活和佛教信仰，對研究西夏宗教活動、紀年、國名、職官、姓氏、語言、文字使用等都有參考價值。

在蒙古王朝統治敦煌期間，在敦煌石窟壁畫等處，還有畏吾兒蒙文和八思巴蒙文書寫的遊人題記，內容多是禮佛記錄和祈禱詞等。

以上這些少數民族文獻為了解他們在敦煌的活動提供了許多線索。然而，如鮮卑等曾經統治敦煌而且影響極大極深的民族，由於沒有文字，他們對敦煌的影響就要依賴敦煌石窟的圖像材料推知。在敦煌石窟壁畫中，不僅保留了穿胡服的匈奴、鮮卑、突厥、回鶻、蒙古、黨項等少數民族人物形象，還可見外國僧侶、商人甚至昆侖奴的身影，波斯的條紋小口褲，不只出現在著名的閻立本繪的《步輦圖》中，也出現在敦煌壁畫裏。壁畫中還保存隋代至宋元的“各國王子禮佛圖”，細緻描繪了中古時代各國君主、使節的服飾，由此可以追溯到絲綢之路上使臣頻繁來華和商賈貿易的繁盛場面。

76 粟特女神帛畫

一位女神捧杯盤，盤中有犬。另一女神有四臂，前兩手執蛇蠍，後兩手執日月，身後有一犬。
宋 敦煌藏經洞出土
選自《敦煌白畫》

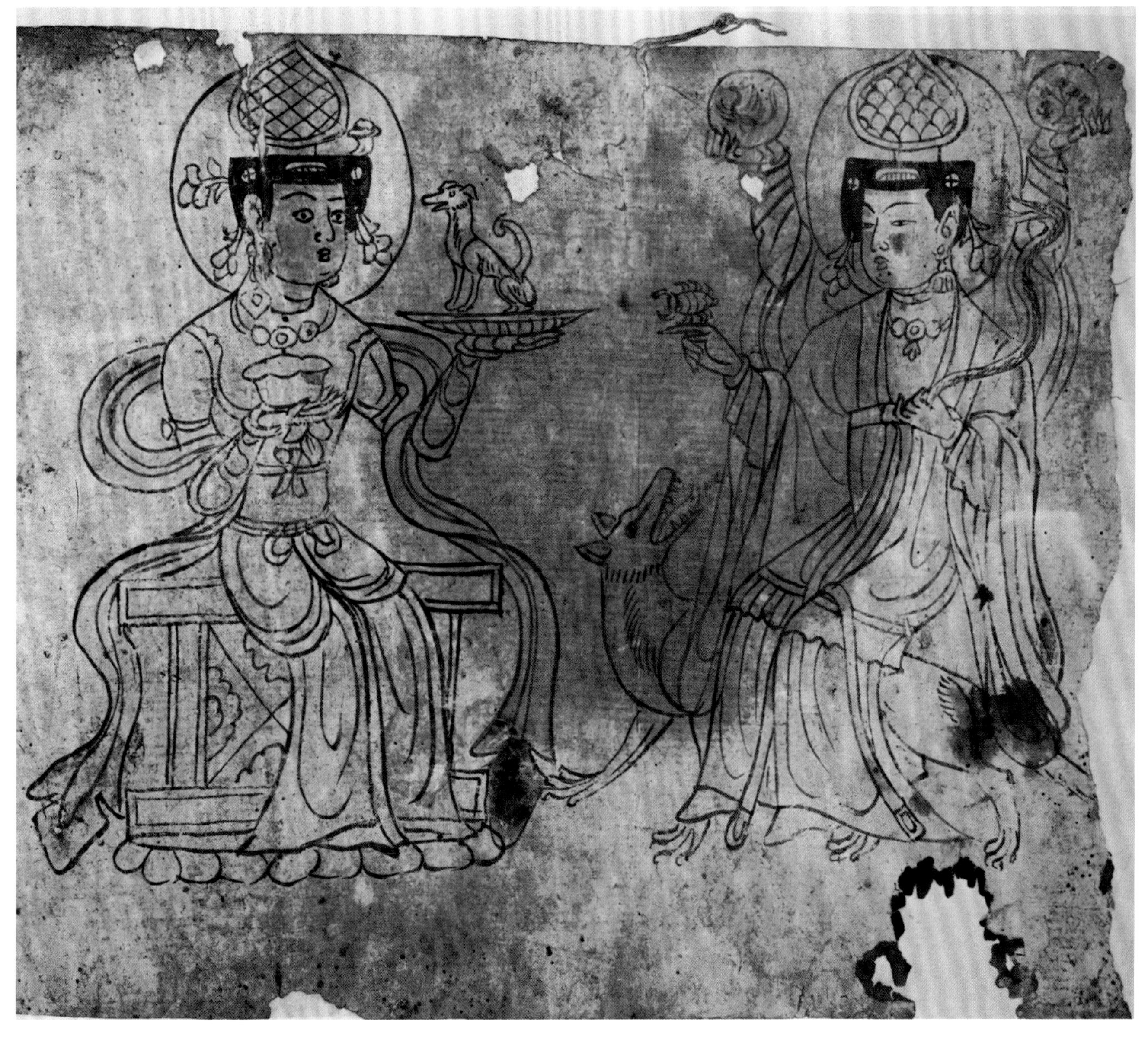

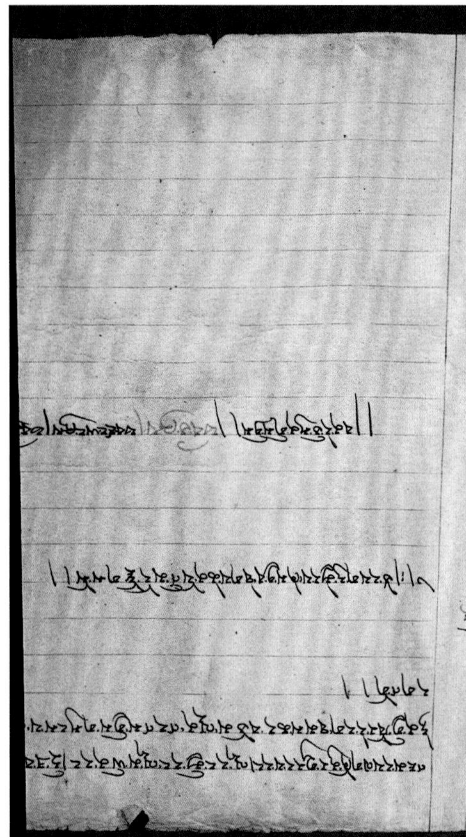

77 **古藏文無量壽宗要經**

又稱《大乘無量壽經》、《佛說無量壽宗要經》等。已知敦煌遺書中存此經古藏文譯本1899件，分藏於英、法、俄、日及中國。古藏文譯法與藏文《大藏經》所收本一致，內容略有不同，藏譯時間與漢譯時間相近。經尾多有抄經人及校正人署名。

中唐 敦煌研究院藏

吳健 攝

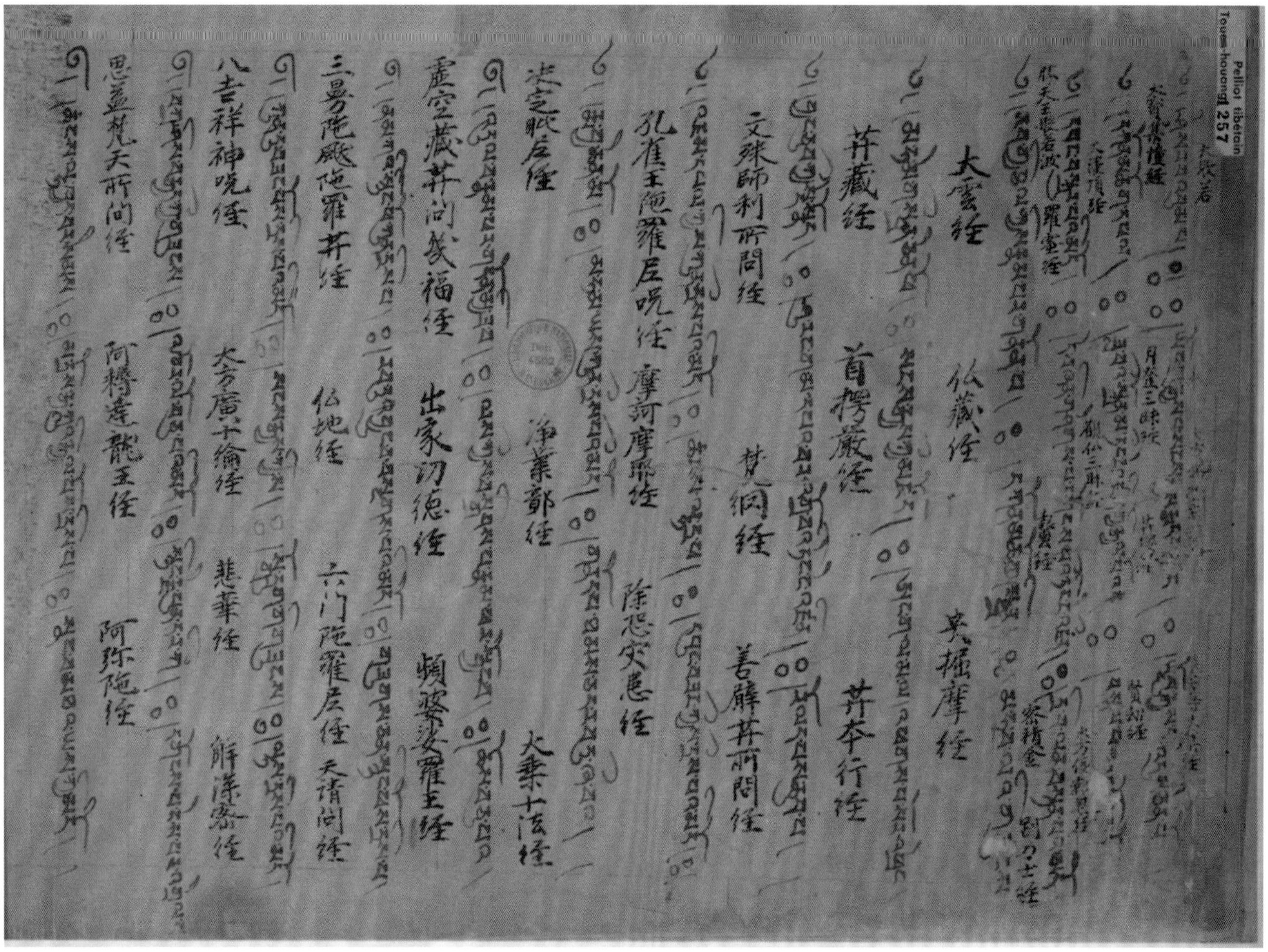

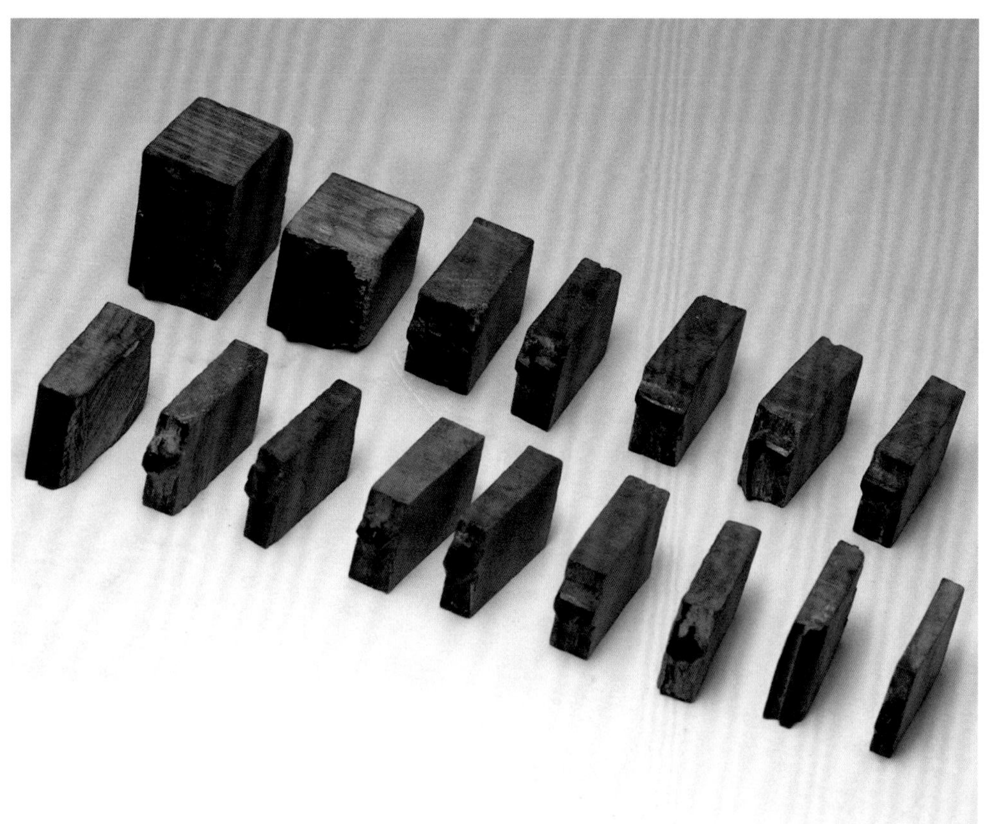

78 漢藏對照佛學字書

敦煌寫本，共七頁，每頁二十至二十二行。先寫漢文，下寫對應的藏文，每組詞彙之間用線分隔，十分清楚。這是研究吐蕃佛教和漢藏關係的重要參考文獻。

唐 敦煌藏經洞出土

選自《法藏敦煌文獻》III

79 回鶻文木活字

在莫高窟北區考古發掘中，共在五個洞窟中發現四十八枚回鶻文木活字。這些木活字的高度和寬度相同，長度則隨音節而不同。木活字既有以詞為單位的，也有以音節為單位的，其中單音節的佔多數，雙音節或三音節但不是完整詞的也有不少，單字母活字則較少。

西夏 敦煌研究院藏

吳健 攝

80　于闐文于闐國王與曹元忠書

敦煌寫本。共八十一行。是公元970年于闐王尉遲輸羅致其舅沙州歸義軍節度使曹元忠的于闐文信函正本。講述他率軍進攻疏勒穆斯林黑韓王朝獲勝，並說到向沙州和中原進貢的事。文末大書漢字“敇”，並鈐有漢文“書詔新鑄之印”九方。

北宋　敦煌藏經洞出土

選自《法藏敦煌文獻》 1

81　粟特文善惡因果經

敦煌寫本。共五百多行，完本。譯自漢文《佛說善惡因果經》，原本末尾用漢字寫“善惡因果經”之名，又有“曹金泰經壹”字樣。

北宋　敦煌藏經洞出土

選自《法藏敦煌文獻》 1

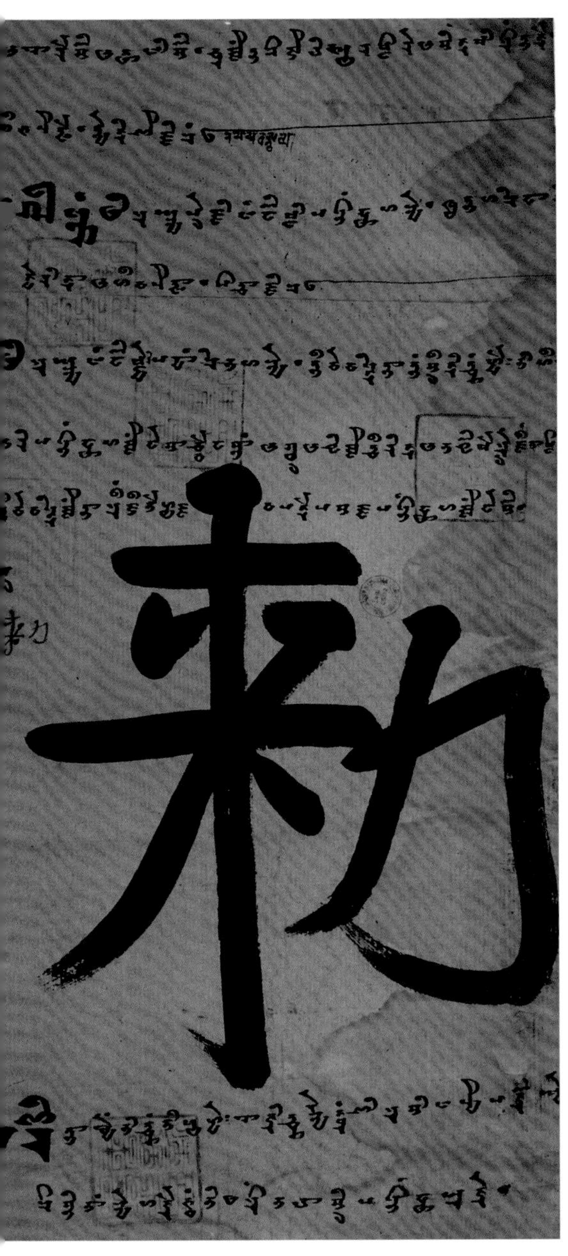

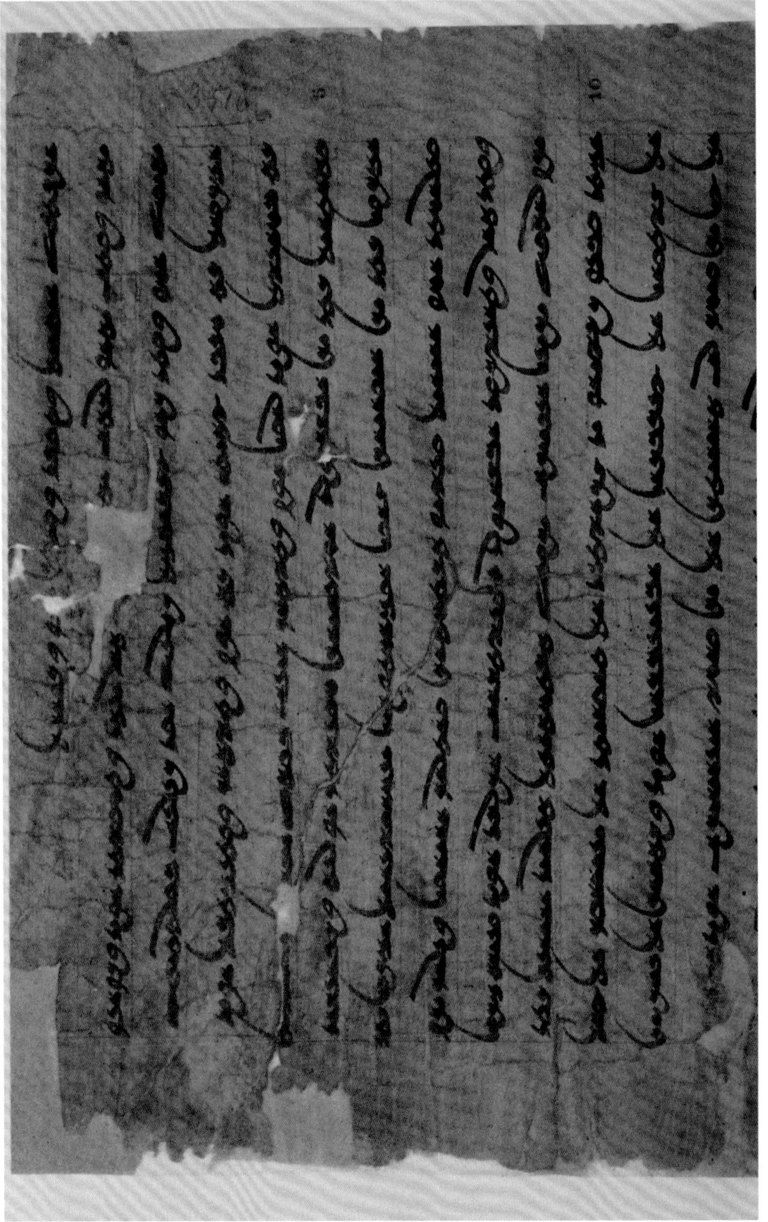

82　**婆羅迷文字書梵文書**
（正面）

83　**婆羅迷文字書梵文書**
（背面）

麻紙，兩面書寫，正背面均有文字七行。內容為佛教阿毗達磨類的論疏著作，在現存漢文佛教文獻中沒有相應的漢譯典籍，極為罕見。
元 敦煌研究院藏
吳健 攝

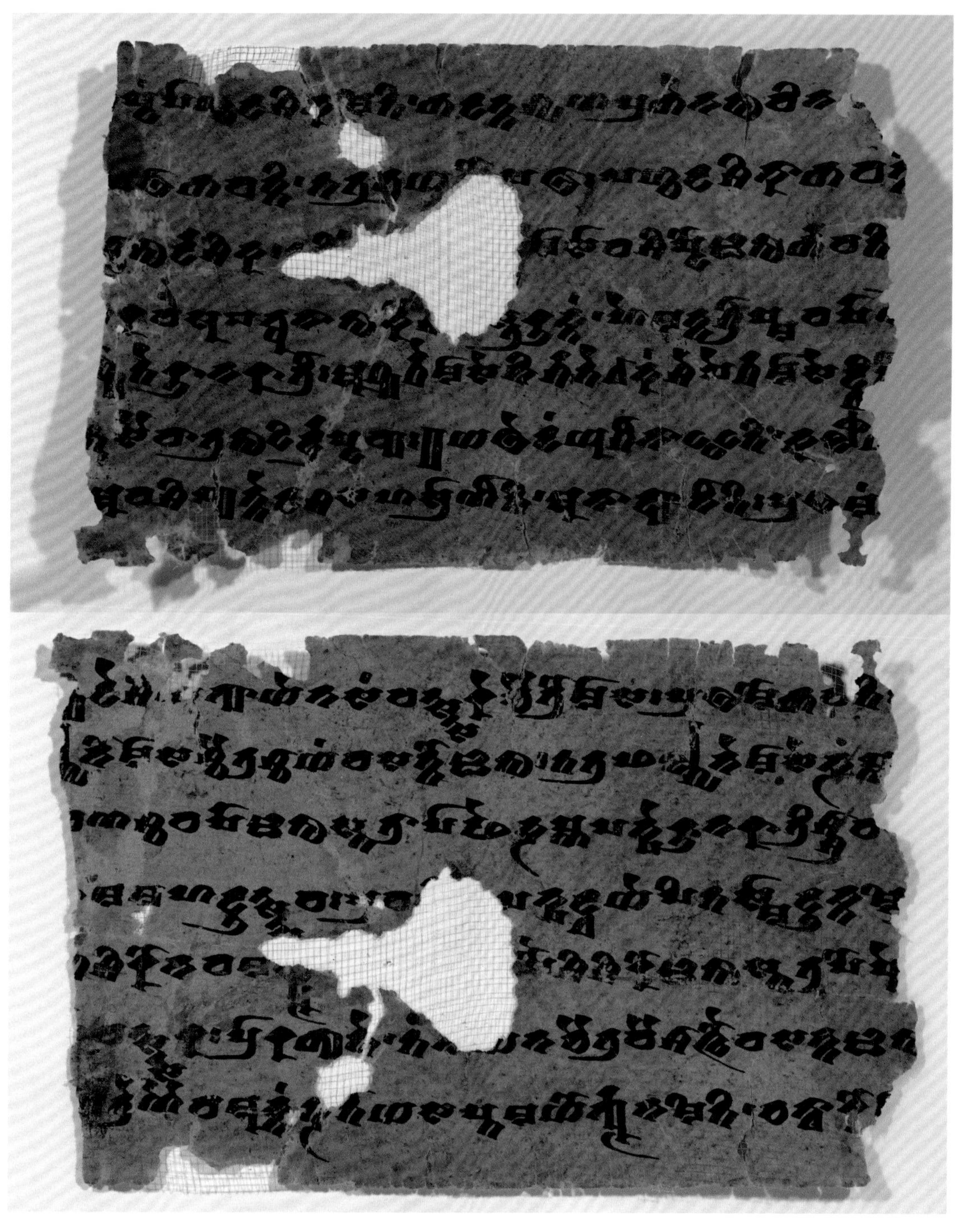

84 敍利亞文《聖經》(正面)

85 敍利亞文《聖經》(背面)

殘存四整頁，白麻紙，每頁文字十五行，每行文字下方有黑、紅點。文字從右向左橫書，內容為《聖經》文選，摘錄的是《舊約》中《詩篇》的內容，是曾經在中亞地區和中國流行的景教的遺物。

元 敦煌研究院藏

吳健 攝

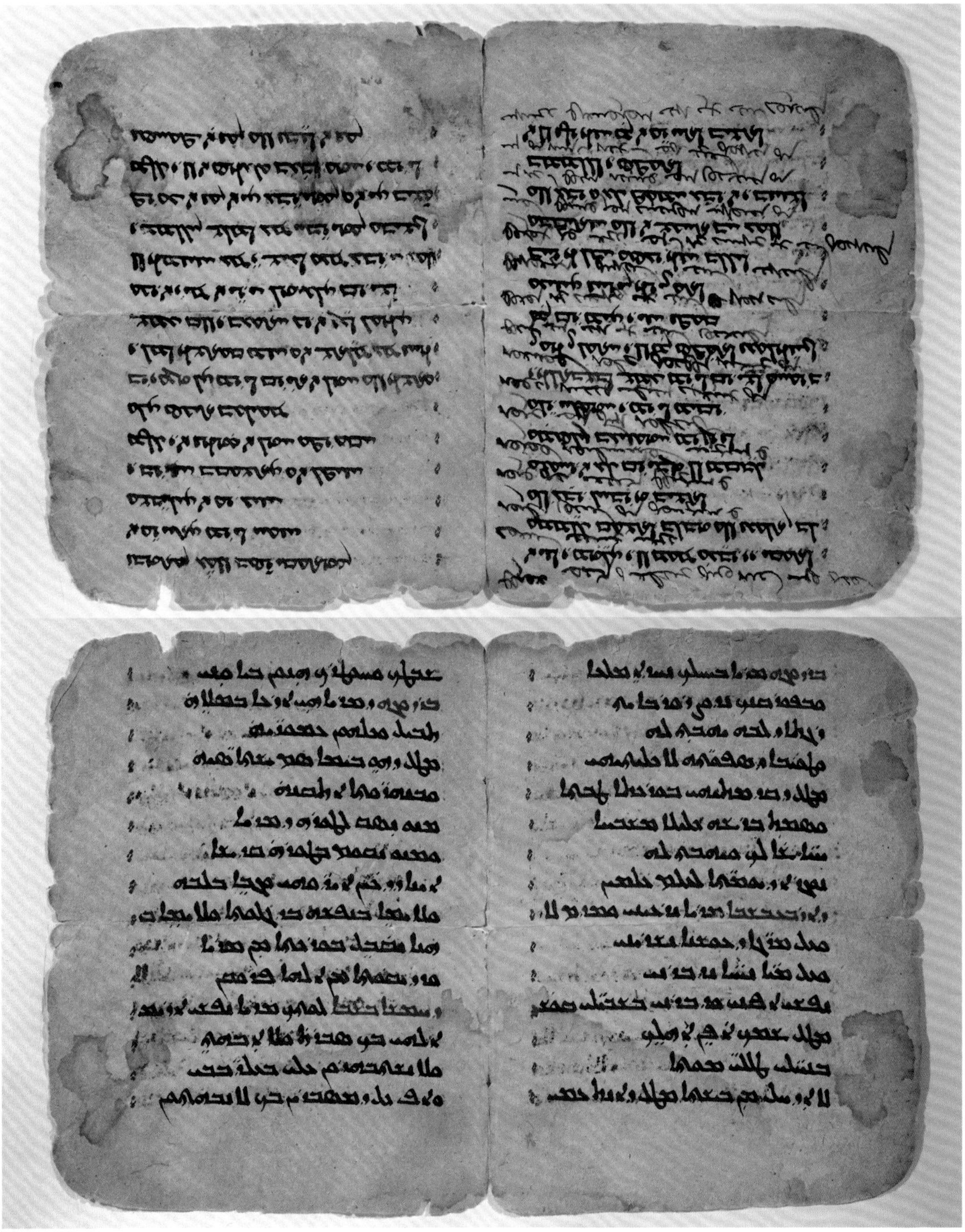

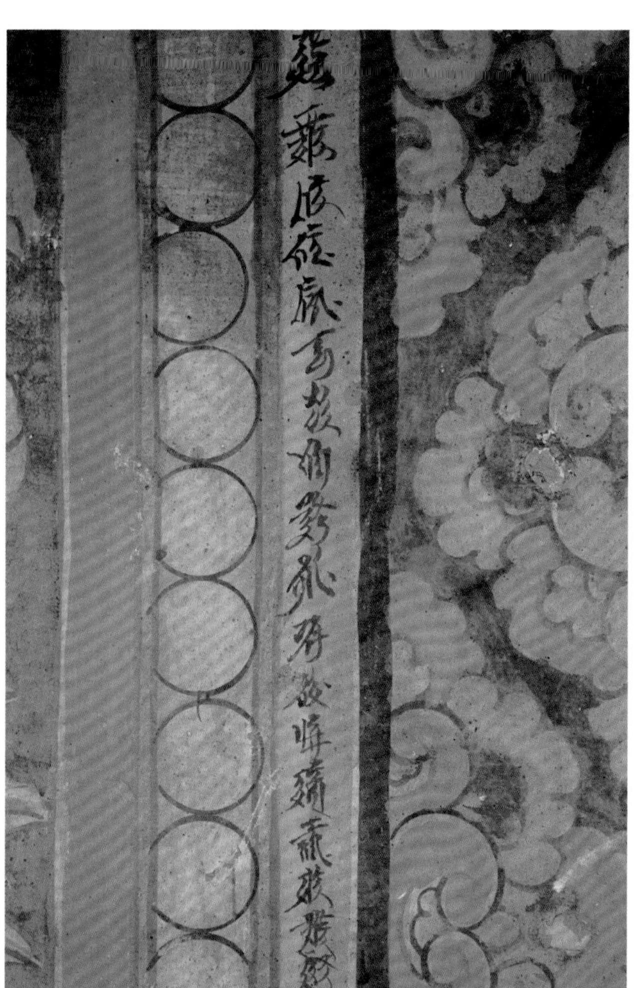

86 西夏文題記

這是西夏早期的題記，墨書，計六十字，敍述發願者自涼州來到沙州（敦煌），見聖宮（石窟）沙滿，清理了兩座石窟中的積沙，作為功德。
西夏 莫65 西壁
張偉文 攝

87 西夏文圖文對照本《觀音經》

全書共五十八頁，第一、二頁為水月觀音圖，其餘頁面分成上下兩段，上段繪圖，下段印西夏文經文，繪圖為經文的圖解。這是中國目前所見較早的圖解本佛經，對研究西夏文佛經在敦煌一帶流傳和當時的繪畫特點有重要參考價值。
西夏 敦煌研究院藏
吳健 攝

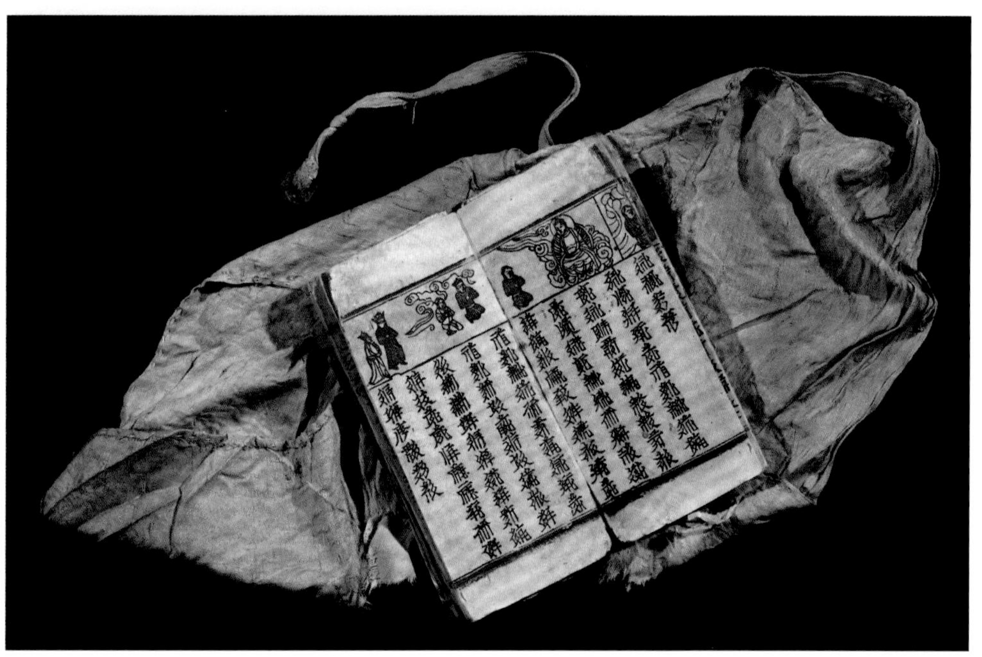

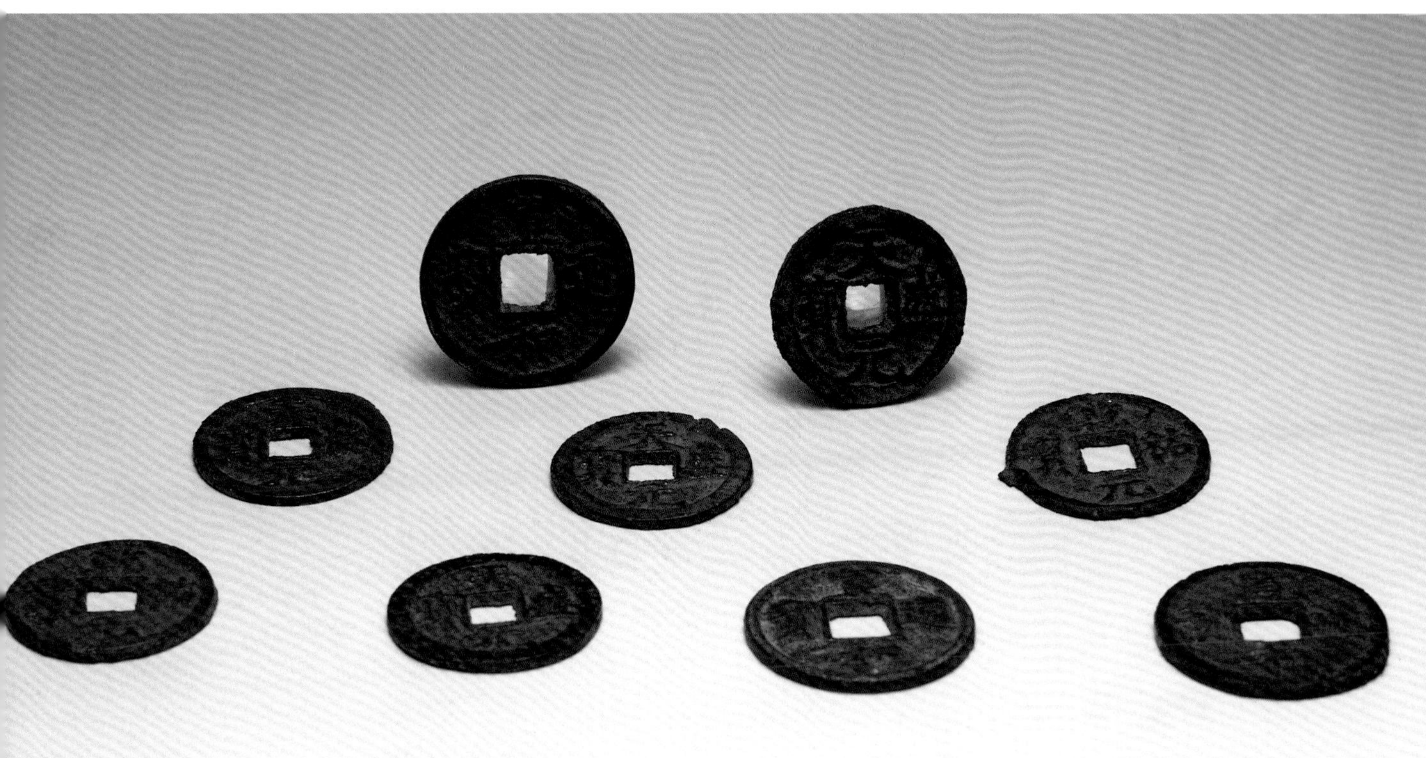

88 西夏錢幣

這批錢幣在莫高窟北區出土，共二十八枚，鐵質。錢文均為漢文，正書旋讀。

西夏 敦煌研究院藏

吳健 攝

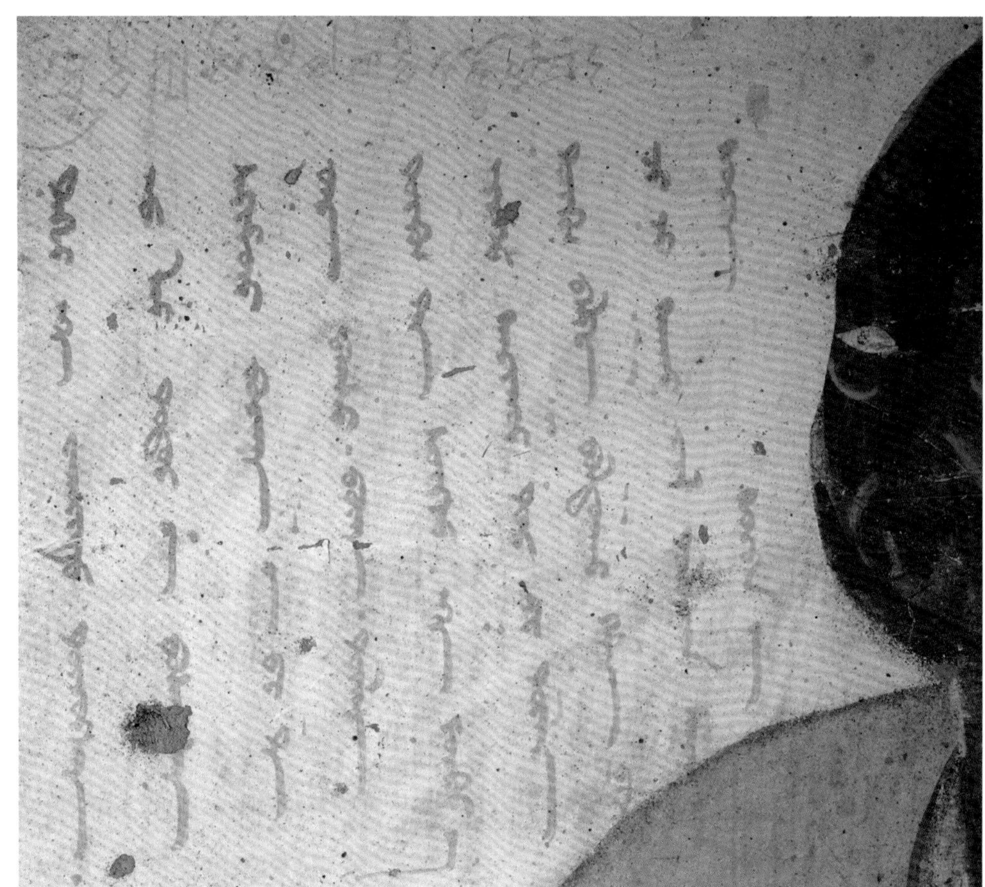

89 回鶻蒙文題記

這條題記記載，圖勒黑圖古恩等人從肅州前往敦煌瞻禮佛窟的經過。時間是元代至正亥年（1323年）七月二十三日。

元 莫144 甬道北壁

張偉文 攝

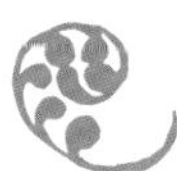

第三節　多元文化薈萃

歷史上的敦煌既是中原王朝的邊陲重鎮，又是毗鄰西域各國的國際名城，曾經商旅雲集、熱鬧喧囂，是中國文明輸出和西方文明輸入的中轉站。不少民族的使節、商旅、傳教士擔當着文明傳播的中介者角色，當時交流的盛況，以壁畫圖像及實物的形式，保存在敦煌石窟藝術之中。

西方文明傳入

敦煌從漢代開始是中原與歐亞大陸重要文明溝通的重鎮，歷時一千多年。當時，中國文明經此向西方輸出，波斯、印度、羅馬等外來文明，也經敦煌傳入中國內地，並在敦煌石窟中保存了相關的記錄。

西方文明的輸入，在物質方面是顯而易見的。敦煌圖案中，繪有來自西域的葡萄紋、波斯薩珊王朝風格的聯珠紋；動物畫中有異域特色的翼獸、海獸、飛馬、孔雀等；菩薩所戴的頭冠部分亦有外來元素，就連繪製壁畫所用的顏料也有來自遙遠的中亞、印度、波斯，如青金石（天然羣青）、胡粉（鉛粉）以及製造胡粉的副產品黃色的密陀僧等。波斯的胡粉，當時號稱天下第一。藏經洞文獻中也有粟特商人在敦煌銷售胡粉的記載。這些物產、顏料傳入和使用，使敦煌壁畫更加絢麗多彩。

西方傳來的生活用品在敦煌壁畫中也多有反映。如壁畫中的香爐、淨瓶、盆、罐、箱等佛教供具，從造型上看，大多以中亞、西亞等地的金銀器造型為藍本；製作工藝亦以捶揲為主，具有明顯的域外風格。此外，壁畫中菩薩和佛弟子手持的法器，有不少是普遍流行於地中海沿岸以及伊朗高原的玻璃器。羅馬帝國控制下的地中海沿岸地區是古代玻璃製造業中心，他們生產的玻璃因鈉、鈣含量高而稱為鈉鈣玻璃，品質優良，種類和顏色很多，其中以似石英之純白透明玻璃最為貴重。壁畫中表現的玻璃製品，從造型看應是來自波斯、羅馬的產品，這從考古實物中亦得到印證。

值得注意的是，西方文明與中國本土文化融合所產生的中西合璧的特色，這在敦煌石窟中有不少具體的反映。其中西魏第285窟就很能說明問題，西壁的西方日神是西亞文化的產物，窟頂四坡則繪伏羲、女媧、天皇、地皇、人皇、雷神、電神、雨神等源於中國神話的俗神形象。可以想像，這些摻雜外來和中國本土信仰的圖像，與源於印度的主尊和佛教壁畫存於同一石窟，其多元文化交融的感覺是何等複雜和強烈。又如唐代流行的淨土經變中的天宮樂舞圖，其特點是在阿彌陀佛正對的下面，有個方方的表演區，中間是舞人，兩邊是樂隊，樂隊演奏的樂器中西均具，舞蹈也明顯是中土與外地元素的結合。

世界性宗教的傳入

宗教是最容易突破民族、國家和政治界限的文化形式。在中外文化交流史上，宗教作為交流的載體和媒介，發揮過重要作用。前文述及，佛教的傳入，使敦煌聲名遠播，是敦煌中外交流史上的重大事件。此外，來自更遙遠的西亞的摩尼教、景教、祆教等也在敦煌留下了不可磨滅的印跡。

祆教，又稱火祆教，是古代中國對中亞所傳的瑣羅亞斯德教的稱呼。祆教是世界最古老的宗教，由古波斯人查拉斯圖拉（一譯查拉圖施特拉，約公元前 628 －前 551 年。瑣羅亞斯德乃因襲古希臘人的訛音）創立，奉《阿維斯塔》(Avesta) 為經典。該教認為火是善和光明的象徵，因而崇拜火，以禮拜聖火為主要儀式。據藏經洞發現的粟特文祆教殘經記載，早在公元前5世紀中亞粟特人就已經信奉祆教。到了唐代，信奉祆教的粟特胡商頻繁來往於敦煌，並聚居形成敦煌鄉級組織，祆教遂在該地流行。根據敦煌文書的記載，敦煌城東建有祆祠。歸義軍統治時期，還舉行盛大的"賽祆"活動，用紙白描祆神像懸掛（前述的粟特女神帛畫可能就是這種懸掛的神像），設供品，並在祆祠舉行帶有拜火特徵的燃燈活動。"賽祆"重點是祭天求雨，即雩祭，這是敦煌境內全民的大事，反映出祆教對敦煌民眾生活的影響。此外，"賽祆"還是當地民眾的一種廟會式娛樂活動，《敦煌廿詠》中《安城短詠》有云："更看雩祭處，朝夕酒如流"的詩句，正是敦煌祆教流行和賽祆活動熱鬧景象的生動描述。

摩尼教是公元3世紀中葉波斯人摩尼 (Mani) 創立的宗教，教義吸收了基督教、瑣羅亞斯德教（在中國又稱拜火教或祆教）等多種宗教成分，以二宗三際論為其教義核心，主張善惡二元論。該教創立後，即在波斯帝國薩珊王朝境內廣為傳播，並迅速傳入北非、歐洲、小亞細亞、中亞一帶，並經中亞傳入中國。該教在西傳時逐步基督教化，在東傳時則日益佛教化。唐代時曾在回鶻人中廣泛傳播，在新疆有為數眾多的回鶻文摩尼教殘經出土。敦煌藏經洞中有《摩尼光佛教法儀略》、《下部贊》、《摩尼教殘經》等三種摩尼教經典的漢文譯本，對研究當時中亞地區和中國內地的摩尼教具有重要價值。

景教是唐代對基督教聶斯脱利派 (Nestorianism) 的稱呼。公元431年以弗所宗教會議宣佈聶斯脱利派為異端，這一派基督教由地中海地區東遷波斯，公元5世紀成為波斯的國教。唐初，該教傳教士阿羅本等人經波斯來到長安譯經傳教，並在中國廣建寺院，唐武宗滅佛時同遭禁絕。藏經洞文獻中，該教漢譯經典抄本已確認的有《大秦景教三威蒙度贊》、《尊經》、《大秦景教宣元本經》、《志玄安樂經》、《序聽迷詩所經》、《一神論》以及景教人物圖像等。此外，在敦煌古藏文寫本中也發現繪有景教的希臘式十字架圖像，反映古藏人信奉基督教的情形。在敦煌莫高窟北區考古發掘中，還出土了銅製十字架和用敍利亞文書寫的《聖經．舊約》部分內容，這些文獻和法物是研究在中亞地區和中國流行的景教活動的實證。

以敦煌為代表的多民族、多元文化的交流、融匯和發展，是在漫長的過程中實現的。一個國家，一個民族只有與外界交流，從各方面吸收營養以充實自己，才能在政治經濟文化等方面輝煌發展，歷史上氣象恢弘的漢唐盛世如此，歷史上輝煌的敦煌也是如此。

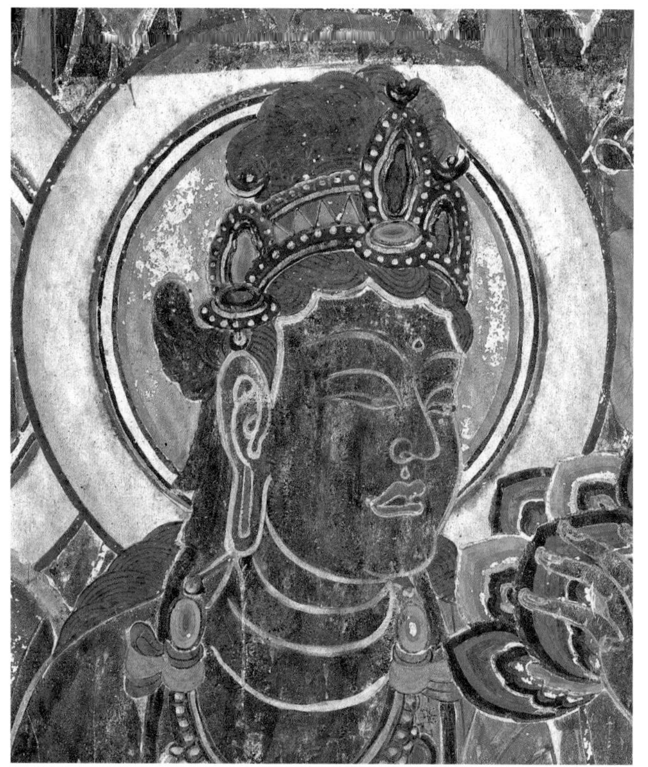

90 **菩薩的仰月冠**

菩薩戴的仰月冠與波斯王冠有關。
盛唐 莫23 西壁龕內南側
孫志軍 攝

91 **菩薩的三珠冠**

西魏 莫285 東壁
吳健 攝

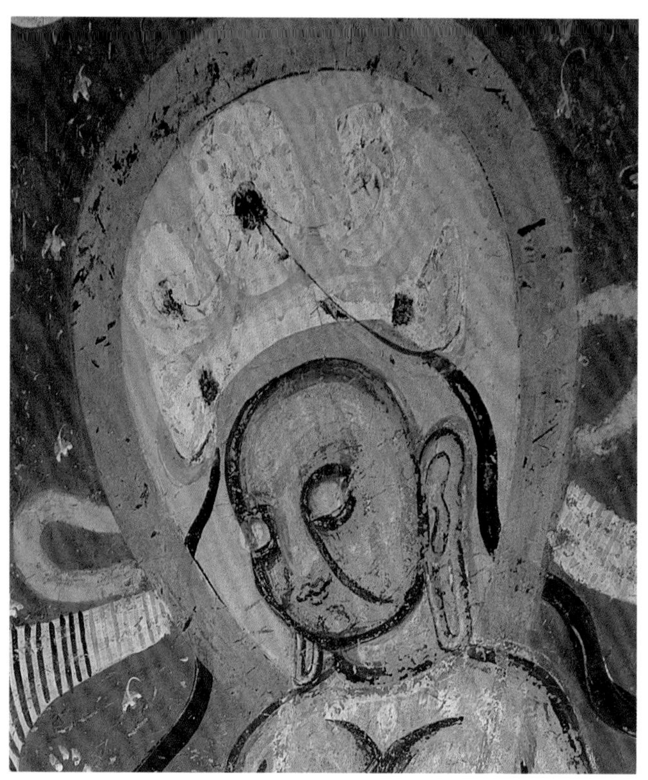

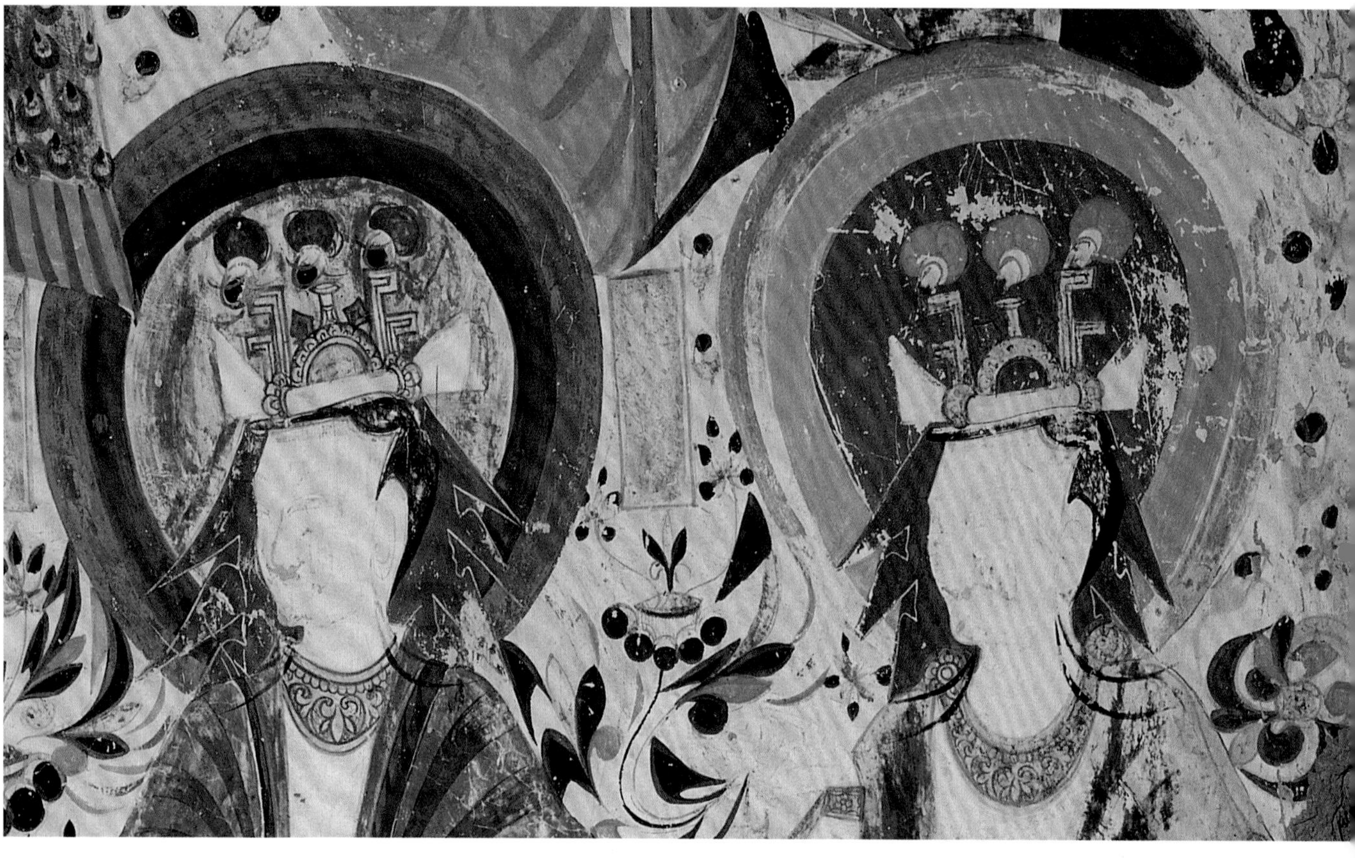

92 **菩薩的三珠冠**

北涼 莫272 西壁龕內北側
孫志軍 攝

93 菩薩的三珠冠

初唐 莫322 東壁門上
孫志軍 攝

94 三珠冠與仰月冠

左面菩薩戴三珠冠，右面菩薩戴仰月冠。三珠冠源於西域，後來融合了波斯的仰月冠飾，形成三珠仰月冠。敦煌菩薩的三珠仰月冠並非直接來源於波斯，而是中原接受了這種冠飾後，再傳入敦煌的。
初唐 莫57 西壁龕外北側
孫志軍 攝

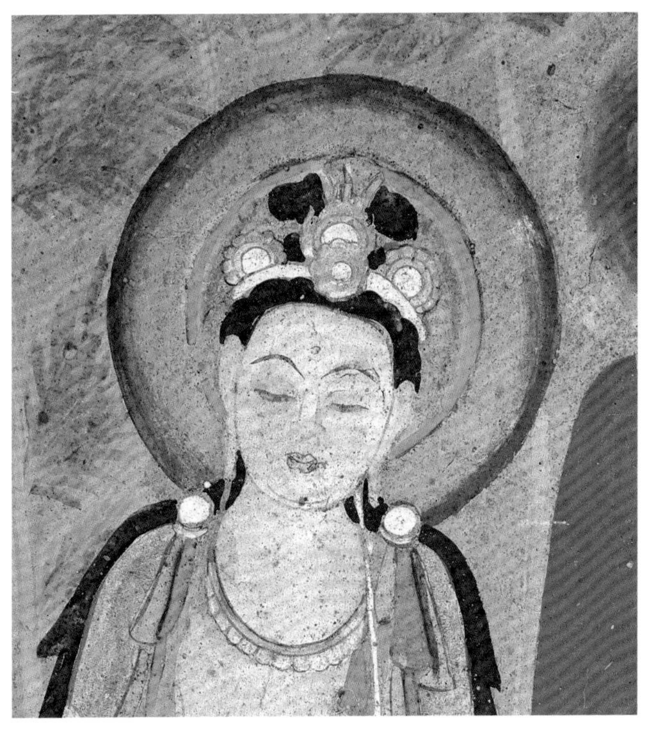

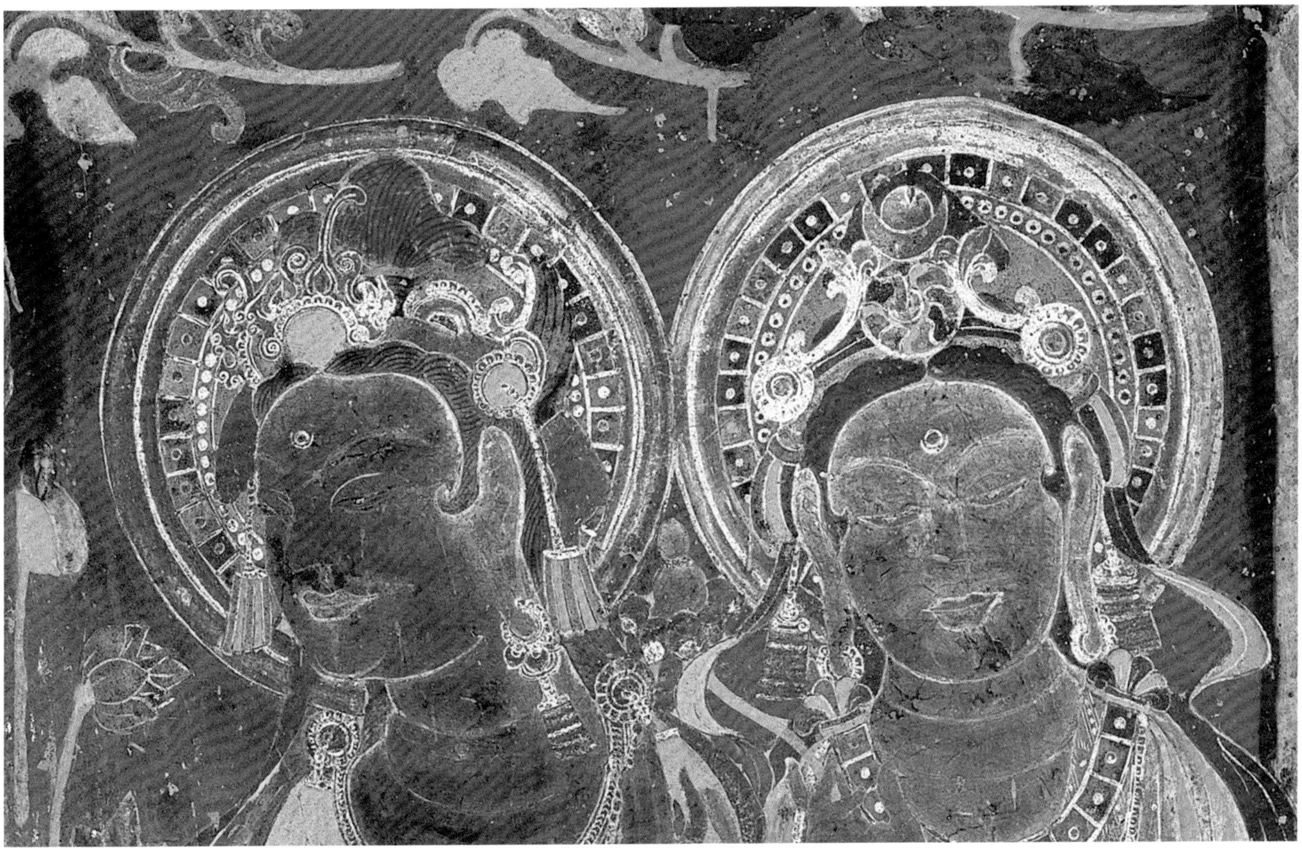

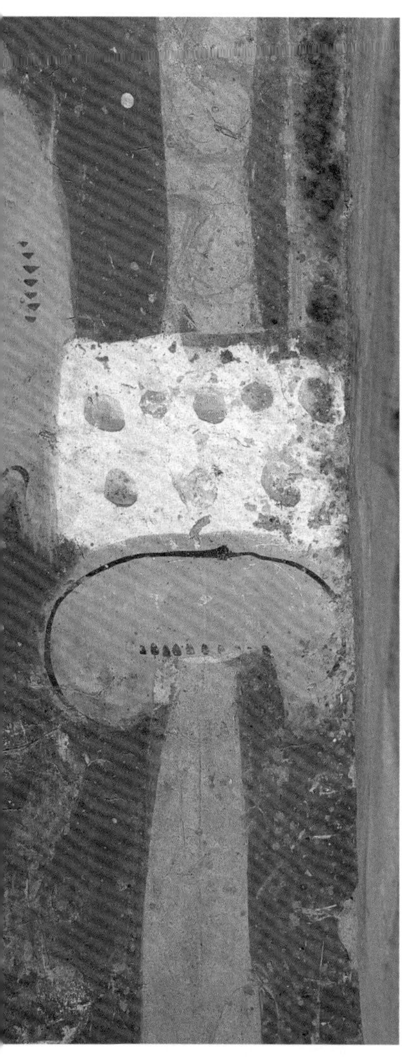

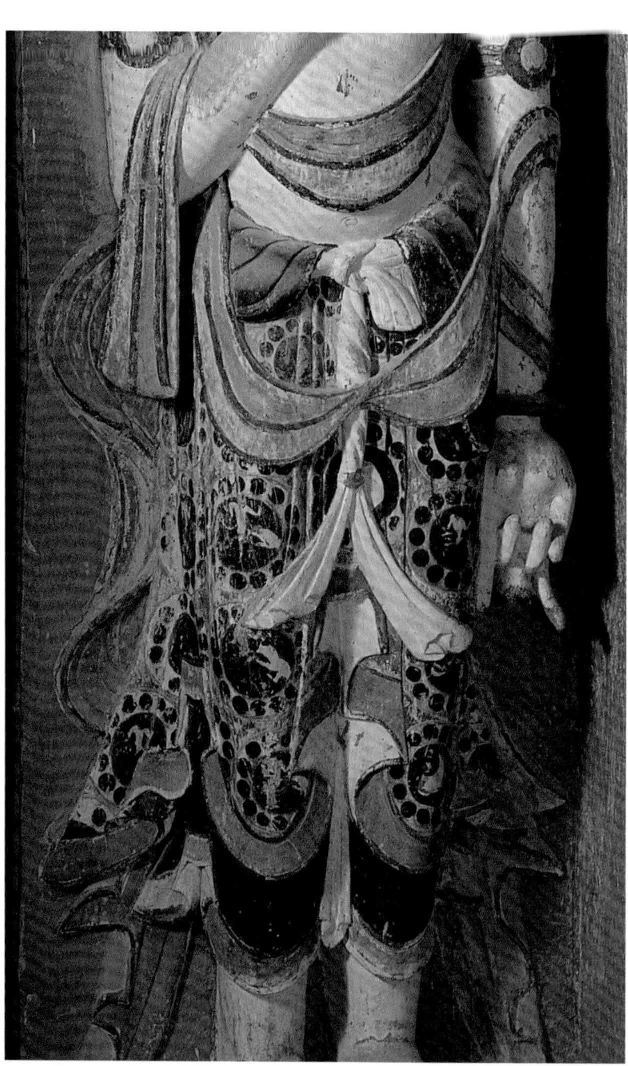

95 **希臘柱頭**

柱頭作希臘愛奧尼（Ionic）捲旋形，可能是隨希臘化的犍陀羅佛教藝術一起輸入，是莫高窟壁畫受犍陀羅文化影響的明證。

北凉 莫268 西壁
宋利良 攝

96 **菩薩裙上的聯珠紋**

聯珠紋是波斯紋飾，在隋代的洞窟中常見。

隋 莫420 西龕外龕南側
吳健 攝

97 **説法圖中的聯珠紋**

此圖以聯珠紋作為畫面之間的區隔，表現自然。

隋 莫390 北壁
孫志軍 攝

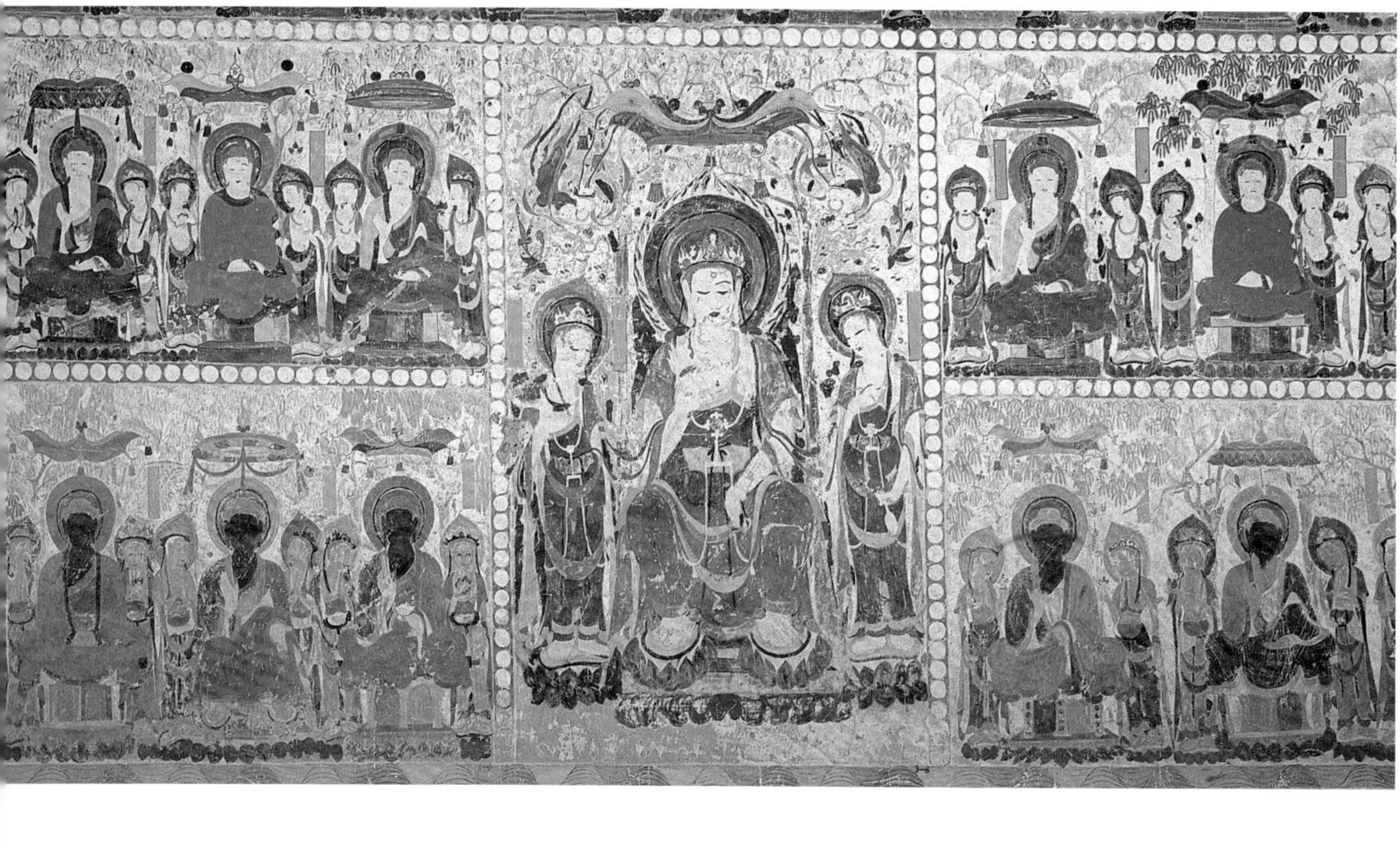

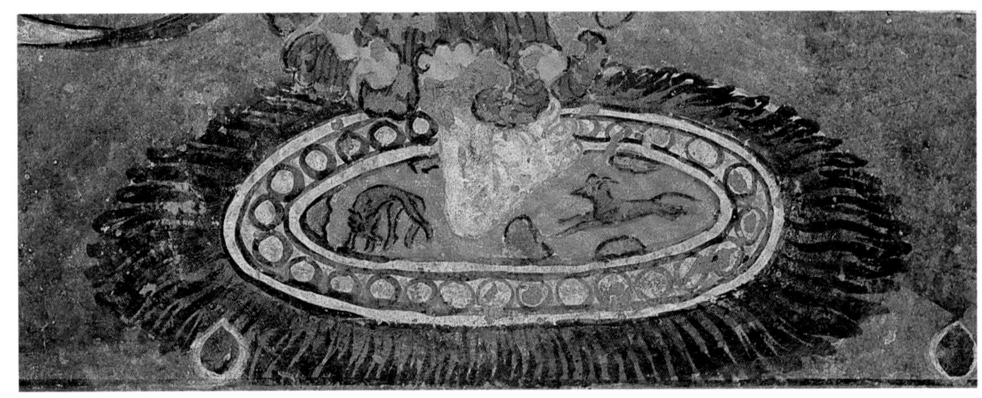

98 舞蹈者的小圓地氈

唐代宮廷或豪門宴集，伎樂並作，舞台鋪設地氈，稱為“舞筵”。當時，最華麗的舞筵來自波斯，多屬貢品，應該是供宮廷舞伎使用的。從敦煌壁畫上，可見舞筵有長方形和圓形兩種。

初唐 莫220 北壁
吳健 攝

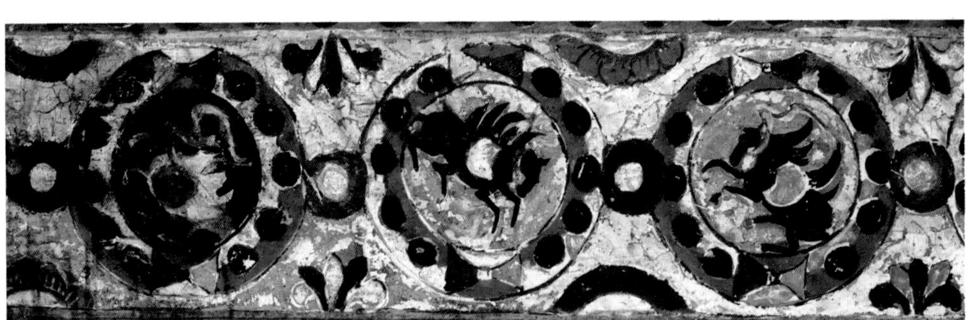

99 翼馬聯珠紋圖案

翼馬聯珠紋在隋代石窟中很多，以單翼馬為一個單元，翼馬身白紅翼，色彩濃渾厚重，明顯受波斯藝術風格的影響。

隋 莫402
張偉文 攝

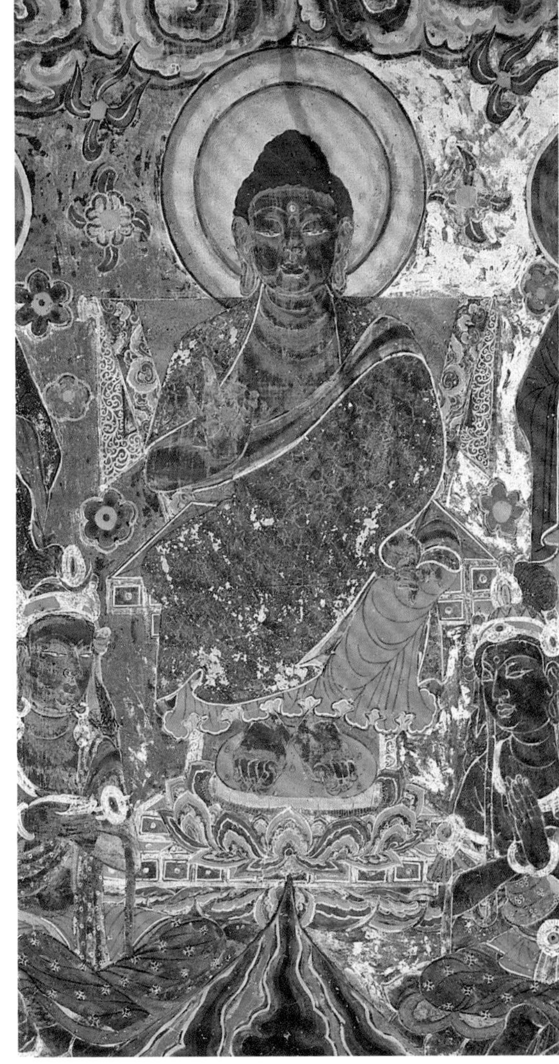

100 說法圖中的靠背椅

中國至唐仍多坐牀，少坐椅。彌勒寶座為方形靠背椅並有三角形錦褥裝飾，是隋唐時傳自西域和印度的新的寶座樣式。

盛唐 莫328 西壁龕頂
孫志軍 攝

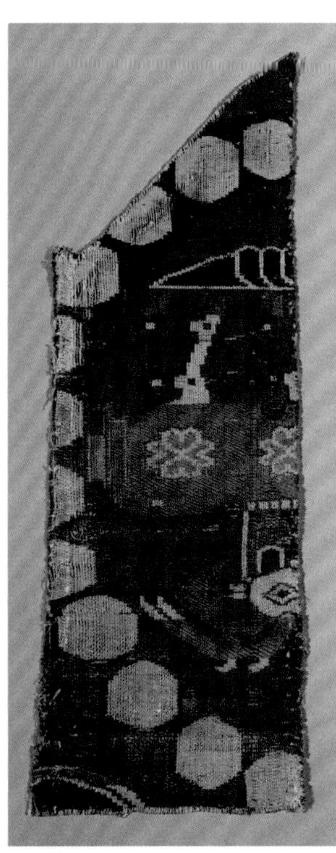
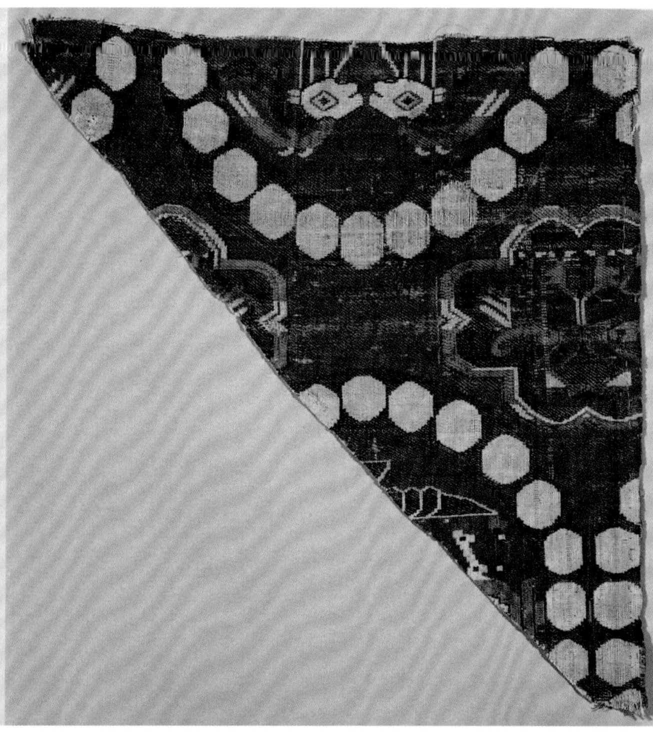

101 聯珠對羊錦

這種圖案見於藏經洞發現的絲織品中，與聯珠對獅錦一樣，造型受波斯藝術風格的影響。
唐 敦煌藏經洞出土
選自《西域美術》英藏III

102 西方日神

這是西亞文化的產物。日輪中日神端坐在雙輪馬車上，馬車兩側各兩馬，相背奔馳，象徵太陽從東到西，從西到東，往返無窮，這與古希臘的太陽神赫利俄斯相似。日神則束髻，有項光，穿菩薩裝，雙手合十。
西魏 莫285 西壁南側
孫志軍 攝

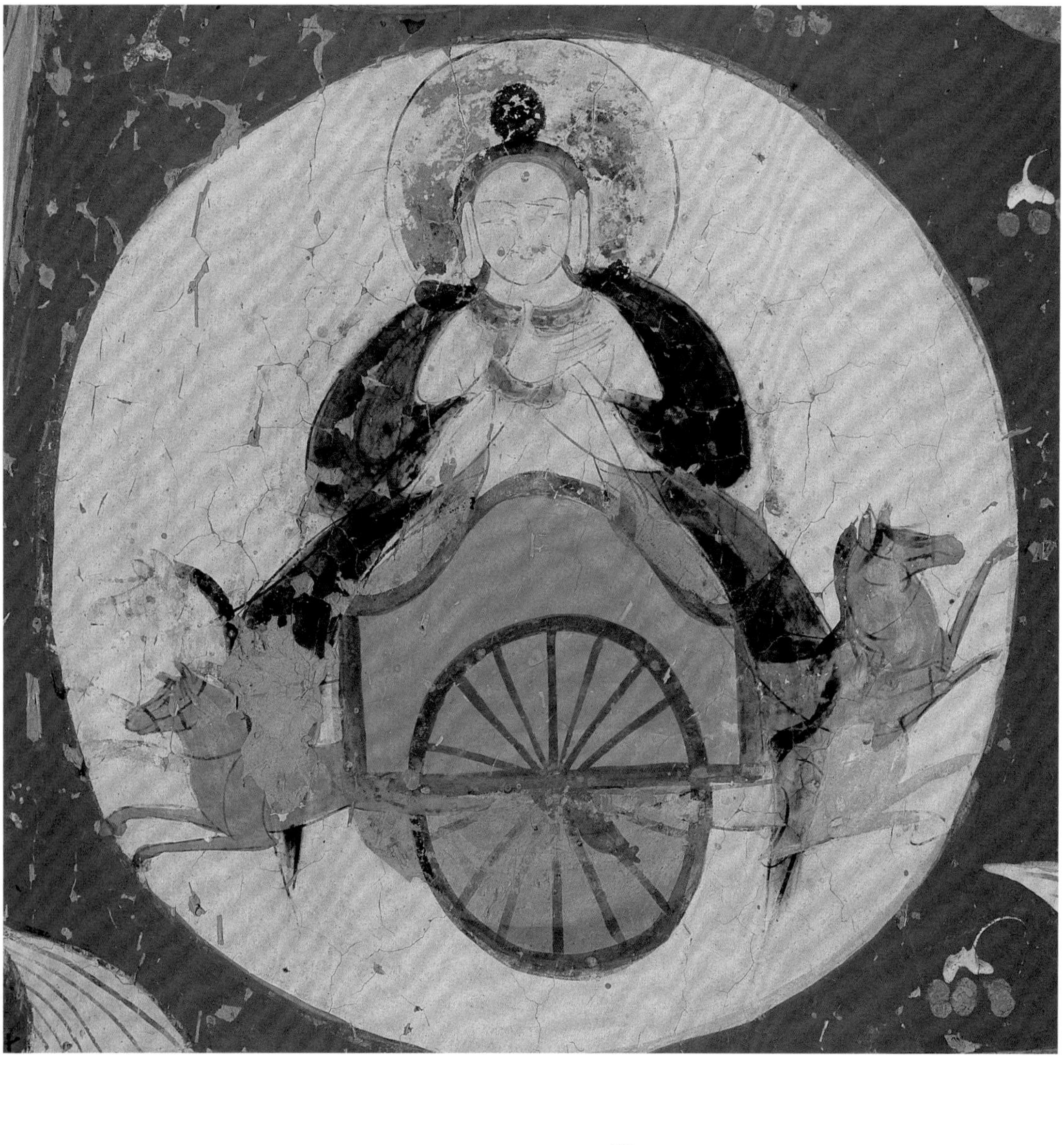

103 雷神

風、雷、雨、電等神祇為中國神話中的自然神。圖中雷神的鼓有立體感，還繪出連鼓不斷的響聲。
初唐 莫329 西壁龕頂
孫志軍 攝

104 電神

人獸合體的電神單腿站立，作弓形，雙手持尖頭鐵杵，呈現全力猛擊之態，使發生閃電。
西魏 莫285 窟頂北坡
孫志軍 攝

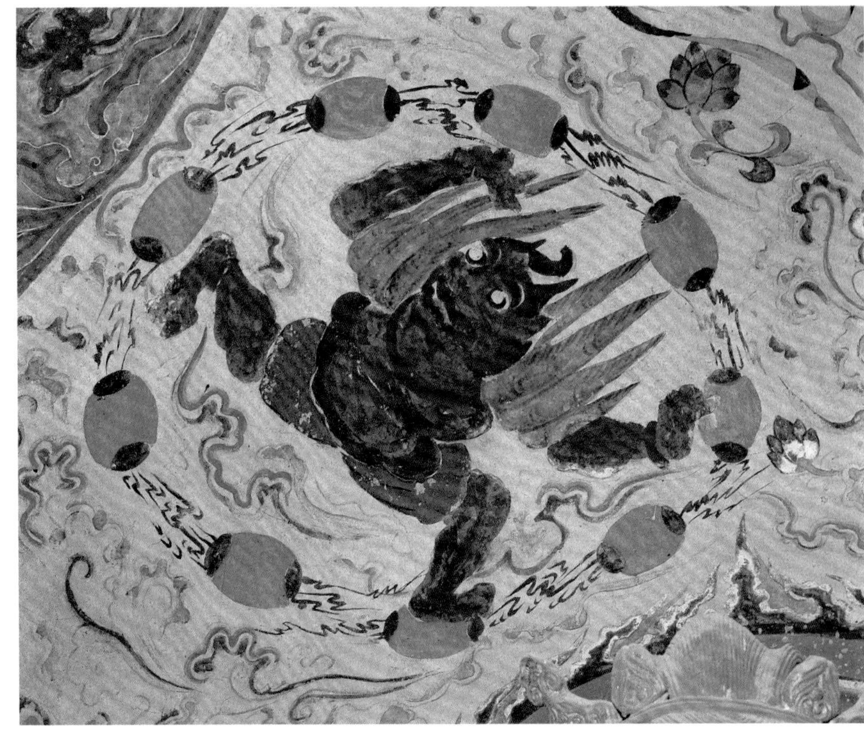

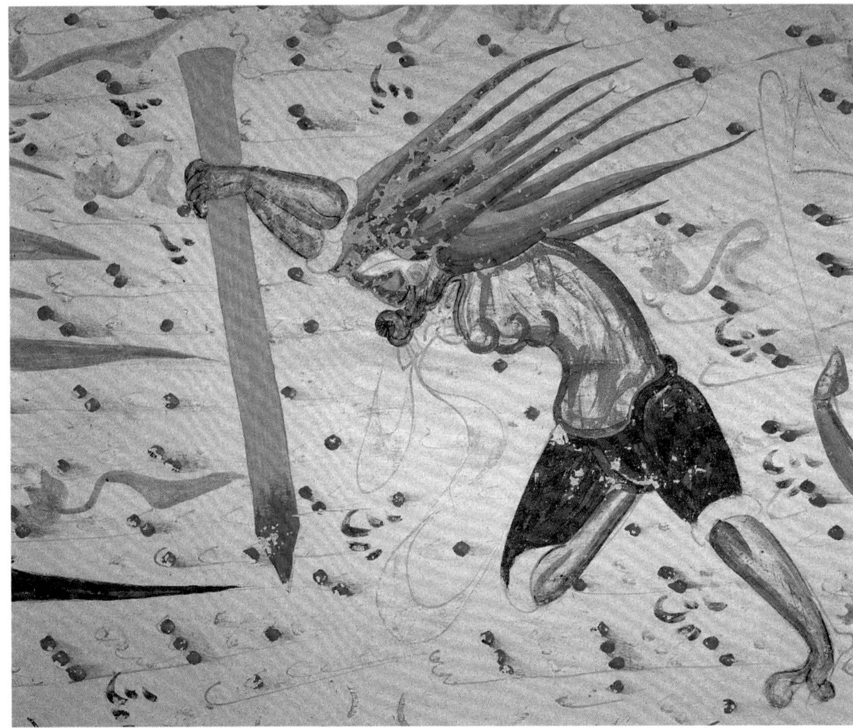

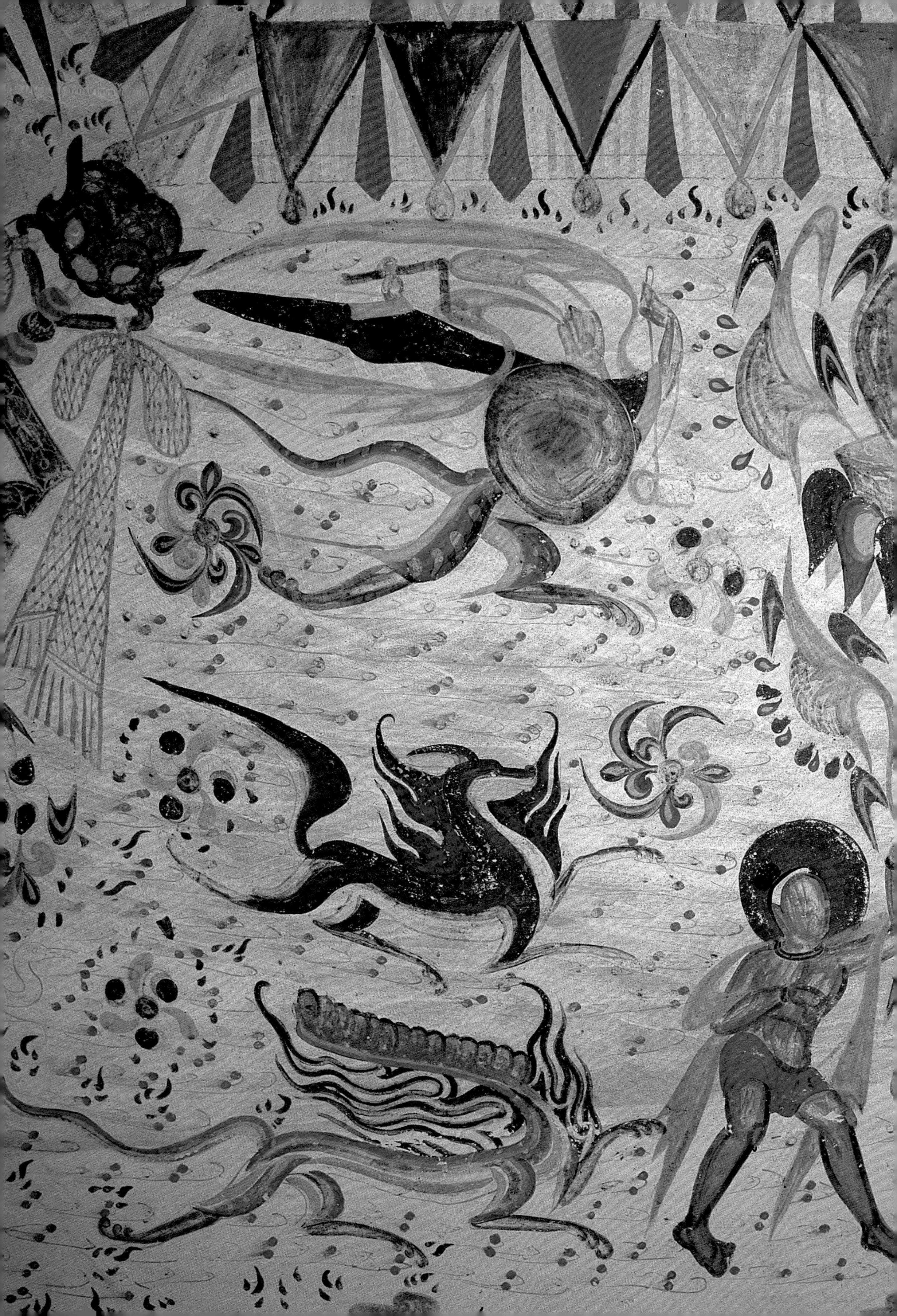

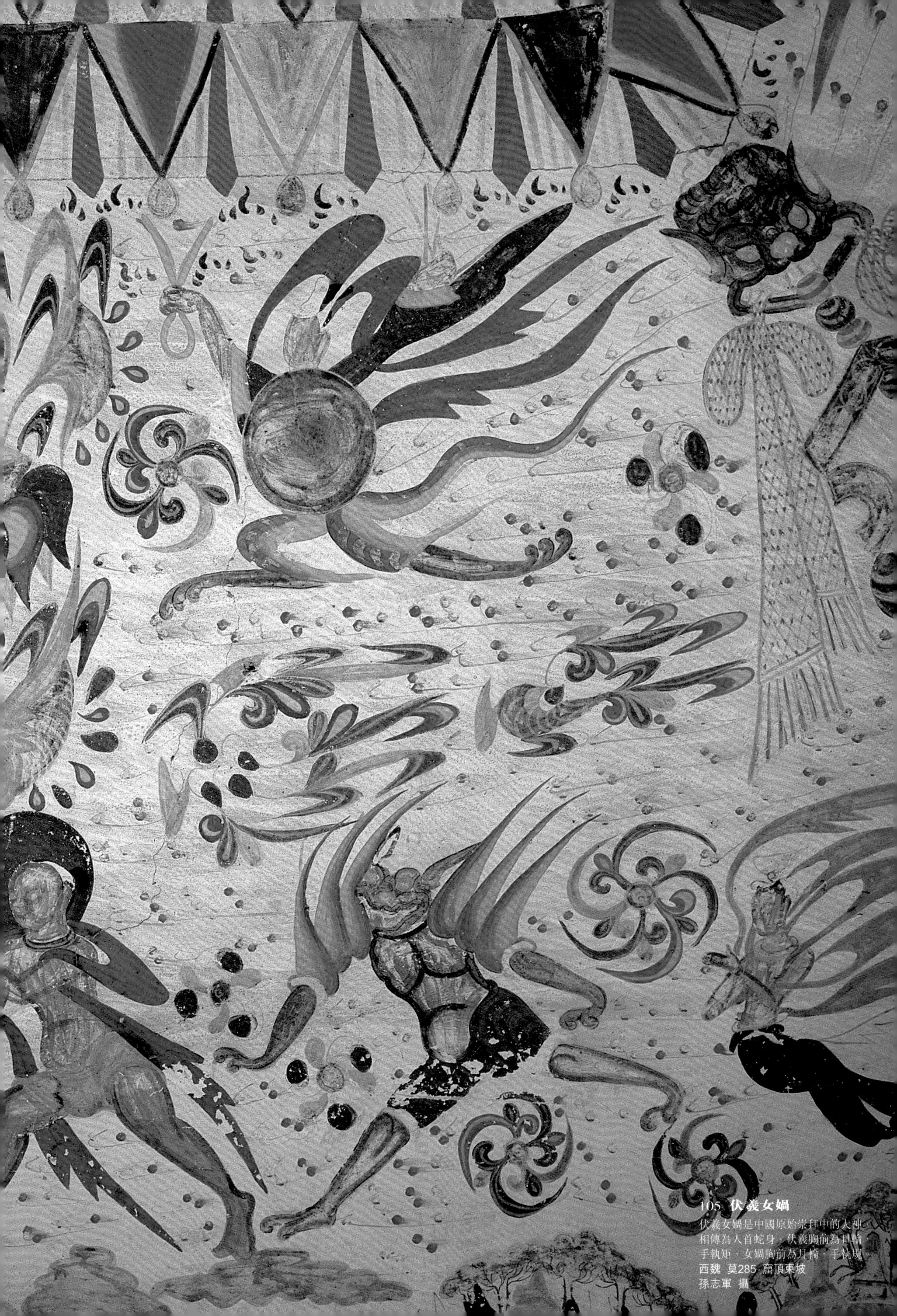

105 伏羲女媧

伏羲女媧是中國原始崇拜中的大神，相傳為人首蛇身，伏羲胸前為日輪，手執矩，女媧胸前為月輪，手執規。
西魏 莫285 窟頂東坡
孫志軍 攝

106 二十八宿與十二宮

二十八宿為中國星象，十二宮則是西方的。圖中的四天人形象代表部分的二十八宿，雙魚、天蠍、雙子、巨蟹則是十二宮中的四宮。

元 莫61 甬道南壁

余生吉 攝

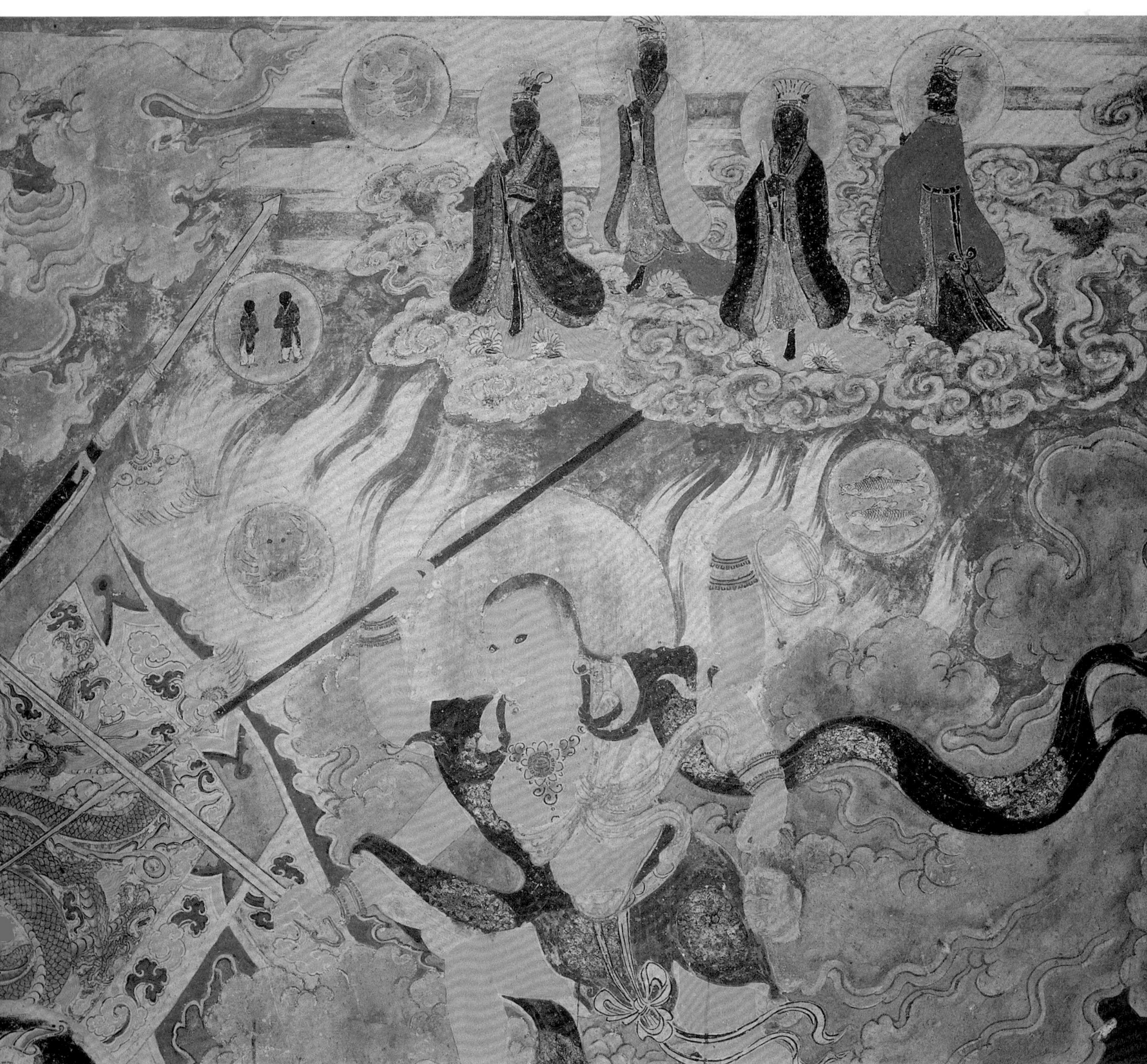

107 摩尼光佛教法儀略

這是唐玄宗時在中國的摩尼傳教士奉詔撰寫的一份解釋性文件。現存殘本計一千五百多字，主要內容為簡介摩尼教的起源、教主摩尼的主要著作、教團組織、寺院制度、教義核心等，對研究當時中亞地區和中國的摩尼教有重要價值。

唐 敦煌藏經洞出土

選自《法藏敦煌文獻》 I

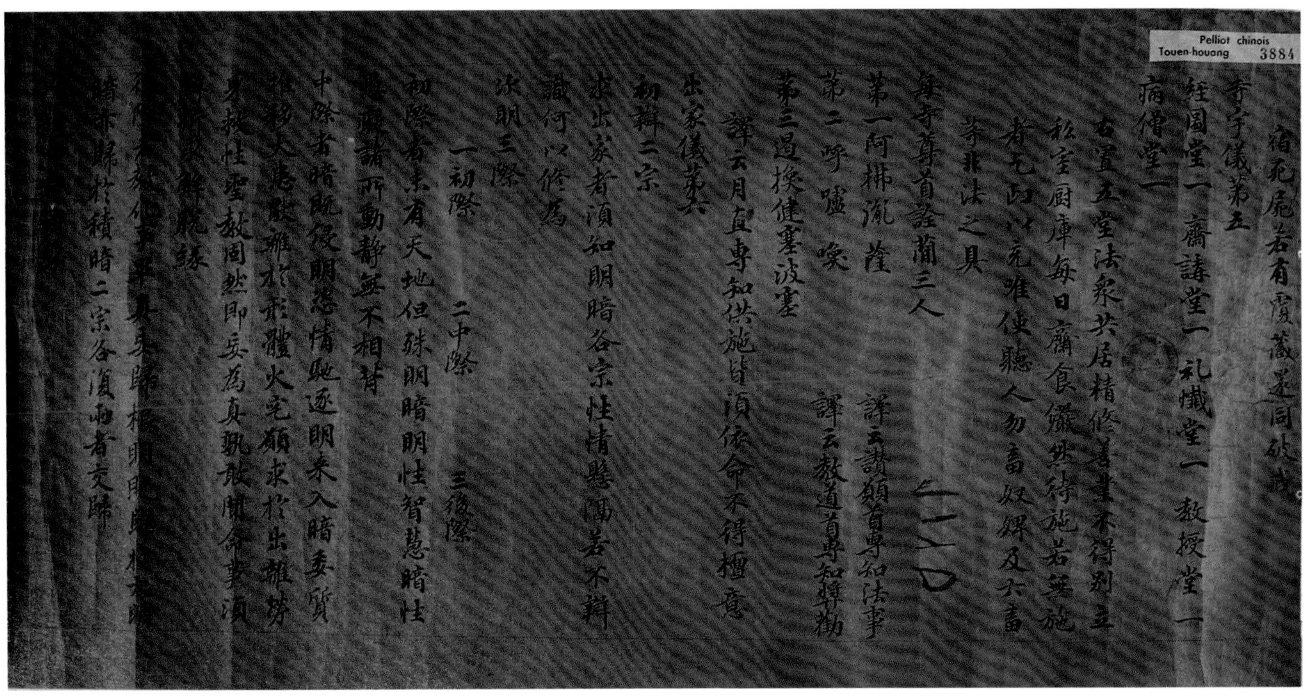

Pelliot chinois
Touen-houang 3884

宿死屍若有覆藏還同破戒
寺宇儀第五
經圖堂一　齋講堂一　礼懺堂一　教授堂一
病僧堂一
右置五堂法眾共居精修善業不得別立
私室廚庫每日齋食儼然待施若無施
者乞匃以充唯使聽人勿畜奴婢及六畜
等非法之具
每寺尊首詮簡三人
第一阿拂胤薩　譯云讚願首專知法事
第二呼嚧喚　譯云教道首專知獎勸
第三遏換健塞波塞
譯云月直專知供施皆須依命不得擅意
出家儀第六
初辯二宗
求出家者須知明暗各宗性情懸隔若不辯
識何以修為
次明三際
一初際　二中際　三後際
初際者未有天地但殊明暗明性智慧暗性
愚癡諸所動靜無不相背
中際者暗既侵明恣情馳逐明來入暗委質
推移大患猒離於形體火宅願求於出離勞
身救性聖教固然即妄為真孰敢聞命事須
辯析求解脫緣
後際者教化事畢真妄歸根明既歸於大明暗
亦歸於積暗二宗各復兩者交歸

108 銅十字架

青銅鑄造，橫豎交叉的十字位於圓環中央，十字瑞頭之間各有一鳥頭，從十字架表面的凹槽分析，十字架原有鑲嵌物，從形制分析，它可能屬於佩戴的徽章。

宋 敦煌研究院藏

吳健 攝

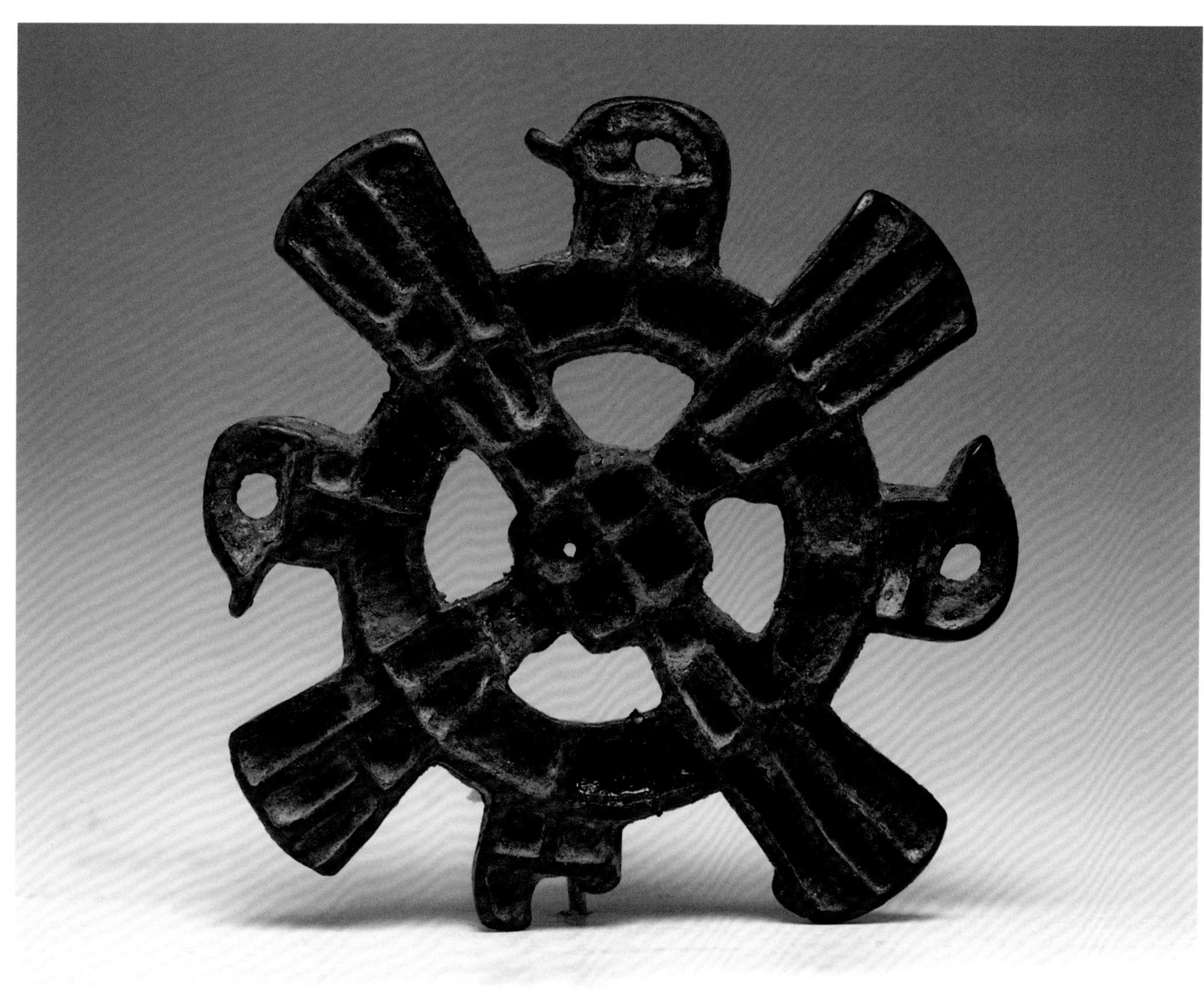

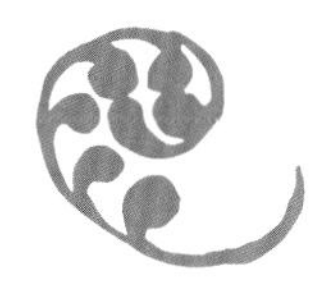

信仰的力量

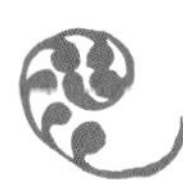

第一節　佛教的傳播與敦煌石窟的創建

公元4世紀以來，佛教逐漸滲透中國社會，開窟、造像的風氣瀰漫北方，漸而及於全中國，直到宋元，佛教作為新思想養分的動力才下降。敦煌石窟正是這時期建造的代表性佛教石窟，是佛教興盛時期中國宗教熱情的一面鏡子。

佛教自傳入以來，經歷了漫長的傳播歷程。以敦煌地區而言，初期的步伐相對緩慢，從文字和文物的資料看，佛教東傳之初經過此地時似乎並未留駐。魏晉時期，有一定的活動，及至十六國時期，佛教在敦煌的傳播加快，敦煌地區最重要的佛教石窟——莫高窟亦隨之興建。

處於交通要道的敦煌，長期接觸往來西域的人士，原來就具備接受佛教的條件。魏晉以來，僧人在敦煌的譯經和傳經活動加速佛教傳佈，其中以世居敦煌，號稱"敦煌菩薩"的竺法護和其弟子竺法乘的譯經和傳述活動較有代表性。當時敦煌雖然有佛教活動，但重視佛像，少佛學理論的探究。因此，竺法護跟隨西域胡僧遊歷了中亞各國，攜帶大量梵文經書東歸，他從敦煌東行至長安，沿途譯經和宣講佛教。以後他又在敦煌組成了胡漢僧侶信徒集團，矢志譯經，一生共翻譯佛經175部，354卷，對佛法在敦煌以至中國傳播有重大貢獻。竺法護的弟子竺法乘，晉太康年間（公元280－289年）在敦煌"立寺延學"，説明那時已經有相當的信眾基礎。當時，像竺法護師徒這種弘法活動非常普遍，稍後的曇無讖、浮陀跋摩等人，亦翻譯出大量佛經，對佛教的廣泛傳播發揮了重要作用。

漢至西晉間，政府禁止漢人出家，僧人以胡人為主，漢人很少，不利於佛教傳播。十六國時期，河西先後由前涼、前秦、後涼、西涼、北涼五個政權統治，不少統治者崇奉佛教，其中前涼的張天錫延攬月氏人、龜茲人組成涼州譯場，並親自參與譯經。前秦時期，涼州刺史楊弘忠亦崇佛教。北涼的沮渠蒙遜推動佛教更是不遺餘力，有謂他進攻敦煌時遇到反抗，進城後下令屠城，後來為了減輕民眾對他的仇恨，積極在敦煌宣揚佛教。在統治者倡導下，河西的佛教有較明顯的發展，佛寺也增多了，《魏書·釋老志》説："涼州自張軌後，世信佛教。敦煌地接西域，道俗交得。其舊式村塢相屬，多有塔寺。"莫高窟就是在佛教逐漸昌盛的環境下開鑿的。北朝時，佛教在北方大盛，北魏末年，天下寺院三萬有餘，僧尼二百萬，北齊、北周時，僧尼更增至三百萬。反觀敦煌，亦可見莫高窟不斷增建。

佛教坐禪風氣也與莫高窟的創建有關。早期佛教禪法流行，僧人由於坐禪的需要，一般尋覓遠離鬧市的幽僻山林之處，靜坐沉思。莫高窟遠離城市喧囂，環境幽靜，正是建窟的理想地點。值得一提的是，佛教東傳的過程中，流行開鑿石窟，從發源地印度到中亞的廣大地區，先後出現了巴雅、納西克、阿旃陀、貝德薩、卡爾提、巴米揚、捷爾梅茲以及中國新疆天山南北、河西走廊的石窟羣。十六國時期，佛教在敦煌的傳播有了一定基礎後，創建莫高窟已是水到渠成了。

敦煌地區現有五處石窟，其中以莫高窟開鑿的時間最早。據武周聖曆元年（公元698年）立《大周李君莫高窟佛龕碑》載，莫高窟始建於前秦建元二年（公元366年），當時沙門樂僔雲遊到此地，正近黃昏，驀一抬頭，見到對面三危山一片金光耀眼，彷佛有千萬金佛在金光中顯現，他認為這裏是一塊聖地，於是在鳴沙山東麓開鑿了第一個洞窟。後來法良禪師又在此窟旁邊營建洞窟。樂僔和法良的石窟可能已經不存，現存最早的是北涼時期的三個洞窟。此後，北魏宗室東陽王元榮、北周貴族建平公于義先後出任瓜州（敦煌）刺史，他們信奉佛教，大力在莫高窟開窟造像。在二百年間，莫高窟不斷開鑿了許多洞窟，現存四十窟。隋唐時更臻大盛。

敦煌石窟羣除莫高窟外，還包括西千佛洞、安西的榆林窟、東千佛洞以及肅北縣的五個廟石窟，其中以西千佛洞和榆林窟較為著名。西千佛洞位於莫高窟以西，現存的十九窟，開鑿時間亦很早，段限始於北朝，終於元代。榆林窟位於安西縣的南山山谷中，現存洞窟四十一個，始於唐代，終於元代，以中唐和西夏的洞窟最有名。兩窟的洞窟形制、壁畫內容及風格與莫高窟同期洞窟基本相同。

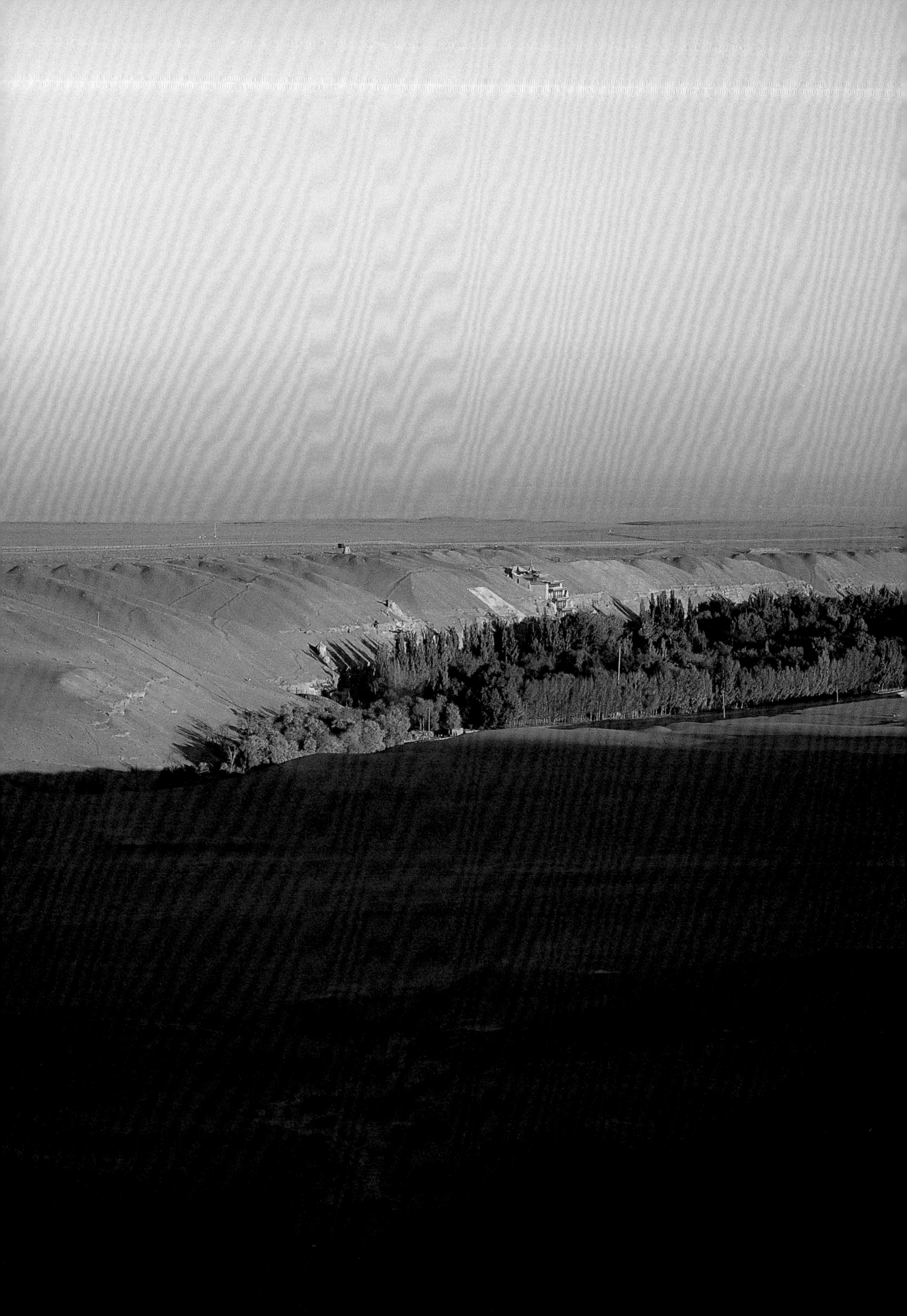

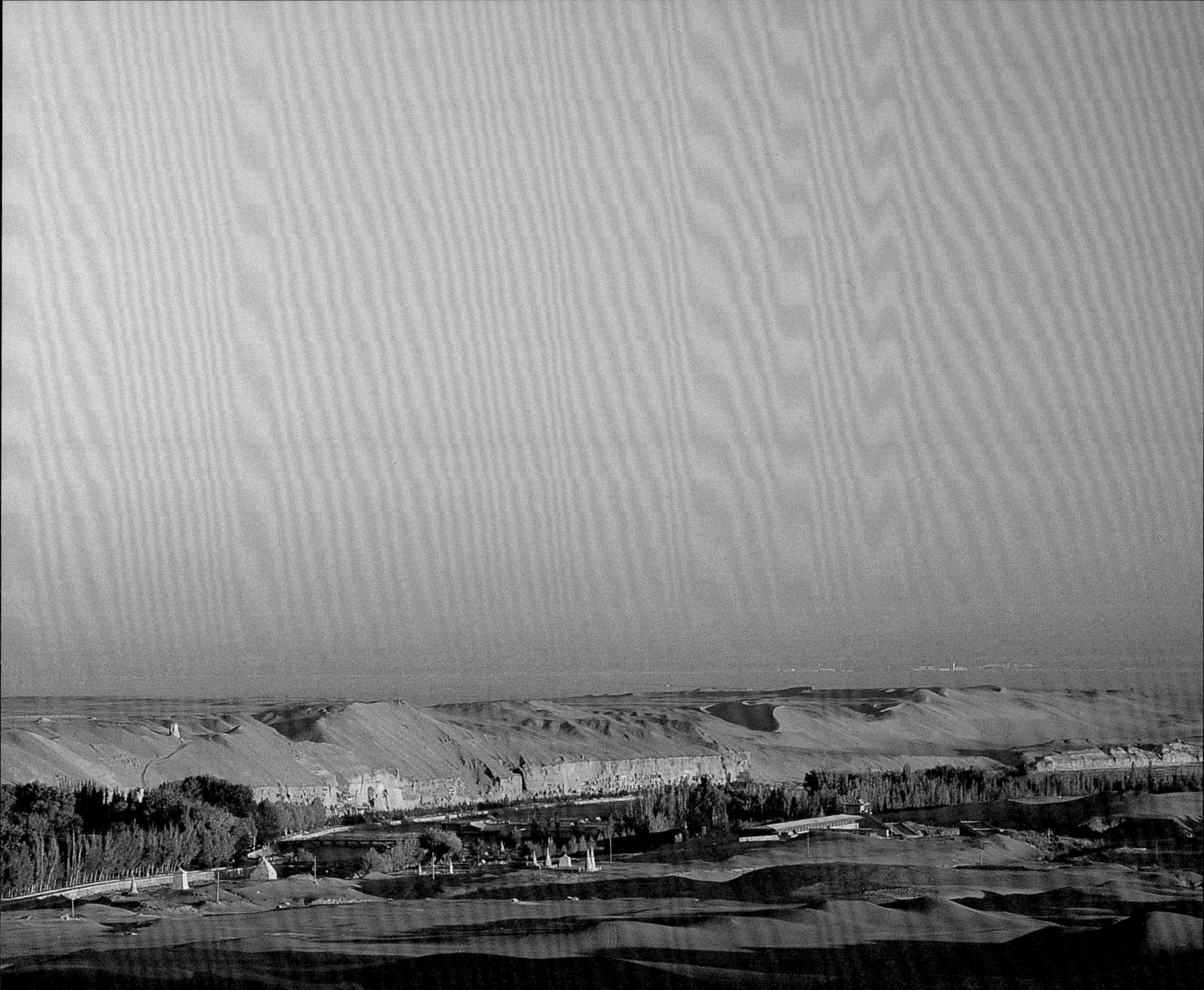

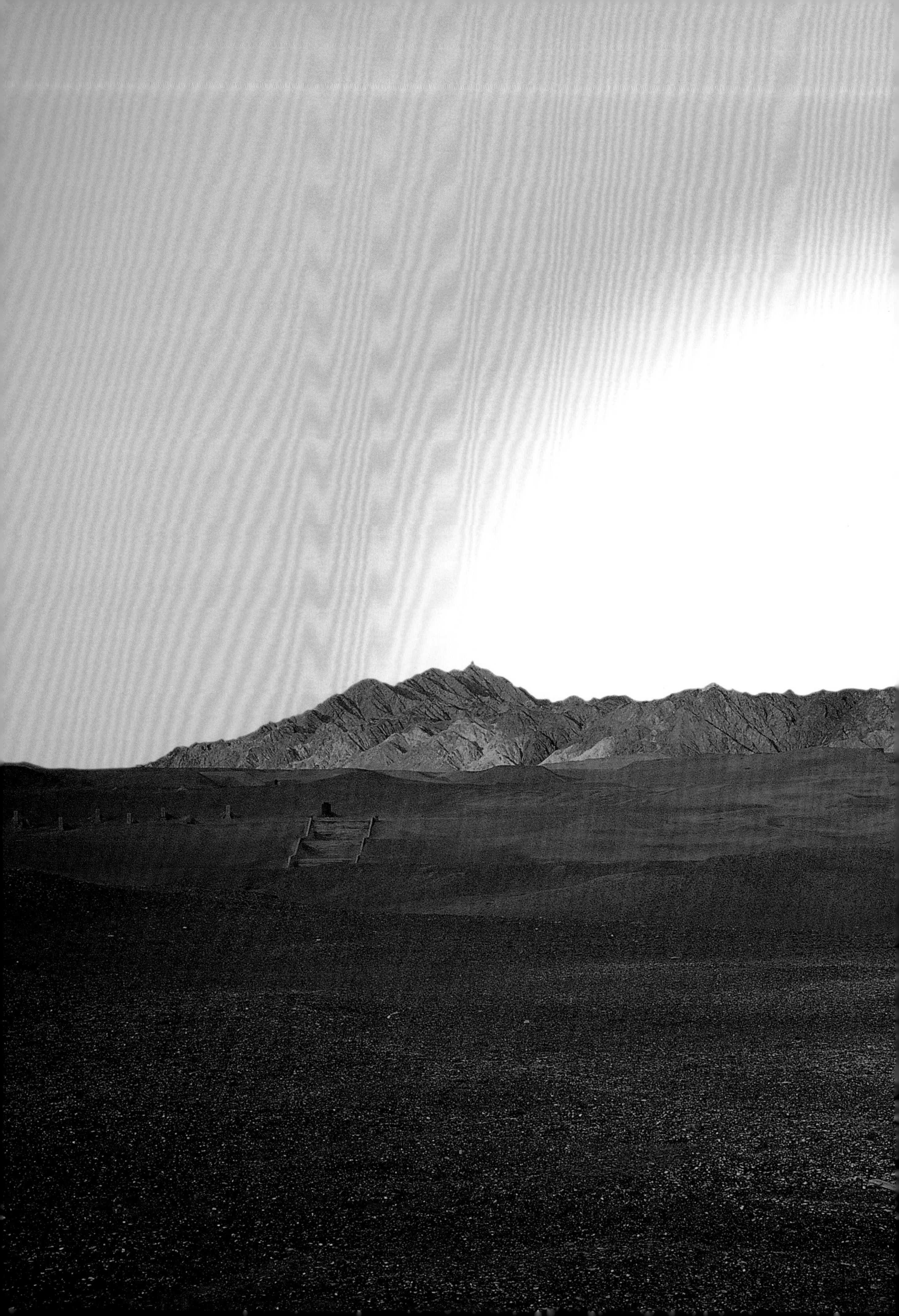

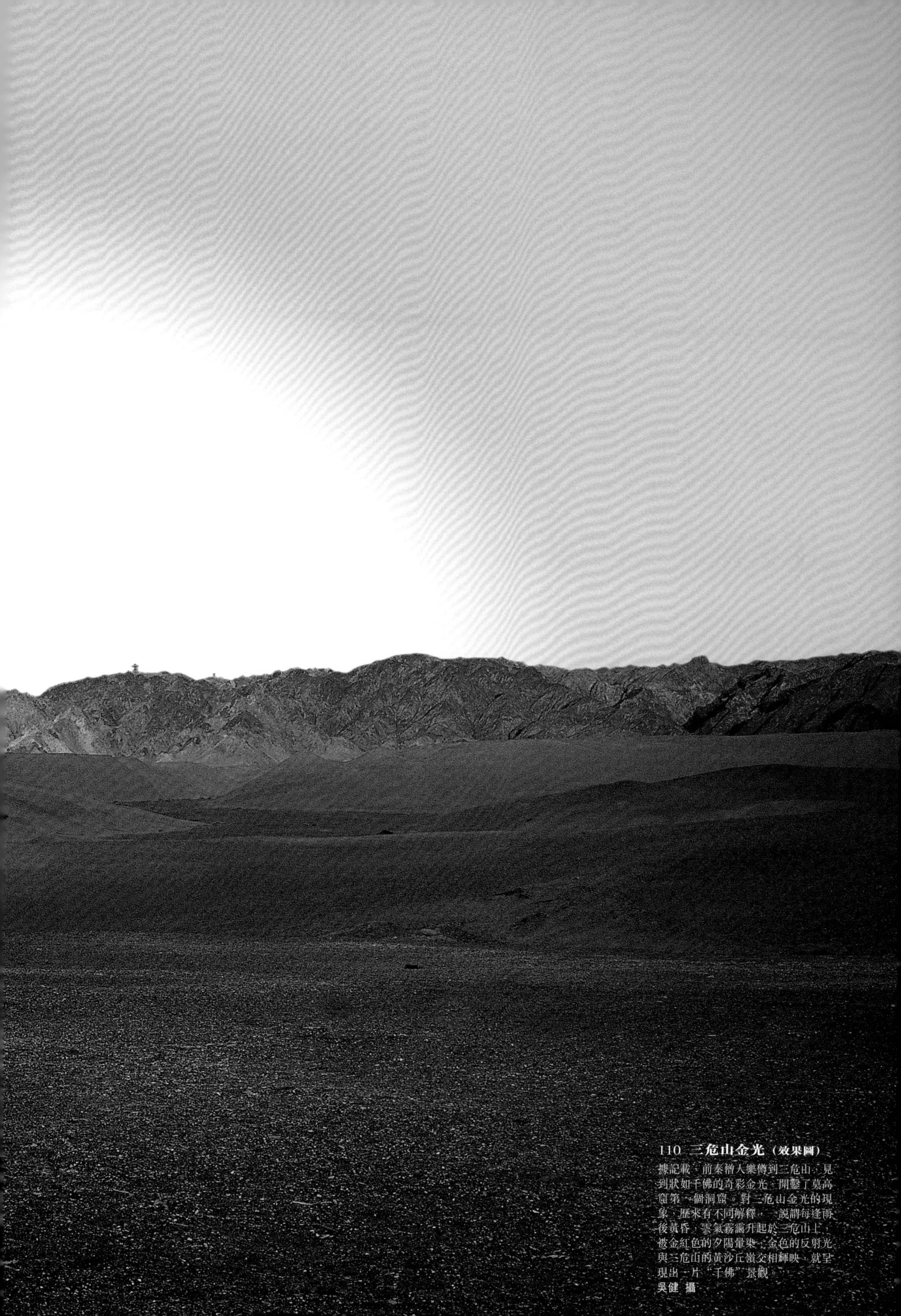

110 三危山金光（效果圖）

據記載，前秦僧人樂僔到三危山，見到狀如千佛的奇彩金光，開鑿了莫高窟第一個洞窟。對三危山金光的現象，歷來有不同解釋，一說謂每逢雨後黃昏，雲氣霧靄升起於三危山上，被金紅色的夕陽暈染，金色的反射光與三危山的黃沙丘嶺交相輝映，就呈現出一片“千佛”景觀。

吳健 攝

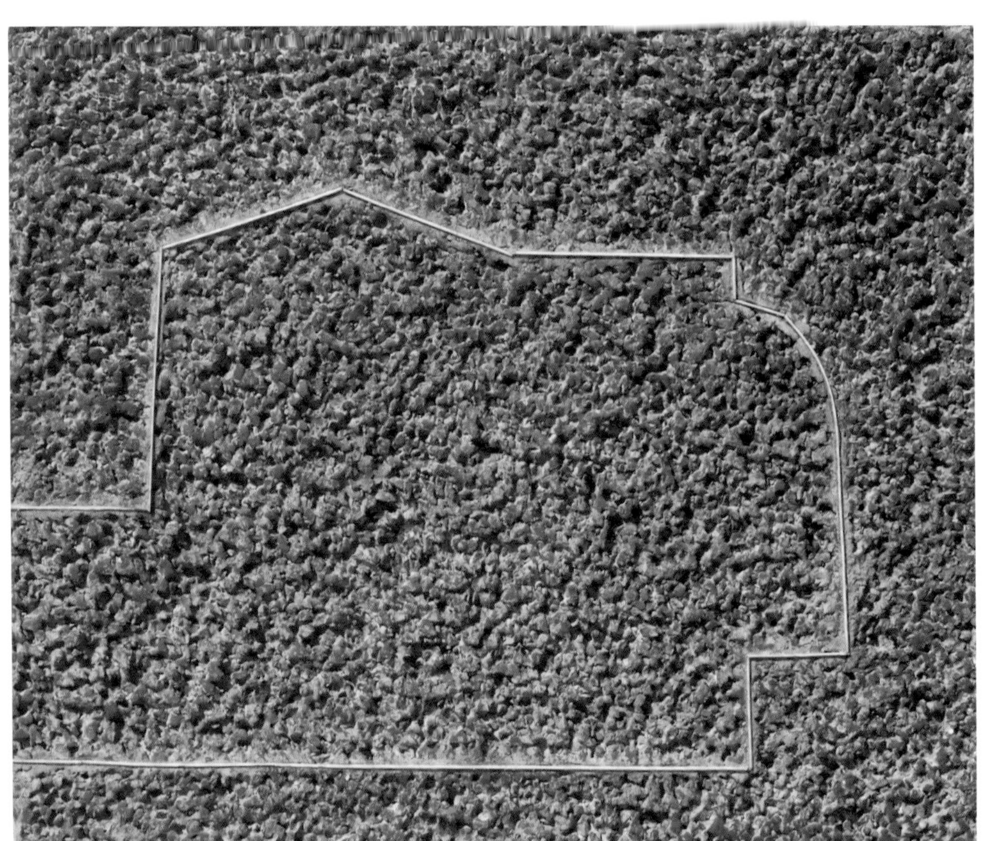

111 **建窟步驟之一——洞窟窟型開鑿預想**

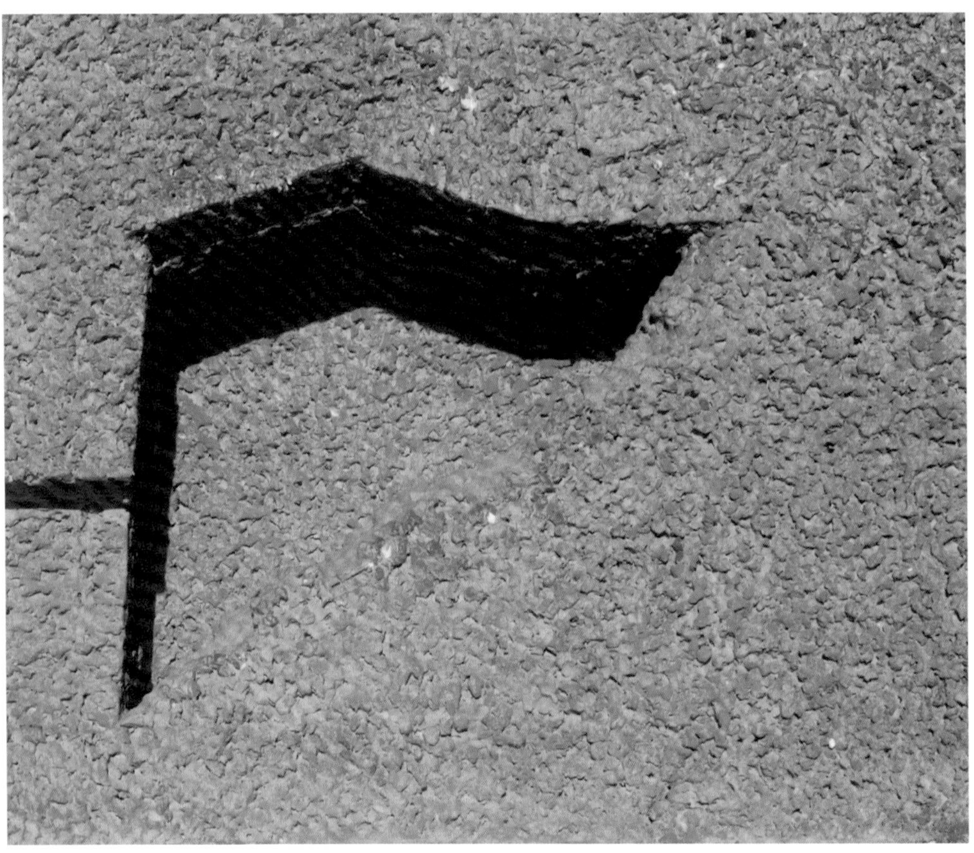

112 **建窟步驟之二——洞窟開鑿過程**

113 **建窟步驟之三——完成窟型**

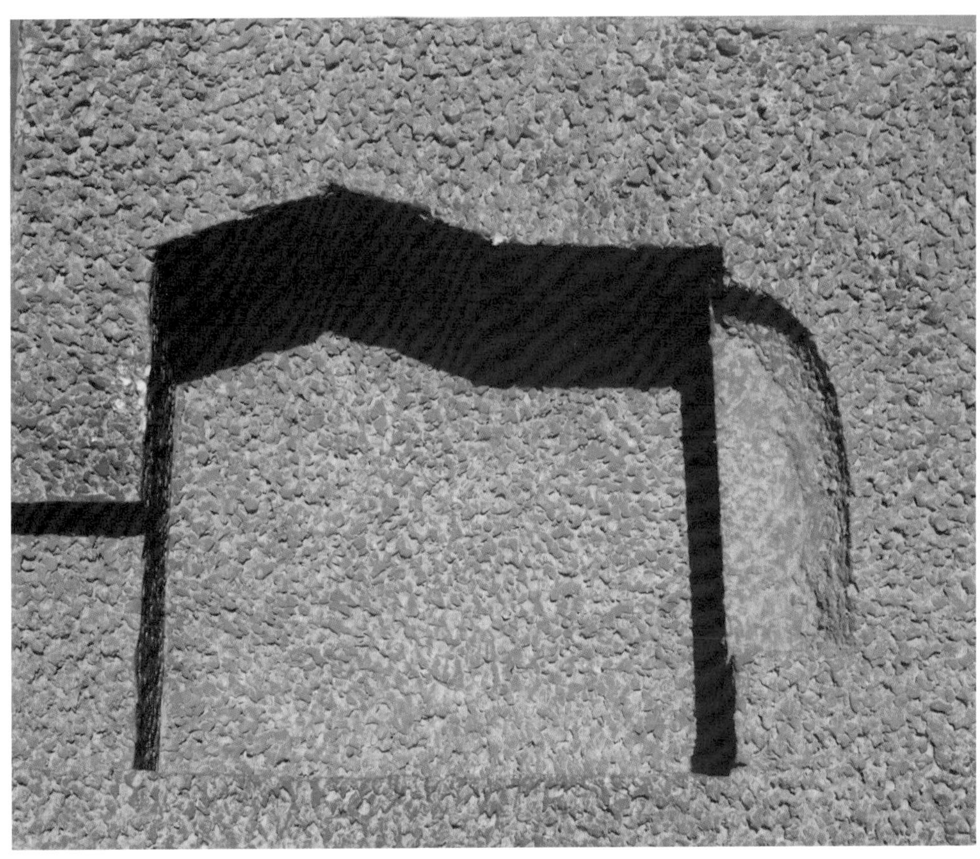

114 **建窟步驟之四——完成洞窟壁畫**

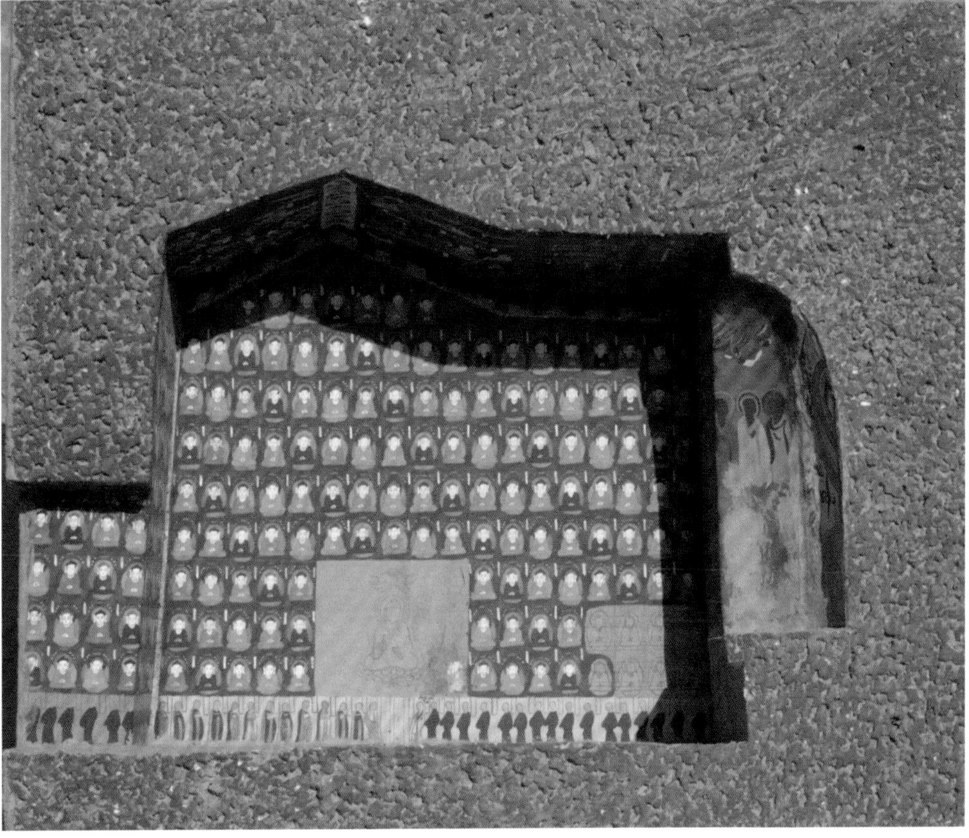

115 莫高窟壁畫繪畫想像圖

潘絜茲 繪

116 僧人像之一

敦煌石窟以佛教為主題，除了描繪佛陀及菩薩外，佛弟子或僧人也為數不少，而且刻劃細緻，神情各異。

盛唐 莫444 西壁龕內北側

孫志軍 攝

117 僧人像之二

隋 莫278 西壁龕內北側

孫志軍 攝

118 僧人像之三

隋 莫427 中心柱南向龕西側

吳健 攝

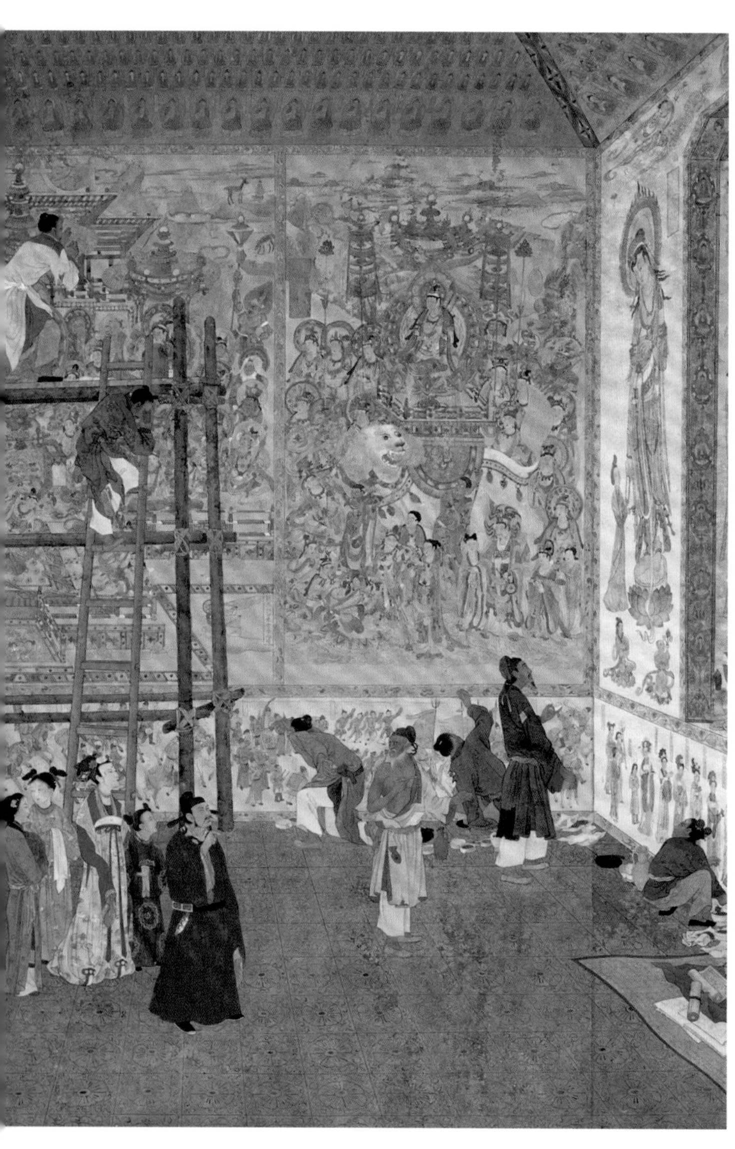

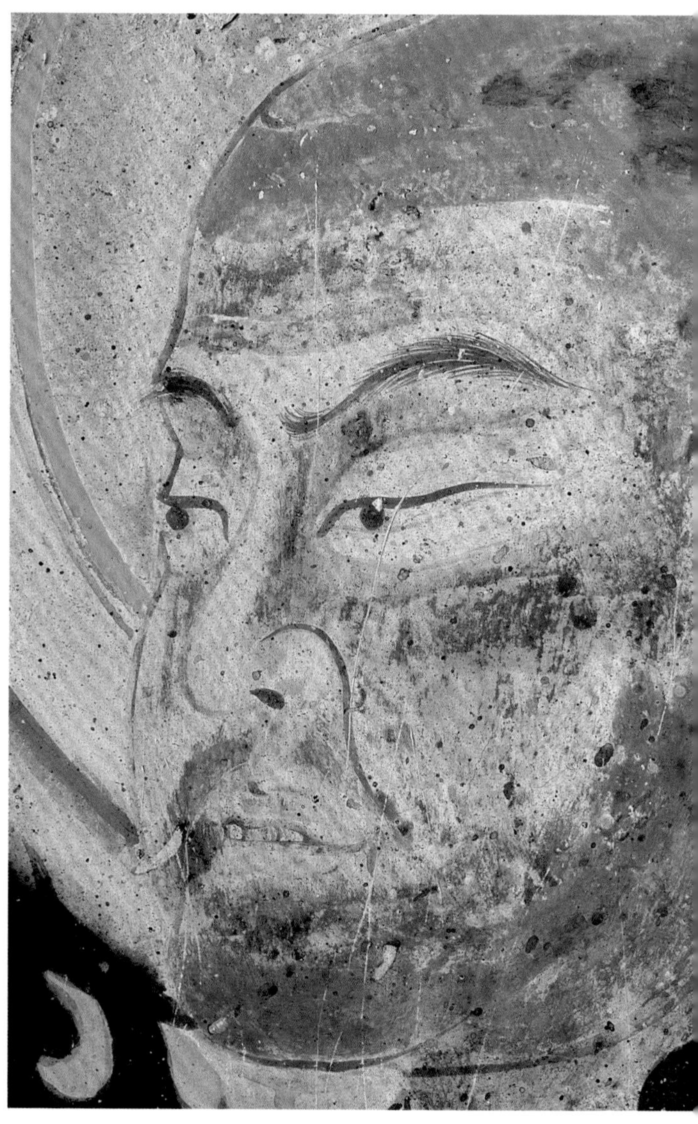

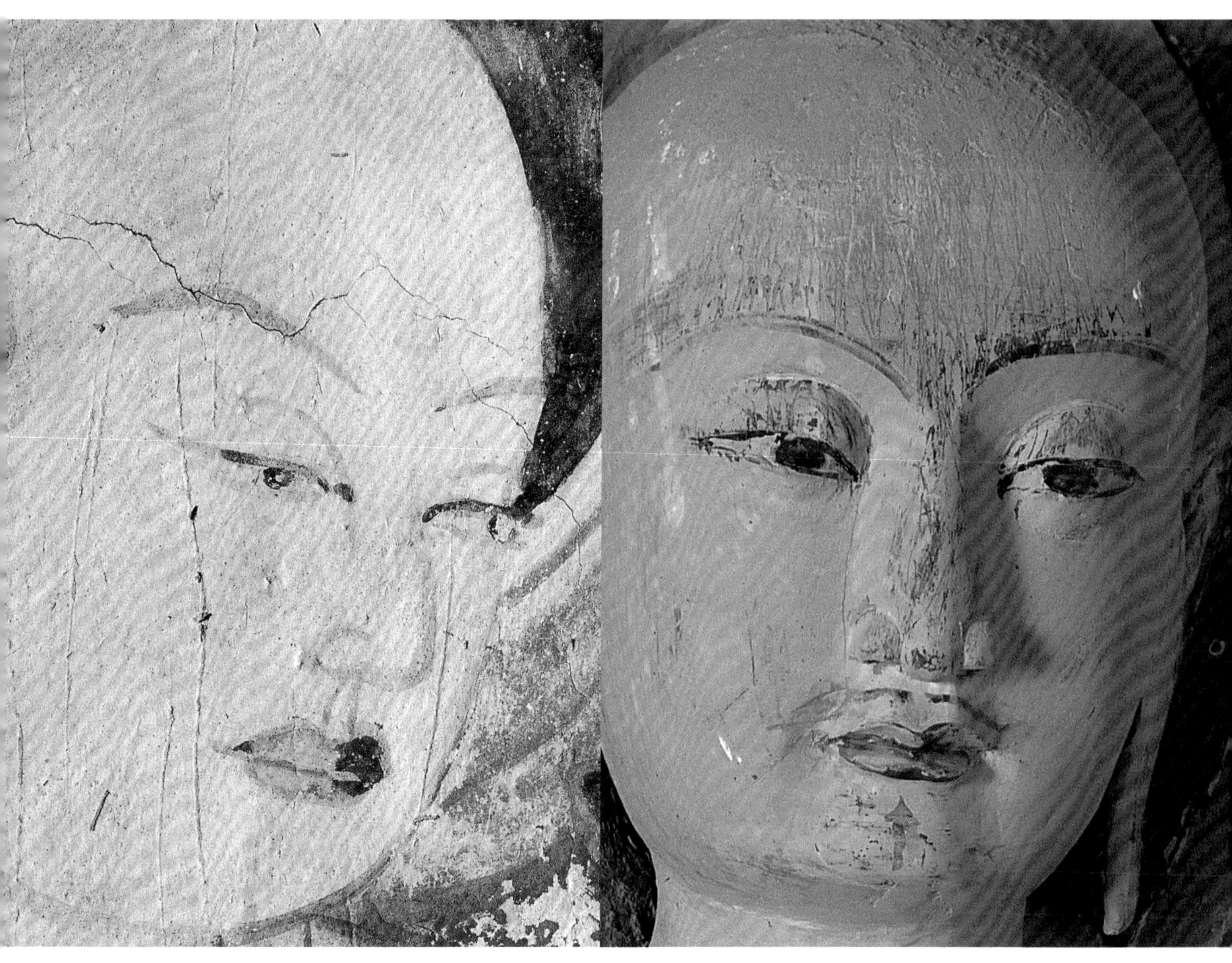

119 寫上發願文的說法圖

北朝時代，捐資造窟或繪畫壁畫的善信，會以供養人的形式繪於壁畫上。到了初唐，供養者還把自己的祈願寫於壁上，稱為發願文。這幅初唐說法圖的右下角就繪有供養人和發願文。

初唐 莫322 東壁

余生吉 攝

120 童子拜佛

中唐 榆25 南壁

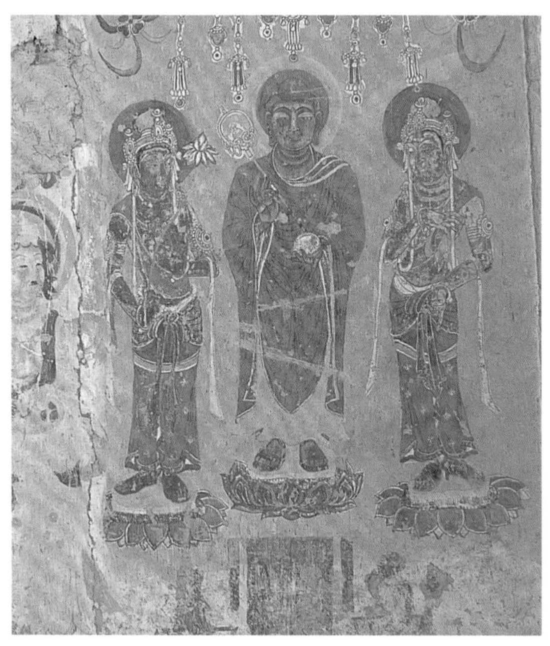

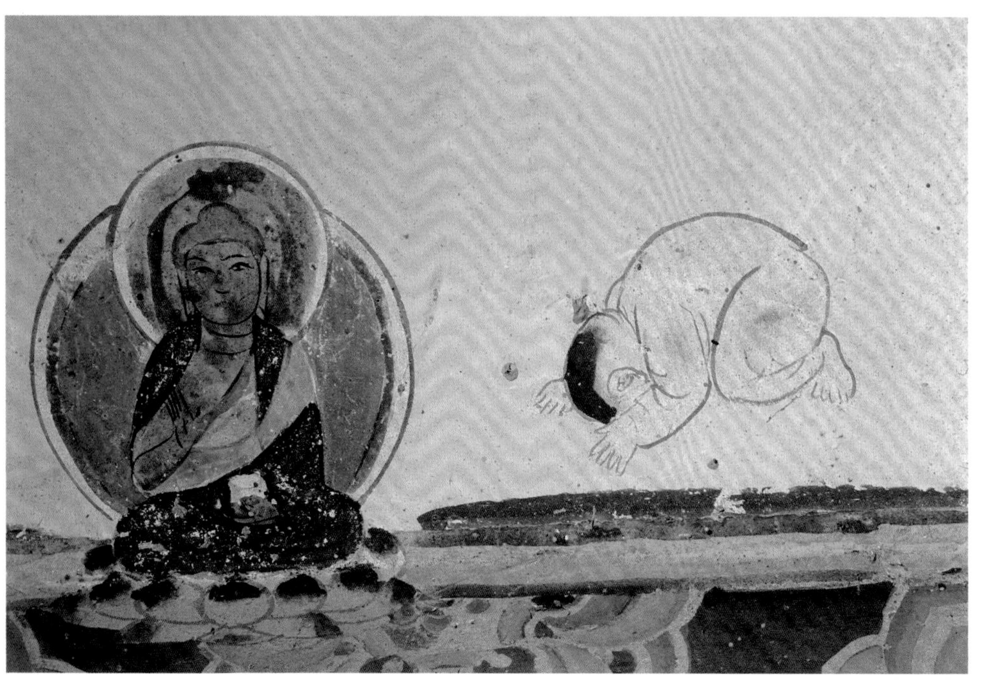

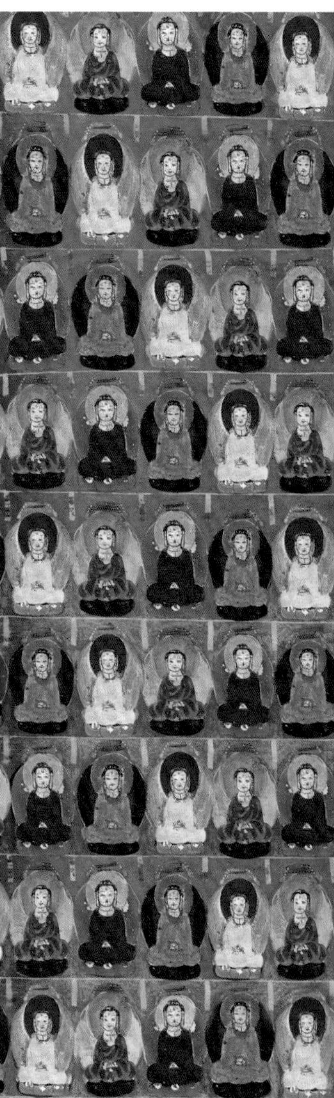

121 窟頂千佛光光相接示意圖

窟頂四坡畫千佛。佛像顏色在光影下，排列有序，效果明顯。
隋 莫390

122 光光相接

千佛是早期極流行的裝飾手法，以後各代亦見。千佛用不同顏色在頭光、身光和袈裟上反覆交替填塗，在壁面上形成斜向的條條光帶，使整個畫面呈現一種節奏感，進入幽暗洞窟的信徒點燃燈火，將照見放射狀的千佛"佛佛相次，光光相接"的景象。

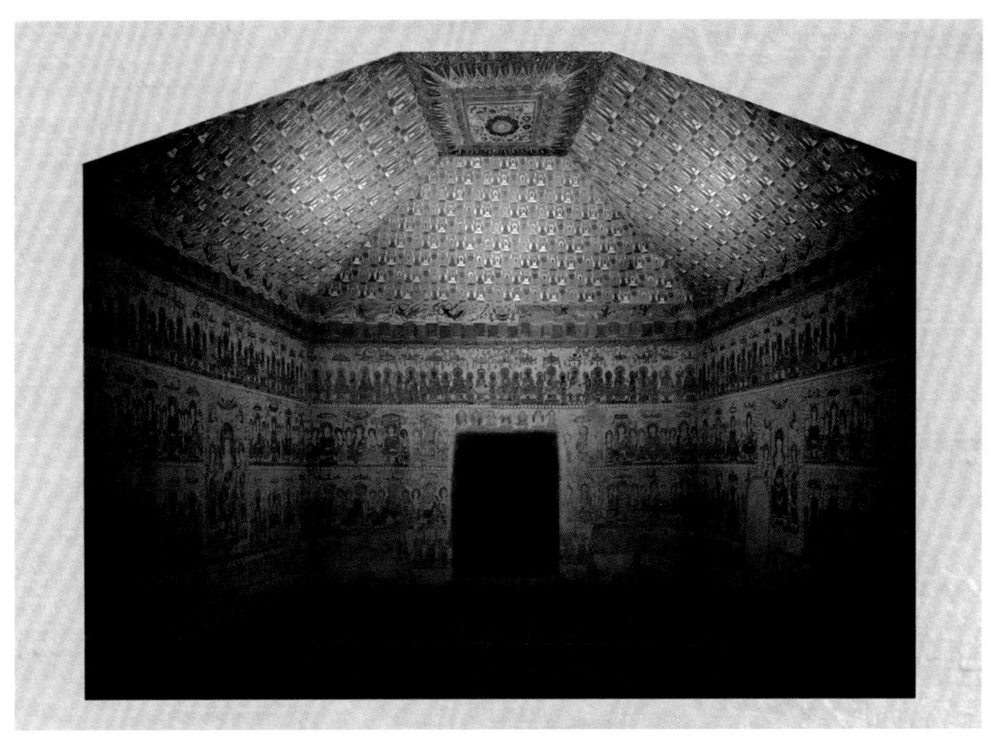

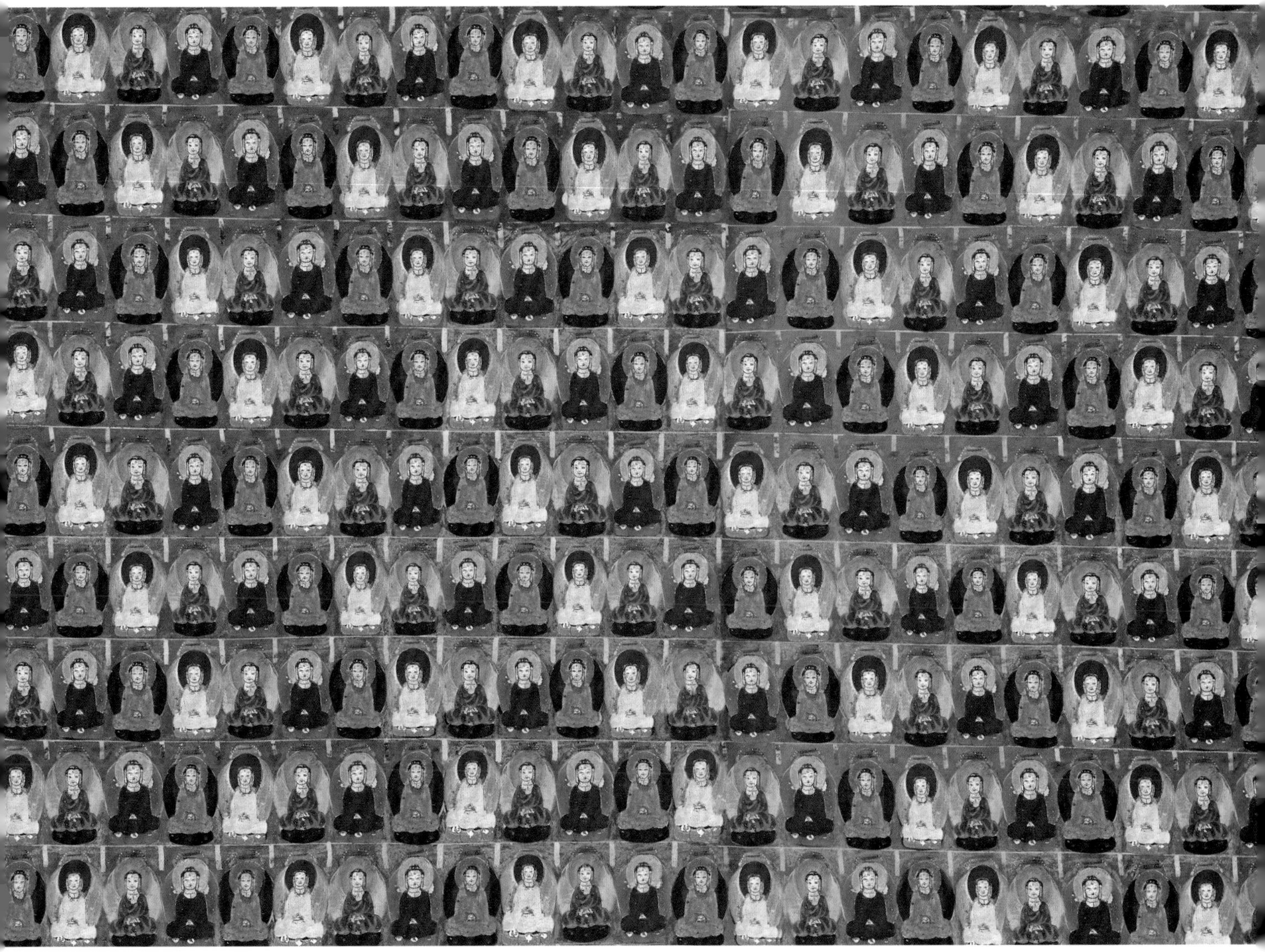

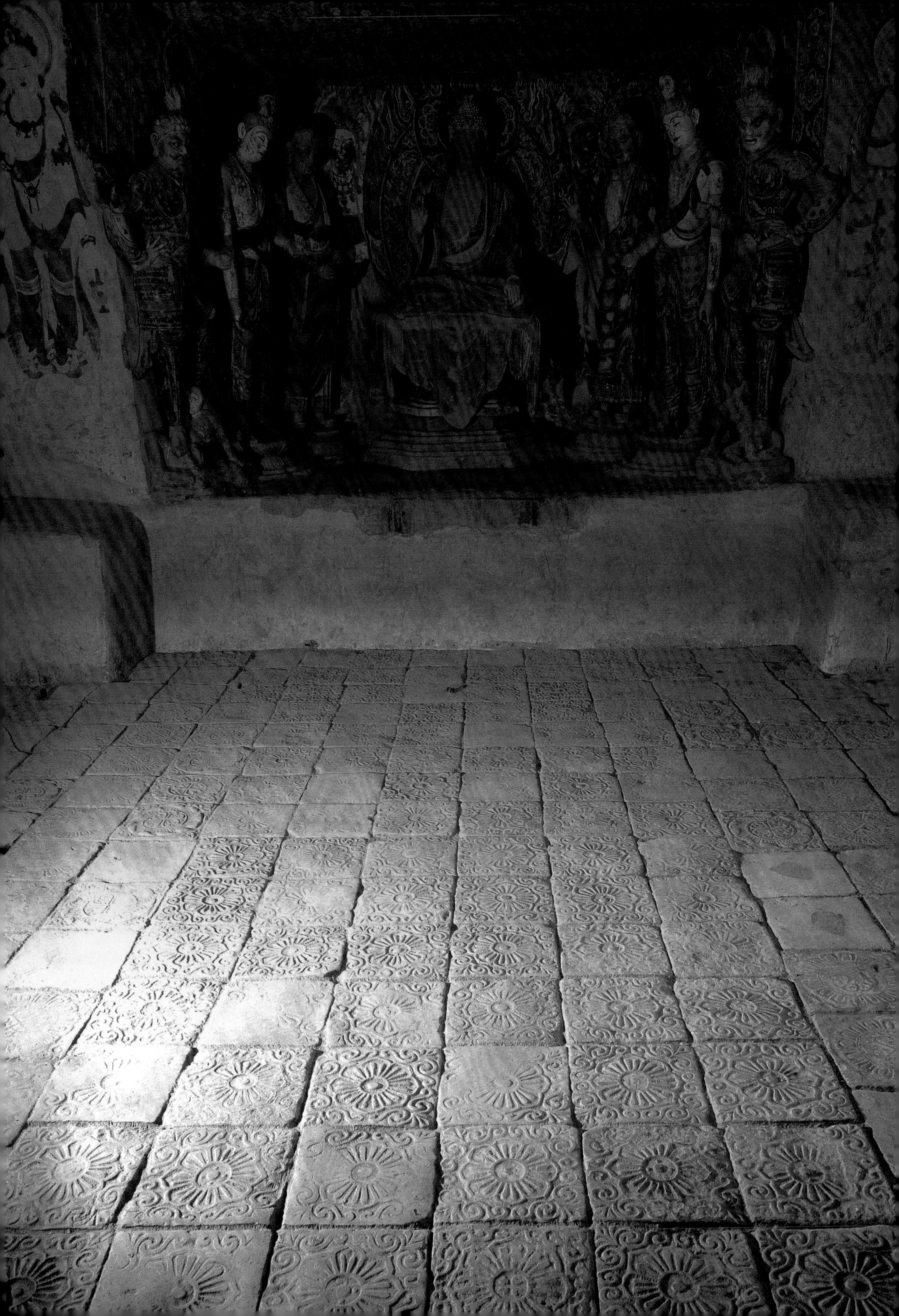

123 步步生蓮

“步步生蓮”源自佛傳故事。故事說，悉達多太子出生後，自立於地，不用扶持，即自行七步，足下步步生蓮花，這個故事催生了敦煌石窟地磚的蓮花紋圖案。
盛唐 莫45
吳健 攝

124 虛空會

此圖是敦煌的法華經壁畫表現二佛在虛空中說法的傑作。畫面開朗宏偉，諸多會眾乘着船形祥雲，雲遊太空，具見佛經對中國繪畫的時空觀念和想像力的影響。
盛唐 莫23 南壁
孫志軍 攝

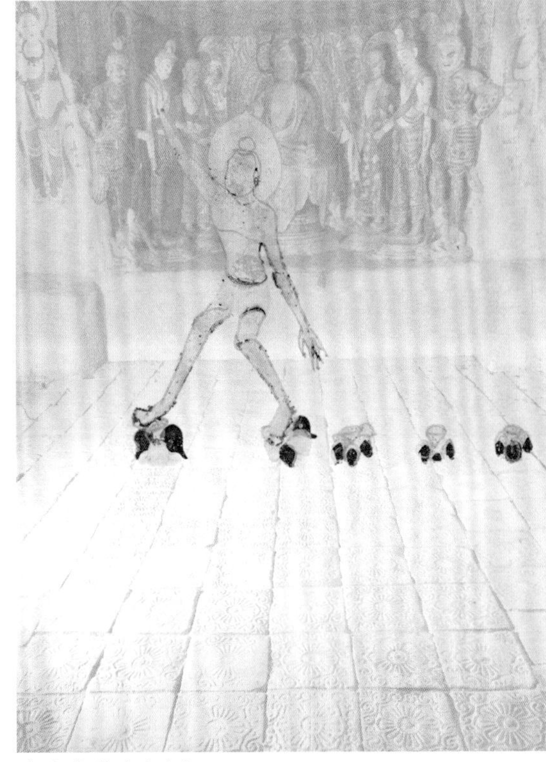

步步生蓮意想圖

信徒進入鋪了蓮花紋地磚的洞窟中，有追步佛祖步步生蓮的喻意。圖中所用太子步步生蓮圖像出自北周洞窟。

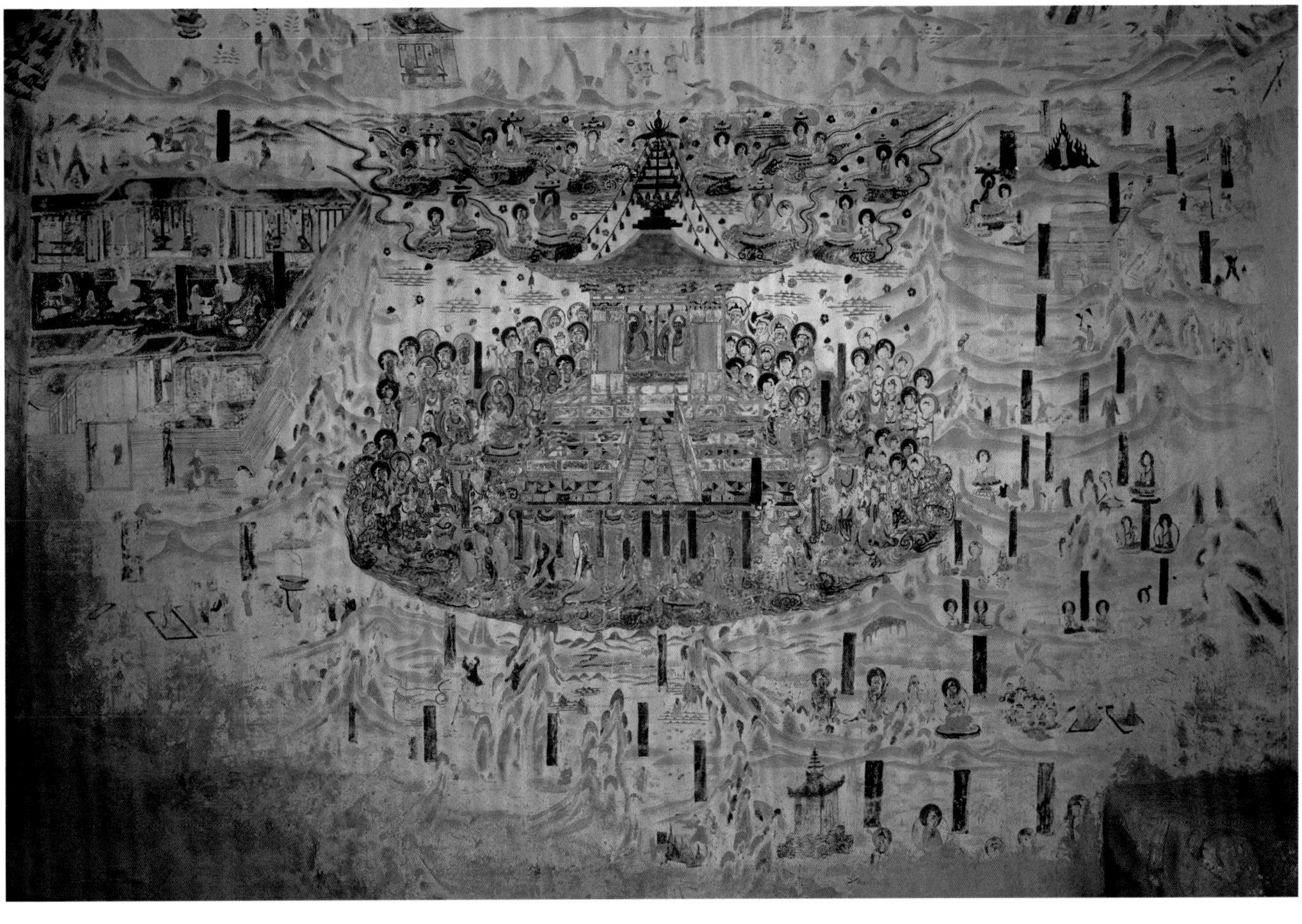

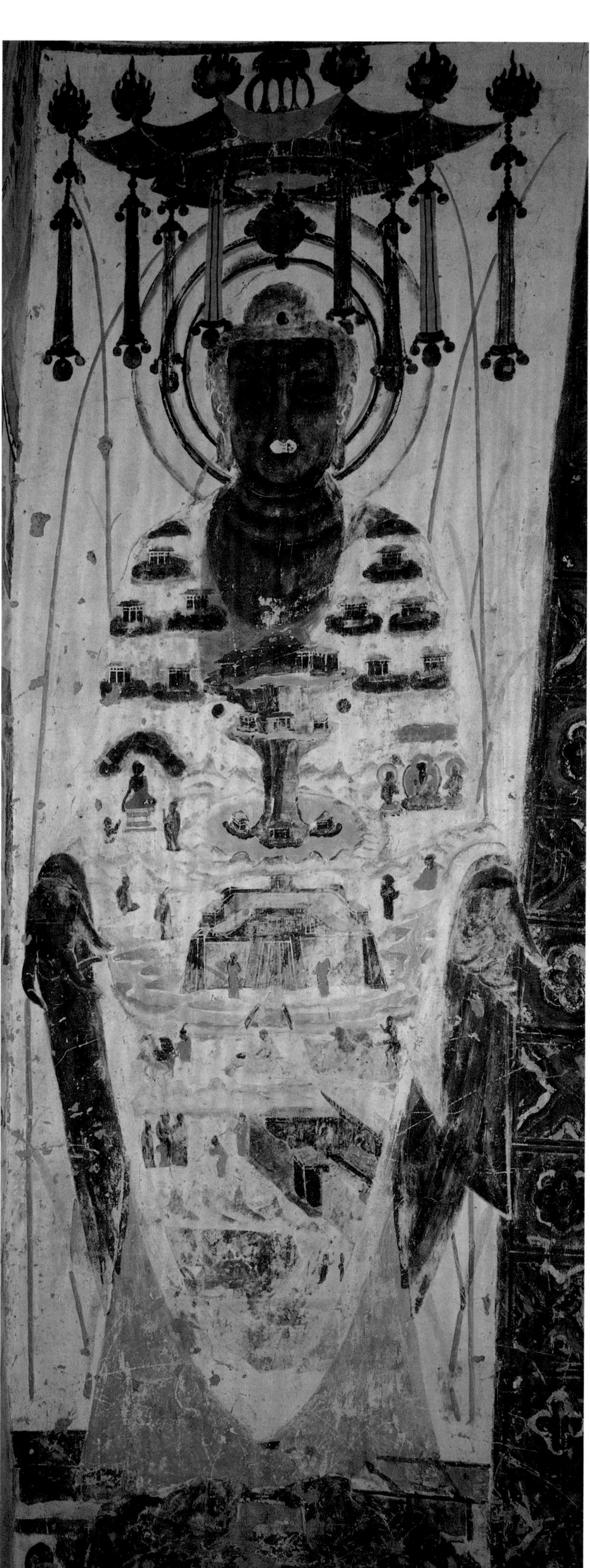

125 盧舍那法界人中像

佛教有深奧的理論，土導其藝術題材。法界人中像是比較特殊的佛像，莫高窟只有幾身。“盧舍那”是釋迦牟尼佛永恒不滅的法身。《大方廣佛華嚴經》說：“佛身充滿諸法界，悉皆充滿如來身”，據此經文創作的盧舍那法界人中像，在法衣上，描繪了上自天界，下至地獄的六道圖，從上而下畫天上界、阿修羅界、人間界、餓鬼界、畜牲界、地獄界。構圖層次分明，莊嚴而神秘。

盛唐　莫446　西壁龕外南側

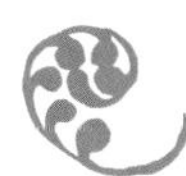

第二節　世族與民眾的石窟

宗教是歷史上千千萬萬人的實踐活動，其最具生機的部分和最強大的能量，存在於群眾的實踐裏。敦煌石窟的開鑿是宗教實踐的具體表現，中央的推動固然有影響，像武則天時命令全國推動有利於她稱帝的《大雲經》，建大雲寺，造大佛。然而敦煌石窟的性質，還是地方或民間的性質較多，靠當地世家大族與一般民眾（包括流動人口）共同參與，靠一代一代人持續的宗教熱情，才能使營造歷時逾千年。像中國各地的民間石窟一樣，敦煌石窟的發展既與敦煌地區的社會結構相關，也靠巨大的民間信仰力量來推動和維持。

世族的洞窟

敦煌地區遠離中原，魏晉以來的大亂對當地影響較少，故在隋唐及以後，敦煌世家大族的地位仍得以保存。李、陰、張、索、曹、翟、閻、氾、羅、闞、令狐、慕容、宋、吳、康等諸姓大族，互相通婚，宗法社會色彩濃厚，支配着敦煌社會各個領域。所以，敦煌石窟營造史，某種程度也是世家豪族史的一部分。

根據敦煌石窟碑銘和供養人題記，結合藏經洞文獻資料，敦煌世家大族無不參與過營造敦煌石窟，並且祖孫父子造窟，代代不絕。世家大族的開鑿者，有一般的大族家族，也有出自這些家族的高僧。他們所造大窟的名號，都是在前面冠以世家大族姓氏的"家窟"，有些高僧所造的大窟更直接冠以窟主的俗姓。這些大窟的營造，往往是為了慶祝和紀念窟主本人榮遷高職，給其家族帶來榮耀，同時顯示其家族的政治勢力和經濟實力。

莫高窟主要的大型洞窟基本上都是由世家大族營造的"家窟"，其中不少是敦煌石窟各個時期的代表作，並反映出大族的崇佛活動。

據銘文、題記等文字資料，世家豪族參與石窟的營造，最早可追溯到西魏大統年間（公元535－551年）陰氏一家參與修建的莫高窟第285窟；陰氏家族雄踞敦煌數百年，所造的大窟多在唐代及以後，包括著名的北大像"大佛窟"（第96窟）。最多的是敦煌李氏家族在莫高窟的造窟"功德"，李氏在莫高窟曾建七窟，時間跨越整個唐代。敦煌張氏是河西的望族，晚唐張議潮率眾起事，推翻吐蕃的統治，任歸義軍節度使，其家族歷任三代，在莫高窟開鑿造像並繪張議潮夫婦的出行圖。另一支望族而繼張氏後任歸義軍節度使的是曹氏，敦煌曹氏起自東漢，自稱族源亳州，五代初，曹議金接替張氏任歸義軍節度使，曹氏一族掌政歷九任節度使，長達一百四十多年，在莫高窟和榆林窟留下很多佛教遺跡。敦煌翟氏，早在北周時期就在莫高窟鐫龕為“聖容立像”，莫高窟名窟第220窟就是翟通在唐貞觀十六年（公元642年）建的，他的後人翟奉達在五代時又重修增繪，還用敘譜的形式將翟家與此窟的關係書於壁上。翟氏與曹氏有聯姻關係，五代、北宋時歸義軍節度使曹元忠的夫人翟氏，最為崇佛，在莫高窟留下了很多佛教活動遺跡。敦煌著姓還有索氏，原籍河北鉅鹿，分為“北索”與“南索”兩支，歷史上人才輩出，在莫高窟也留有其家族開鑿的功德窟。

民眾的洞窟

敦煌石窟的名窟多由大族開鑿，但若按照窟龕數量計算，則是庶民所造的小型窟龕佔多數，敦煌石窟造窟最多的時代，就是庶民造窟最多的時代。莫高窟能有今天的規模，庶民百姓的力量不可輕視。

敦煌庶民百姓從事洞窟營建的形式，主要有三種：一是以社團和僧團為單位的團體營建，二是以家族為單位營建，三是以個別供養者身分參與營建。這三種形式從敦煌開窟起一直並存。

庶民營造石窟，是一種自覺自願的活動，但因為受財力所限，許多時候是靠團體的力量進行。這種團隊式的參與，即所謂“結社造窟”或“結社修窟”。敦煌文獻有大量有關“社”的文書，基本都是8－10世紀的吐蕃和歸義軍時代的。社的組織形式，或以居住地域、家族、宗氏姓別為單位，或以職業、分工為單位。社的活動包括勞動生產和日常生活各方面，如社內成員經濟上互相幫助、春秋祭祀、營辦喪事和從事各種佛教活動等，而佛窟營造是主要的內容。從現有的資料看，吐蕃佔領敦煌時期，庶民團體逐漸興起補修和重修前代洞窟的活動。到張氏歸義軍時代，社團、僧團集體造窟高漲。在曹氏歸義軍的百餘年間，莫高窟崖面上的洞窟差不多全部重修過，而且崖面窟龕之間的壁面也全部妝繪露天壁畫，其中有相當部分由庶民社團和僧團營造，充分展示了庶民社團在敦煌石窟營造活動中的地位。

在莫高窟的營造史上，大族也好，庶民也好，主要都是以家庭為單位的。庶民以家庭為單位營造的洞窟，規模較小，但所佔數量最多。從庶民百姓營造窟龕的情況，可見中國社會長期形成的小生產和以一家一戶為經營單位的形態，也體現在敦煌石窟千年營造史中。

庶民百姓以個人身分參與石窟營造，不是單獨營造一個洞窟，而是在別人開鑿好的洞窟內，出資佔得方寸之地，根據自己的需要，繪上佛畫和個人及相關人士的供養像。如莫高窟早期規模最大的洞窟，由北周的宗室建平公于義所造的第428窟，在窟中心柱和四壁下部，供養人像多達一千一百多身，從殘存的題記看，這些人來自河西各地，他們在建平公的引領號召下，踴躍回應，以個人身分參與營造這個北朝最大的石窟。

大族與民眾開窟的分別

敦煌石窟既是羣眾宗教活動的實踐結果，自然有其世俗化的一面，主要表現在佛教信仰的目的和方式上。敦煌的世家豪族是地方權力與財富的支配者，每一個家族都有值得炫耀的歷史，“文由德進，武以功升”的名臣武將，感歎“人生一代，難保百齡，修矩久定於曹隨，窮通已賦於冥兆”，越到後期的石窟，為了來世的尊榮，不惜重資，還要寫上一篇窟銘或碑記，詳細敘述家譜門第，誇頌表彰家族各代成員的文治武功，大都是述人事多，贊佛事少，把神聖的佛窟變成自己的“家窟”。同時，世族對洞窟的要求也高，多請高僧指導開鑿，窟內佈置相對講究，還需按照一定規格裝點。相反，廣大庶民百姓的造窟願望則十分質樸，中國人是重現世和家族的，庶民的願望往往體現其最關心現實利益——現實生活中的生老病死、窮富榮辱的世俗願望，很少有希望自己“來世成佛”的，洞窟也較多滲雜民間信仰的內容。

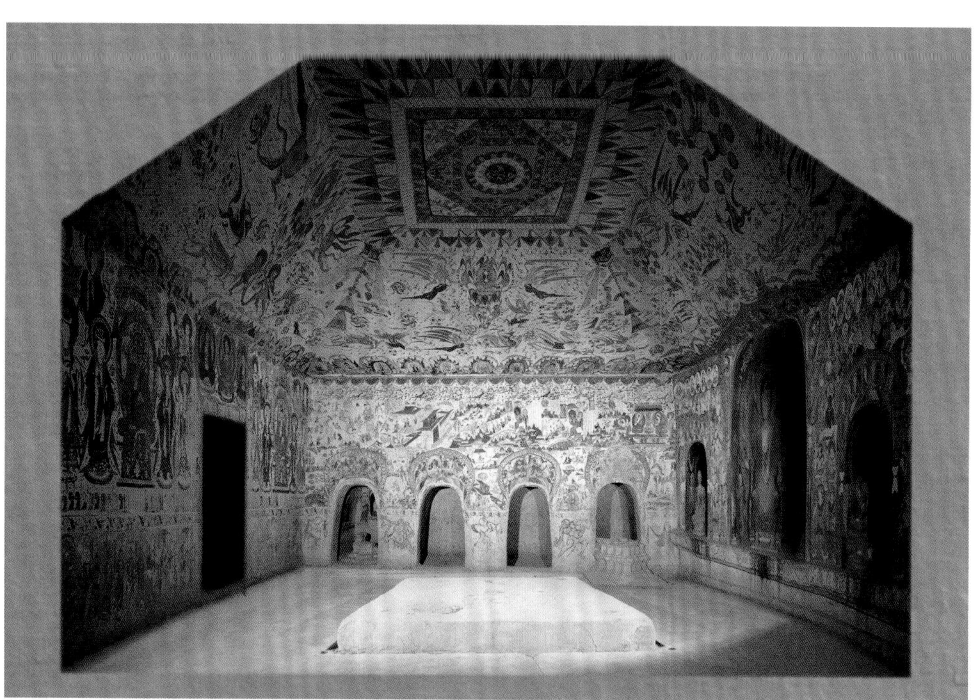

126 第285窟立體圖

第285窟是東陽王元榮任瓜州刺史時期開鑿的，是北朝著名的世家大族洞窟，壁上畫了許多捐資開窟的供養人。

西魏 莫285

127 題記七佛說法圖

在說法圖下方，可見眾多供養人像。

西魏 莫285 北壁上部

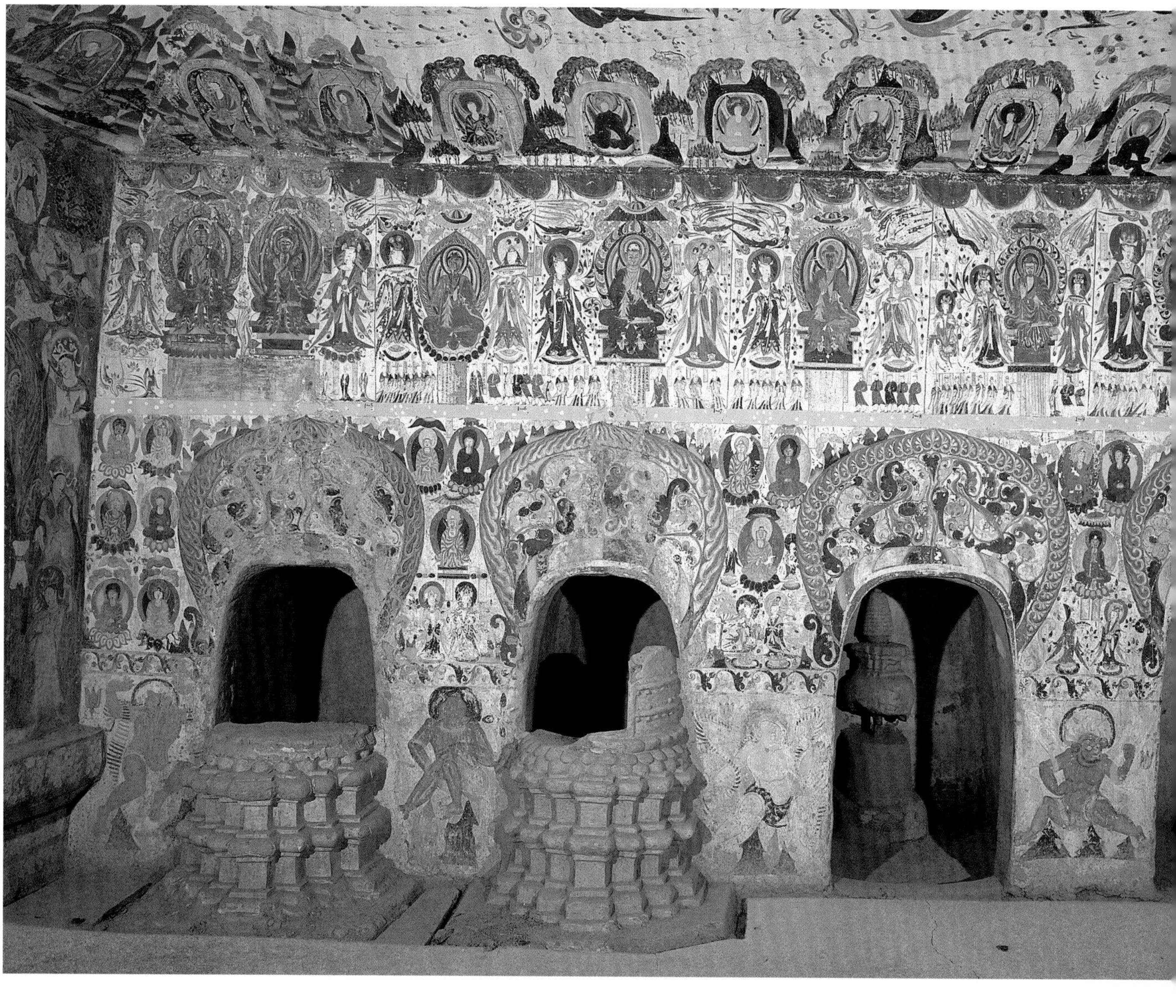

128 世家大族的供養人

除了整齊地繪畫世家大族的供養人外，壁上還有“大統四年”（公元538年）的題記，可以知道建窟時間。
西魏 莫285 北壁上部
孫志軍 攝

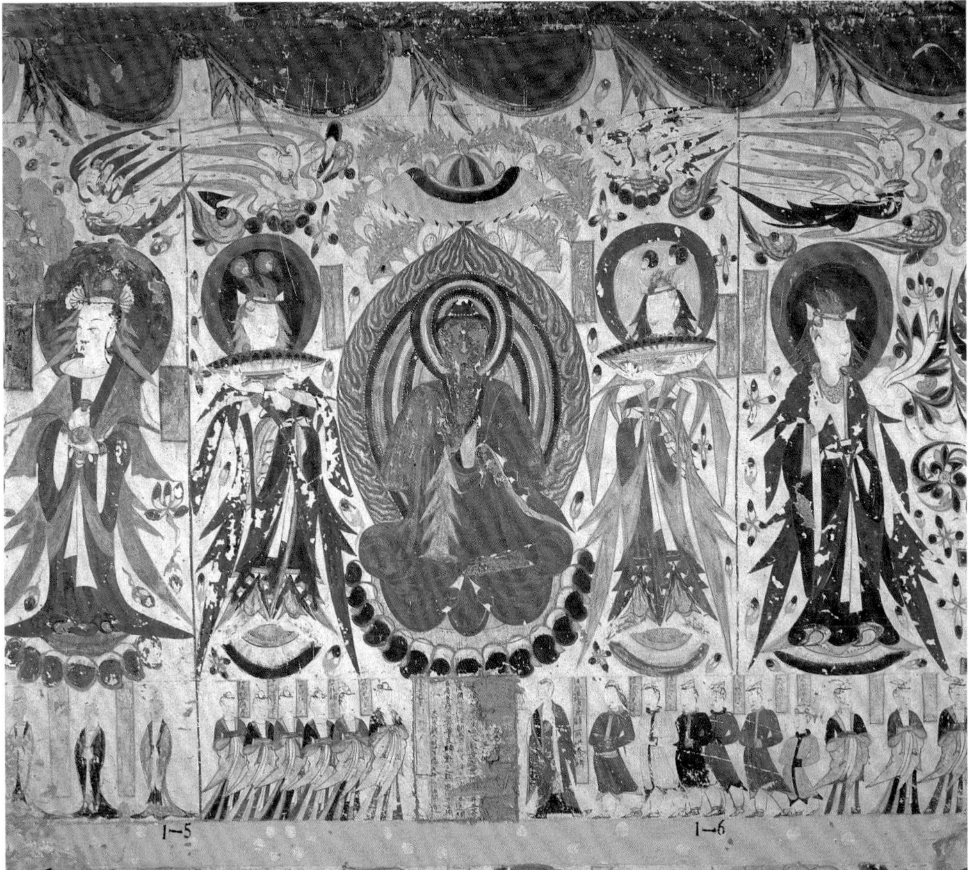

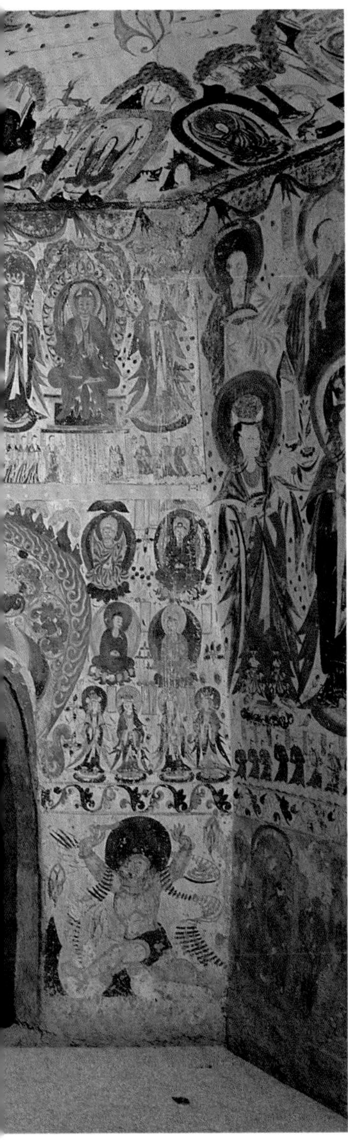

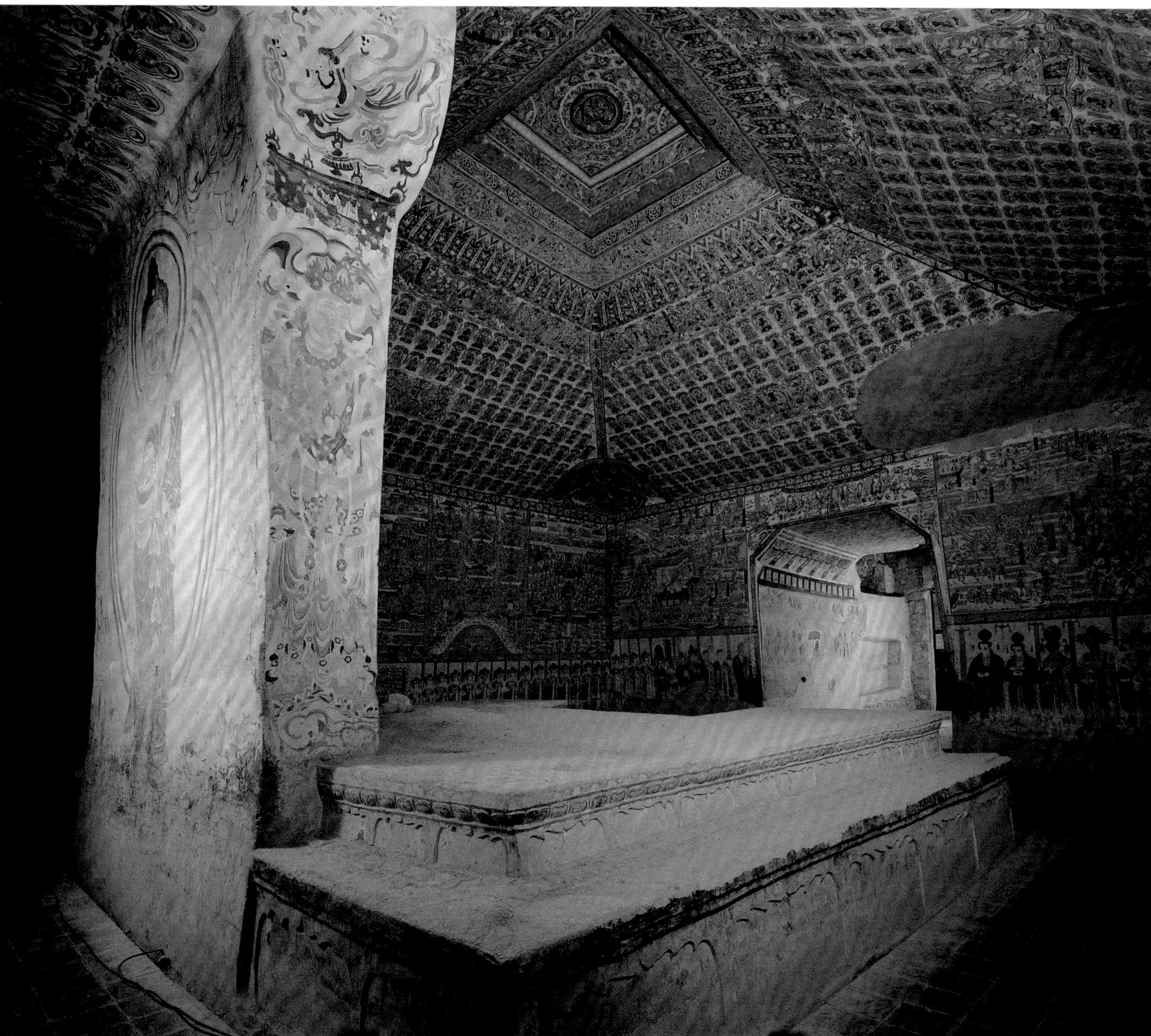

129 世家大族開鑿的大窟

晚唐五代以來，敦煌世家大族以“慶寺”、“報恩”等為由，大量開鑿洞窟，在窟內的經變畫下，往往描繪全體家族成員及其部屬群像，形成浩浩蕩蕩的供養人行列，魚貫而立，人物形象高大，比擬真人。反映出敦煌世家豪族雄厚的經濟實力和信仰熱情，同時也把神聖莊嚴的佛窟變成炫耀自己家族實力的“家窟”。這是五代時沙州統治者曹氏家族的功德窟。
宋 莫61
張偉文 攝

130　世家大族的女供養人

這是窟中的女供養人行列。
宋　莫61　北壁
吳健　攝

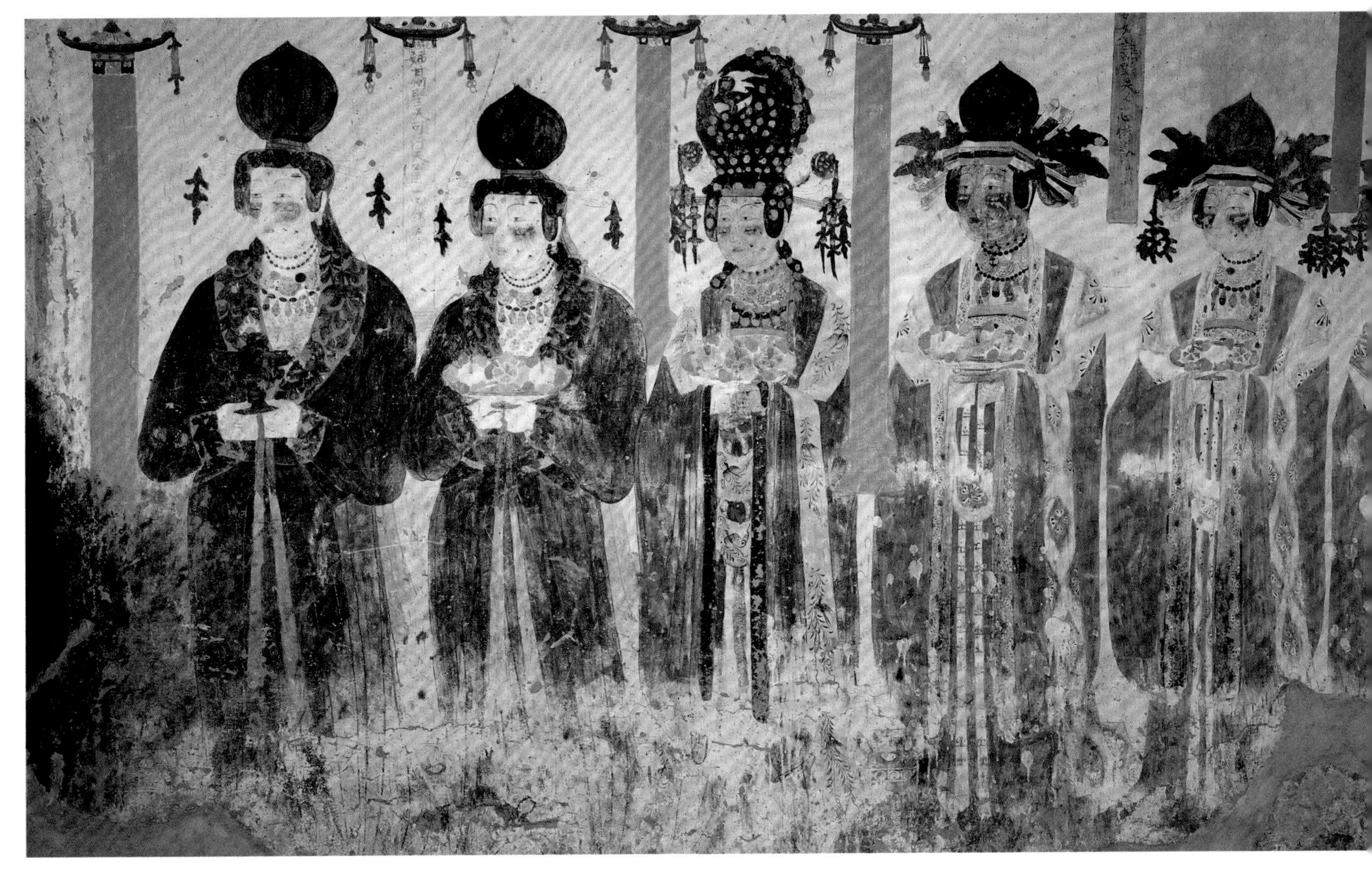

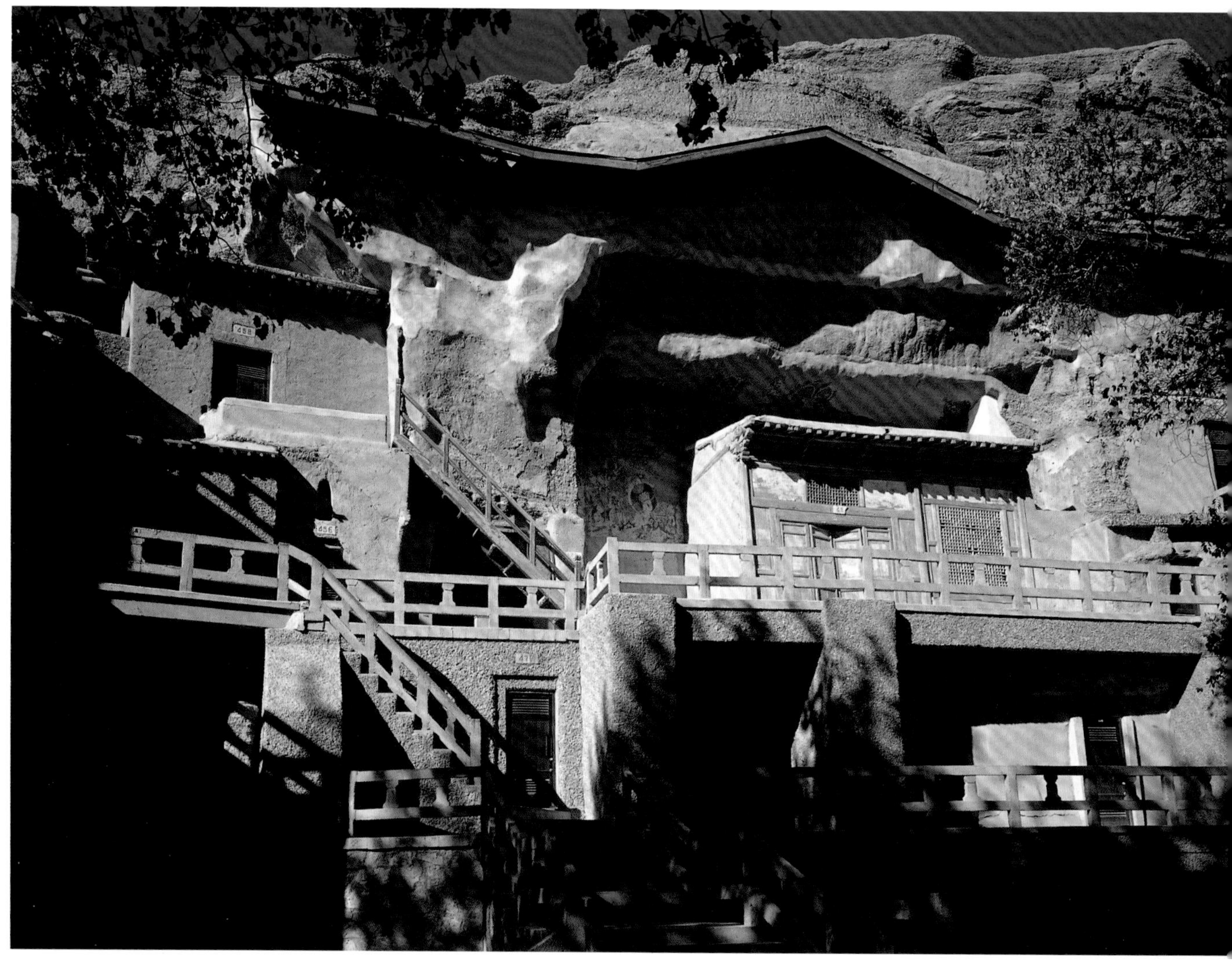

131 民眾開鑿的小窟

敦煌石窟除世家豪族開鑿的大窟外，更多的是一般民眾開鑿的小型洞窟，規模不大，但體現了庶民百姓的信仰熱誠。這是盛唐時開鑿，由社人集資修建的洞窟。

盛唐 莫216
張偉文 攝

132 庶民供養人

這是敦煌石窟中年代較早的供養人像，身穿北魏時代的平民服飾。

北魏 莫275 北壁
張偉文 攝

133 最多供養人的洞窟

第428窟是北周時期敦煌刺史于義主持開鑿的。在于義號召下，集中許多人的力量營建，使這窟成為北朝供養人像最多的洞窟。

北周 莫428 東壁門北
宋利良 攝

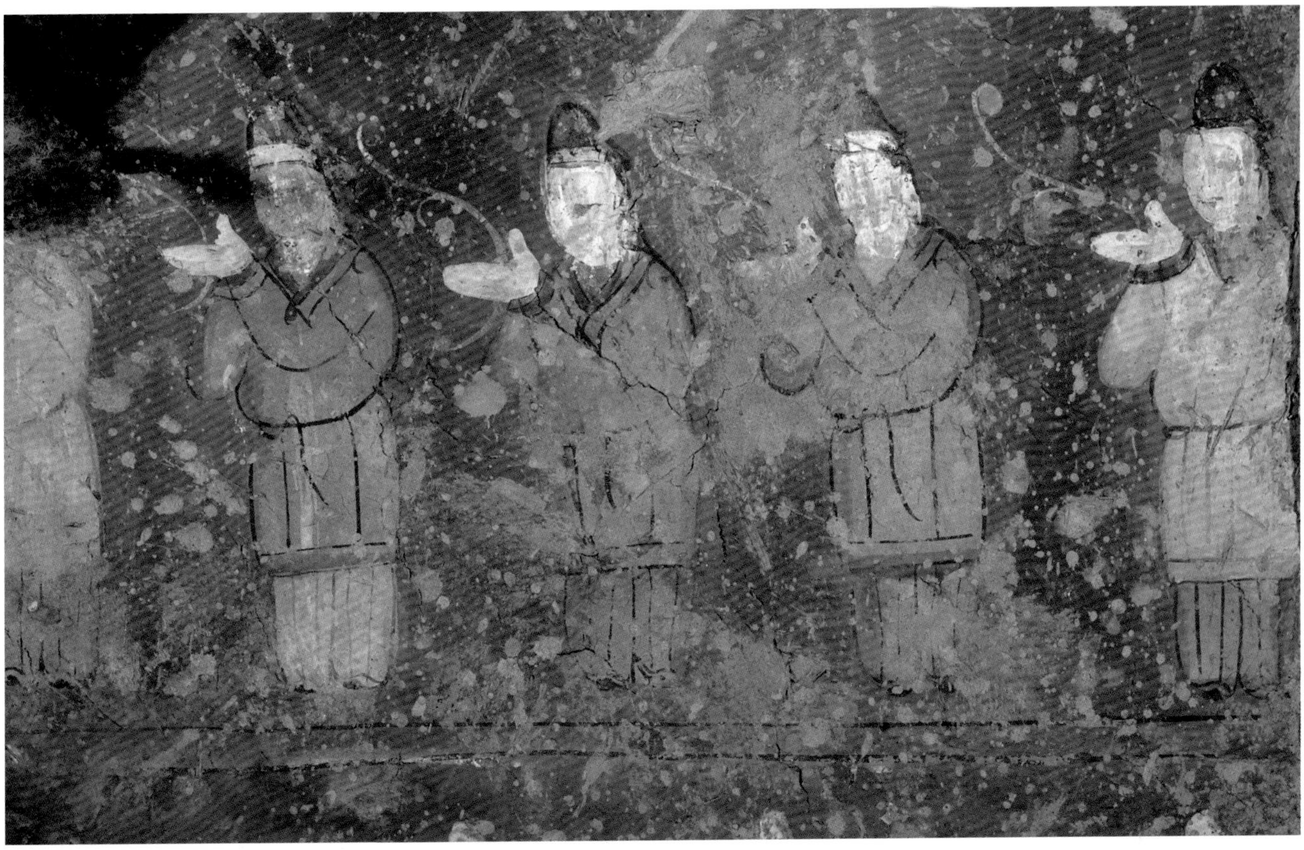

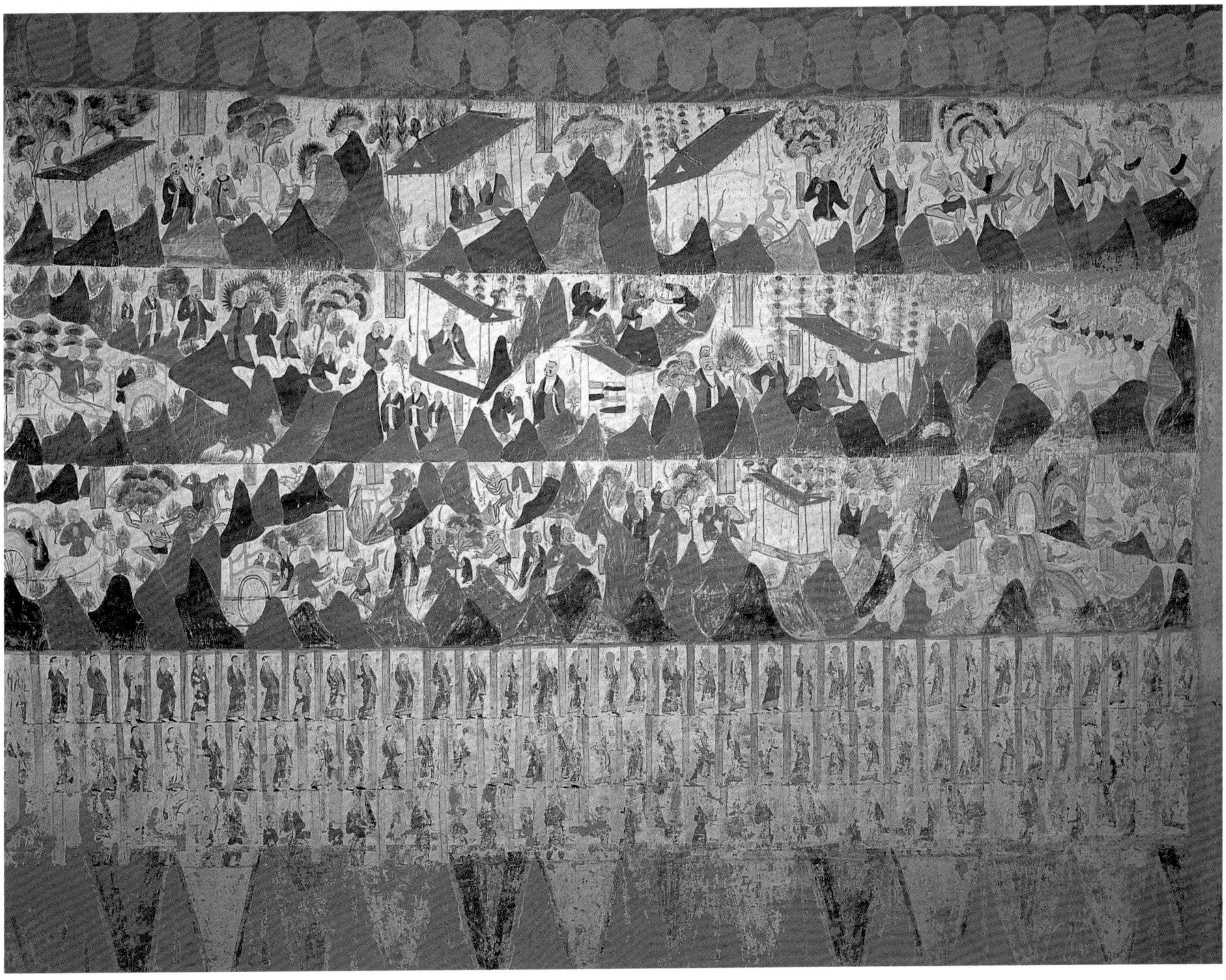

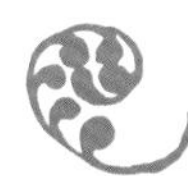

第三節　敦煌石窟佛教題材和時代流變

敦煌石窟藝術是民眾宗教活動的實踐，也是信仰思潮最生動最活躍的體現。它包含了高僧大德文人學士的高級佛教學術，也表現了庶民百姓真摯而樸素的信仰風俗，反映他們的感情，寄託他們的期望。從一定意義上說，敦煌石窟的壁畫和彩塑，更能反映民眾的信仰心理，比高僧的長篇著述更能表現當時佛教的實態。

佛教由印度移植到中國，經過一個再創造的曲折過程，中國人按照自己的觀念和意識，接受、改造和發展佛教，使之變成中國式的佛教，再向朝鮮半島和日本等更遠地方傳播。同時，隨着社會轉變，信仰和宗派的發展，佛教自身也在不斷變化，敦煌石窟的佛教藝術品正反映出這種中國人如何理解和接受佛教以及佛教題材隨時代而變的特點。

敦煌石窟的創作手段，主要有塑像和壁畫。塑像主要有佛、菩薩、弟子、天王、力士像等，壁畫題材大體上可分為尊像、本生因緣和佛傳故事畫、神話人物、經變、佛教東傳故事畫、供養人畫像以及裝飾圖案等七類。

像中國佛教一樣，敦煌石窟在千年的發展中，以中國傳統為主流，極大地包容其他文化，產生出豐富的變化，其題材和內容在不同階段各具特點，一部敦煌佛教藝術史可說是中國佛教發展史的縮影。

北朝佛教的特點與題材

北朝是敦煌石窟從初創到發展的重要時期。當時，中國長期處於南北分裂狀態，逐漸形成南北的不同文化特色，南方承襲魏晉以來的新學，盛行玄學；北方則繼承漢朝之舊，流行陰陽、讖緯之説。南北佛教也表現不同：在南方，佛教在士大夫階層備受歡迎，因此重義理，以清談為主；北方雖然上至帝王，下至民眾，都有皈依佛教，但受當時文化差異的影響，較重信仰崇拜，以修行、坐禪、造像為主。

敦煌佛教受北統支配，苦行修禪之風盛行，莫高窟的開創就是由禪僧主持的。修禪是造窟的重要目的，北朝的石窟，從建築形制，到彩塑、壁畫內容，多與禪修相關。修禪須先觀像，觀像如同見佛。當時流行中心塔柱的洞窟形制，讓禪修者可以繞柱觀像，彩塑、壁畫觀像的種類大致有：釋迦牟尼佛、三世佛、十方諸佛、無量壽佛、白衣佛、過去七佛、彌勒佛和彌勒菩薩等。當時佛教強調信眾成佛，要經過艱苦修持，尊像造型亦以禪定像、苦修像、思惟像等為主。

受到重禪行不重義理的風氣影響，加以早期佛教着重宣揚創教者的事跡，北朝壁畫有較多適合禪修觀像的佛陀相關故事，包括本生、佛傳、因緣故事畫，以及以佛為主體的各類説法圖。

隋代的發展

隋代結束幾百年南北分裂局面，隋朝皇帝又篤信佛教，大寫佛經，廣造寺塔，促進了敦煌佛教的發展，隋朝短短三十七年，莫高窟留下了七十多個洞窟。仁壽元年（公元601年）文帝命各州建舍利塔，瓜州也在莫高窟起塔。南北佛教互相融合，漸趨統一，禪理並重，定慧雙修，即在宗教實踐方面講究修禪觀像，在宗教理論方面重視佛教義理，成為統一佛教的特點，同時普渡眾生的大乘佛教思想也開始在敦煌流行。

以上特點可以從敦煌隋代石窟中清楚看到，一方面禪觀繼續流行，但賦予新的含義，觀像的目的已漸由深入禪定、對彼岸成佛的要求，轉向為現世的消災袪難、益壽延年，是對現世利益的渴望與需求。另一方面，受大乘信仰影響，將要大放異彩的大乘佛教經變，開始逐步取代小乘佛經故事畫，小型的維摩變出現於佛龕兩側，法華經變、彌勒經變、涅槃經變、藥師經變等，亦已具雛形。在塑像題材上，以“三佛”最為突出，在南北壁人字坡窟頂下和中心柱東面各立三身大立像（一佛二脅侍菩薩），形成九尊大像，是隋代最有時代特徵的彩塑組合形式。

初盛唐的發展

唐代信仰的轉變在敦煌石窟中表現非常明顯。唐代信奉大乘佛教，流行開鑿空間寬敞的大型殿堂窟，沒有中心塔柱，可以容納較多信眾同時禮拜。大型經變壁畫種類豐富，多達三十多種，描繪西方淨土（無量壽、阿彌陀、觀無量壽）、東方藥師淨土、彌勒淨土的經變，以及法華經變、維摩詰經變等大行其道，淨土題材尤其盛行，而唐代佛教雖然宗派眾多，有天台宗、三論宗、唯識宗、律宗、華嚴宗、密宗、淨土宗、禪宗和三階教等，但各宗並非水火不容，反而都帶些調和色彩，各宗派所信奉佛經的經變往往共存一窟，特別是盛唐以後，大多為淨禪合一或密淨合一，但又不乏天台、華嚴等的影子。形成這樣相容並蓄、互相滲透和不分宗派的特點，一是佛教藝術形式很難表現各宗派理論上的系統主張和根本差異，一是信仰形式越簡約，就越會贏得世俗大眾的歡迎。

唐代的塑像與北朝相比也有變化，大乘佛教迎合民眾的需要，擺脱了坐禪的寂寞和苦修的艱辛，提倡簡易的修習方法，窟內的苦修像因而明顯減少，塑像變得貼近世俗，富有生氣，具有唐代特色。同時，塑像的數量也有所增加，在北朝的三身（一佛二菩薩）或五身（一佛二弟子二菩薩）以外，加塑天王、供養菩薩和力士等羣像，最多的達到二十八身。

中唐至歸義軍時代的發展

中唐至歸義軍時代，佛教信仰的重心已出現轉變，一方面中原的佛教思潮有新變，另一方面由於中原勢力在敦煌下降，敦煌地緣接近的新疆于闐和吐蕃影響力增加，吐蕃與印度、尼泊爾接壤，雖然當時佛教在印度已走下坡，但吐蕃還是受該時期印度佛教的影響，並傳到敦煌。以上複雜的情況表現在敦煌石窟中，使敦煌石窟顯示的信仰面目十分紛繁。除大乘淨土信仰外，對後世有重要影響的金剛經、楞伽經、思益經等相繼流行，與禪宗相關的壁畫興起。與此同時，盛唐時傳入中原的密教，被稱為"漢傳密教"，這時已見逐漸興盛，敦煌流行的也主要是這種汲取了許多傳統漢文化成分的"漢傳密教"。由於西藏吐蕃的影響，印度波羅王朝的佛教藝術也傳到敦煌。宋代以來影響中國社會很大的地藏信仰和地獄變相，此時也是流行題材。地藏信仰和地獄題材壁畫在初唐的敦煌壁畫上出現之後，到五代時有明顯的發展，出現了獨立的地獄變相。地獄變相後來在敦煌逐漸衰微，但在中原卻一直盛行，每逢盂蘭盆節，可以連演十多天目連救母的戲。

此外，約當五代宋時期的曹氏歸義軍時代，由於地緣政治結盟的關係，與于闐交往密切，許多于闐佛教的題材，如瑞像圖、牛頭山聖跡圖等傳入，豐富了敦煌石窟的內容。

西夏至元的發展

西夏與元代是敦煌石窟營建的尾聲。這時，中晚唐以來流行的漢傳密教逐漸衰落，更神秘玄奧，對信眾具有更大吸引力的藏傳密教（俗稱喇嘛教），在西夏中晚期傳入敦煌，由西夏到元，敦煌藝術深受藏傳密教的影響，洞窟中漢地佛教與漢藏密宗並重。可能由於地緣關係（西夏地近西藏），藏密在敦煌發展極為迅速，加以後來得到元朝皇帝的扶持，奉為國教，其影響力更及於長城內外，大江南北。元代敦煌壁畫常見曼荼羅、密教法器、大德威金剛、雙身佛，以及千手千眼觀音等形象。

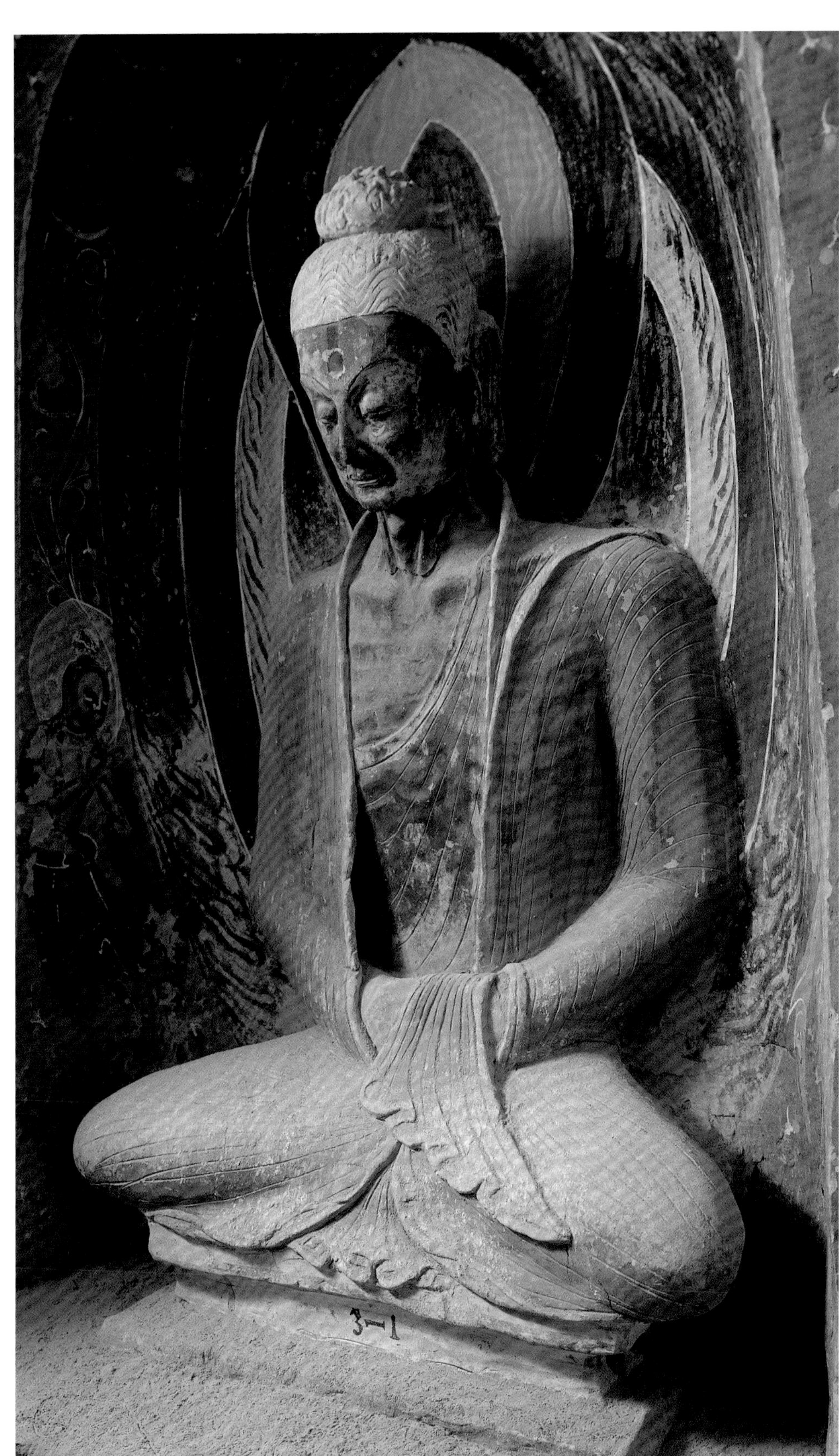

134 釋迦苦修像

釋迦為修“大勤苦精進之行”，日食一麻一米，六年之中暴露荒野，不避風雨、塵土，不避雷電霹靂，入定禪思，以致“身肉為消盡，唯有皮骨存”。這個以釋迦出家苦行為題材的塑像，正表現他於菩提樹下苦修六年的情景。釋迦形同骷髏，兩目深陷，鎖骨凸出，充分表現了一個“形體羸瘦，皮骨相連”的苦修者的形象。

北魏 莫248 中心柱西龕

吳健 攝

135 尸毗王割肉救鴿

北朝洞窟中的壁畫，流行適於禪修觀像的本生因緣故事畫，其內容多為佛陀生前無數世的捨身求法以及釋迦成佛後化渡有緣人的故事，尸毗王本生故事是其中的代表作之一。尸毗王樂善好施，為救鴿子，把自己的肉割給餓鷹，完全出於對苦難眾生的悲憫之心，別無他求，象徵北朝佛教強調的犧牲精神。

北魏 莫254 北壁

宋利良 攝

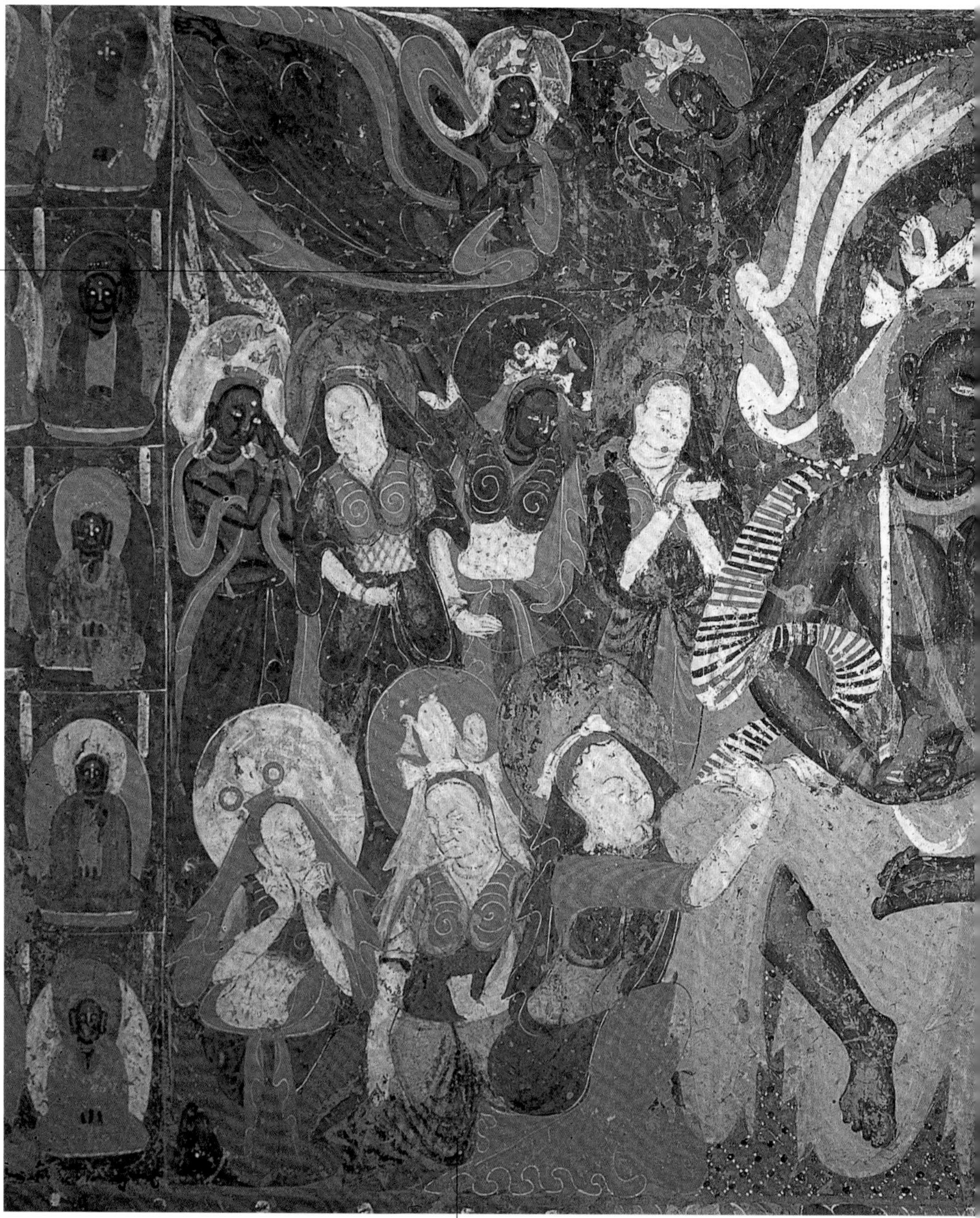

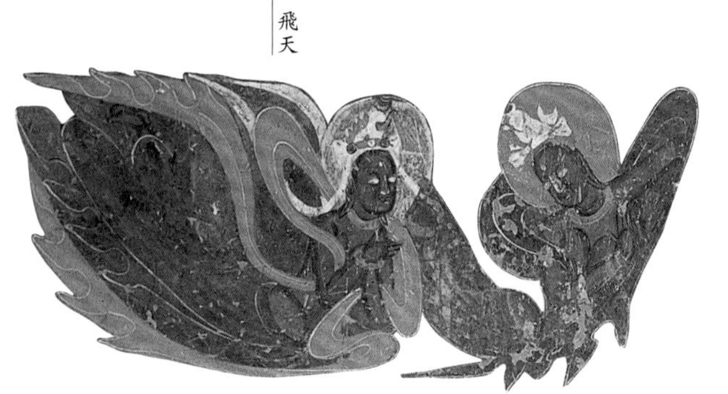

飛天

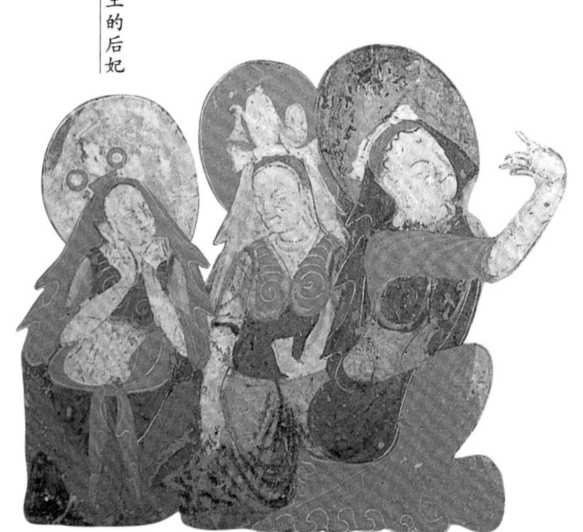

尸毗王的后妃

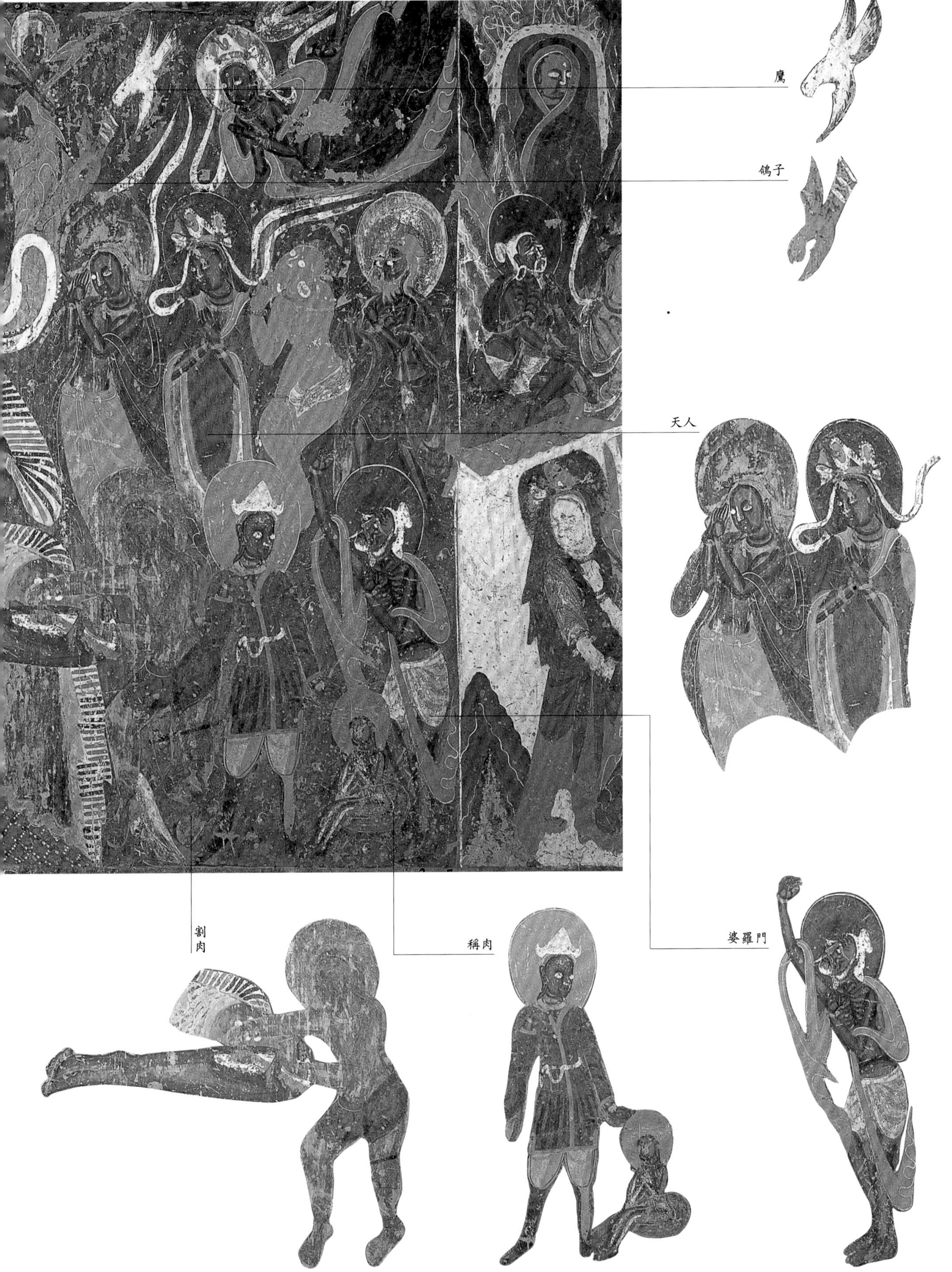
鷹
鴿子
天人
割肉
稱肉
婆羅門

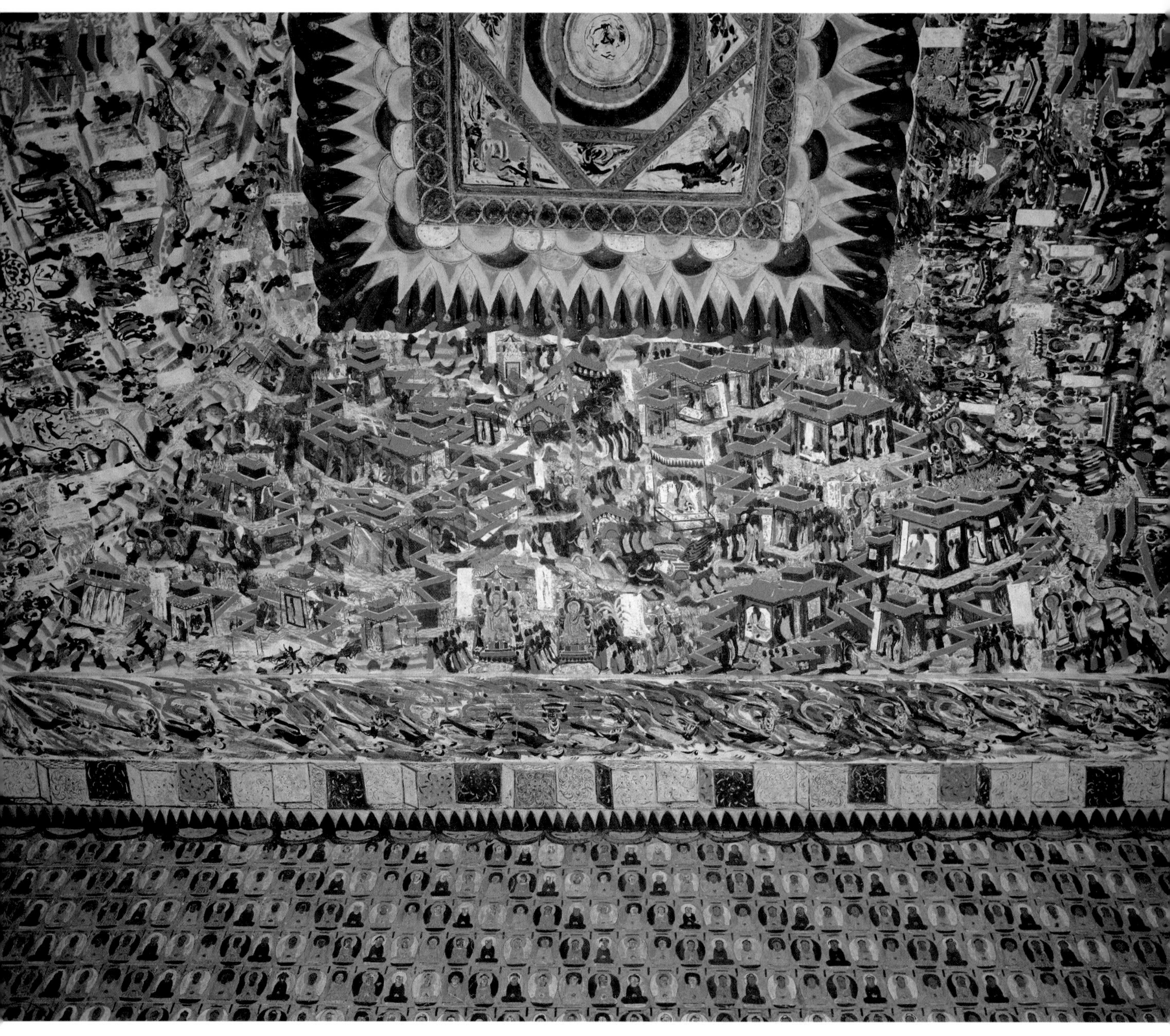

136 法華經變之火宅喻

隋代統一中國後，佛教內部消除了南北之間的壁壘，提倡禪理並重，大乘佛教也開始流行。將大乘佛教經典之一《法華經》繪成經變，就是從隋代開始的。“火宅喻”是法華經裏的有名比喻，把三界譬喻為火宅，裏面充滿危險和痛苦，但屋中的孩子並不知道。

隋 莫420 窟頂南坡

孫志軍 攝

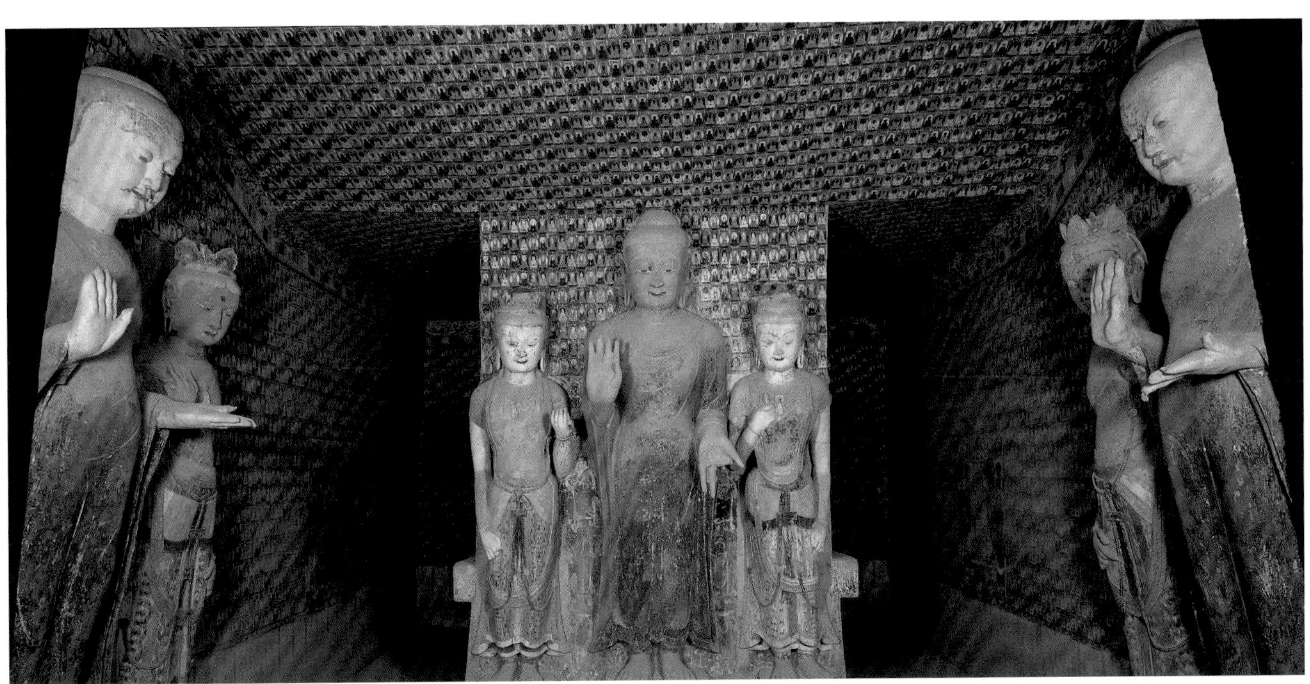

137 **彌勒與菩薩立像**

隋代以前，敦煌石窟中不見有佛立像，隋代在南北壁人字坡窟頂下和中心柱東面各立三身大立像，是一個突破。有學者認為，這三組三尊大像是表現三世佛。

隋 莫427 中心柱東向龕

吳健 攝

138 **藥師佛的淨土世界**

唐代國勢強盛，社會安定，人們的信仰轉向能便捷地登入天堂之路的大乘“淨土”，西方淨土、彌勒淨土、東方藥師淨土，成為洞窟壁畫的主題。在這幅藥師經變中，既有宏大的說法場面，又有開闊的寺院空間，是唐代宮殿寺觀豪華建築的寫照。

盛唐 莫148 東壁北

宋利良 攝

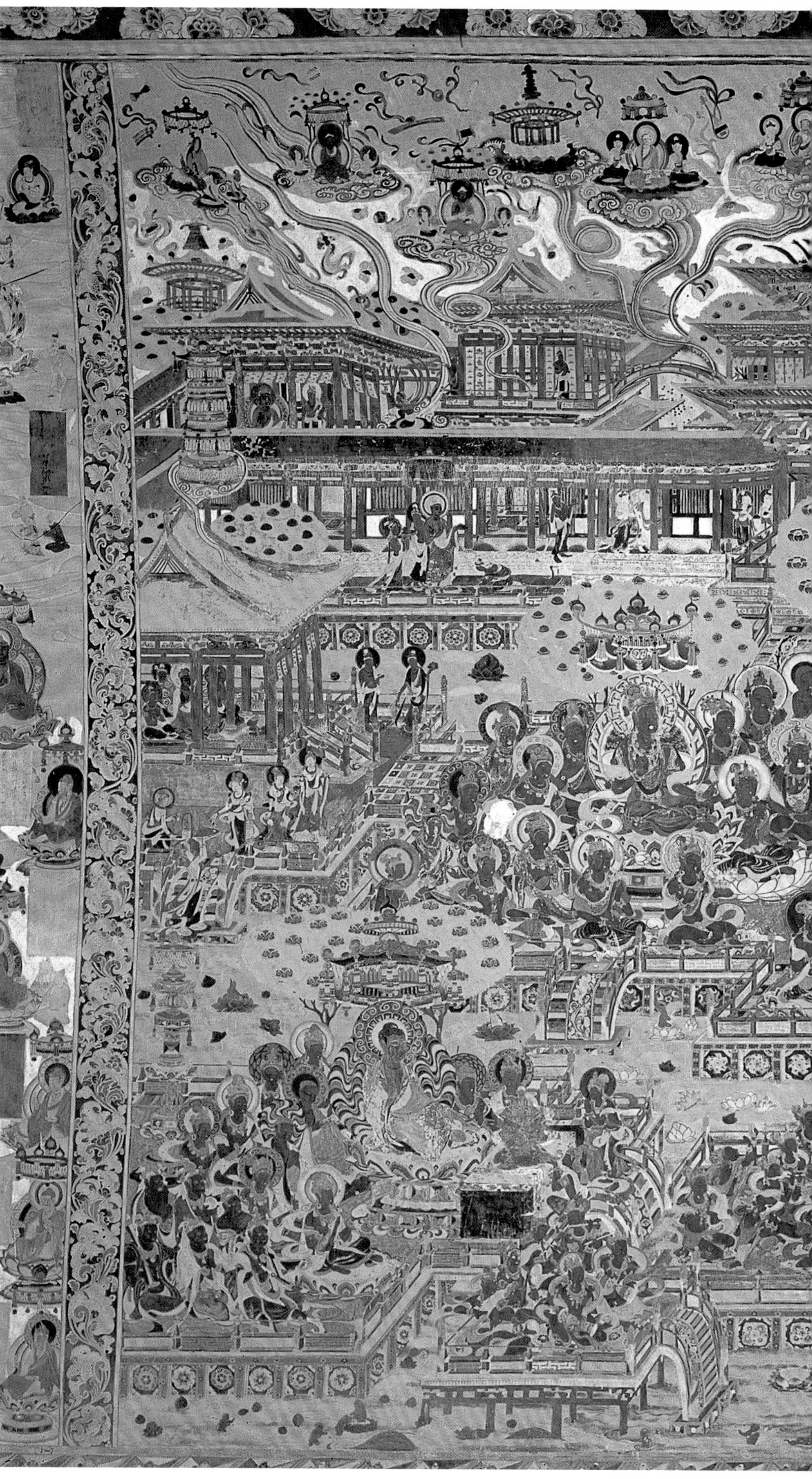

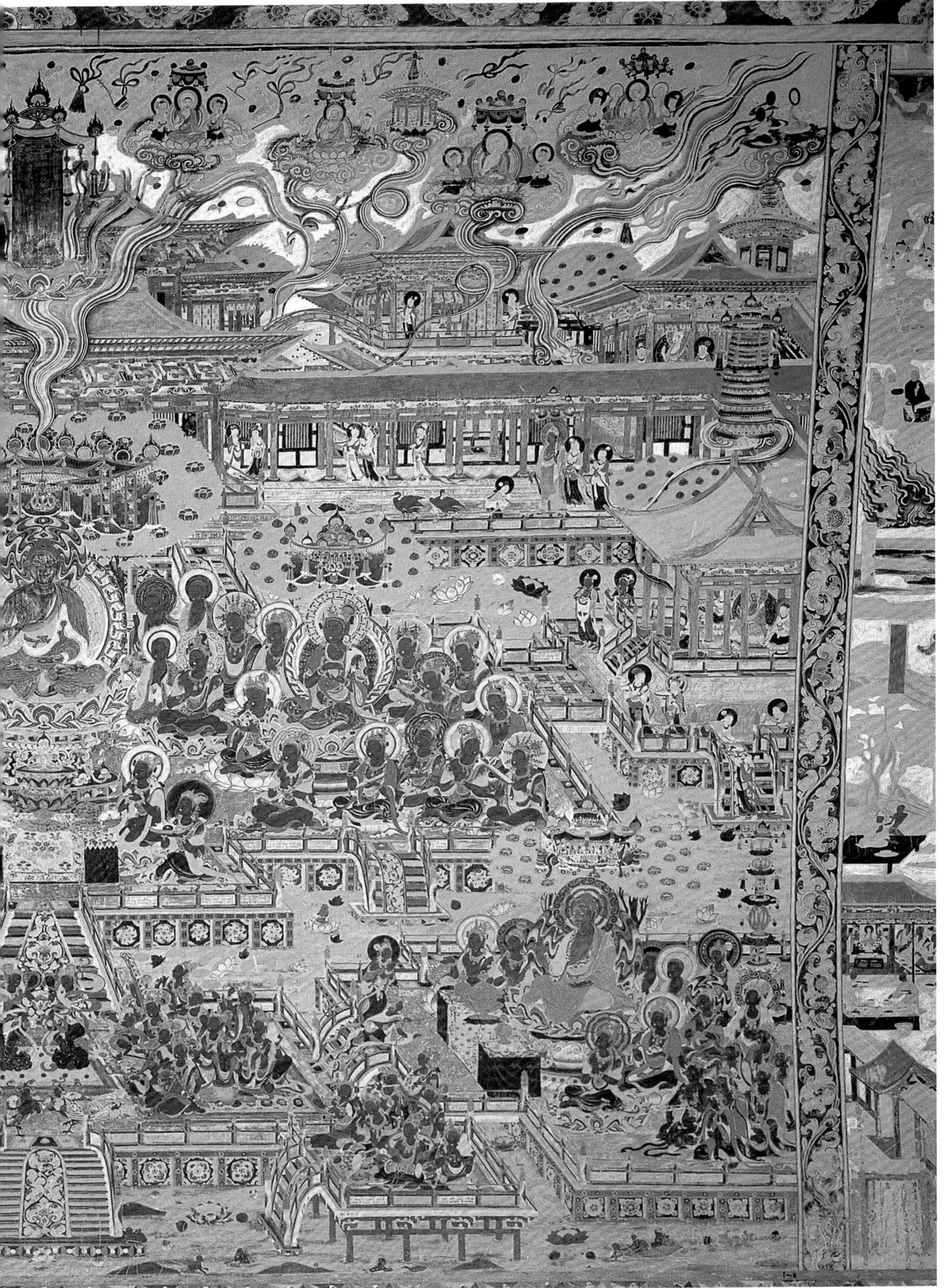

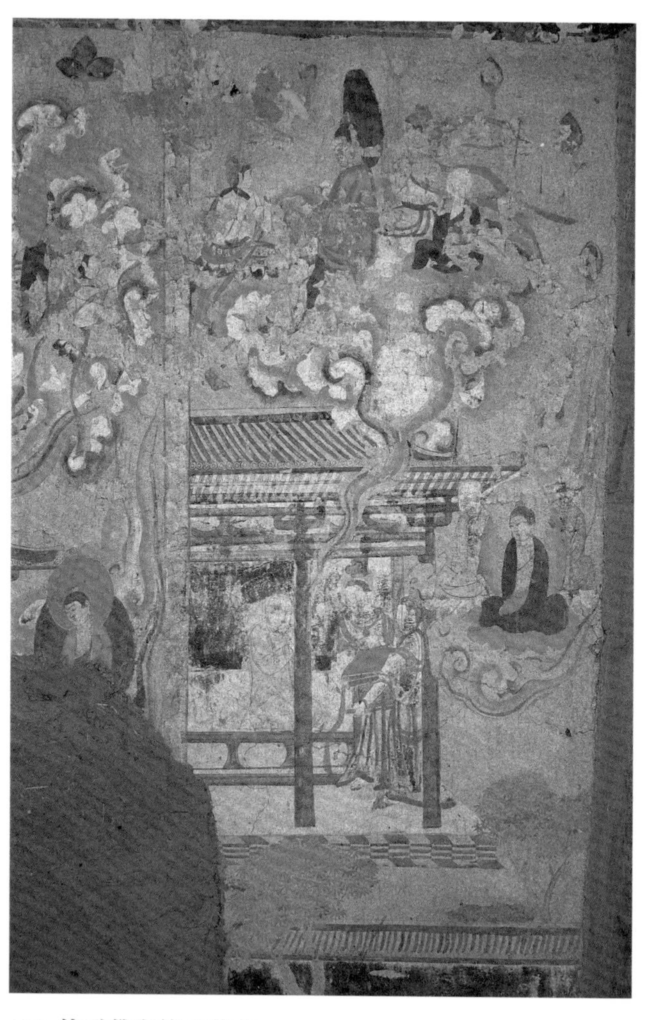

139 接引佛與接引菩薩

淨土信仰宣揚，阿彌陀佛是西方淨土的教主，嚮往極樂世界的人，只要一心持唸阿彌陀佛的名號，並做種種善行，不造惡業，在臨終時，阿彌陀佛和觀音、大勢至等菩薩便會持蓮花台前來，接引他往生到西方淨土。圖中所繪正是佛與菩薩乘雲飛來，接引行者往生的畫面。
初唐 莫431 南壁
孫志軍 攝

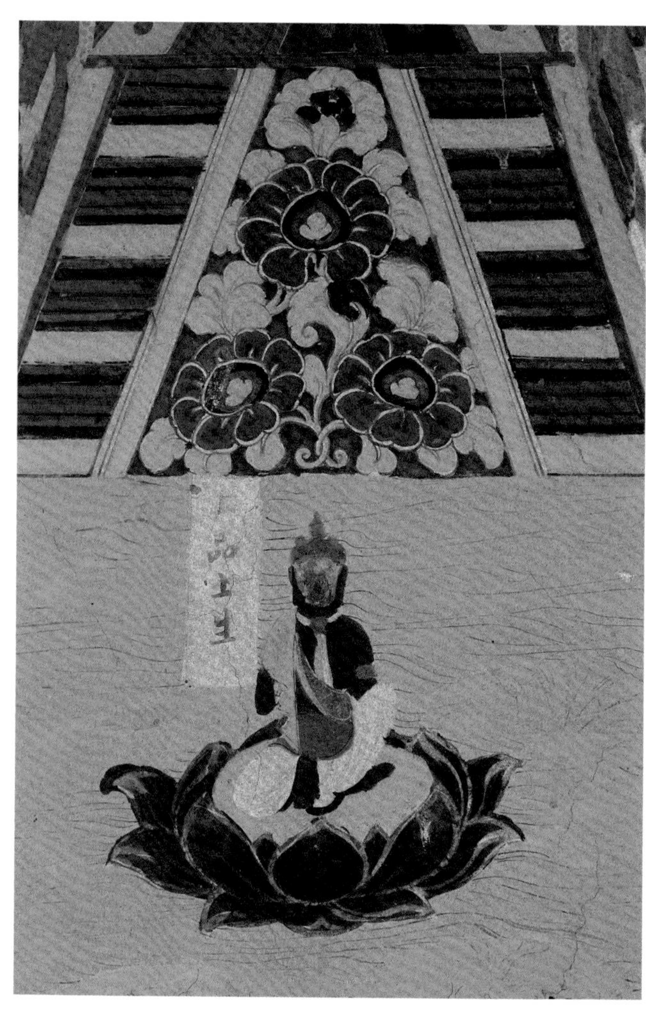

140 化生

化生就是從蓮花中生，“化”與“花”同義。淨土經典中講，往生西方淨土者，在七寶池、八功德水中育化後，從蓮花中化生出世，但他化生出世的時間，由前生修行的業力而定，分為“三輩九品”，即“九品往生”。敦煌壁畫中的化生內容多是在蓮花含苞或剛開的蓮花中畫一些或坐或立的童子，稱為化生童子。
盛唐 莫148 東壁
孫志軍 攝

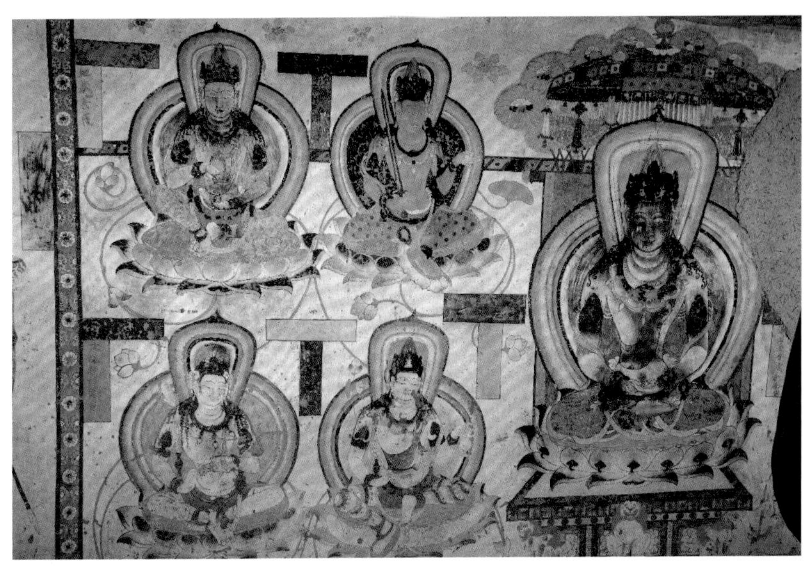

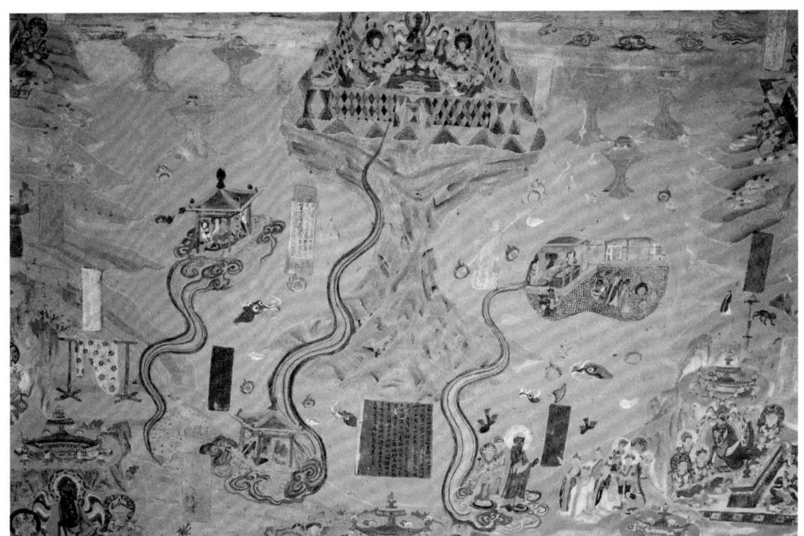

141 **毗盧遮那佛與四大菩薩**

受印度波羅王朝的佛教藝術影響，敦煌中唐時期的密教壁畫出現了新的形象，毗盧遮那佛是箇中的代表。毗盧遮那佛是密教的最高尊神，稱為“大日如來”，密教認為他是宇宙萬物的主宰，並統轄整個佛教世界。在毗盧遮那佛旁的，分別是地藏、文殊、虛空和彌勒四大菩薩。

中唐 榆25 東壁

吳健 攝

142 **楞伽經變中的楞伽城說法**

楞伽經主張世本虛無，強調以靜修求解脫，據說禪宗初祖菩薩達摩所傳禪法即以此經為宗旨。中唐及以後，敦煌的善男信女據楞伽經、金剛經、思益經、密嚴經等禪宗經典創作出大量壁畫。這幅楞伽經變以“請佛上山”的情節為依據，描繪釋迦在楞伽城中說法。

晚唐 莫85 窟頂東坡

孫志軍 攝

143 **華嚴城**

華嚴經變以七處九會為特徵。畫面羅列九鋪“說法圖”，下端畫一大海，上浮一大蓮花，中有無數城池，即蓮花藏世界。

晚唐 莫85 北頂

宋利良 攝

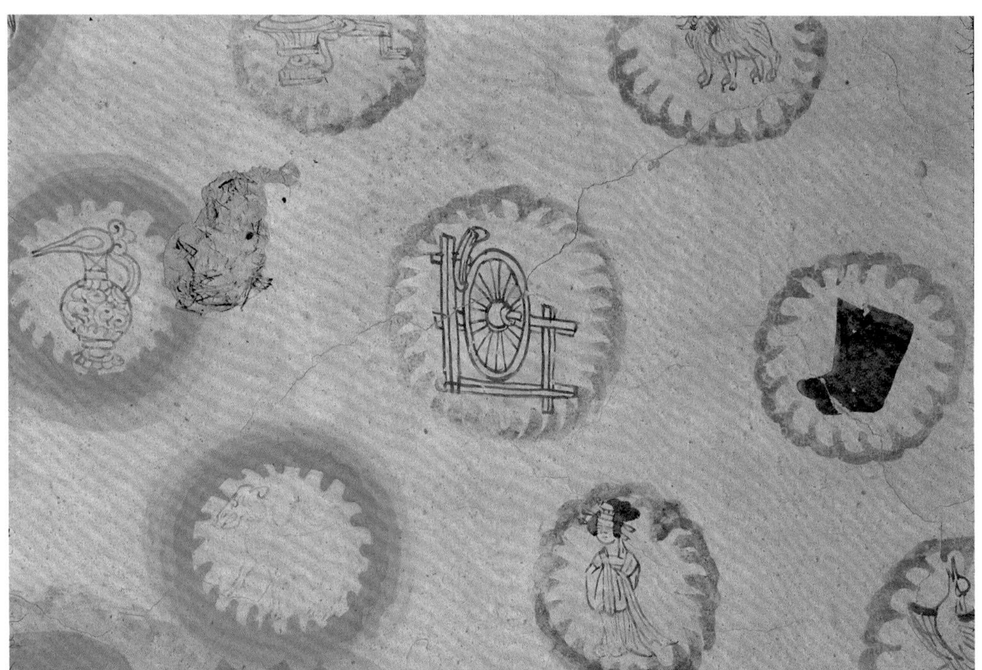

144 **華嚴海**

華嚴海是華嚴經變的一大特徵。據《華嚴經》記載，"蓮花藏世界"是毗盧遮那佛的覺悟世界，在這個世界的最底層有風輪，其上為香水海，即華嚴海。

五代 莫98 北壁

余生吉 攝

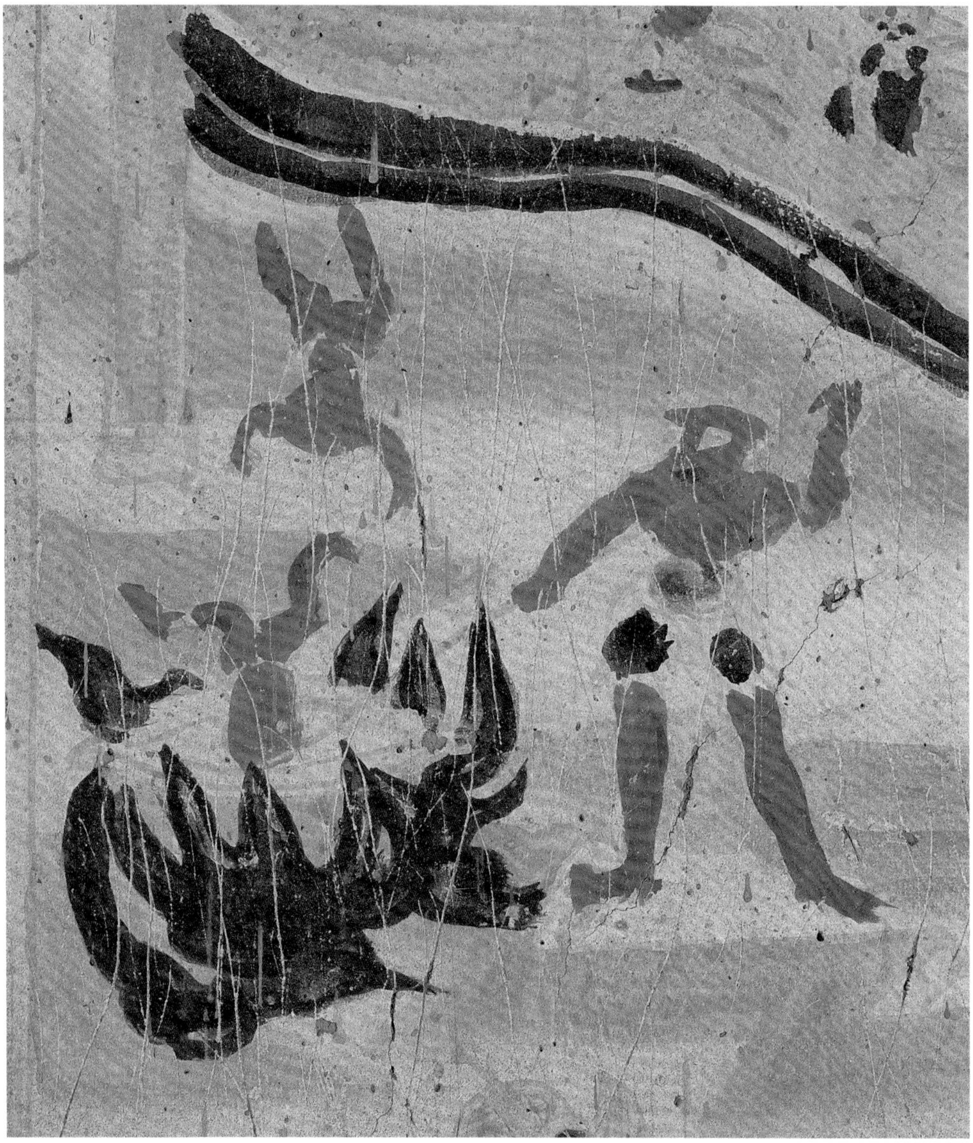

145 **鑊湯地獄**

"地獄"相對於"淨土"，是人死後歸宿的另一條道路。五代時，地獄的內容日趨完整，出現了獨立的地獄變相，內容主要是反映死者在地獄中所受的各種刑罰和苦難，使觀者動容，作惡者心驚。這是地獄變相的其中一幕，獄卒正把罪人叉進沸騰的湯內烹煮。

五代 榆33 東壁門上方

孫志軍 攝

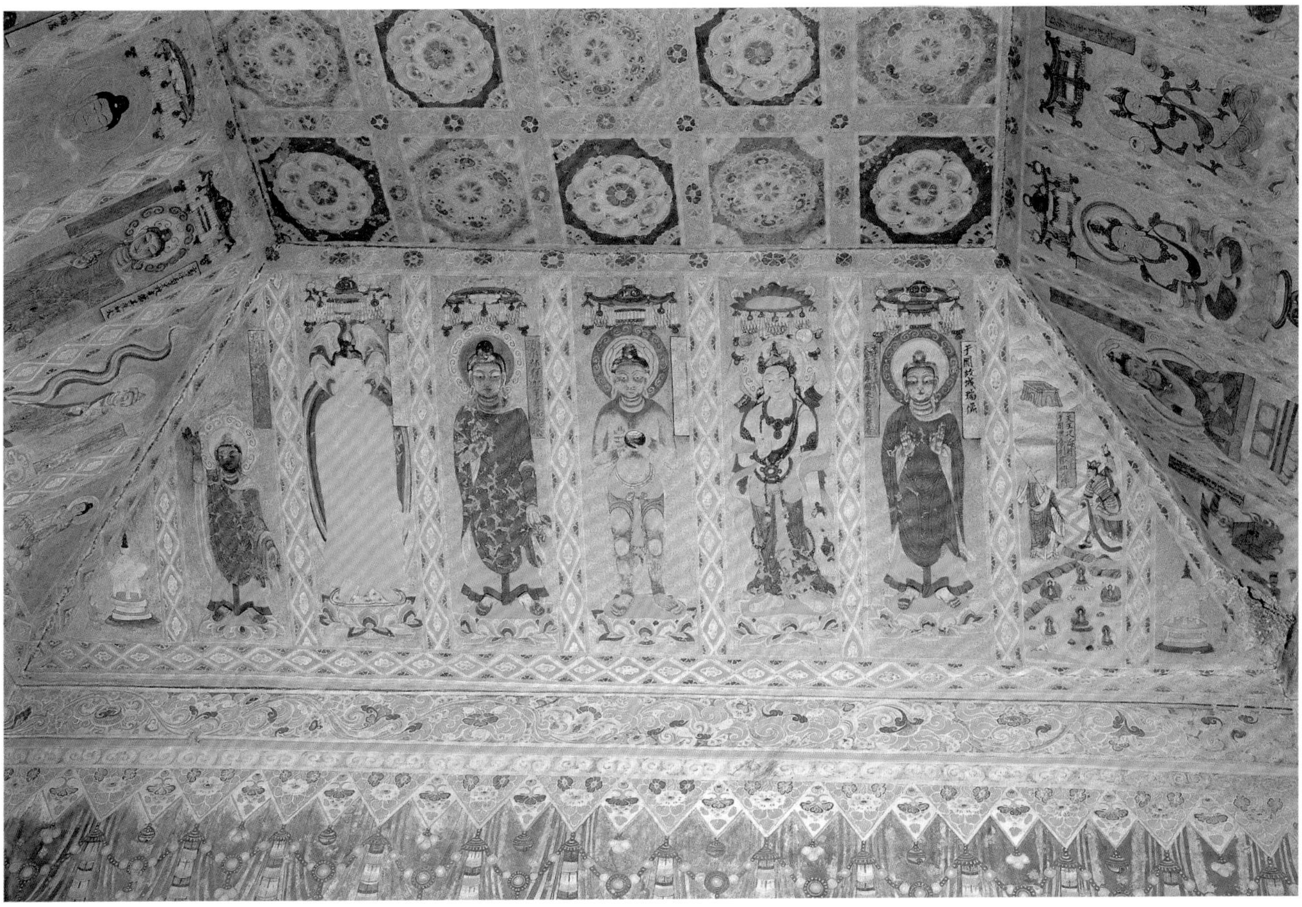

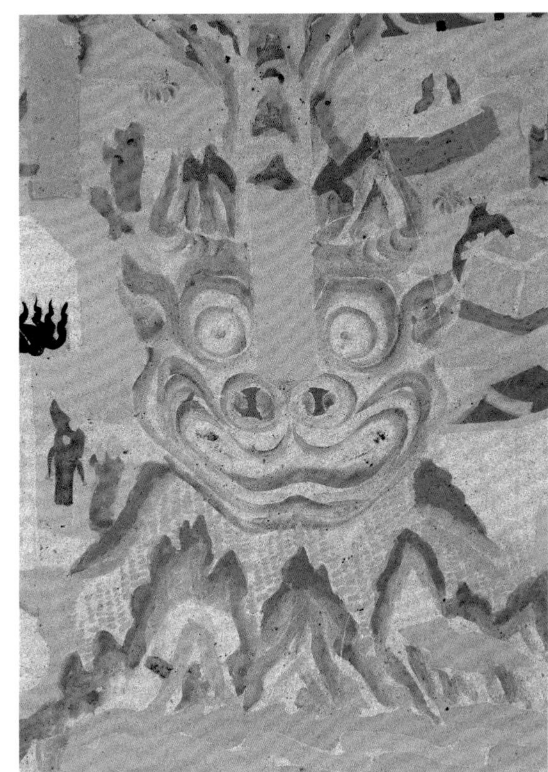

146 瑞像圖

“瑞像”是具有解厄救苦法力的佛和菩薩的聖容和真容畫像，簡單地說，可說是顯靈的聖像。瑞像題材在敦煌歸義軍時期（公元848－1036年）特別流行。

中唐 莫237 甬道頂西坡

宋利良 攝

147 牛頭山

牛頭山是于闐的佛教聖地。五代至北宋時期，敦煌與于闐關係密切，牛頭山與其他于闐佛教故事，成為敦煌佛教藝術的題材之一。

晚唐 莫9 甬道頂

宋利良 攝

148 金剛界五佛曼荼羅

曼荼羅是指密教高僧在修“秘法”時，為了防止“魔眾”侵入，在修法處畫一圓圈，或建方形、圓形的土壇，上面供奉佛或菩薩。這個曼荼羅由兩圓輪、兩方形交錯構成，是敦煌石窟最早出現的密教壇城。
西夏 榆3 窟頂
吳健 攝

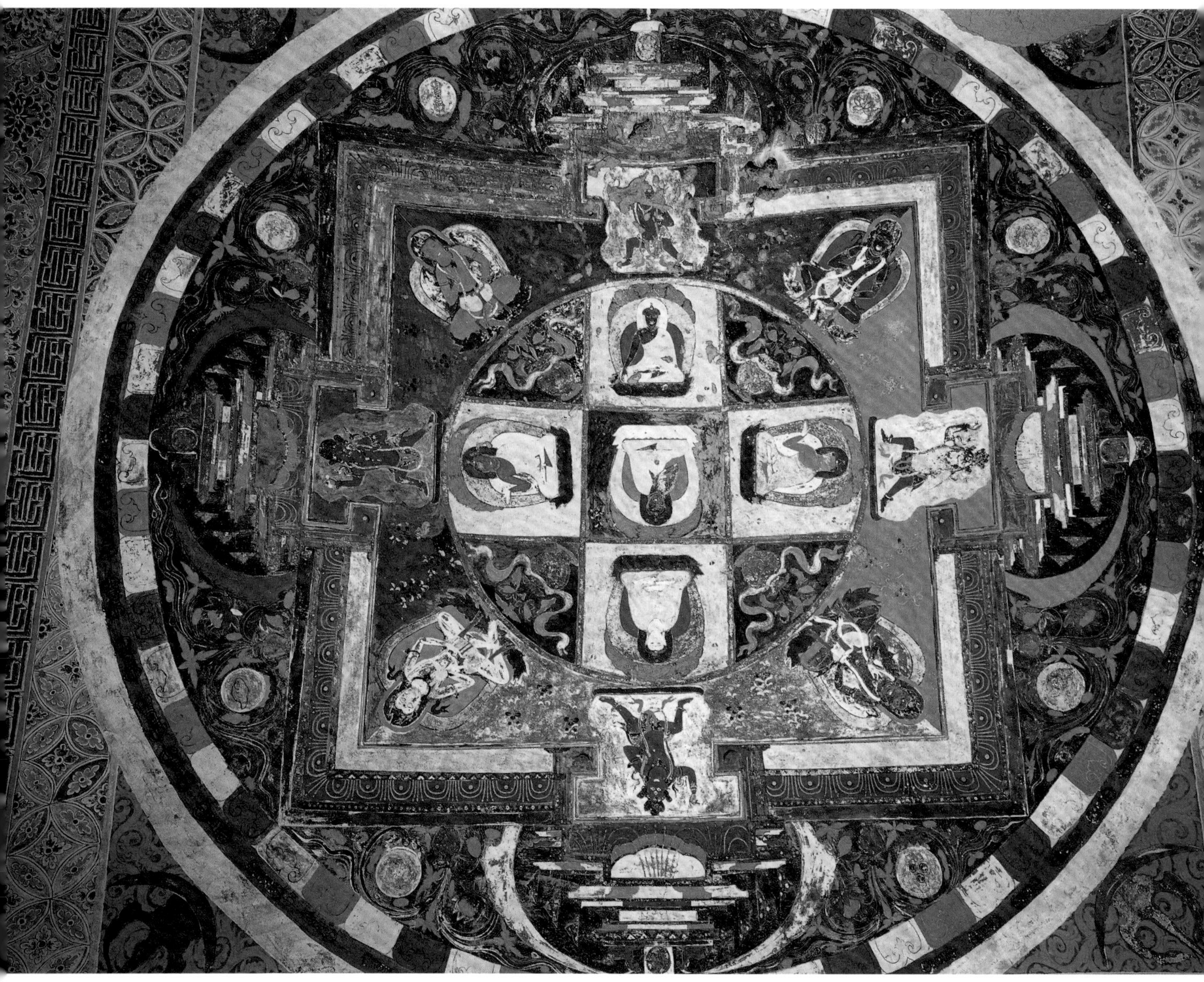

149 喜金剛雙身曼荼羅

密教流行繪畫雙身曼荼羅，喜金剛是元代藏傳密教的題材，八面十六臂，十六隻手皆托顱缽，其中兩隻手交叉於明妃背後。

元 莫465 北壁

吳健 攝

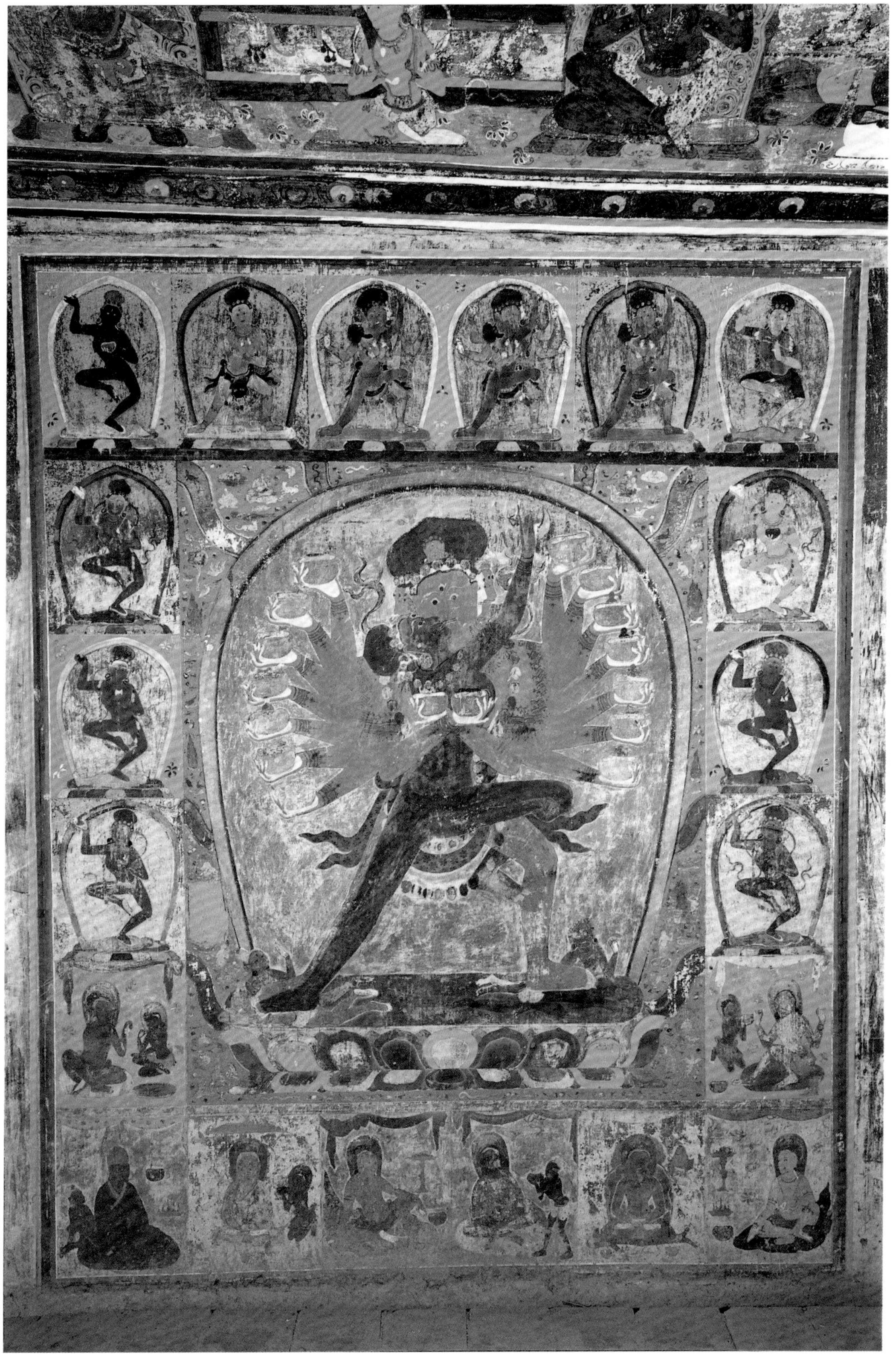

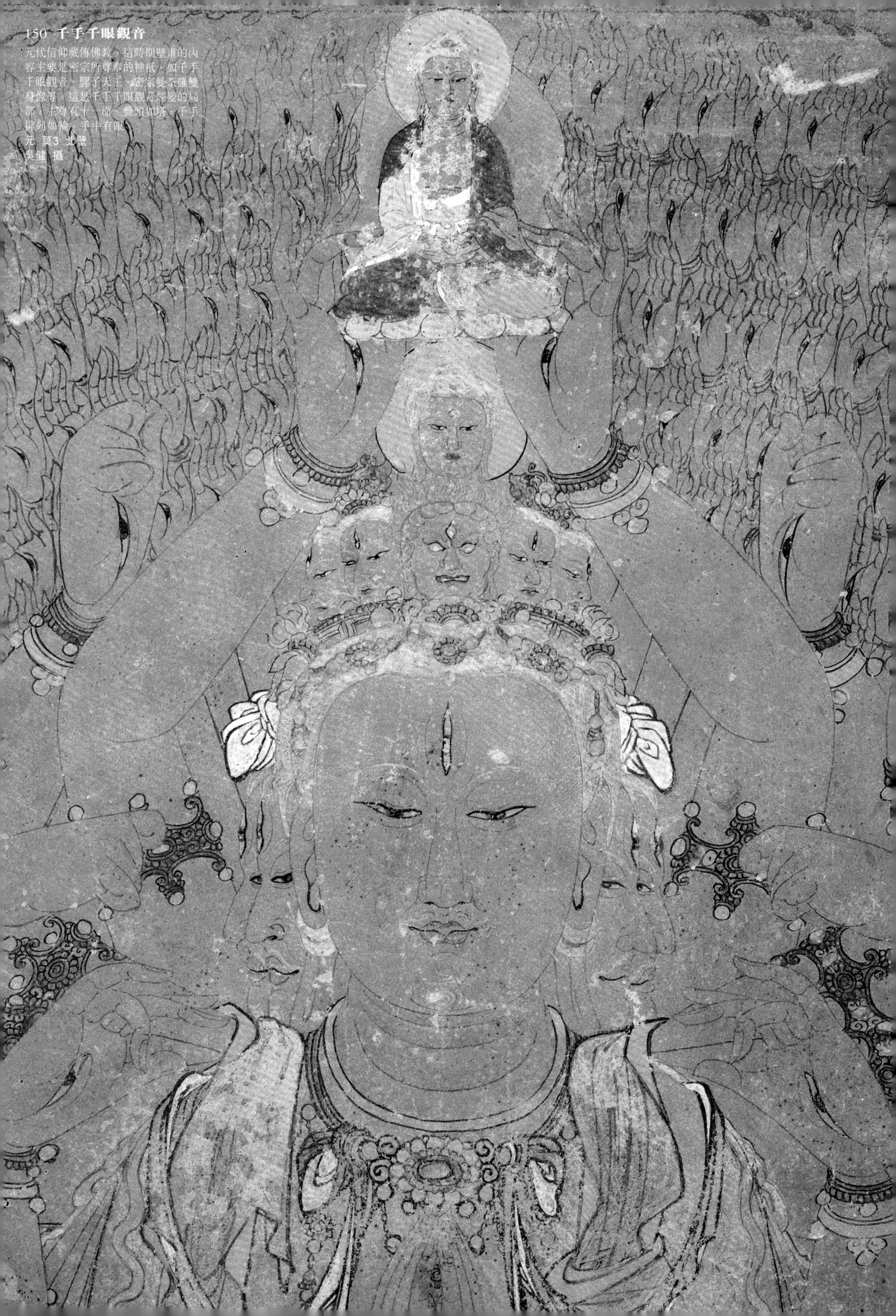

150 千手千眼觀音

元代信仰藏傳佛教，這時期壁畫的內容主要是密宗所尊奉的神祇，如千手千眼觀音、騾子天王、密宗曼荼羅雙身像等。這是千手千眼觀音經變的局部。主尊有十一面，疊頭如塔，千手排列如輪，手中有眼。

元　莫3　北壁

吳健　攝

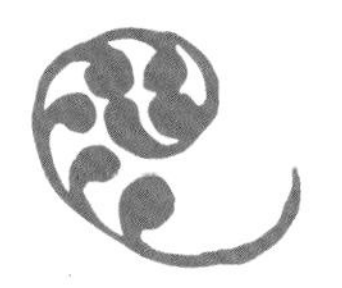

洞窟的解讀

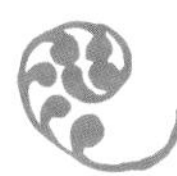

第一節　北朝中心柱窟——第428窟

敦煌北朝洞窟有兩個主要特點，一是流行中心柱窟形，在莫高窟現存北朝洞窟中，這類窟形幾佔近半；二是在建築和裝飾上具有濃厚的外來風格，又摻雜了一些中國本土的色彩，這是敦煌早期洞窟的特徵。第428窟是北朝具代表性和規模最大的洞窟，透過認識此洞窟，可以大概掌握北朝洞窟的特點。

本窟約建於公元565－574年，可能是北周時期敦煌刺史于義主持開鑿的。主室的面積達138.8平方米，其建築特色是在大面積的主室中央有一座巨大的塔柱。這是北朝最流行的洞窟形制，後世稱"塔柱窟"，也見於第251、254、257、431窟等敦煌早期洞窟，以及北魏時期中原的雲崗石窟、鞏縣石窟，北齊的響堂山石窟。塔柱窟源於印度的"支提窟"，與古印度人的拜佛習慣有關。"支提"是塔的意思，本是存放佛舍利(佛的遺骨)的地方，在佛像出現之前，塔是佛的象徵物，受人崇拜，在石窟中心建塔柱，是繼承印度的傳統，供信眾沿着柱右旋禮拜。

值得注意的是，在中心柱四面還保存一些樹枝，壁面上仍殘留為了固定樹枝而打的鉚眼，說明當時有一些枝繁葉茂的樹木，以表現釋迦在菩提樹下苦修及降魔成道諸內容，這源於印度的聖樹信仰。聖樹信仰在印度有悠久的歷史，早期佛教不造佛像，以聖樹象徵佛陀。佛像產生以後，樹下說法的形象十分普遍，敦煌北魏中心塔柱窟的"樹形龕"，壁畫中的樹下說法圖等都與聖樹信仰有關，但在佛龕外大規模裝飾聖樹，本窟是莫高窟的唯一例子。

這種具有印度風格的洞窟形制傳入中國後，又加入了中國本土特色。為與長方形的洞窟相協調，圓形的塔被改造成方形的柱。又在原無塑像的中心柱四面，以釋迦牟尼一生的四件重要事情為主題，開龕造像，稱為"四相"，這四尊佛像都是結跏趺坐，大約是表示釋迦的苦修、降魔、成道、初轉法輪。此外，並仿照漢式木構建築的形式，在洞窟的前頂作成人字坡頂，還在人字坡的兩坡畫出一道道界欄，彷彿是木構建築中的椽子。經過改造，印度式的支提窟便變成了中國式的中心柱窟。

第428窟的塑像主要圍繞中心柱塑造，有不少是經後代填彩重繪，但大體上還是保持當時的樣子，反映了外來風格漸漸與本土風格融合的道路。佛像的面型較圓，五官細小而較集中，上身粗大，下身短小，菩薩亦面相圓潤，具西域風格，但兩者也分別有眉目清秀、身體平直而清瘦等北魏晚期以來秀骨清像造型的特點。此外，尊像的組合在北魏以來一佛二菩薩的基礎上，又增加了兩身弟子形象，形成北周的特色，並一直延續到隋唐。弟子的形象亦已經注意到個性化的塑造，如北向龕內的迦葉，面目瘦削，脖頸較長，胸部肋骨突現，是一位苦修的老僧形象。與他相對的阿難，則是一副純樸天真的少年形象。這一老一少的個性刻畫也在北周形成一定的模式。

本窟壁畫也具有敦煌早期洞窟的特點。北、西、南三壁中部繪有降魔圖、說法圖、涅槃圖、五分法身塔、盧舍那佛等圖像，以反映佛陀事跡為主要內容，這是北朝洞窟壁畫的主流。

降魔變繪於北壁顯要位置，是敦煌早期壁畫常見的題材，也是佛傳（佛生平）的重要情節。描繪釋迦牟尼將要成佛，魔王波旬發動魔軍向他進攻，可是，釋迦的道行已深，魔軍對他沒有絲毫危害。魔王又使魔女以美色來誘惑，釋迦以法力使魔女都變成老太婆。魔王徹底失敗，最後皈依佛門。壁畫描繪了釋迦從容安詳地坐在中央，面目猙獰的魔軍由四面向他進攻，一動一靜構成畫面的穩定。

在西壁的北側有釋迦多寶並坐說法圖，表現釋迦給弟子講述《法華經》時，有寶塔升到虛空，塔內坐着多寶佛。說法圖也是北朝洞窟中的主要內容，在雲崗石窟、炳靈寺石窟都有二佛並坐的雕刻或壁畫。在說法圖的旁邊是敦煌石窟最早的涅槃圖，表現釋迦即將涅槃時，佛弟子及天眾圍繞在釋迦的周圍，希望他不要涅槃，弟子表現出萬分悲傷。這場面是佛傳的重要情節，表現釋迦牟尼的臨終遺教，在後來的佛教藝術中，反覆表現。

在南壁中央繪莫高窟最早的盧舍那佛說法像，將佛教的宇宙觀繪於袈裟之上，上部為天，有佛、天宮、阿修羅和飛天，中部為人界四大洲，表現人間各種活動，下部是無間地獄，畫刀山、劍池、餓鬼等。這種佛教宇宙觀的具像描繪，充滿印度色彩。

東壁門兩側所繪的薩埵太子和須達拏太子本生故事，是以釋迦前世行善的故事為主題。前者講釋迦前世為薩埵太子時，為救餓虎而犧牲自己的生命。後者是表現須達拏太子熱心佈施，甚至把國寶白象和自己的孩子都施捨給別人。兩則故事的題材源於印度，但以中國自漢代以來的長卷繪畫形式，用橫卷式連環畫的方式繪畫，通過山水樹木等景物，把全卷連起來，故事連貫，首尾完整。這種橫卷式的故事壁畫從北周到隋代十分流行。

此外，在四壁的下部又有供養人像1198身，是北朝以來供養人像最多的洞窟。供養人畫像是出資開窟者為求福祈願，在所建洞窟繪畫自己及其家族的畫像。

本窟是外來與中國本土特色結合的洞窟。建築表現上，從印度傳來的支提窟改變為中國式的中心塔柱窟。彩塑和壁畫的主題，與其他敦煌北朝時代的洞窟一樣，以釋迦牟尼為中心，壁畫內容以佛傳和本生故事為主，這與佛教初傳中國，着力宣傳創始者的事跡有關，加以佛教自西域傳入，而犍陀羅和龜茲地區的佛教美術中，流行佛傳和本生故事的主題，也使敦煌早期洞窟中多表現同類主題。在藝術上，塑像與壁畫都透現出中外結合的特色；前者在西域元素之中融入了中原秀骨清像的造像風格，壁畫的人物造型有西域風格，但繼承了漢代以來中國式畫卷的表現手法，採用長卷式連環畫的構圖；色彩上則以土紅為地色，人物多用石青、石綠和黑、白等單純色，營造出鮮明而強烈的宗教氣氛。這種中西風格兼收並蓄的特徵，可說是佛教東傳與中國文化融合過程的具體反映。

151 **第 428 窟立體圖**

北周 莫428

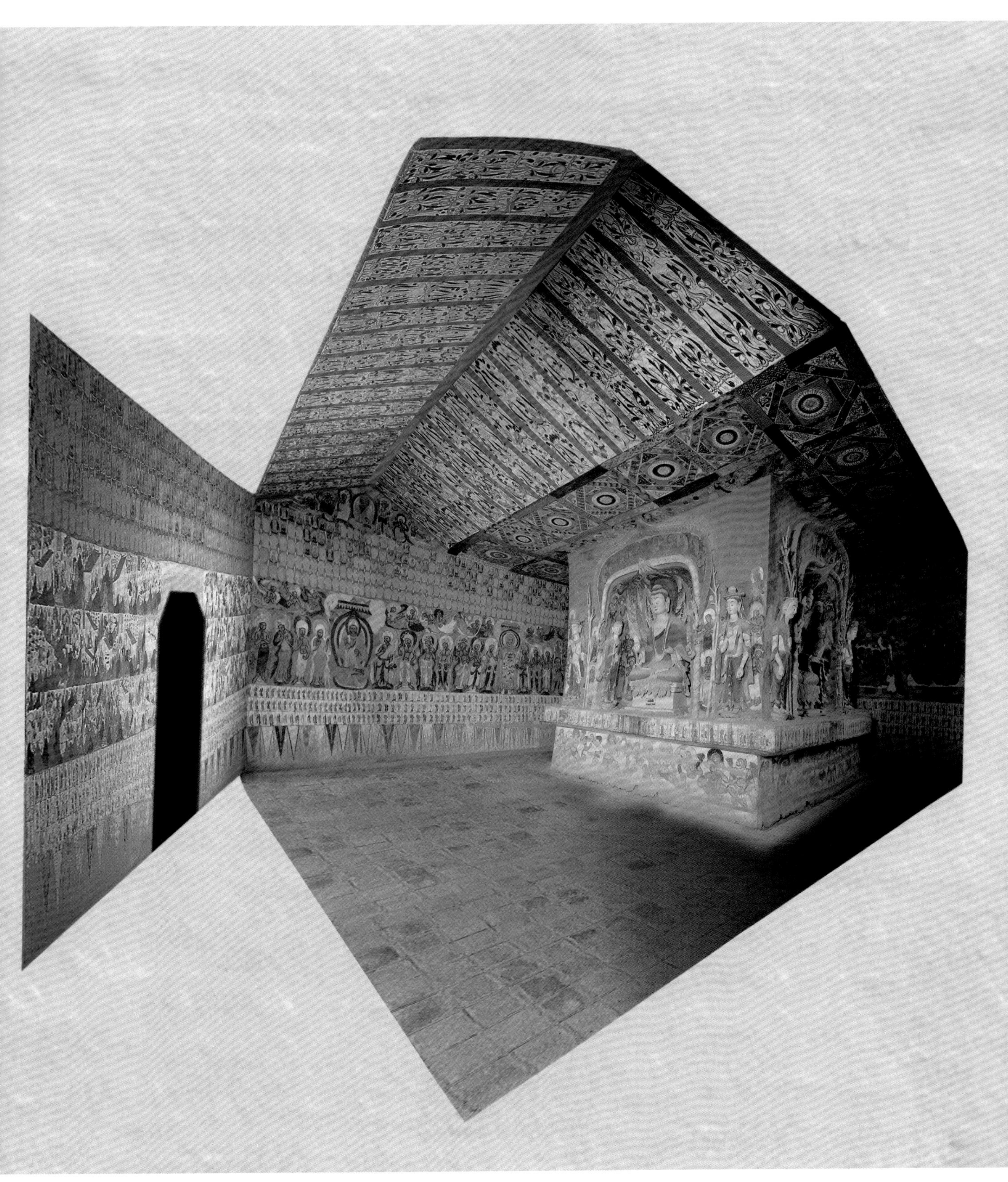

152 第428窟內景

圖中是主室的前堂，正中有巨型的中心柱，柱上四邊開龕塑像，代表聖樹信仰的樹枝在中心柱上清楚可見，細心觀察，還可見到為固定樹枝而打的鉚眼。窟頂上的人字坡，繪有模仿中式木建築的椽子，與源於印度的中心柱配合，突顯中西交融的特色。

北周 莫428

宋利良 攝

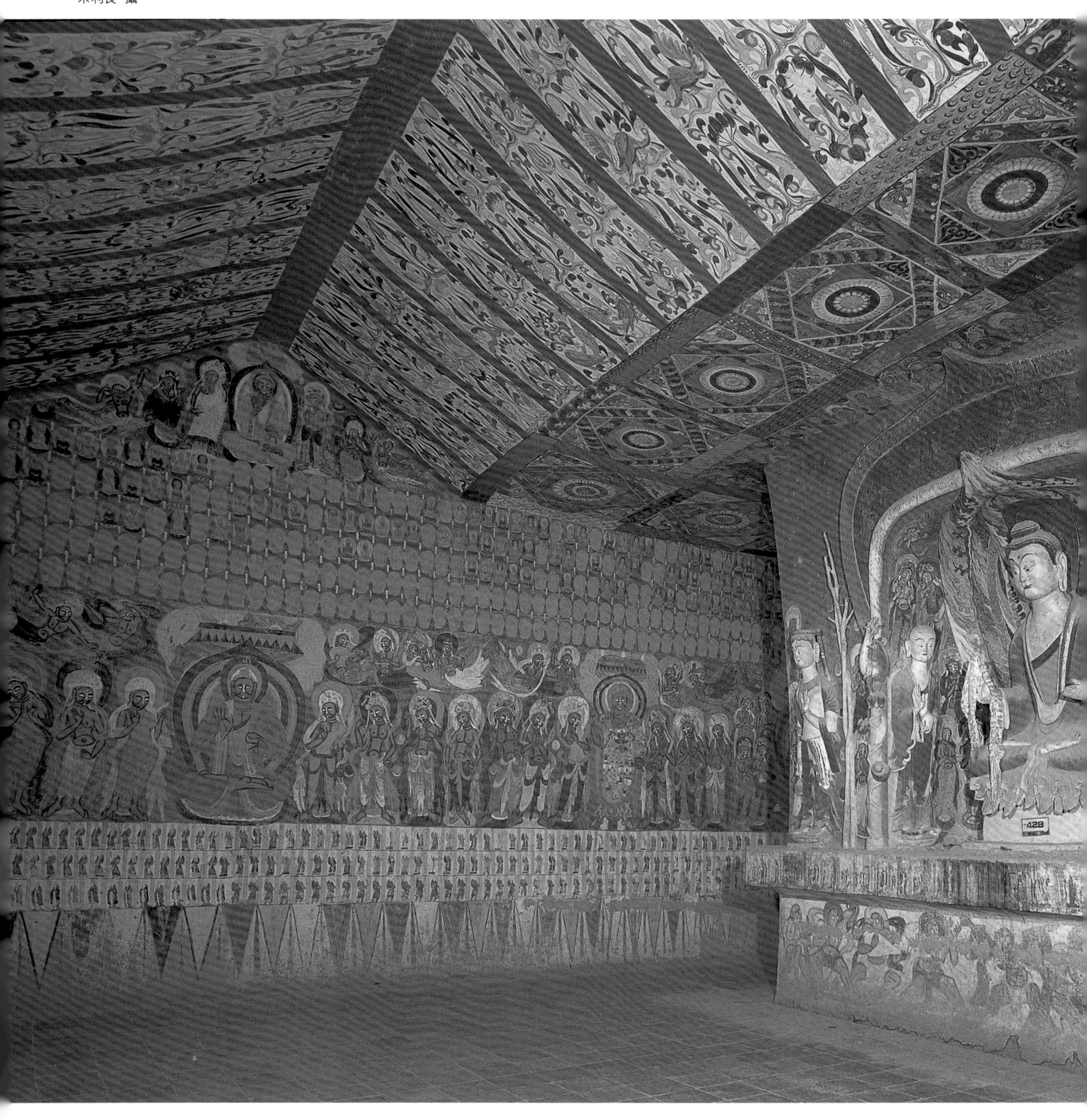

153 平棋

平棋中心為蓮花，外層四角繪裸體飛天、穿裙飛天和漢式寬袖大袍飛天，飛天的組合也是中外元素結合的表現。

北周 莫428 窟頂後部北側

孫志軍 攝

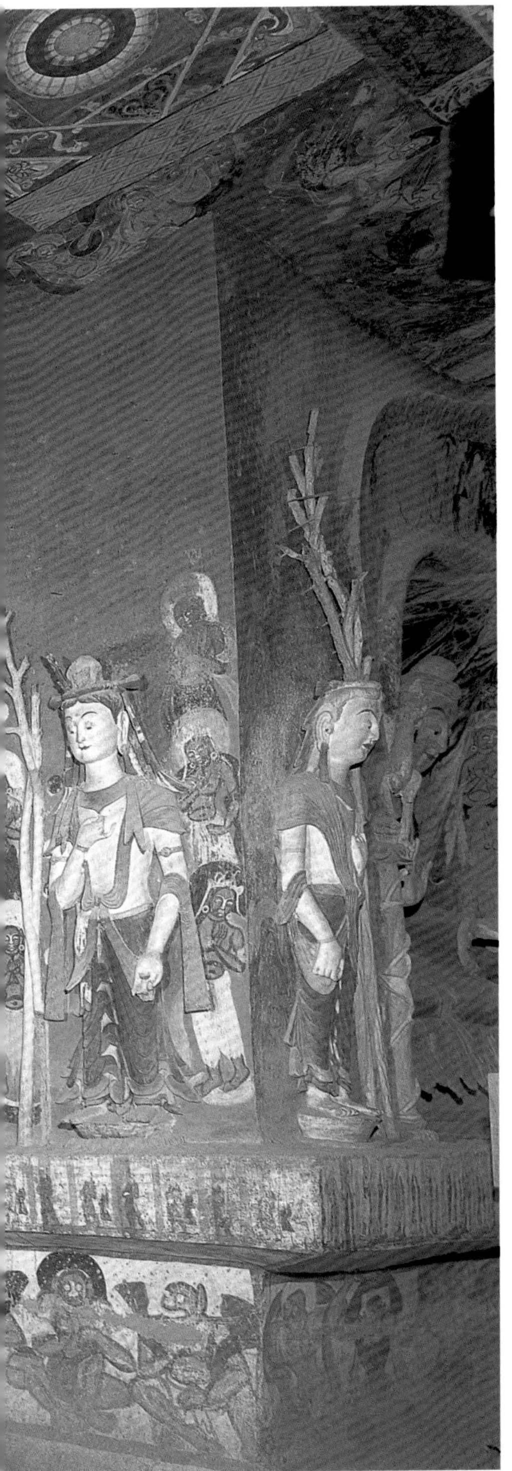

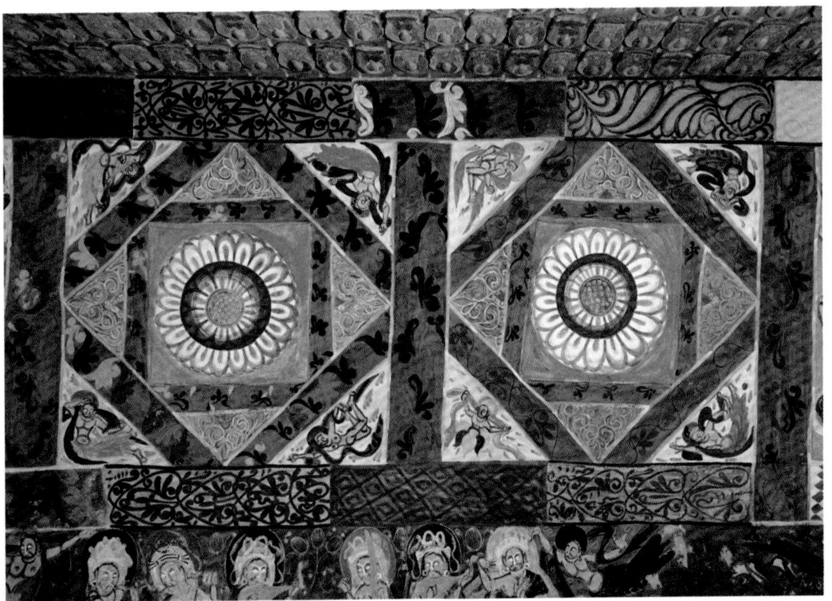

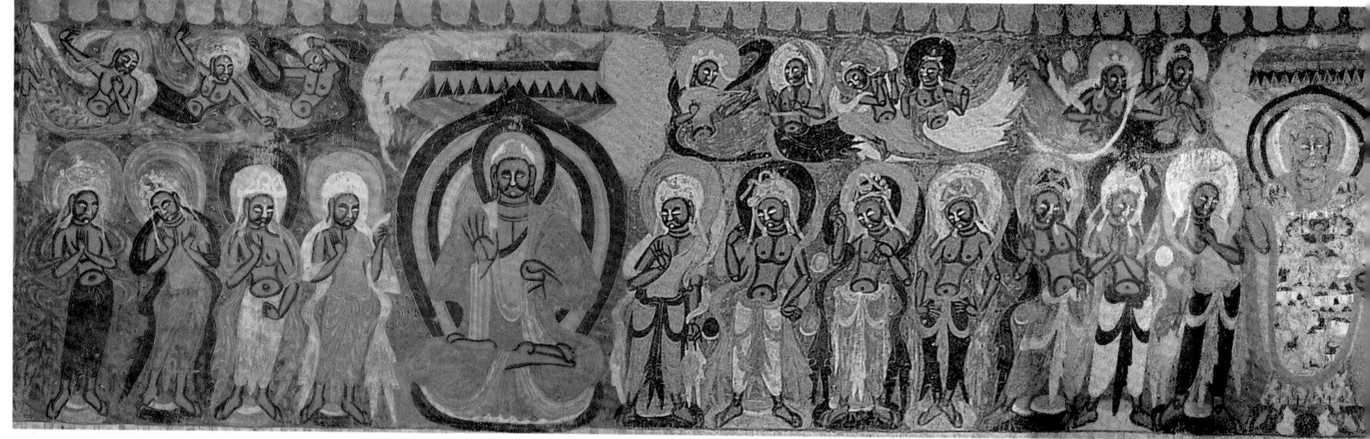

南壁

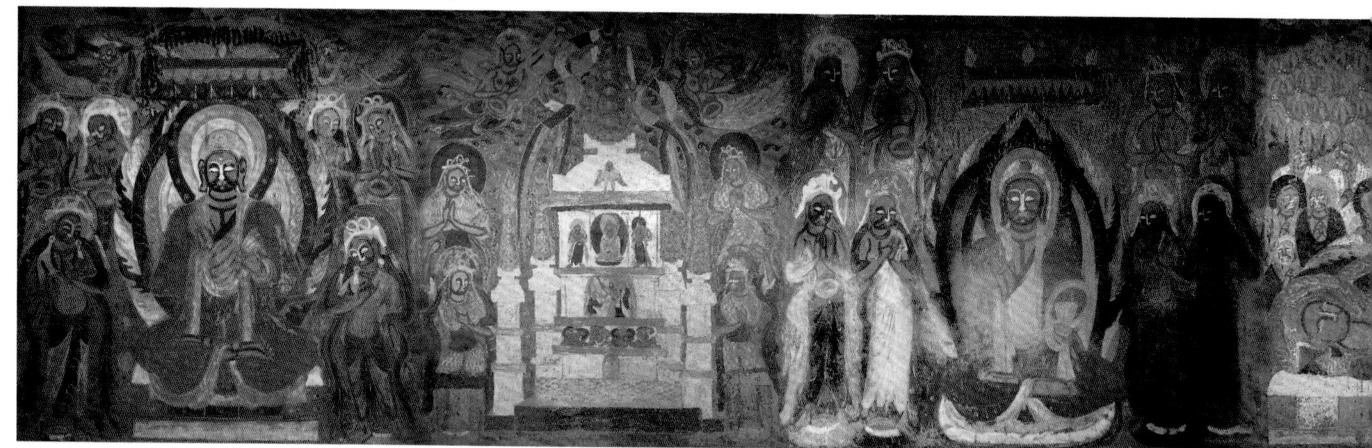

西壁

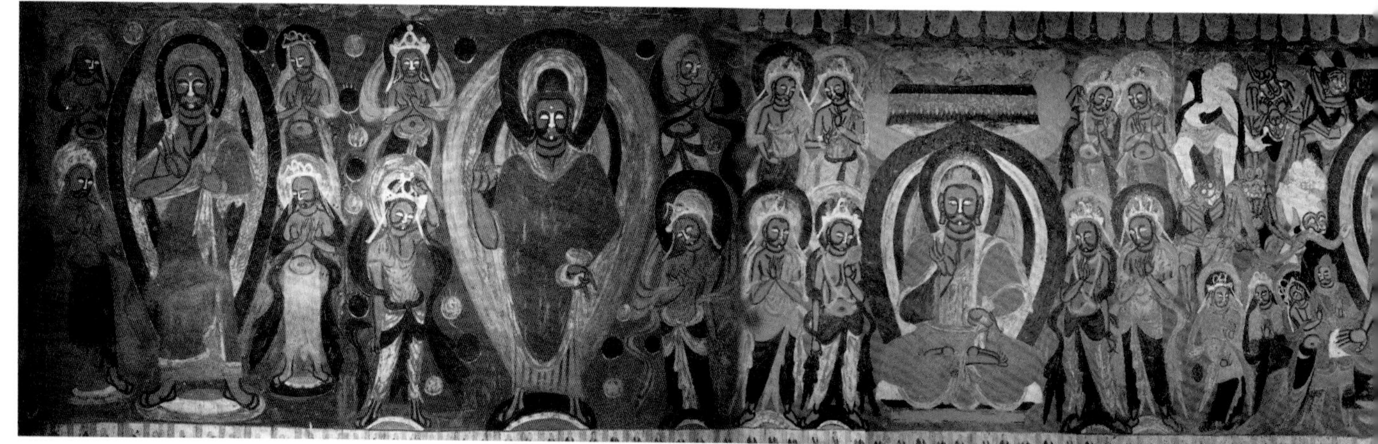

北壁

154 **以佛陀事跡為主題的壁畫**

本窟南、西、北三壁的繪畫，都以反映佛陀事跡為主，把三壁中部的降魔圖、說法圖、涅槃圖、五分法身塔、盧舍那佛等圖像接合起來，可以感到主題的統一。

北周 莫428 南、西、北壁

吳健 攝

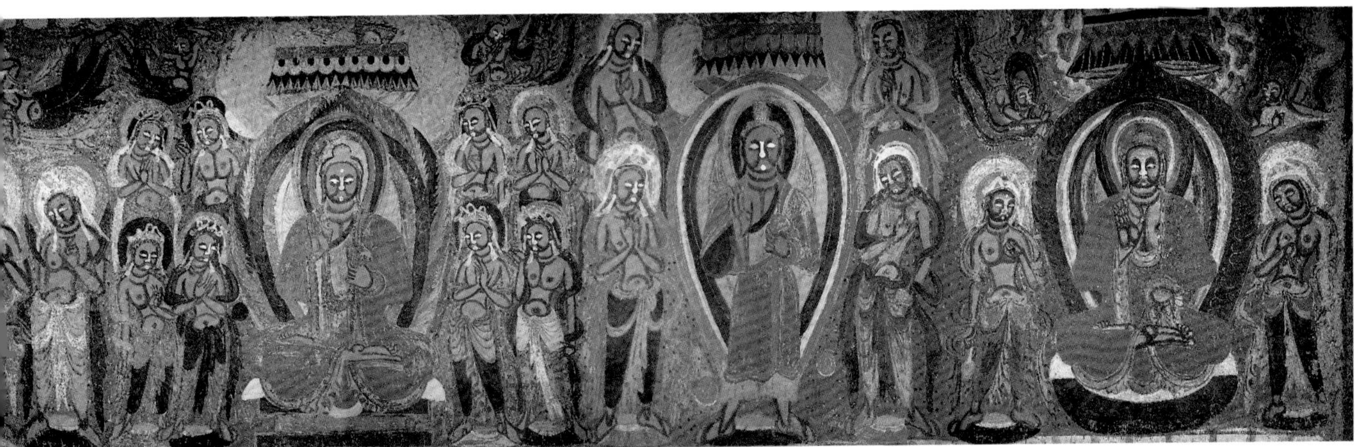

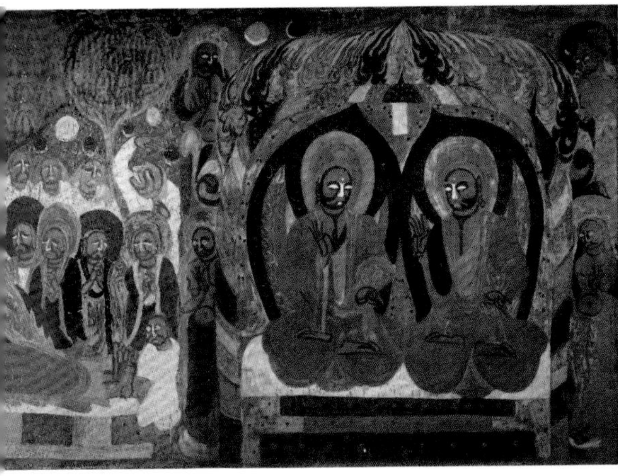

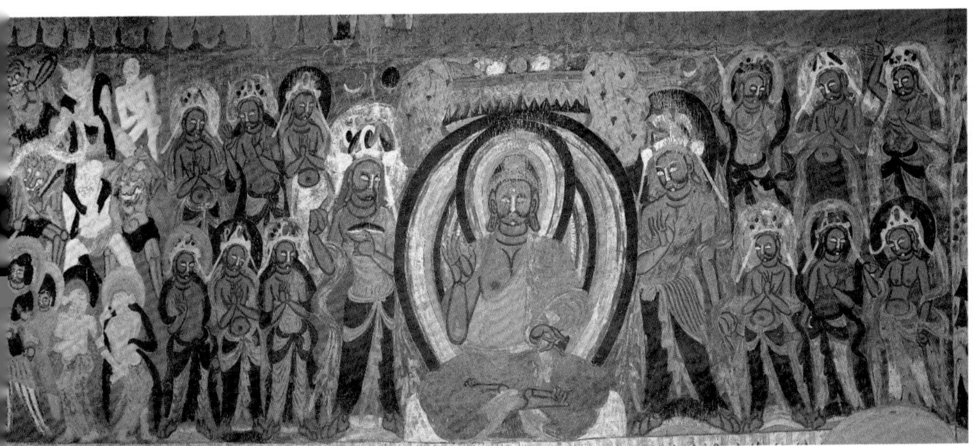

155 供養人一組

本窟中心柱和四壁下部，有一千多身供養人像，堪稱敦煌之最。從殘存的題記看，這些供養人來自河西各地，在于義的號召下，以個人身分參與洞窟的營造。

北周 莫428 中心柱北向面龕沿

孫志軍 攝

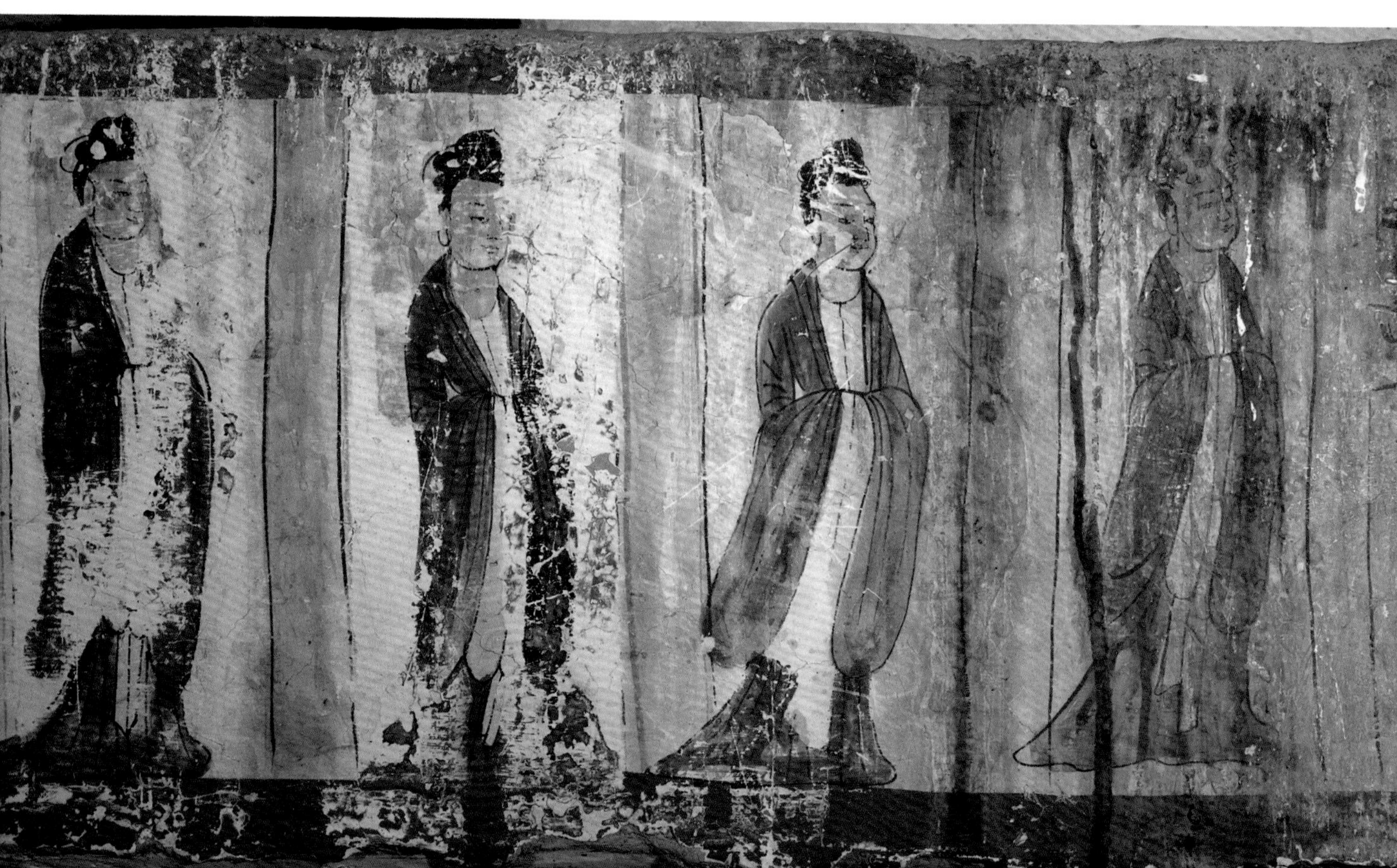

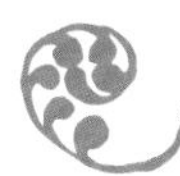

第二節　初唐淨土色彩濃厚的家窟——第220窟

敦煌初盛唐時期的洞窟有幾個特點，一是流行殿堂窟的窟形，這是敦煌石窟中最多見而且延續時間最長的形式，並成為盛唐及以後各時代的基本形制；二是流行以整壁繪畫巨幅的經變畫；三是盛行大乘佛教淨土信仰，窟內出現不少與之相關的內容。第220窟是初唐的代表性洞窟，認識此窟，可以大概掌握初盛唐洞窟的特點。

根據發願文題記證實，本窟建於唐貞觀十六年(公元642年)，是敦煌少數有明確紀年的洞窟之一。後經中唐、晚唐、五代、宋、西夏重修重繪，宋代更在壁畫表面重新敷泥，初唐的壁畫因而被覆蓋。直到1943年，表層的壁畫被剝開，才露出了色彩如新、線條清楚的初唐原作。1975年，敦煌文物研究所又以整體搬遷的技術，把洞窟甬道的表層向外移，從而露出甬道南壁中唐大中十一年（公元858年）所繪佛龕、五代翟奉達書“檢家譜”題記，以及北壁五代後唐同光三年（公元925年）所繪的新樣文殊菩薩等內容，並得知本窟是敦煌著姓翟氏家族自初唐開鑿，到五代時又重修增繪的“家窟”，是敦煌世家豪族參與石窟營造的見證。

在建築形式上，本窟採用仿照中國殿堂建築的方形殿堂窟，沒有中心柱，大大擴展了窟內的空間，適合聚集信徒講經和進行禮拜活動，迎合大乘佛教的需要。同時，開闊寬敞的空間，也有利於畫師繪製大型經變畫，第220窟內的就是整壁的巨製，使窟內形成一個極其豐富而相對完整的佛國世界。

唐代大乘佛教流行，人們嚮往的，是一片沒有戰爭，沒有災難，沒有勞作之苦，只有歌舞歡樂的淨土。影響所及，唐代敦煌壁畫中出現了大量相關的經變畫。

本窟除了西邊是佛龕之外，其他三壁均以整壁表現大型經變，南壁繪無量壽經變，相對的北壁繪藥師經變，東壁門兩側畫維摩詰經變。這種在洞窟的兩側壁相對地表現西方淨土世界（無量壽經變）與東方淨土世界（藥師經變）的格局，是唐代前期洞窟的典型佈局形式，唐代長安與洛陽的大寺院也有相同的佈局。

南壁的無量壽經變中央，表現七寶水池之上，阿彌陀佛坐在寶樹下，兩側有觀世音、大勢至二菩薩相對坐於蓮台上。這一佛二菩薩通常稱作“西方三聖”。佛周圍還描繪眾多的菩薩和天人。畫面兩側有巍峨的建築，畫面下部有一對舞伎翩翩起舞，兩側有樂隊演奏各色樂器。畫面上部還有來去自如的飛天，以及不鼓自鳴的天樂。這些象徵西方極樂淨土世界的景象，都來自《無量壽經》及相關的記載。畫家充分發揮想像力，表現出一幅人間仙境圖。

藥師經變是根據《佛説藥師如來本願經》繪製的，佛經中説藥師佛能拯救人間疾苦，使人解脱九橫死(九種非正常死亡)，藥師佛住在東方琉璃光淨土世界，有十二神將作護衛。本窟北壁的藥師經變描繪七尊藥師佛站在華麗的蓮花台上，或持錫杖，或托藥缽。佛旁有菩薩侍立，蓮花台兩側有十二神將。佛前有水池，池邊有兩組舞伎站在小圓氈上旋轉起舞。兩側各有一組十數人組成的樂隊。在兩組舞伎之間及兩側都畫有燈輪，兩側各有二菩薩在點燃燈輪上的一支支燈炬。畫面的上部則是伴隨着流雲的飛天自由地飛來飛去。這些場面都與佛經所記的藥師琉璃世界一致。

在東壁門兩側畫的是維摩詰經變，文殊、維摩各據門一側，大體是隋代以來流行的格局。門南畫維摩詰坐於帳中，手持麈尾，身體前傾，目光炯炯，似在滔滔論辯。門北的文殊菩薩則神情恬靜，手持如意，與維摩詰的形象形成對比。文殊菩薩下面繪有中國帝王聽法圖，帝王伸開雙手，昂然前行，前有二人執障扇，後有眾大臣跟隨。這幅帝王圖與傳為閻立本的《歷代帝王圖》相似，説明是唐代流行的畫風。在維摩詰下部則畫西域各民族人物聽法圖。這幅西域人物圖，與西安附近的章懷太子墓壁畫《客使圖》有異曲同工之妙，體現了唐代與各國交往的歷史。

塑像方面，龕內本來有一佛二弟子二菩薩二天王，龕外的台上當有二力士。但天王與力士塑像已經沒有了，保存下來的塑像也大都經過後代重修。佛像身體部分為唐代原作，所坐的八角形佛座，是唐代較流行的佛座樣式。左腳放在右膝上，這種坐式在跏趺坐中稱為降魔坐。敦煌隋代以前的洞窟裏，跏趺坐的佛像多作吉祥坐，即右腳置於左膝上。初唐開始流行降魔坐，本窟便是較早的例子。佛兩側的弟子迦葉和阿難像身體還保持初唐彩塑的特點，面部則是重修後的樣子。迦葉像還留有初唐遺風，表現出一位老成持重的老僧形象。

第220窟在兩側壁以整鋪經變表現西方與東方淨土的極樂世界，顯然是要營造一個佛國世界的氣氛。觀者一進洞窟就彷彿進入另一個世界，自然地產生對佛教淨土世界的嚮往與追求。如果説北朝的洞窟通過表現出人與佛的距離感而造成一種宗教上的神秘感，那麼唐代的石窟則是在縮短佛國世界與人間世界的距離，從而造成一種親近感。佛國世界彷彿就是理想的人間世界。

156 第 220 窟剖面圖

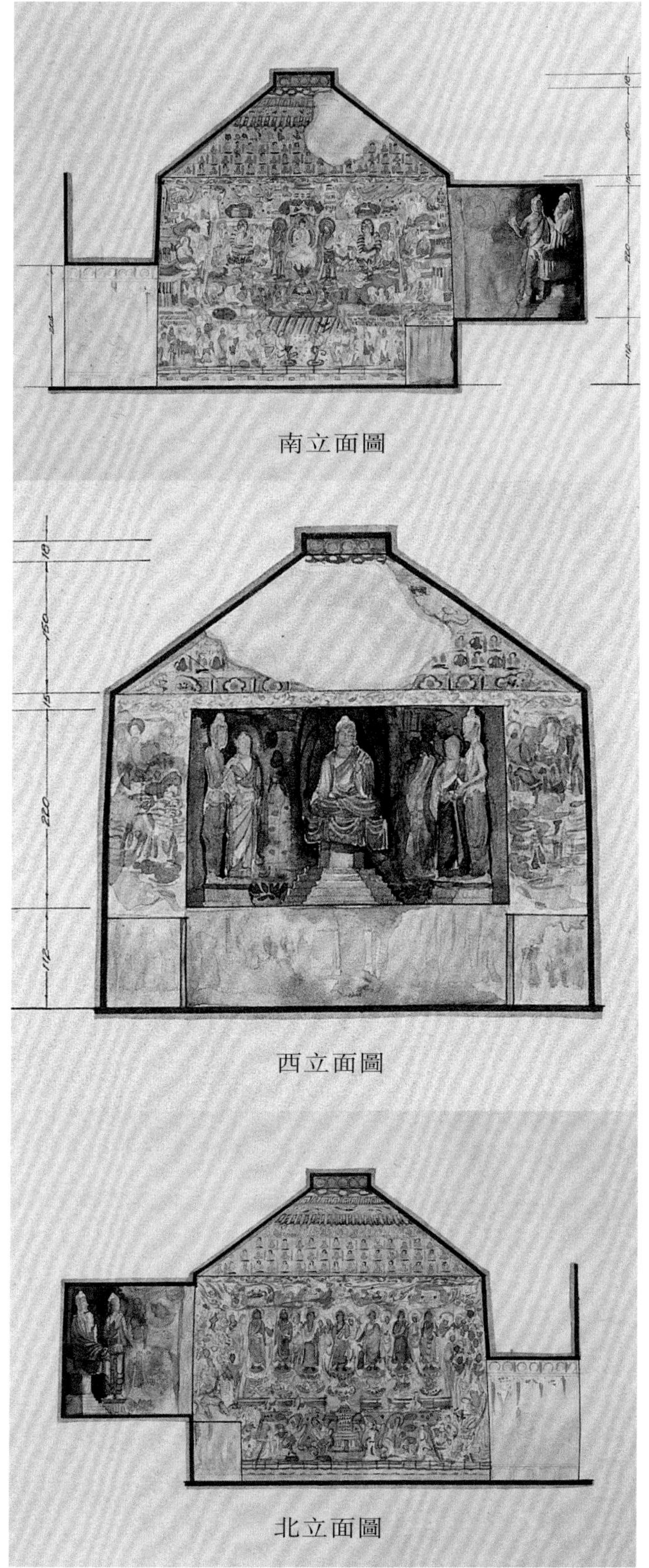

157 弟子迦葉

隋代往往以瘦骨嶙峋的身形和微笑的表情表現迦葉作為苦行僧的人生經歷，初唐時卻一反舊式，迦葉額頭飽滿，目光炯然，被塑造成一個深諳佛理而又老成持重的長者形象。
初唐 莫220 西龕北側
吳健 攝

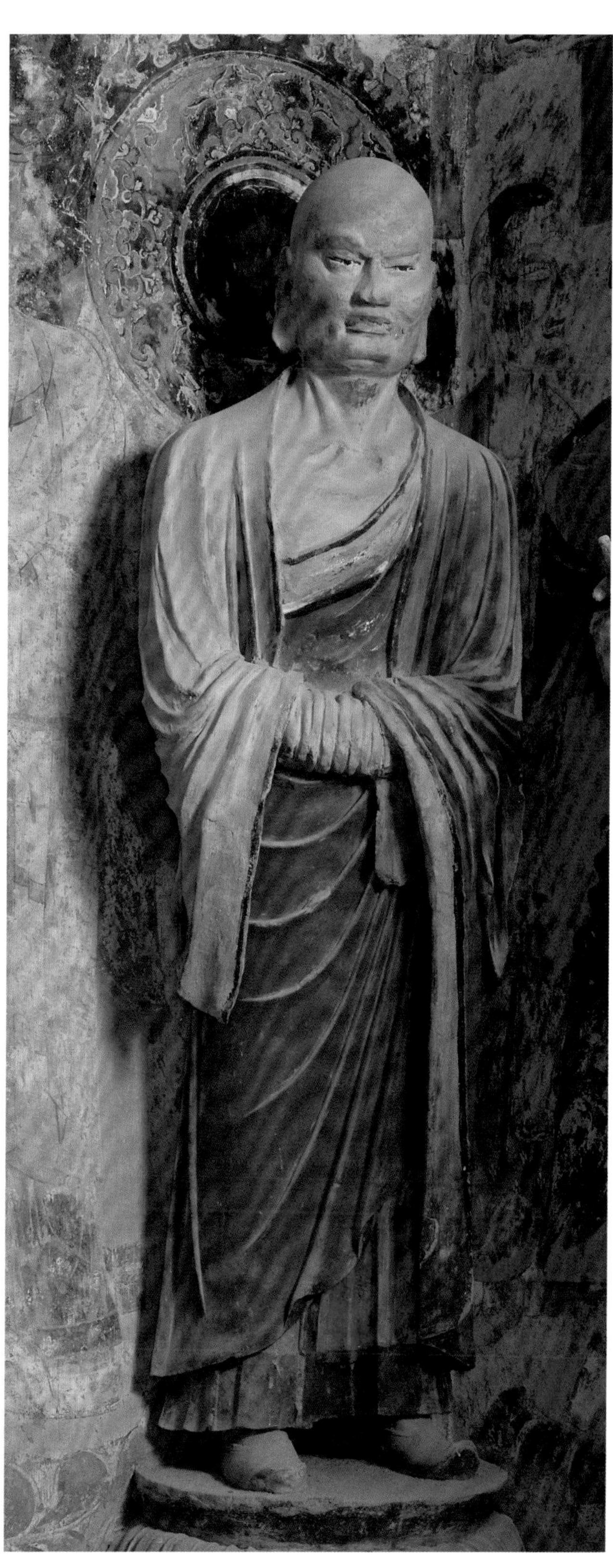

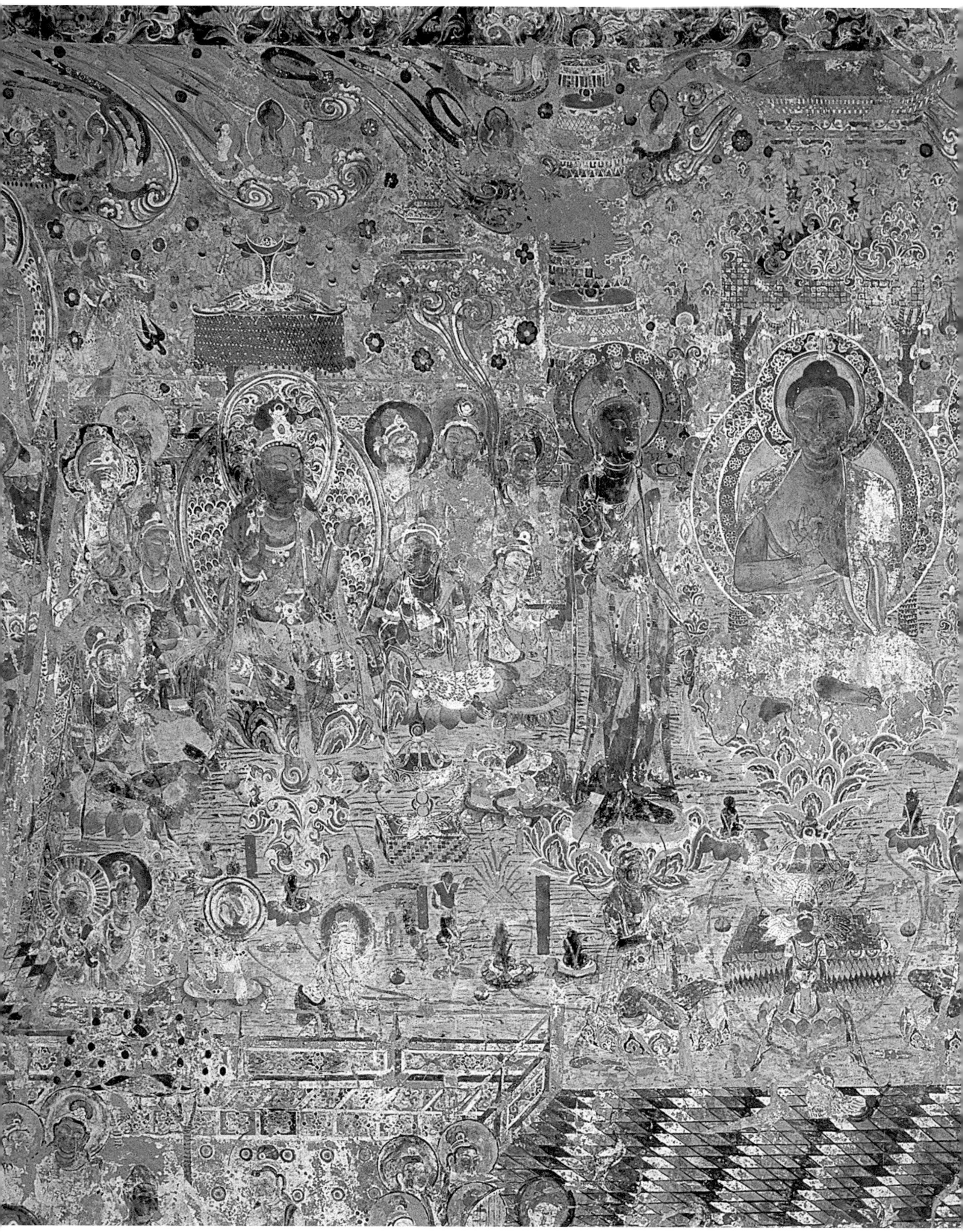

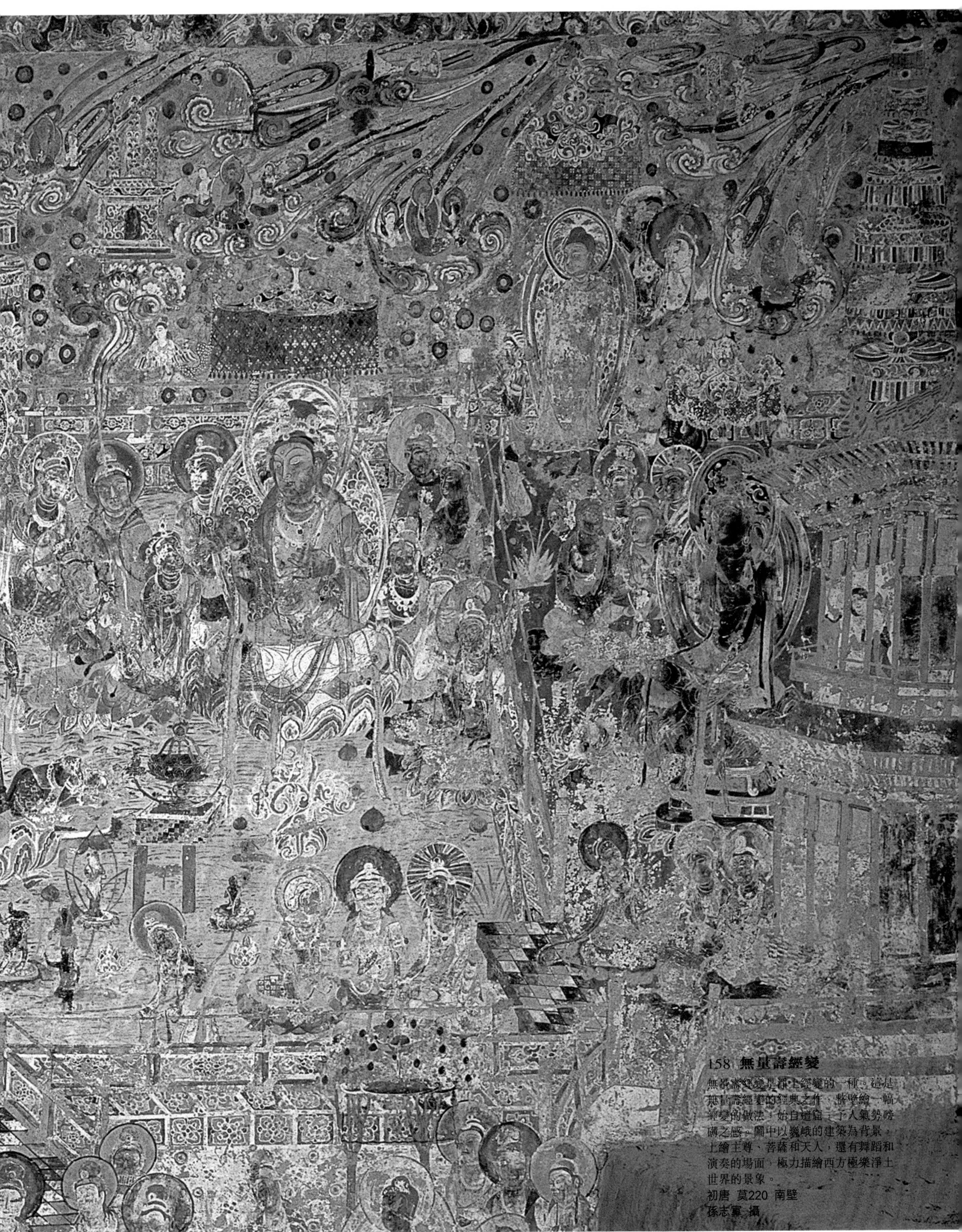

158 無量壽經變

無量壽經變是淨土經變的一種。這是無量壽經變的經典之作，整壁繪一幅經變的做法，始自這窟，予人氣勢磅礴之感。圖中以巍峨的建築為背景，上繪主尊、菩薩和天人，還有舞蹈和演奏的場面，極力描繪西方極樂淨土世界的景象。

初唐 莫220 南壁

孫志軍 攝

159 石雕小殿

這是無量壽經變的局部，敦煌壁畫中繪石雕小殿僅此一例。
初唐 莫220 南壁
宋利良 攝

160 無量壽經變的菩薩

眾多人物中的一位供養菩薩，一頭豐盈的青髮，珠寶為飾。坐在蓮花座上，兩手一托一壓，以蘭花指執絲帶，動作優美。這幅年代久遠的壁畫，黑色定稿線脱落，變成牆皮的白色，揭起上層壁畫後，亦不免略有斑駁，但原作的美仍然歷歷在目。
初唐 莫220 南壁西側
孫志軍 攝

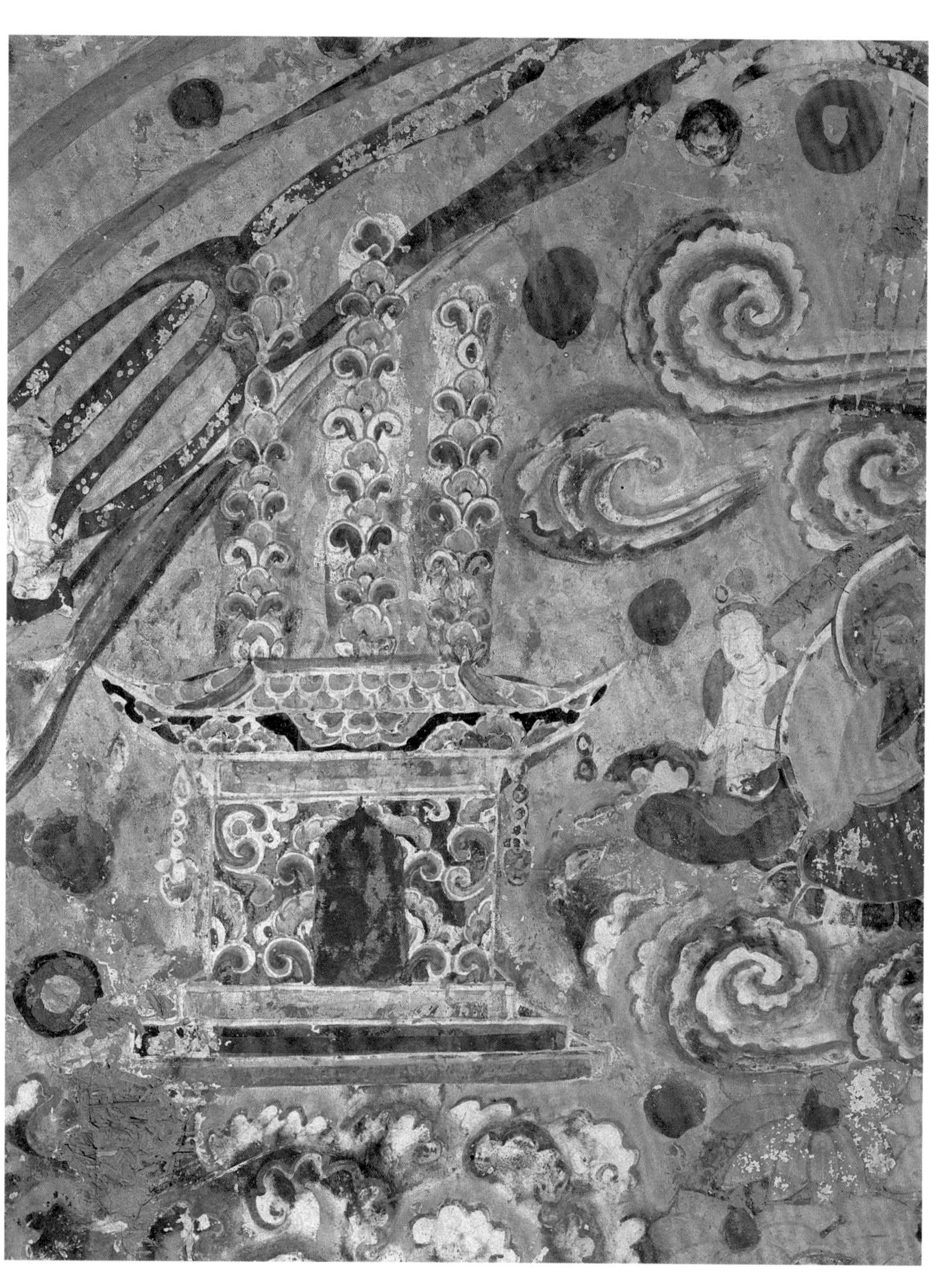

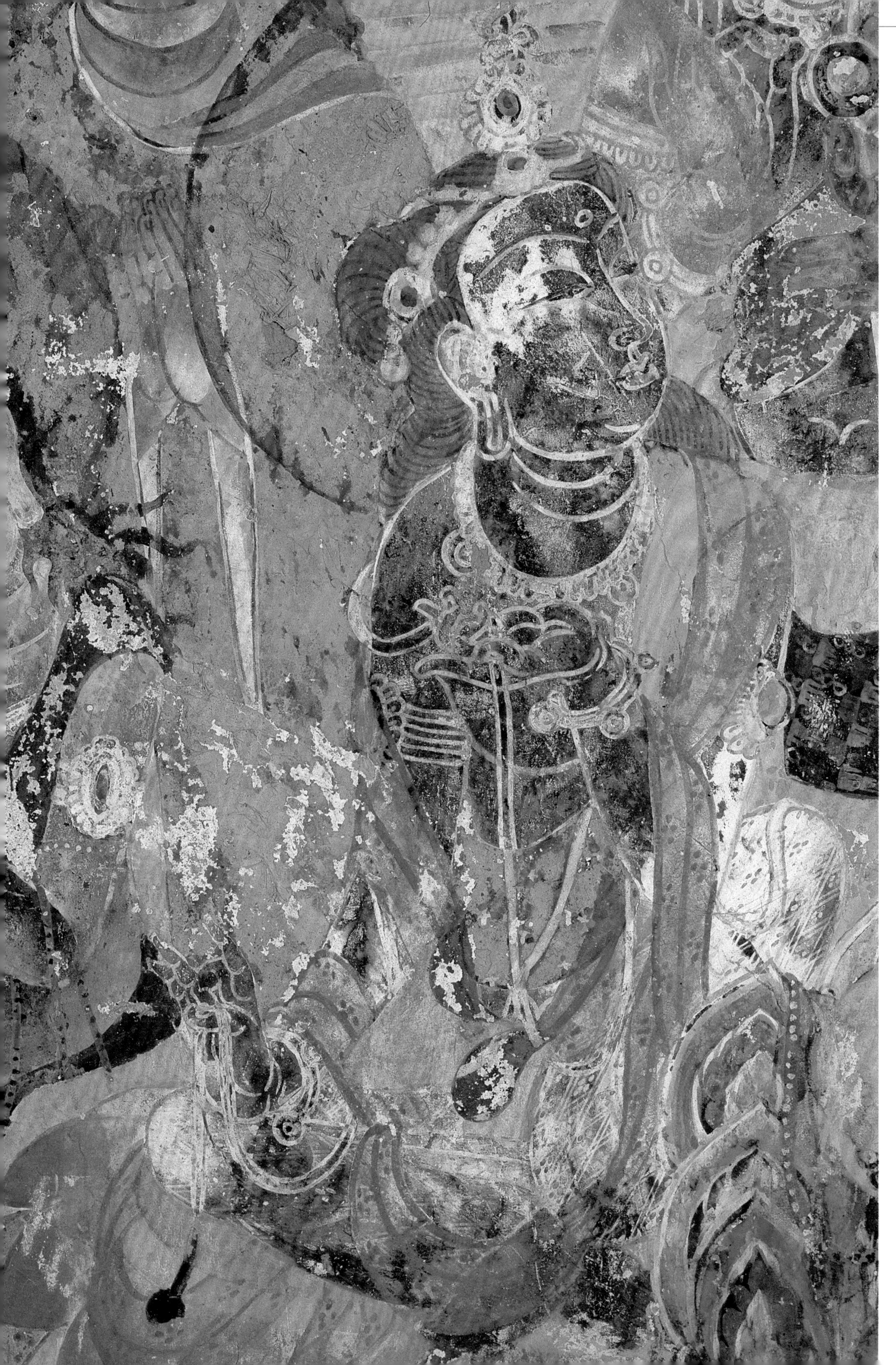

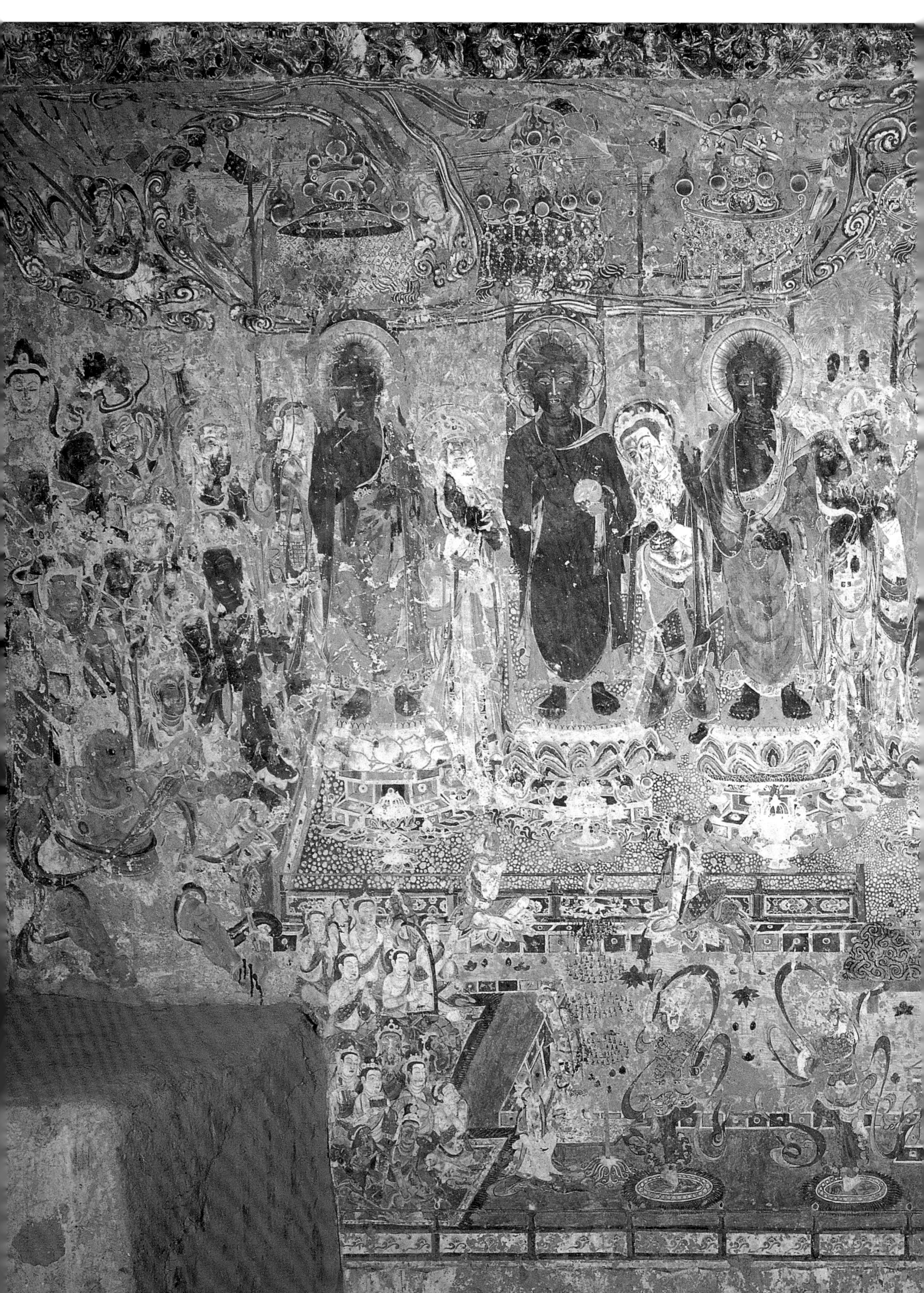

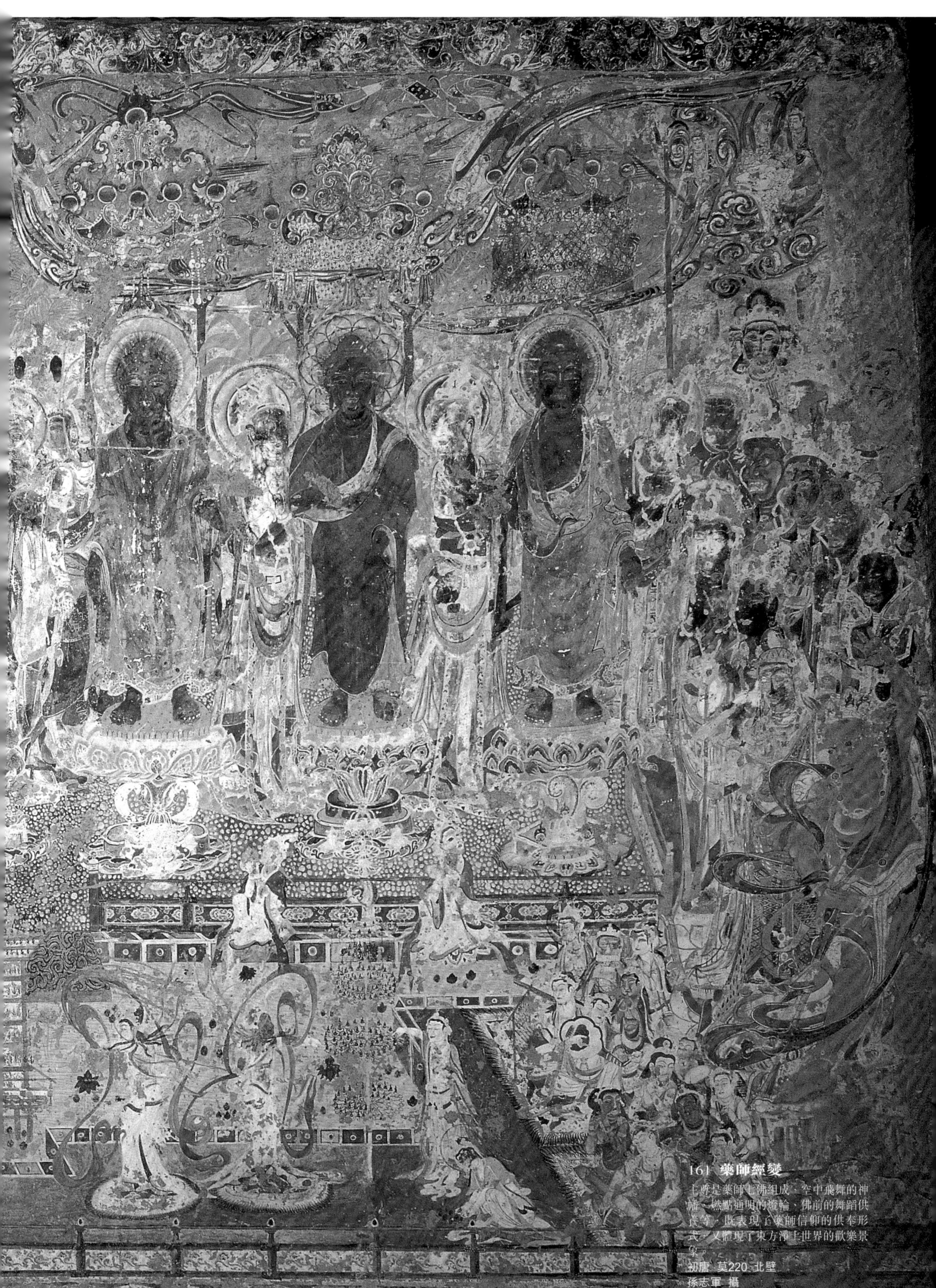

161 藥師經變

主尊是藥師七佛組成，空中飛舞的神幡、燃點通明的燈輪、佛前的舞蹈供養等，既表現了藥師信仰的供奉形式，又體現了東方淨土世界的歡樂景象。

初唐 莫220 北壁

孫志軍 攝

162 藥師經變的歌舞場面

這是藥師經變中的一個樂舞場面，表現出東方琉璃光淨土世界的歡樂氣氛。
初唐 莫220 北壁
孫志軍 攝

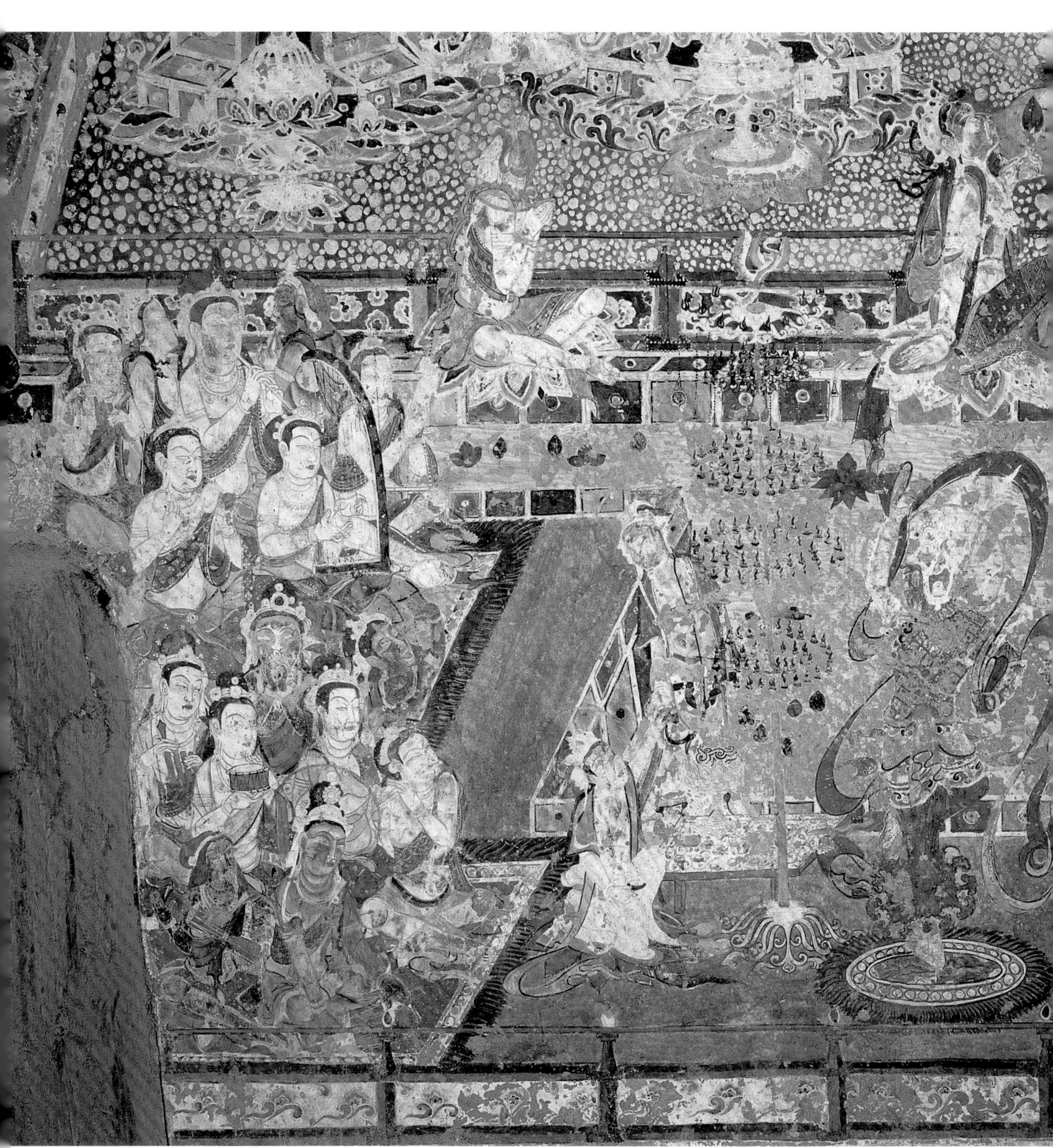

163 **敲方響**

藥師經變的奏樂場面。在唐代，方響主要用於宮廷宴樂，民間很少使用，說明畫中的樂隊是以宮廷樂隊的編制為模式的。

初唐 莫220 北壁

孫志軍 攝

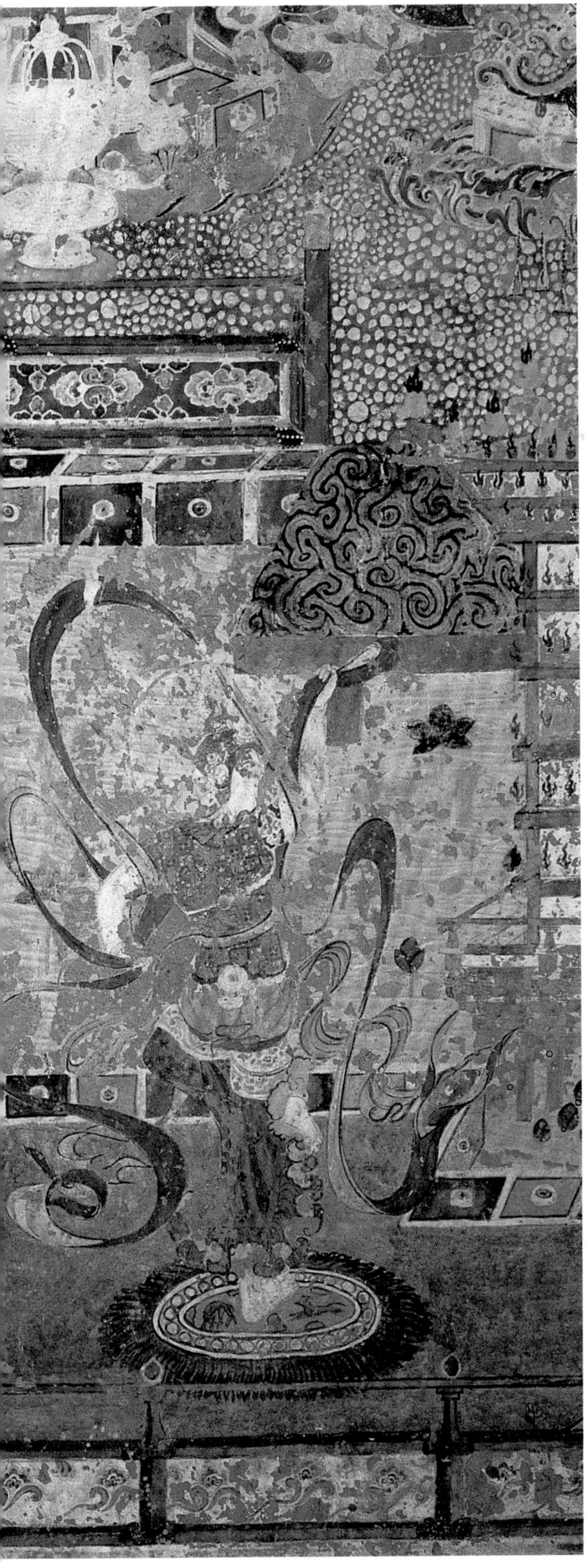

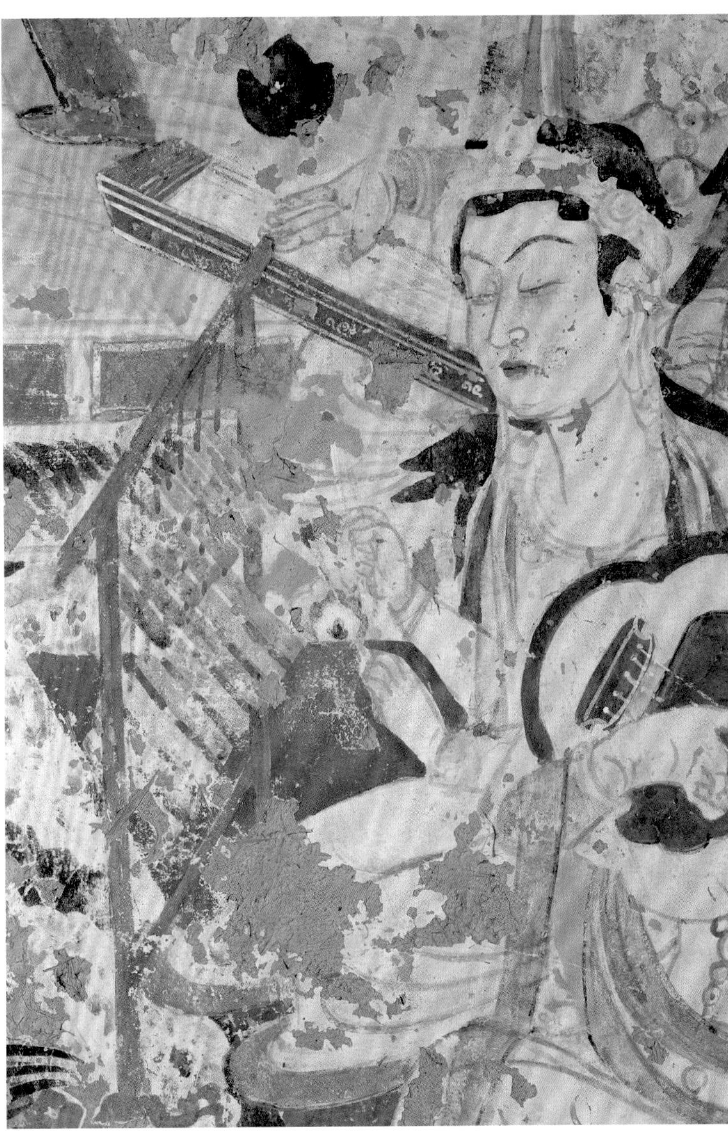

164 三佛說法圖中的菩薩

敦煌石窟的修築歷時久遠，五代以後，莫高窟已很少空餘崖面，信徒往往在前朝的洞窟中進行部分重修重繪，以致部分壁畫被覆蓋。這是從西夏壁畫下剝出的唐代原作，朱紅石綠極為鮮艷，是研究唐代壁畫色彩原貌的最好資料。
初唐 莫220 東壁門上
孫志軍 攝

165 新樣文殊變

敦煌壁畫的文殊變始見於初唐。這幅五代的新樣文殊變，是1975年專家將甬道表層外移後發現的。文殊菩薩手執如意，端坐青獅寶座。牽獅人為于闐國王。獅前有題記“大唐同光三年（公元925年）……敬畫新樣大聖文殊師利菩薩一軀”。
五代 莫220 甬道北壁中央
孫志軍 攝

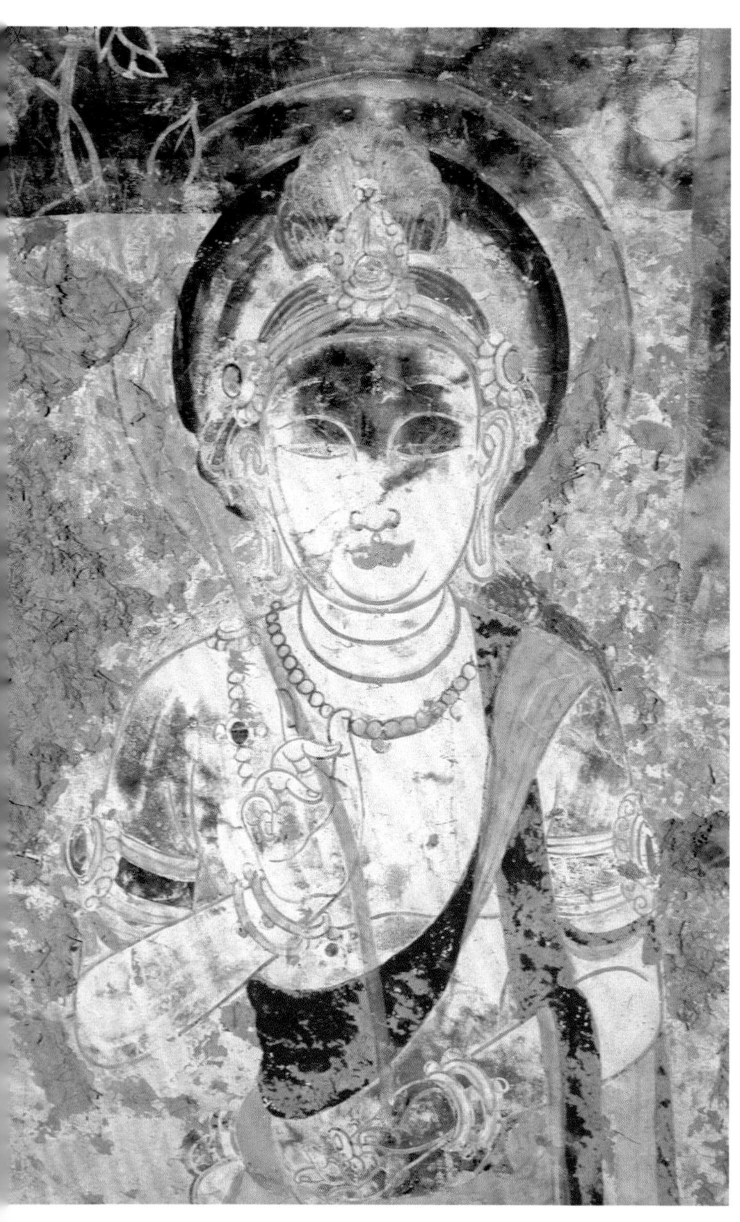

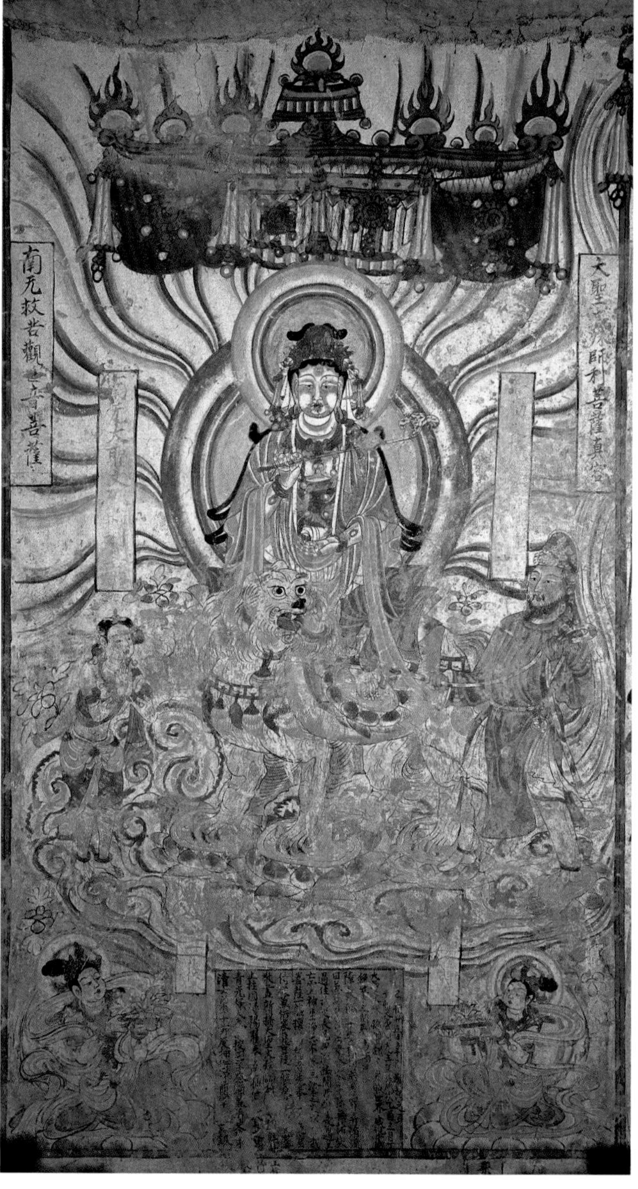

166 翟氏家族供養像

翟氏家族供養像有七身，依次記載了翟奉達亡父翟信、亡兄翟溫子等人的官銜、姓名等，是第220窟作為翟氏家窟的標記。

五代 莫220 甬道北壁

余生吉 攝

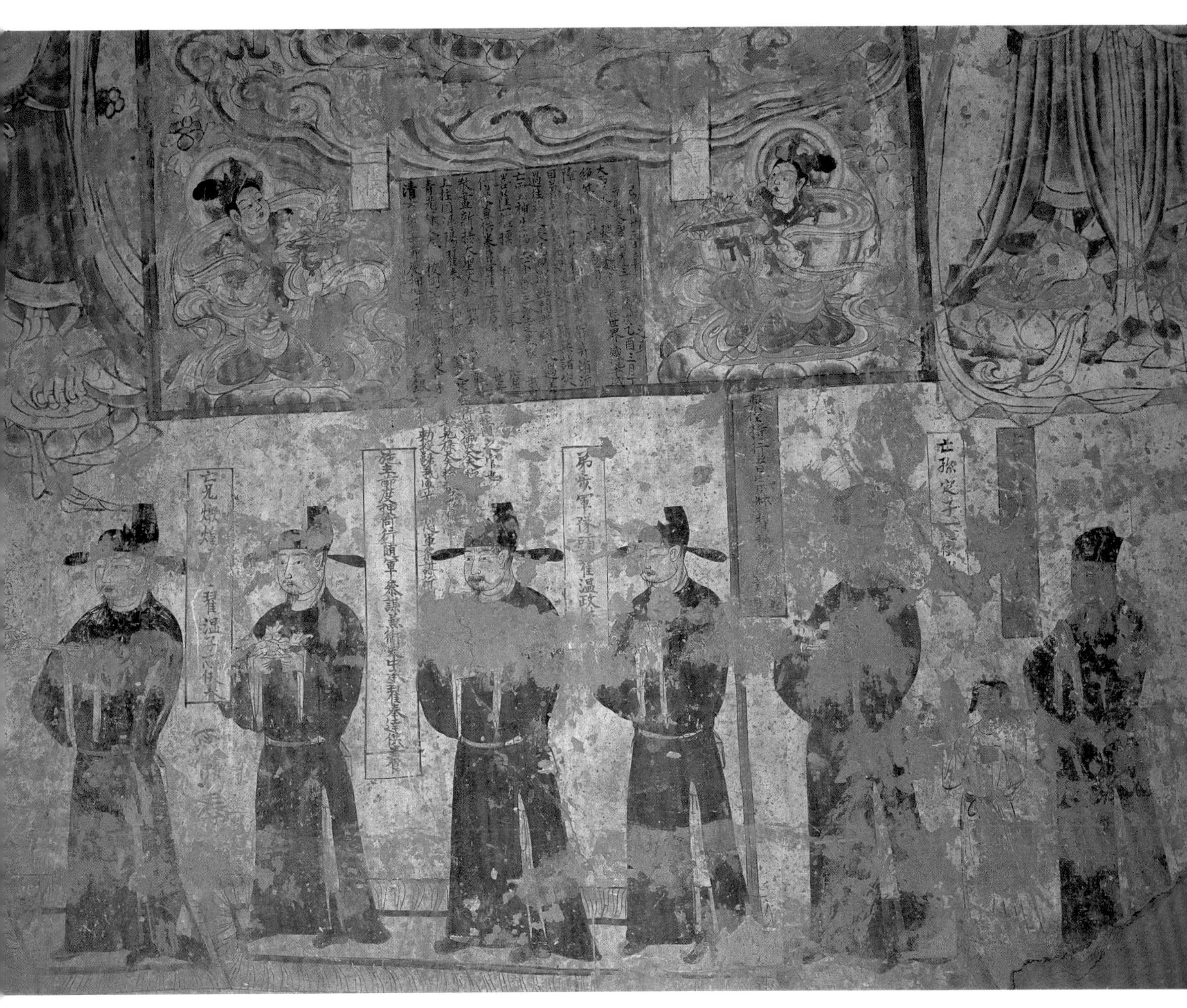

第三節　吐蕃時期的洞窟——第159窟

公元755年，唐代爆發“安史之亂”，吐蕃乘機進犯河西，於公元781年佔領敦煌，直到848年唐收復敦煌，吐蕃統治敦煌達六十七年，這段時期在敦煌歷史上為中唐，也稱吐蕃時期。

吐蕃時期的洞窟有幾個特點，一是以中小型洞窟為主，這時期在莫高窟開鑿的五十多個洞窟，中小型窟佔絕大多數；二是主要沿襲初盛唐的殿堂窟形制；三是佛龕由初盛唐的敞口龕變為帳形龕；四是流行一壁多鋪經變，在經變下部繪與經變內容相關的屏風畫；五是部分壁畫內容帶有吐蕃統治的色彩。本窟是吐蕃時期的代表性洞窟。

本窟主室面積約為21平方米，屬中小型規模。在建築結構上，與第220窟一樣，採用唐代流行的殿堂窟設計，主室呈方形，窟頂為覆斗形，西壁開帳形龕，佛龕的位置升高，龕內設馬蹄形佛壇，在佛壇上塑出佛像，龕內繪有屏風畫，這是吐蕃時期洞窟的一大特色。

彩塑方面，彩繪衣紋與身體的動作起伏相得益彰，突出表現佛像的人間氣息，風格寫實。佛壇上原有一佛二弟子二菩薩二天王，中央的佛像已失，兩側六尊彩塑尚存。最靠近佛像的弟子，左為迦葉，右為阿難。這一老一少，侍立於佛陀兩側，是北朝以來佛像配置的通例。但唐代在塑造風格上更着重性格的刻畫，迦葉飽經滄桑，謹於修行，面部表情體現出兢兢業業的氣質。阿難被稱為“多聞第一”，年輕好學。他的表情未脱稚氣，而兩手相握，手指若動，彷佛在誦習佛的教誨而不經意地手在指劃。從微妙的動態中體現出內心世界，正是唐代藝術成熟期的特徵。菩薩的形象則表現得矜持、溫婉，舉手投足，媚而有節，如大家閨秀，改變了唐代前期菩薩形象過度彎曲的“S”形造型，身體較直，表現較含蓄。天王的形象威而不怒，沒有初盛唐石窟中那種誇張變形，表現出真實而富有人情味的將軍形象。

壁畫格局方面，南北壁的經變畫由一鋪增加到三鋪，南壁東起為彌勒經變、觀無量壽經變、法華經變；北壁東起為天請問經變、藥師經變、華嚴經變。西壁佛龕兩側分別畫文殊、普賢菩薩赴會圖，東壁門兩側畫維摩詰經變。四壁下部配合上部的經變，分別以屏風形式畫出相關的故事情節。這是吐蕃時期將各宗各派的經變繪於一窟的佈局格式，形式新穎，內容空前增加，晚唐、五代、宋多因襲這種壁畫格局。

南北兩壁的經變，佈局都是盛唐以來的定式，但畫家在具體的人物刻畫、景物描繪上用力頗多，使壁畫顯得精緻而燦爛。例如南壁的法華經變，以佛在靈鷲山說法為中心，中央上部描繪一座樓閣式寶塔，裏面有二佛並坐說法，這是表現《見寶塔品》中的釋迦、多寶並坐說法的情景。佛塔兩側表現無數的佛、菩薩乘彩雲從天空中飛來，場面壯觀。畫面的下部和兩側分別表現經中的一些細節。觀無量壽經變則以華麗的樓閣殿堂充滿畫面，無量壽佛在中央說法，前面有舞蹈和音樂供養的形象。

值得注意的是經變畫下部的屏風畫。屏風畫指壁畫中仿照屏風的形式繪出長方形的格子，而在其中繪製壁畫。早在南北朝，宮廷和貴族就流行使用屏風，唐代以後，普通家庭也用屏風作裝飾，並且在屏風上寫書法或繪出山水、人物等。屏風畫在莫高窟壁畫中出現，意味着中國傳統的審美思想進一步與佛教藝術相融合。屏風畫把壁面分隔成一個個縱長方形，改變了繪畫構圖形式，也使壁畫的格局產生了新方向。

在佛龕兩側對稱地繪製文殊和普賢菩薩的形式，在隋代就已經出現。到吐蕃統治的中唐期，統治者信仰文殊，文殊普賢繪於佛龕兩側也成為定式，這形式一直影響到晚唐、五代以後。釋迦牟尼與文殊、普賢合稱“華嚴三聖”，在佛龕兩側畫文殊與普賢菩薩，則意味着主尊應是釋迦牟尼佛。北側的文殊菩薩乘獅而行，前後跟隨眾多的眷屬及供養伎樂。下部畫出五彩雲，表示文殊菩薩等行進在空中。南側的普賢菩薩乘白象與文殊相對，也是眾多眷屬前後簇擁而行。畫面人物眾多，動態各異，畫家以動靜對比的手法，表現出一種氣勢宏大而又生動感人的場面。特別是對細部的刻畫，使畫面活潑多姿。例如文殊菩薩的青獅前面有一身樂伎正表演反彈琵琶的絕技，其下有三供養菩薩都手托鮮花與香爐等跪坐在蓮座上，翻捲流暢的飄帶和她們不同手勢，體現出流動之美。

在東壁門兩側繪製維摩詰經變，也是繼承初唐以來的傳統。在北側文殊座下繪有中國帝王及其侍從、大臣，南側維摩帳下則改變了初盛唐時期各國國王王子紛雜在一起的構圖，而是以吐蕃贊普及其臣屬居前，其他國王王子立於他們之後，以示與中國帝王分庭抗禮。類似的表現，在中唐第321等窟中也能看到，是吐蕃時代壁畫的一個標誌。

與盛唐的洞窟相比，本窟呈現出精美而華麗的風格，從小巧而精緻裝飾着壼門的佛壇，彩繪細膩宛如陶瓷的塑像，嚴整佈局的經變畫、屏風畫等等都體現着對盛唐藝術的細化處理，壁畫中的人物表現也玲瓏剔透，令人玩味無窮。這些正是中唐與盛唐之區別，唐前期的那種宏大的氣勢，雄渾的精神已經失去，而更多地從小處着眼，繪出完美的東西。同時，由於過分注重局部的表現，而整體上往往失之繁瑣。如經變的佈局，一壁之內三鋪經變，雖有使人目不暇接之感，但每一鋪經變的表現手法就顯得單調。

167 第159窟立體圖

中唐 莫159

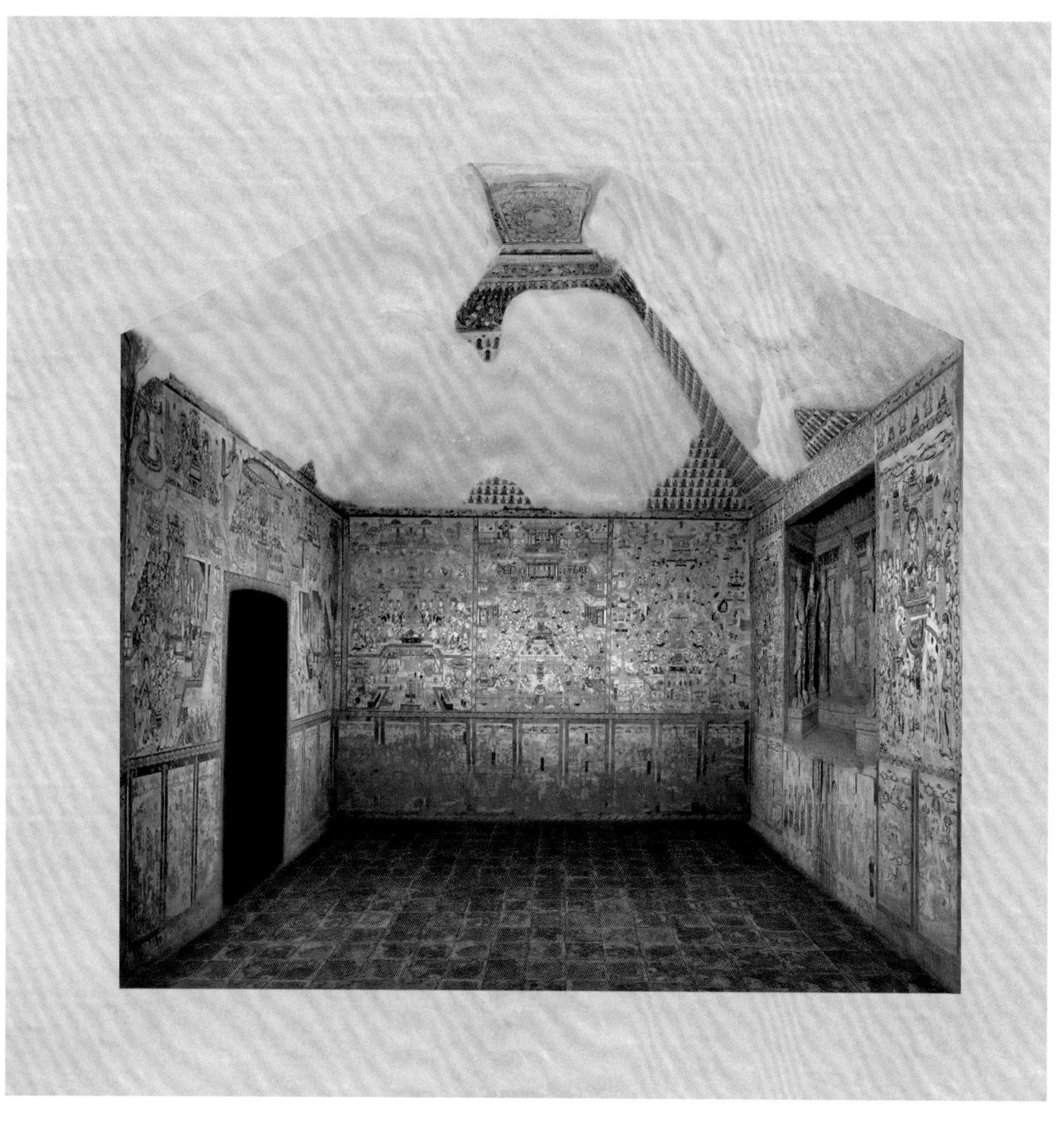

168 西壁的帳形龕

吐蕃時期的洞窟，多在西壁開帳形龕，龕內有馬蹄形佛壇，壇上塑像，並在龕壁繪屏風畫。圖中還可約略見到龕內四坡用長條分格，這種形式仿自木結構的佛道帳，吐蕃時期的佛龕普遍如此處理，成為一種程式。
中唐 莫159 西壁
吳健 攝

169 右脅侍菩薩

這是佛龕內侍立於佛像旁的菩薩。菩薩溫文爾雅，紅色的僧祇支上畫白綠相間的圖案，使身姿更顯得多姿多彩。
中唐 莫159 西龕內南側
吳健 攝

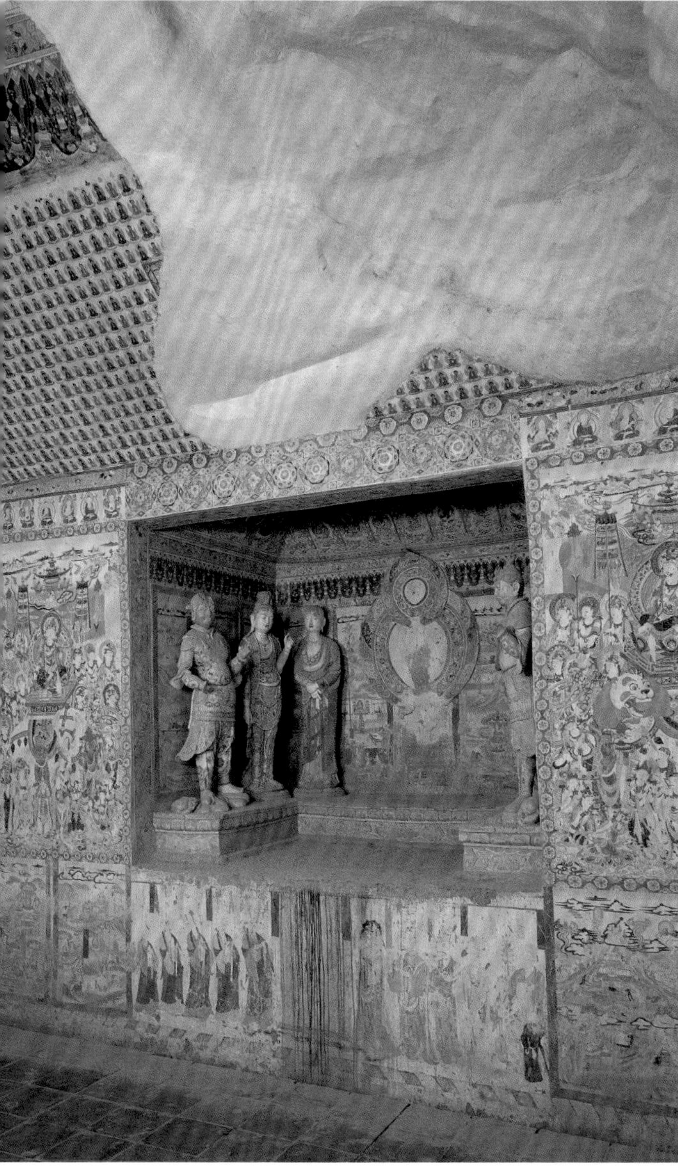

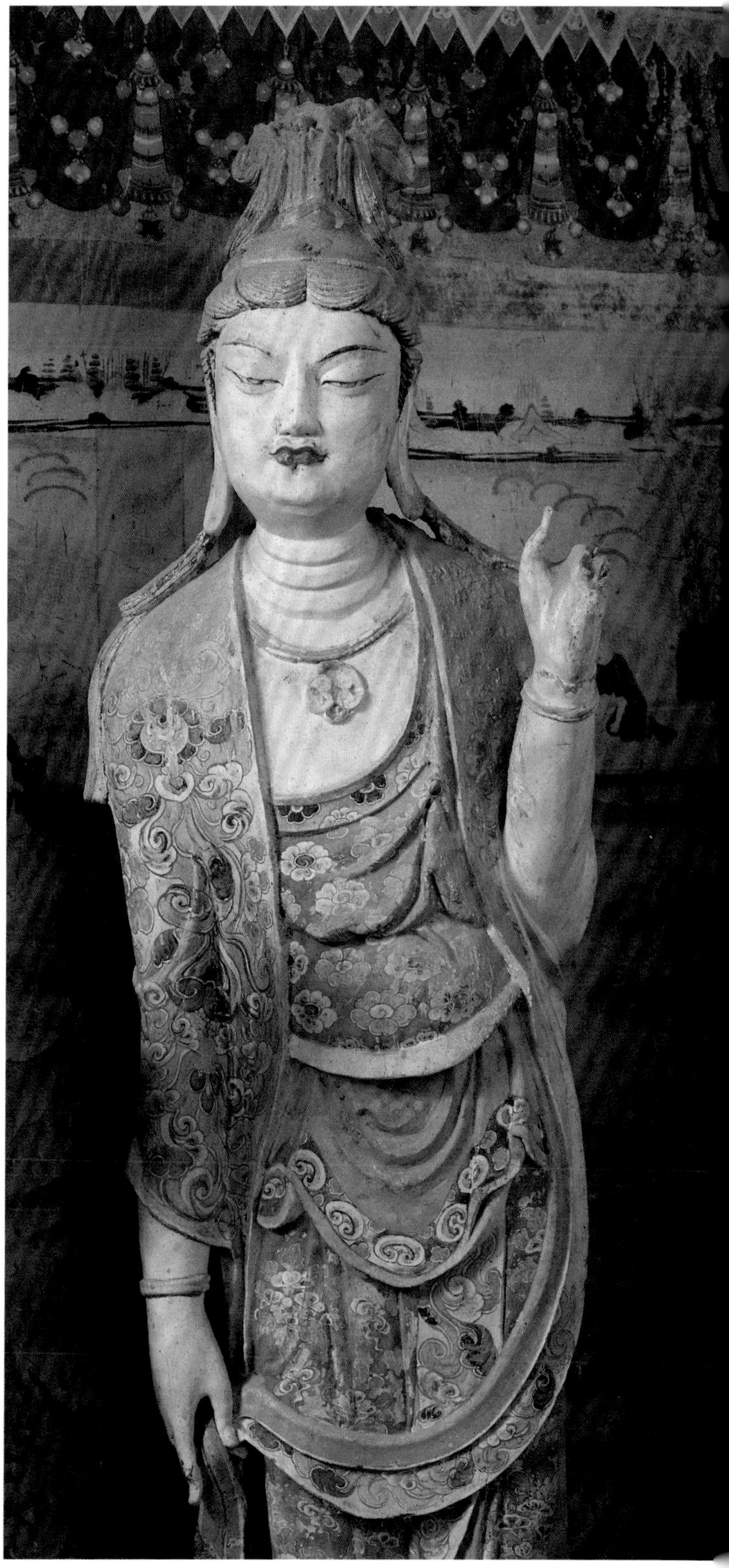

170 普賢變

普賢變始見於初唐。敦煌壁畫常把普賢菩薩畫於佛龕帳門南北兩側，或繪於東壁窟門南北，或繪於窟頂南北，或窟外前室南北。這幅普賢變中，普賢菩薩左手托玻璃花缽，右手持長莖蓮花，坐於象背上。昆侖奴持杖驅象，前方菩薩頭頂供盤，眷屬聖眾圍繞，其上部描繪有山川景色。
中唐 莫159 西壁南側
孫志軍 攝

171 文殊變中的伎樂

這是文殊變中，文殊菩薩的青獅前面的一組三人樂隊，他們正一邊緩緩地行進，一邊專注地演奏笙、笛、拍板等，這些樂伎使畫面增添了音樂的韻律感。
中唐 莫159 西壁北側
孫志軍 攝

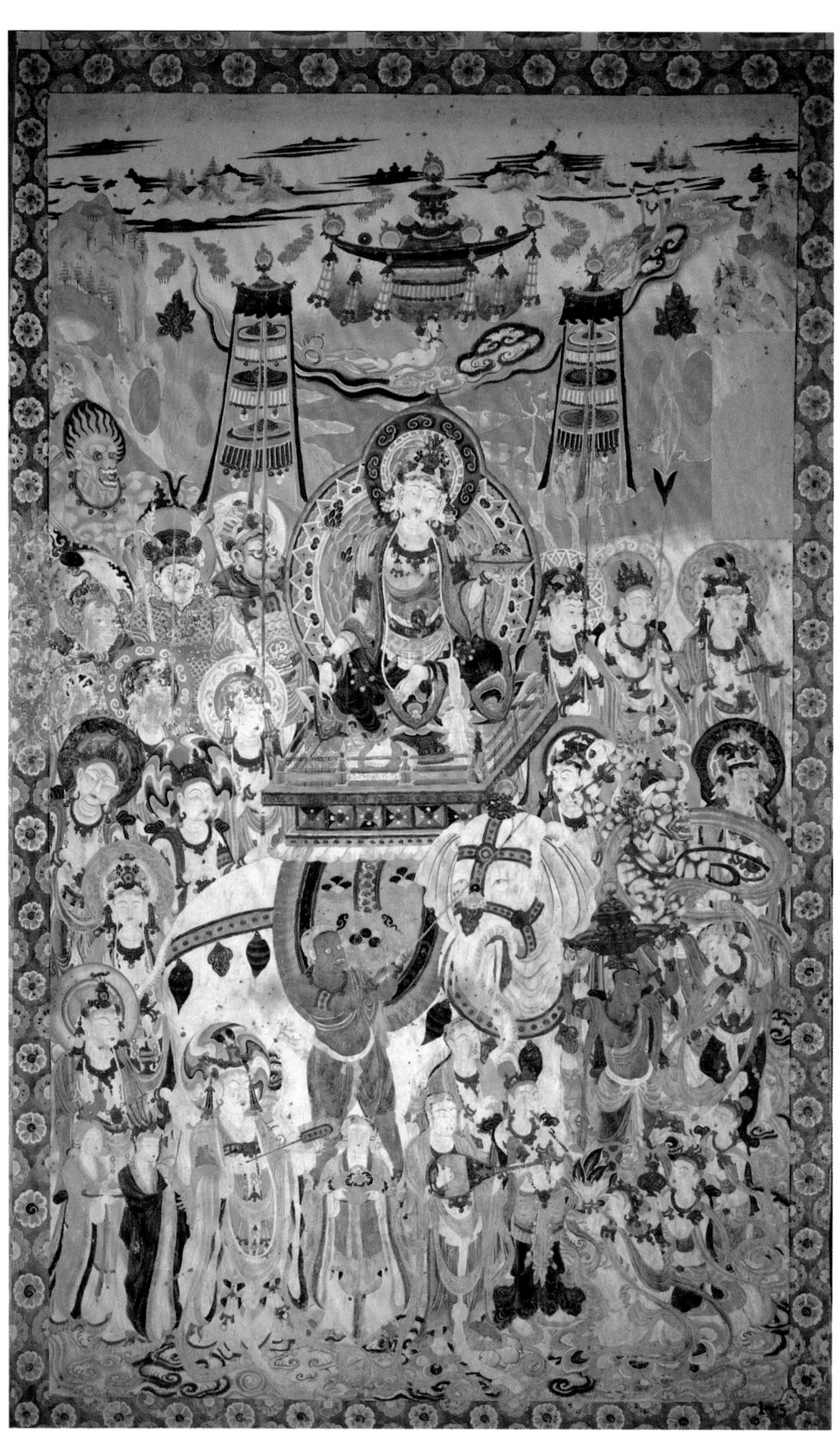

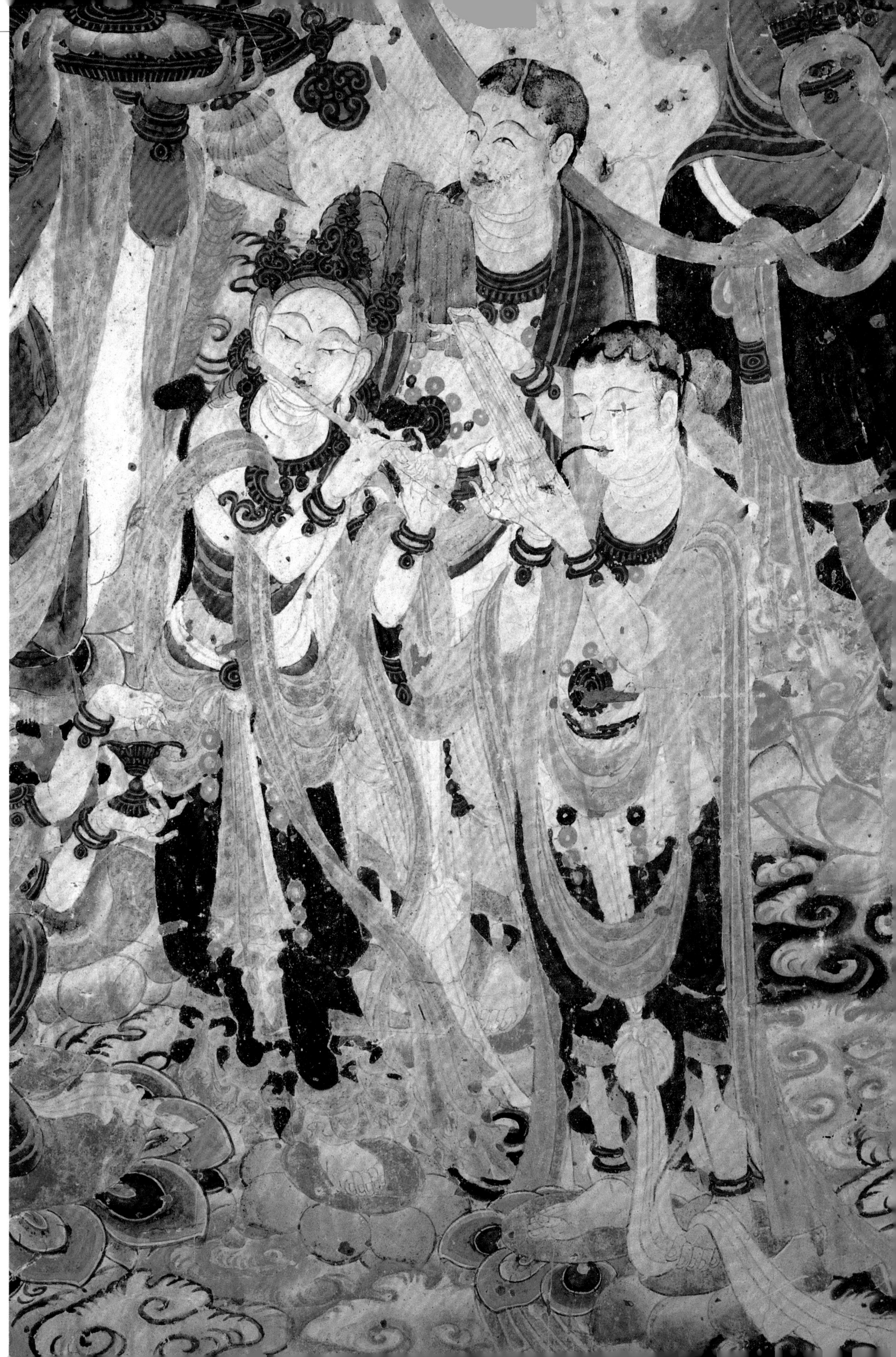

172 南壁全景

吐蕃時期的洞窟，南北兩壁的經變由初盛唐的一鋪增至三鋪，下繪屏風畫，晚唐以後的壁畫多因襲這種多鋪，下為屏風畫的形式。圖中可見南壁彌勒經變、觀無量壽經變、法華經變與屏風畫的整體佈局。

中唐 莫159 南壁

孫志軍 攝

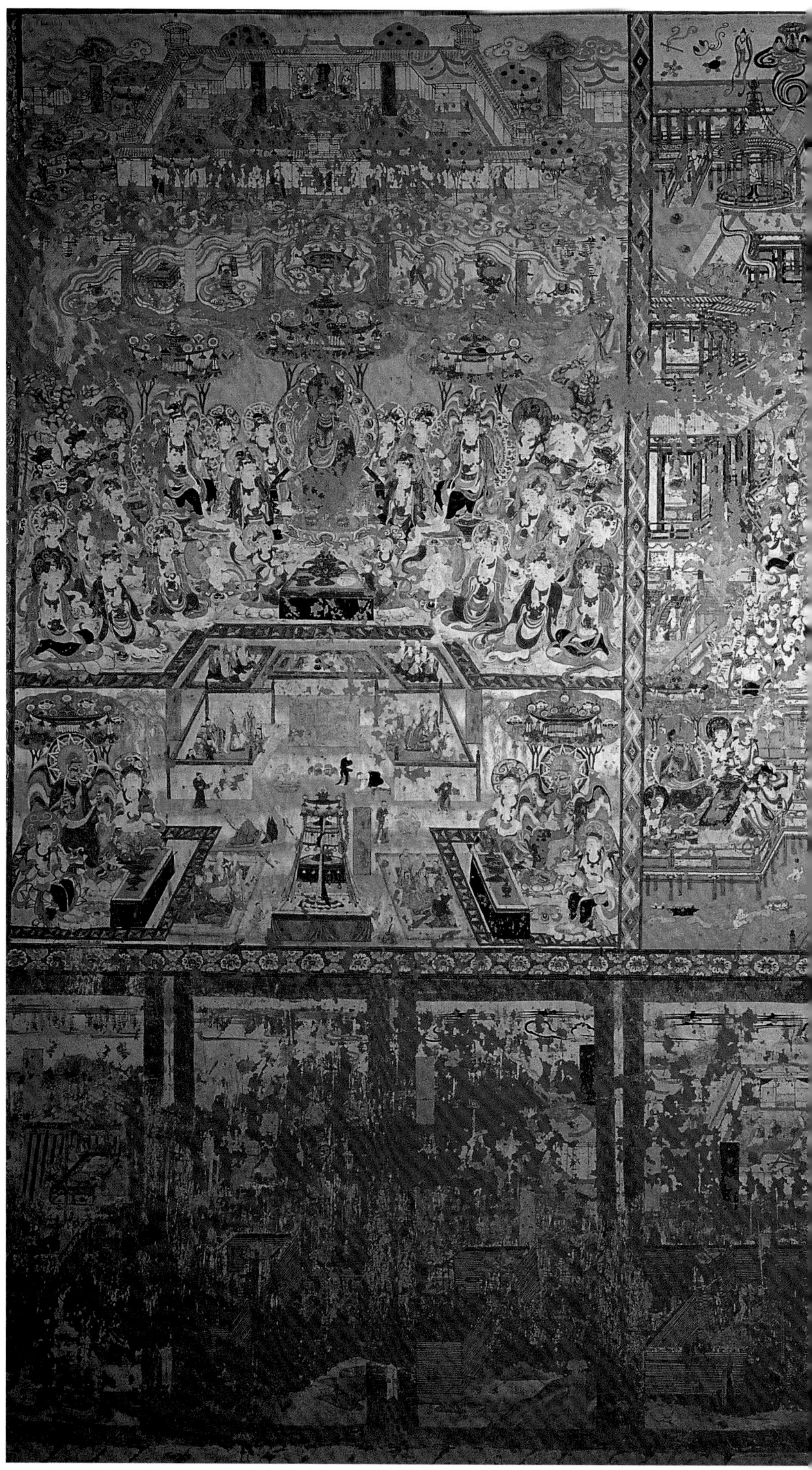

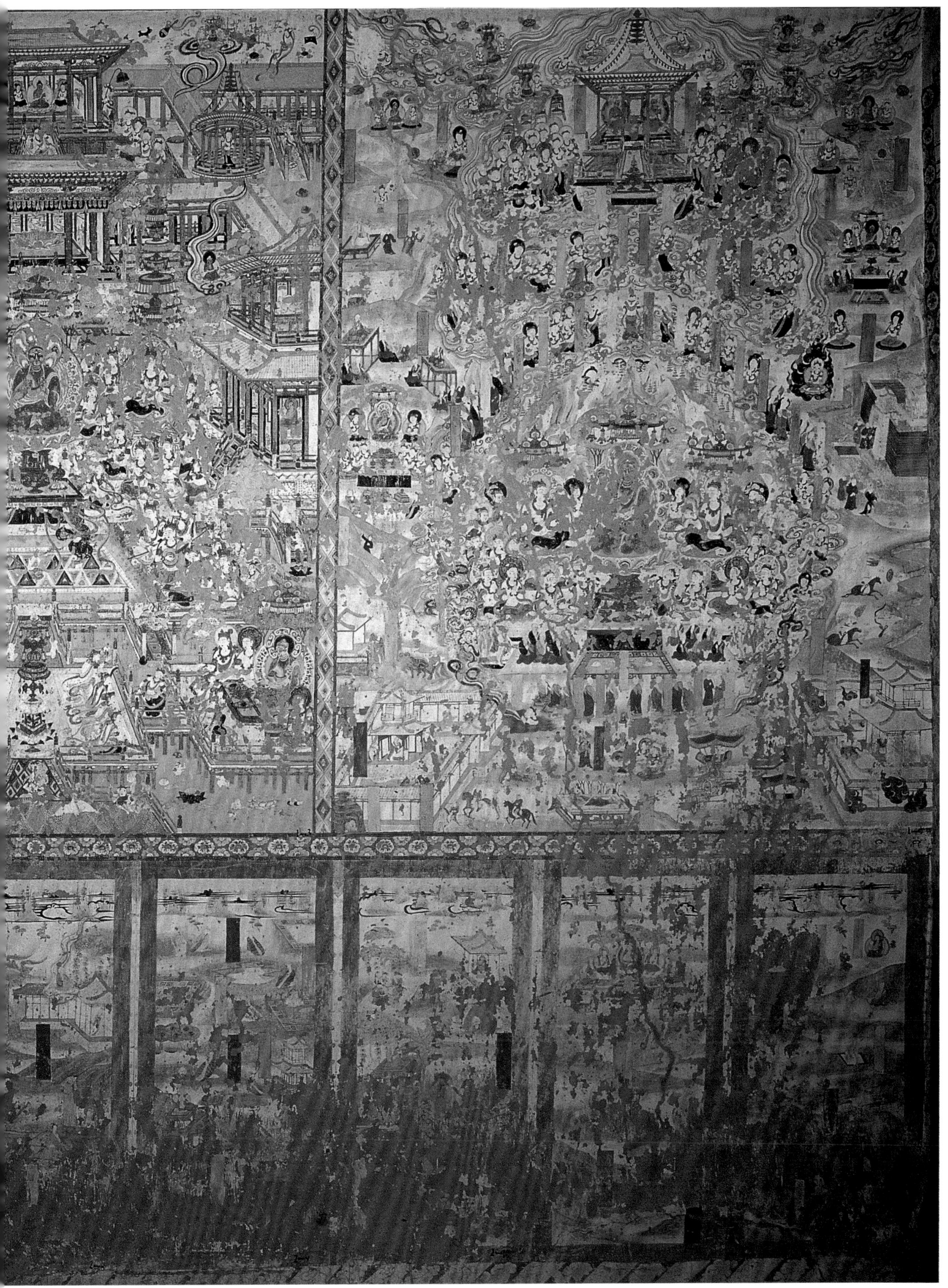

173 **法華經變**

這幅法華經變以靈鷲會釋迦說法為中心，釋迦佛座前新出現了寶池、蓮花，象徵釋迦淨土。
中唐 莫159 南壁
孫志軍 攝

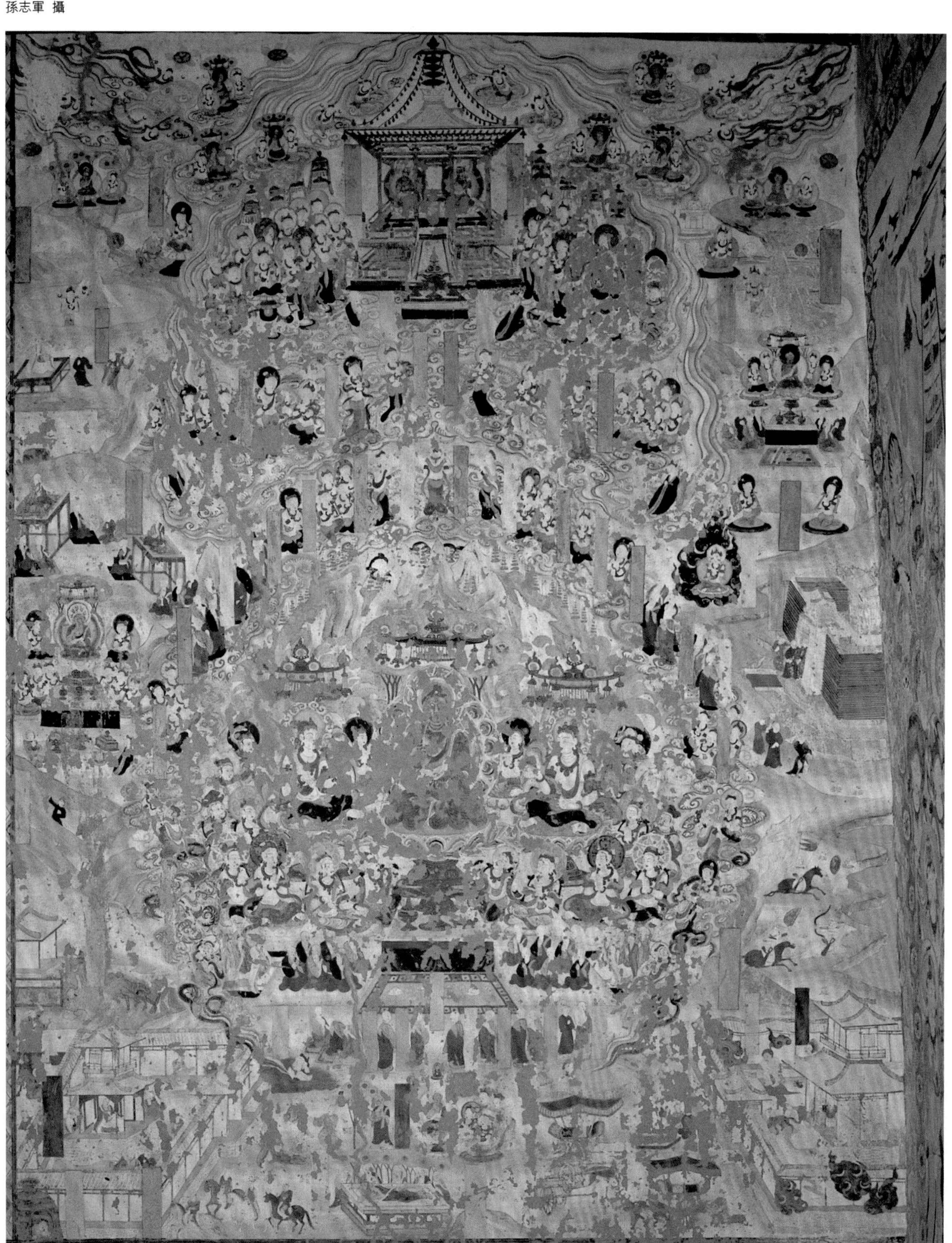

174 **觀無量壽經變的佛像與伎樂**

中唐 莫159 南壁

孫志軍 攝

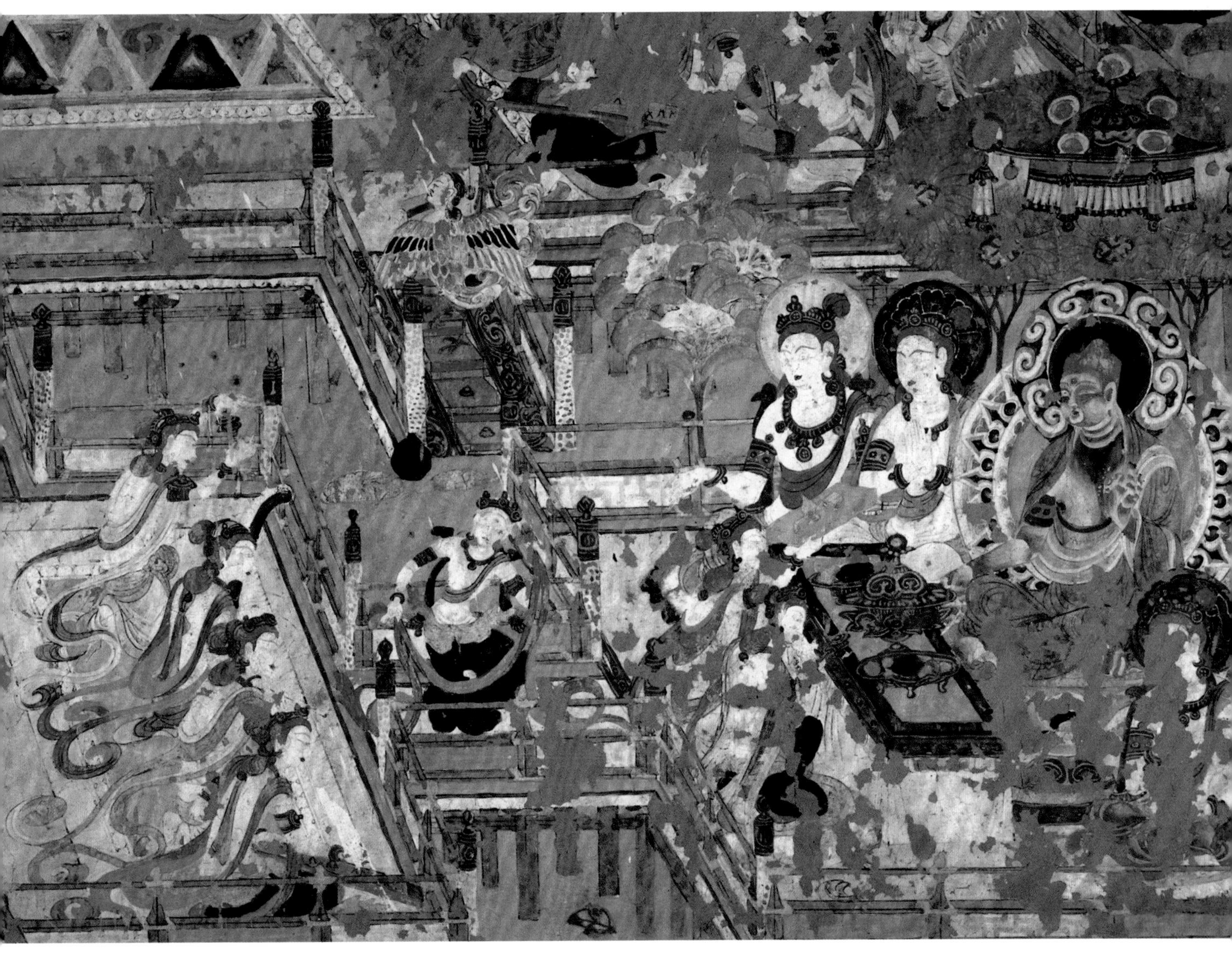

175 維摩詰及吐蕃贊普

初盛唐時期，“維摩示疾”下部都是畫中國西部一些少數民族首領以及外國使臣。從中唐開始，吐蕃贊普佔據了顯要位置，其他人物都退居後邊。這是中唐維摩詰經變的特點。
中唐 莫159 東壁南側
孫志軍 攝

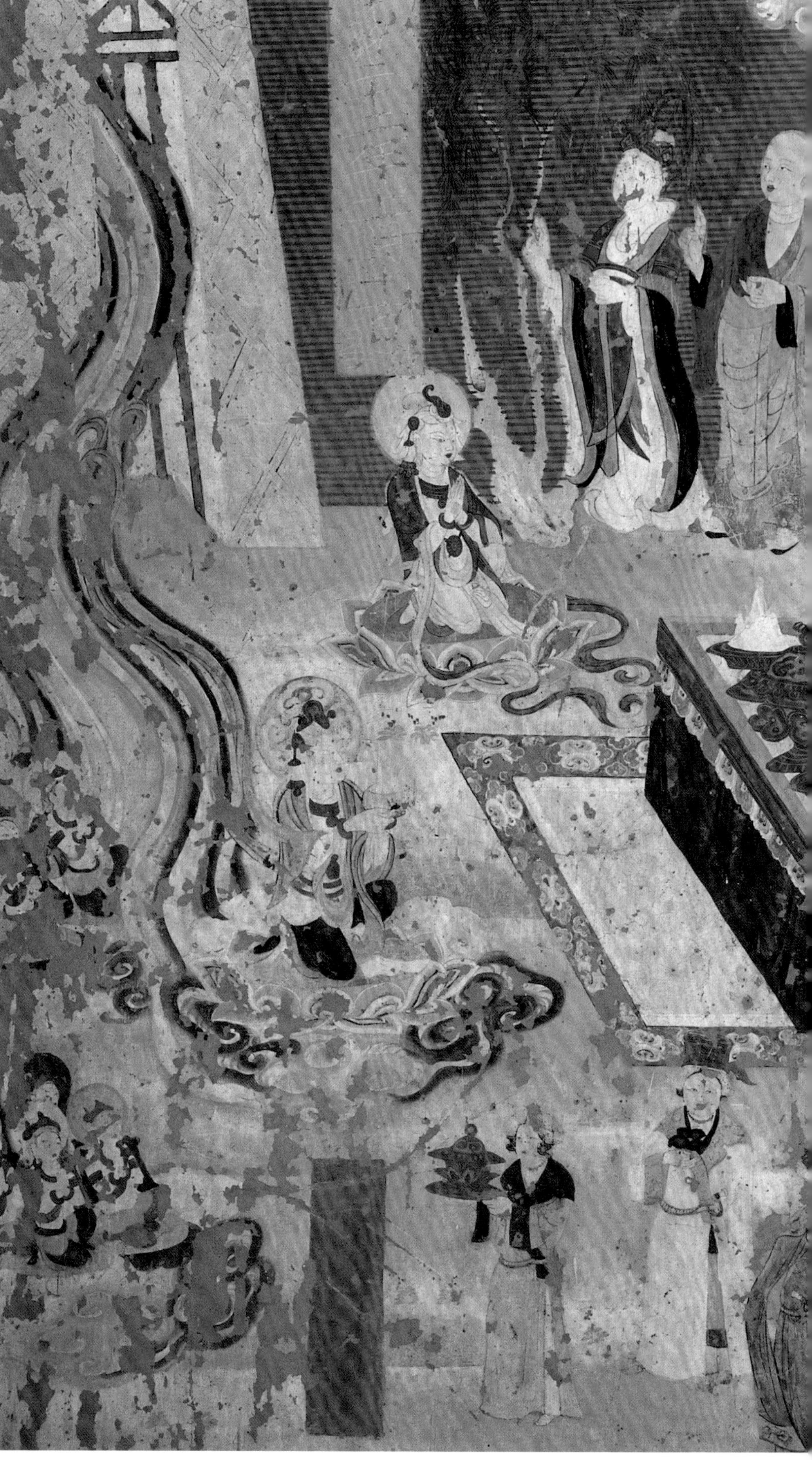

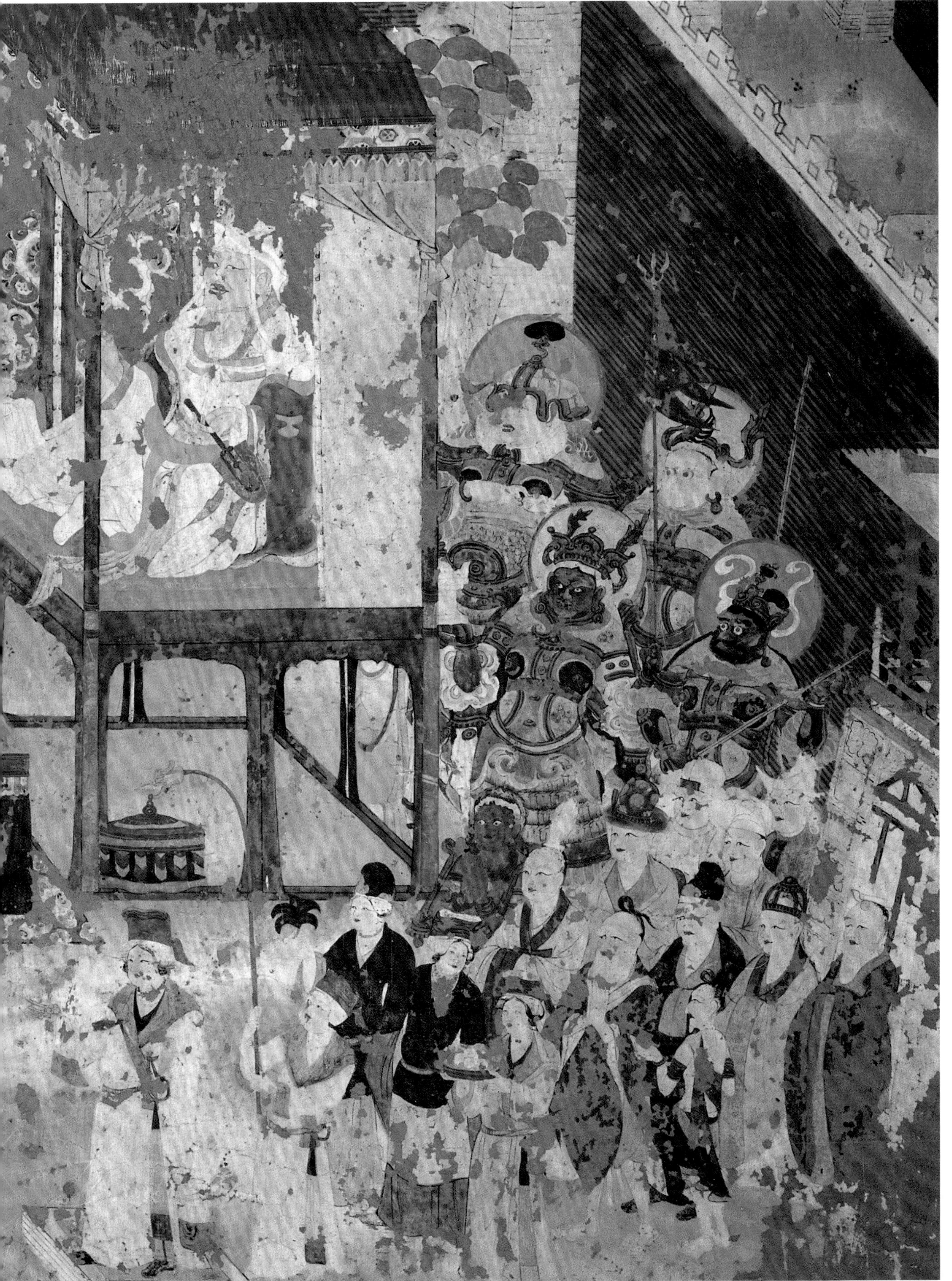

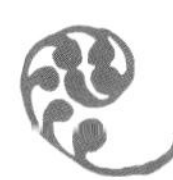

第四節　歸義軍時代的代表作——第55窟

五代以來，中原朝廷衰微，北方大部地區被少數民族佔領。唯獨敦煌一地保持着以沙州、瓜州為中心的漢族地方政權（稱"歸義軍政權"），維持着與中原王朝的聯繫。915年前後，曹議金接管了歸義軍政權，開始了曹氏統治敦煌的時期，他們大力推廣佛教，又與周邊少數民族聯姻，使敦煌保持了一百多年的安定。

曹氏歸義軍時代，統治跨越五代、北宋，這時期的敦煌洞窟有幾個特點，一是興起營造大窟的風氣；二是流行中心佛壇窟；三是洞窟內容受到少數民族風格的影響；四是洞窟由曹氏的沙州畫院負責營建。本窟約建於北宋建隆三年（公元962年），由曹議金的後人曹元忠開鑿，是曹氏歸義軍時代的代表性洞窟，認識此窟，可以大概掌握這時期洞窟的特點。

在規模上，本窟屬於大型洞窟，主室面積逾130平方米。曹元忠興建此窟時，曹氏家族統治敦煌已有四、五十年，有足夠實力來營建這樣大規模的洞窟。

在建築結構上，本窟是一個中心佛壇殿堂窟，前室已毀，主室為方形，中心設馬蹄形佛壇，佛壇後面有與窟頂相連接的背屏。這種形制是由覆斗頂殿堂窟派生出來的，並受到當時內地寺院大殿中普遍有大佛壇，壇後有扇面牆的設計影響。壇前面有寬敞的空間講經說法，順着壇周的通道可以近觀屏風畫。

建築上的另一特色，是在窟頂四角分別鑿成四個淺龕，這是曹氏歸義軍時代大型洞窟流行的作法，是受新疆高昌穹隆頂建築的影響。淺龕內畫東方持國天王、南方增長天王、西方廣目天王、北方多聞天王等四大天王，他們或持劍、或托塔、或抱琵琶，用以護法鎮邪。本窟的四大天王與其他唐代及以後的天王形象一樣，都是依照現世將軍的形象來描繪的，但往往在表情方面稍作誇張。

本窟的塑像都塑於佛壇上。壇上原有三組佛像，現存正面有一佛一弟子一天王，南面有一佛二菩薩，佛座旁有一力士。北面存一佛一菩薩。這種三佛造像的形式表現的是過去、現在、未來三世佛，自北朝以來就流行於寺院和石窟中。佛像彩塑大多高達3米多，三鋪彩塑的主尊佛造型上沒有明顯區別，佛端坐於佛座上，正面的背屏上還配合佛座畫出靠背，儼如交椅。全窟的彩塑佈局嚴整，比例準確，形態自然，衣紋寫實，表現出莊嚴肅穆的氣氛。在主尊佛的佛座北側有一尊小型的護法金剛像（頭部已毀），在南側的主尊佛像座側也有一身小型的力士像，他們好像在努力護持着佛座的安全，形象生動，並打破了全體彩塑嚴整的佈局而形成的單調感。

壁畫方面，窟頂藻井井心繪出於蓮花花心的二龍戲珠圖案，配合周圍和外側的聯珠紋、幾何紋、流蘇垂幔紋等，把窟頂裝飾成一個斗帳的形式。在垂幔下面的四坡，各繪出六身飛天輕柔地飛行於彩雲之間。飛天下部，則分別於西坡繪彌勒經變、南坡繪法華經變、東坡繪楞伽經變、北坡繪華嚴經變。唐代以來大部分經變畫都形成了一些固定的格局，本窟的經變畫也大體沿襲這樣的模式，而每一幅經變畫都以中軸對稱的手法構圖，使畫面更為集中，如唐代的華嚴經變往往平列畫出九個說法場面，表現"華嚴九會"的內容，本窟的華嚴經變則在中央畫出由蓮花海中長出的須彌山，山上畫一組說法圖，須彌山兩側各繪四組說法圖，全合起來形成九會的內容，使人感受到壯闊無邊的華嚴世界。

本窟四壁也繪製了豐富的經變畫。南壁為彌勒經變、觀無量壽經變、報恩經變、觀音經變，北壁畫佛頂尊勝陀羅尼經變、思益梵天請問經變、藥師經變、天請問經變等，東壁門南畫金光明經變，門北畫密嚴經變，西壁畫勞度叉鬥聖變。南、西、北三壁的下部以屏風畫的形式畫出賢愚經變。這些經變畫都沿襲了唐代以來的固定模式，但唐代通常以整壁繪畫一幅大經變畫，此時已變為一壁之內繪四鋪經變，不僅失去了巨幅經變的氣魄，更使每鋪經變畫缺乏個性。

值得注意的是，東壁的金光明經變是新出的內容，中央部分畫出以佛說法場面為中心的淨土世界圖，兩側的條幅畫面分別表現"捨身品"和"流水長者子品"。捨身品即早期壁畫流行的"捨身飼虎"故事。"流水長者子品"表現流水長者父子見到池水乾涸，水中的魚面臨死亡的威脅，心生憐憫，便趕着大象，到遠方的河中取水，投之於池，終於救活了一池的魚。畫面由上而下，詳細表現了故事的連續性情節，並以山水為背景，線描富於變化，色彩淡雅，具有宋代壁畫的特色。

本窟在曹氏歸義軍時期開鑿，帶有一定的時代特點。當時，中原與敦煌相對疏離，卻與少數民族政權往來密切。本窟的建築形制，雖然模仿中原寺院建築，但窟頂四角的淺龕，則帶有新疆的建築風格。北宋以後，中原出現了很多新的佛像雕塑風格，但在敦煌幾乎沒有受到影響，曹氏畫院的雕塑家在氣勢宏大、結構嚴謹等方面繼承了唐代彩塑的風格，但也存在着動態不足、缺乏氣韻的特點。壁畫也由巨幅變為多幅，失卻了唐人雄強的氣魄。

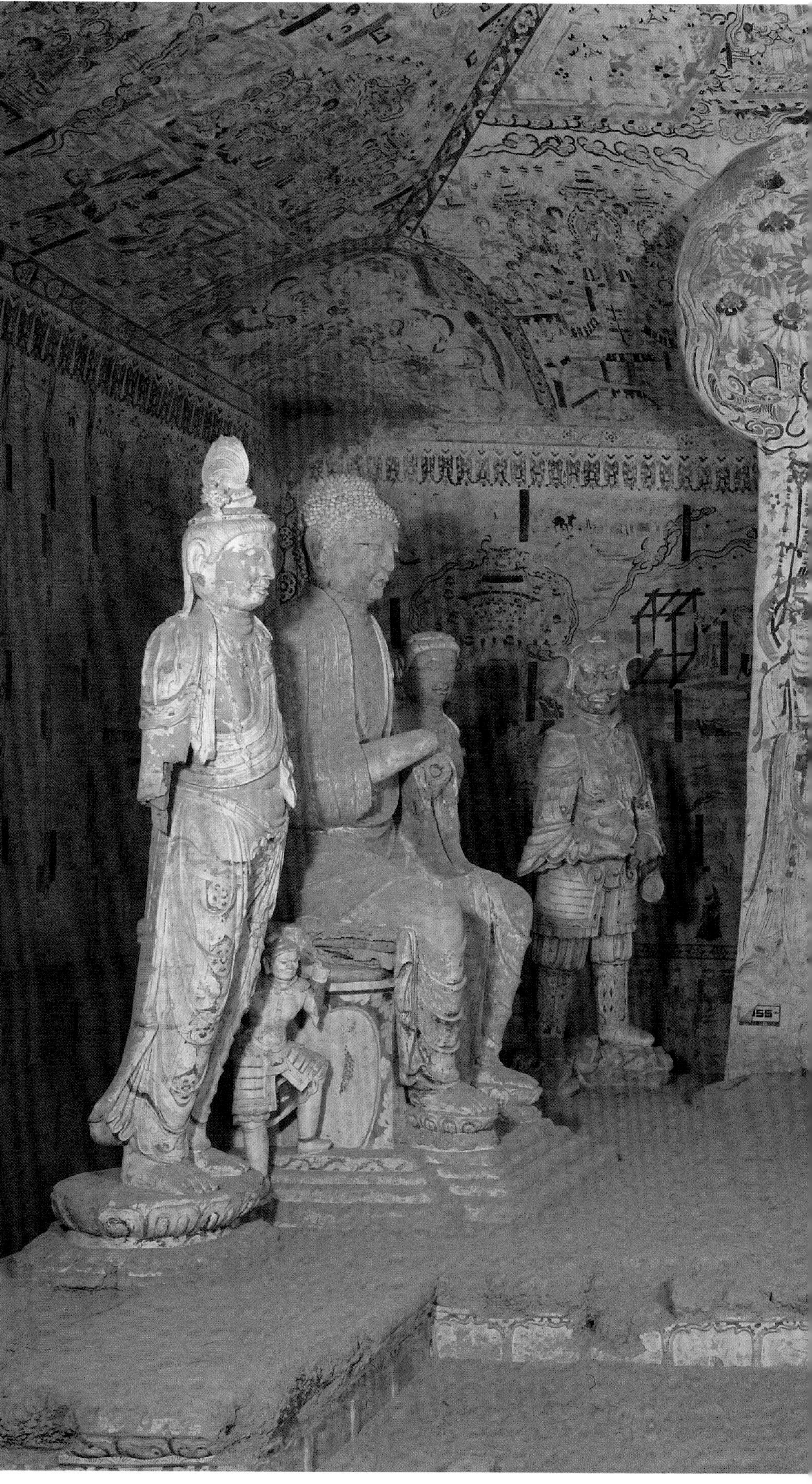

176 第55窟主室內景

中心佛壇窟的特點，是在室內正中偏後位置有大佛壇，窟內四壁不開龕，塑像都塑於壇上，佛壇前部有兩層，中央有階梯。圖中還可見佛壇後面與窟頂相連接的背屏，以及覆斗頂四坡角上凹進的淺龕，兩者都是這時期洞窟的建築特色。

宋 莫55

吳健 攝

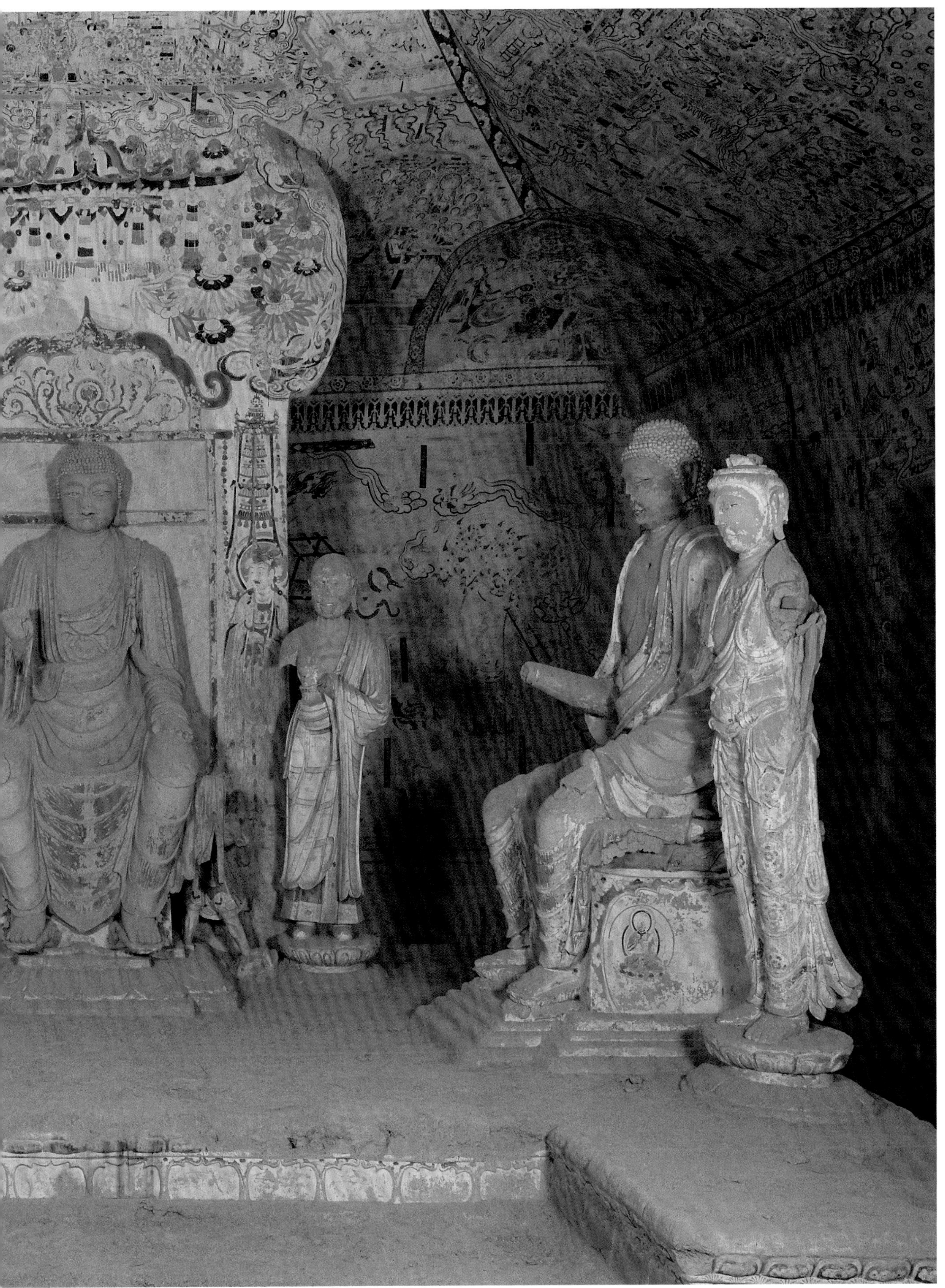

177 藻井及四坡

窟頂為覆斗形，藻井井心繪雙龍戲珠，外環白珠紋和捲瓣蓮花，蓮花花心特大，突出雙龍形象。方井周圍繪聯珠紋、幾何紋等，外側又繪流蘇垂幔紋，垂幔下面的四坡有飛天，下部再繪四種經變。值得注意的是西坡的彌勒經變，與佛壇上的彌勒三會羣塑相呼應，莫高窟僅此一例。
宋 莫55 窟頂
孫志軍 攝

178 東方持國天王

曹氏歸義軍政權與周邊的少數民族頻繁交往，文化上受到強烈影響。這時期的大中型殿堂窟和中心佛壇窟內，窟頂四角鑿有四個淺龕，各繪一鋪天王像，組成四大天王的格局。把四大天王繪在這樣重要的位置，表明對天王護衛的期望。
宋 莫55 窟頂東北角
孫志軍 攝

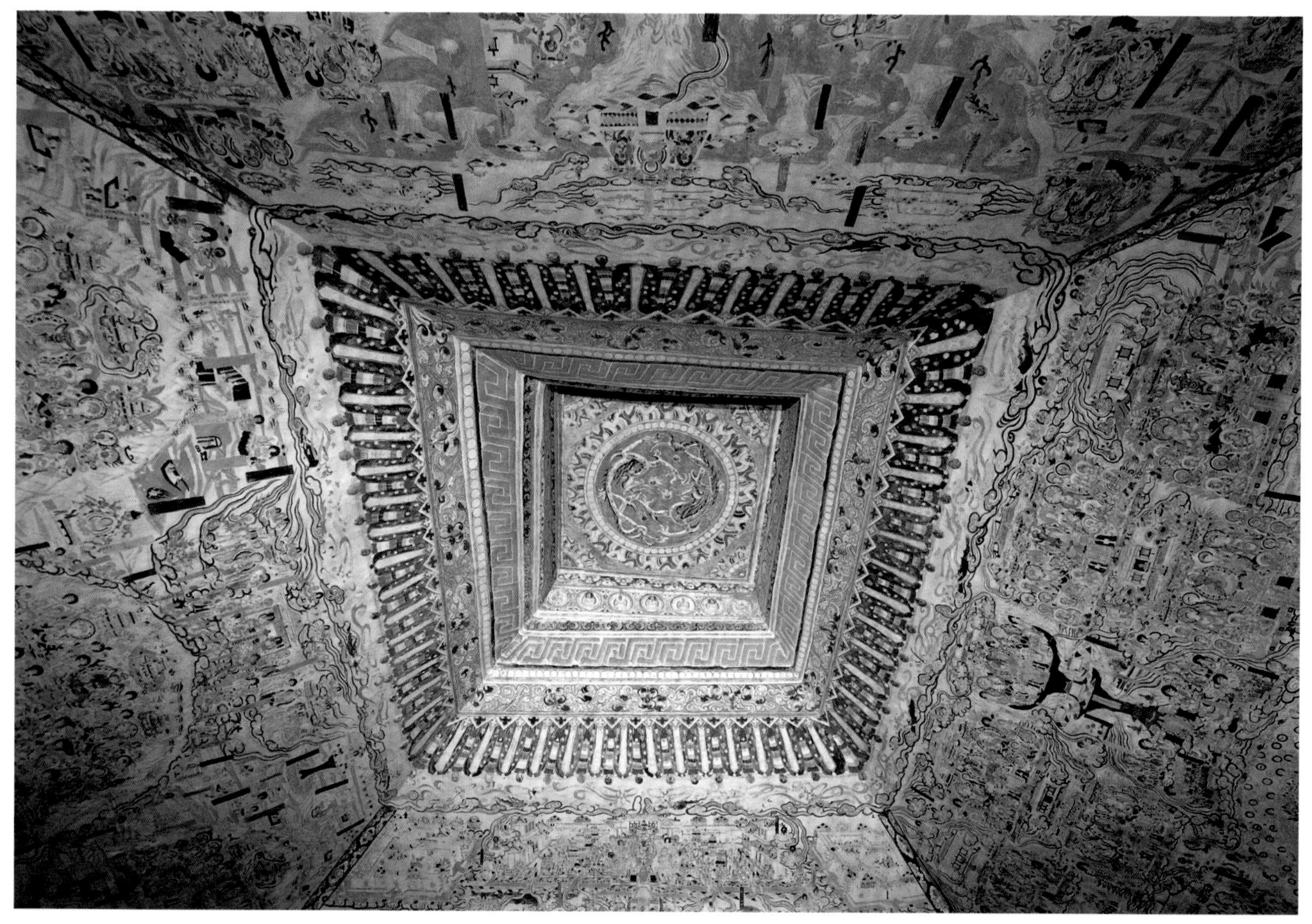

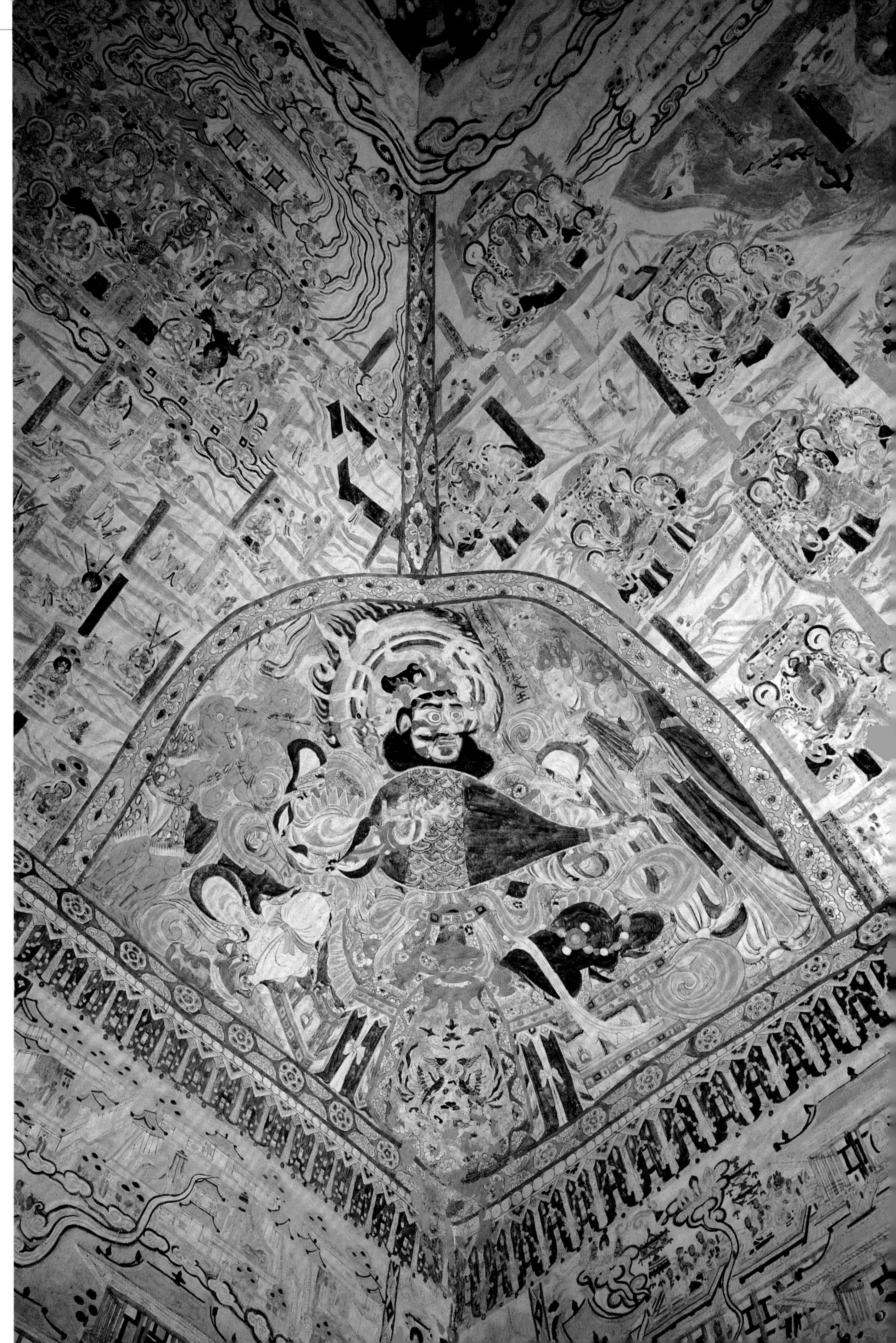

179 佛座旁的天王

天王穿唐代武士裝，鎧甲的塑造棱線清晰，細緻而嚴整，兩手置腹前似把有兵器，但靜止直立的造型，缺乏動態，使天王缺少了幾分威嚴。
宋 莫55 佛壇南側
吴健 攝

180 托座力士

這是在南側主尊佛像座側的小型力士像，力士穿鎧甲烏靴，作憤怒相，一足踏佛座邊緣，一手上舉，以肩部承托着佛座。在主尊旁加插這形象生動的小塑像，為嚴整的佈局帶來動感。
宋 莫55 佛壇南側
吴健 攝

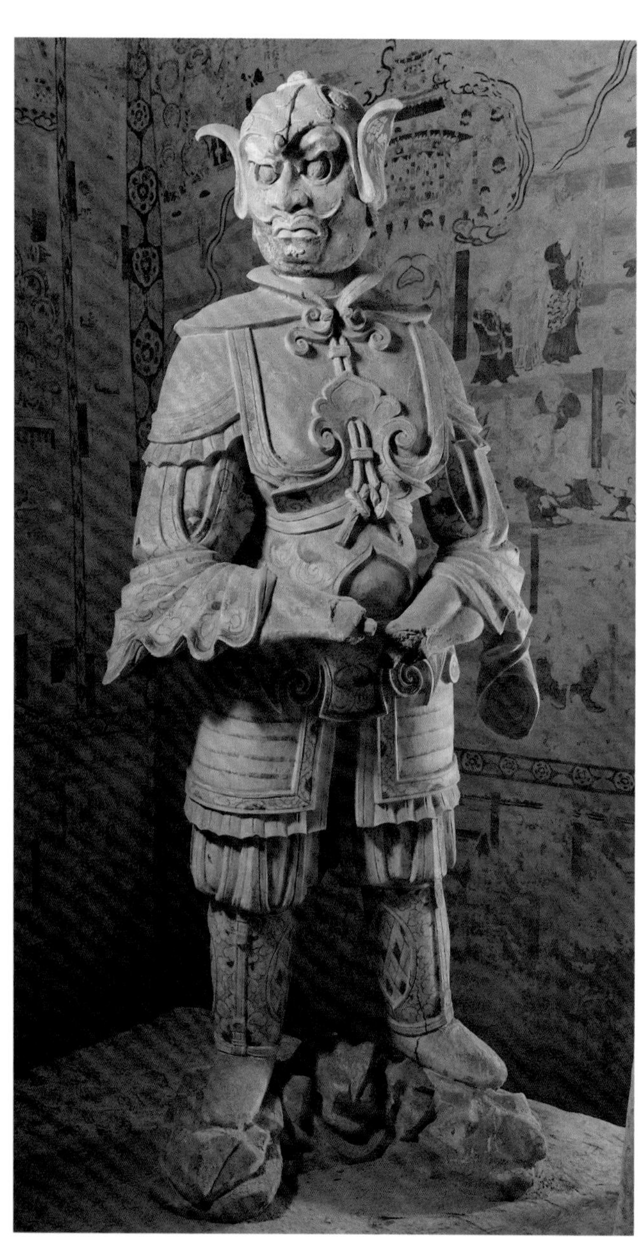

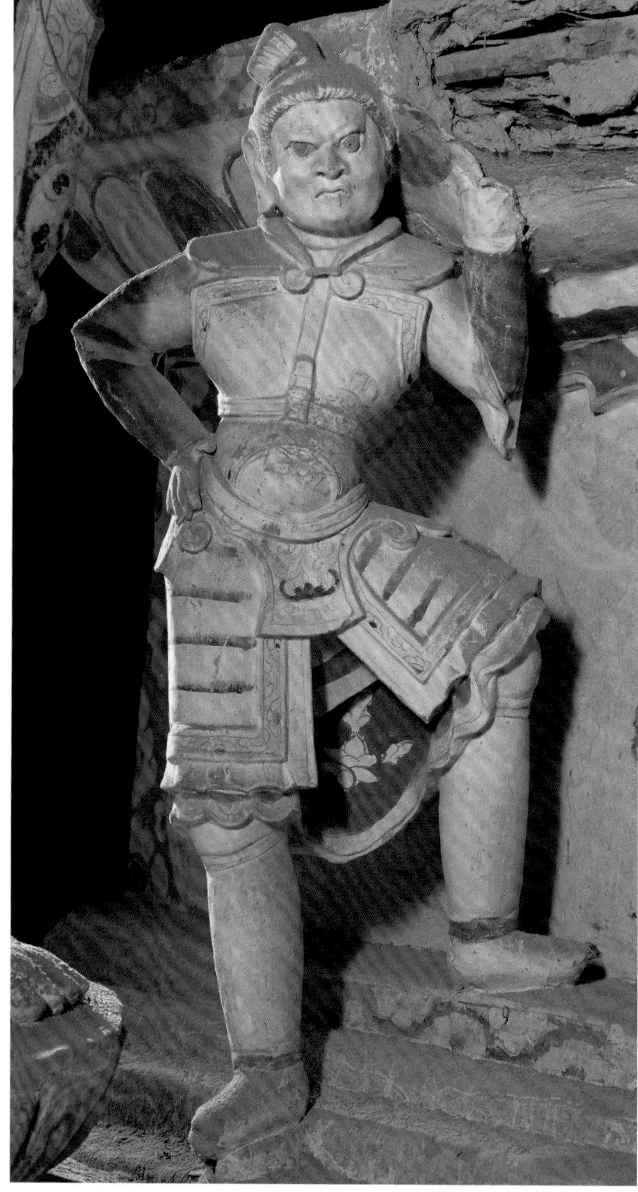

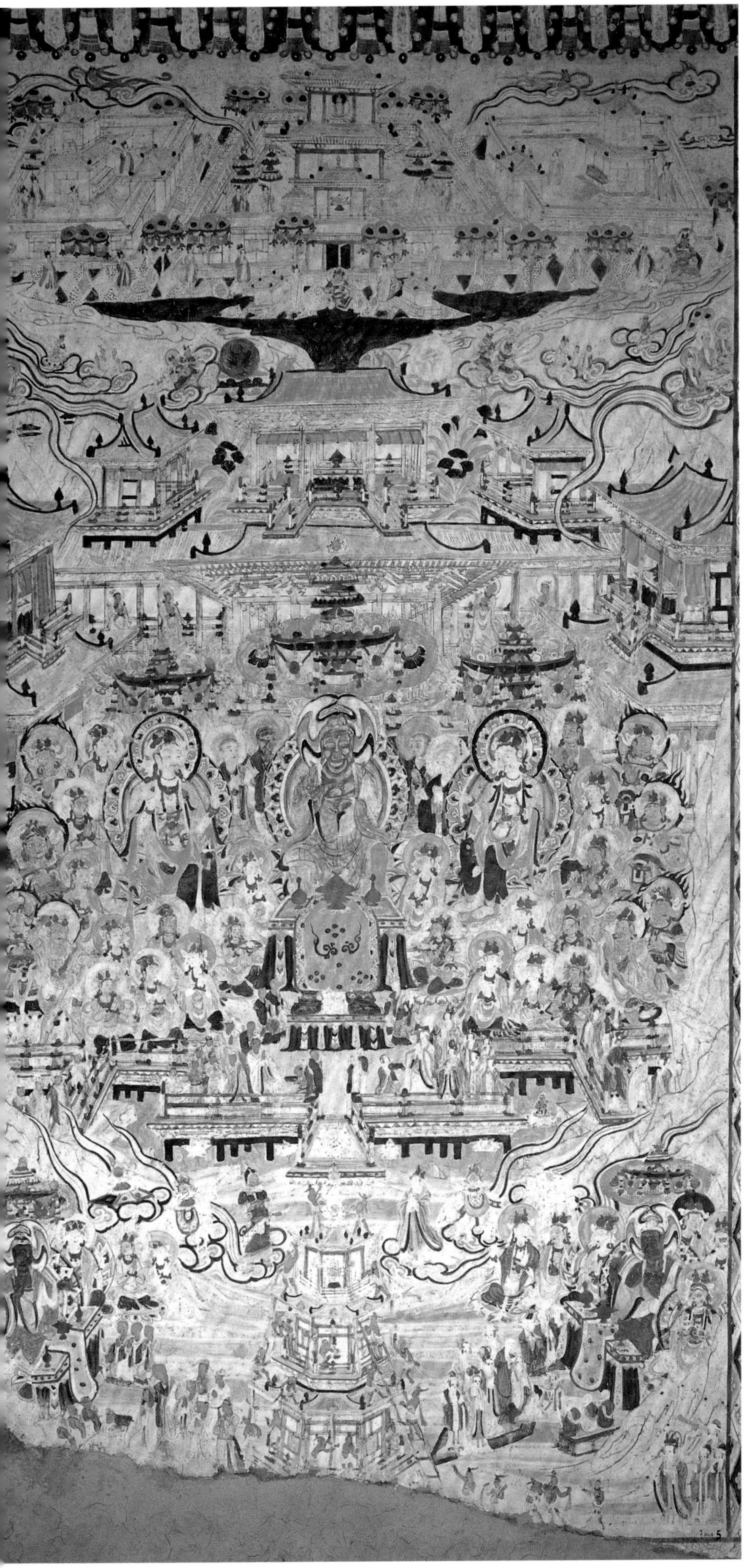

181 彌勒經變

這是南壁四幅經變的其中之一。本窟除西壁以外，每舖經變都採用三聯式，即中央為淨土圖，兩側各以條幅的形式表現經中的相關內容，這形式可從這幅經變中清楚了解。

宋 莫55 南壁東側

孫志軍 攝

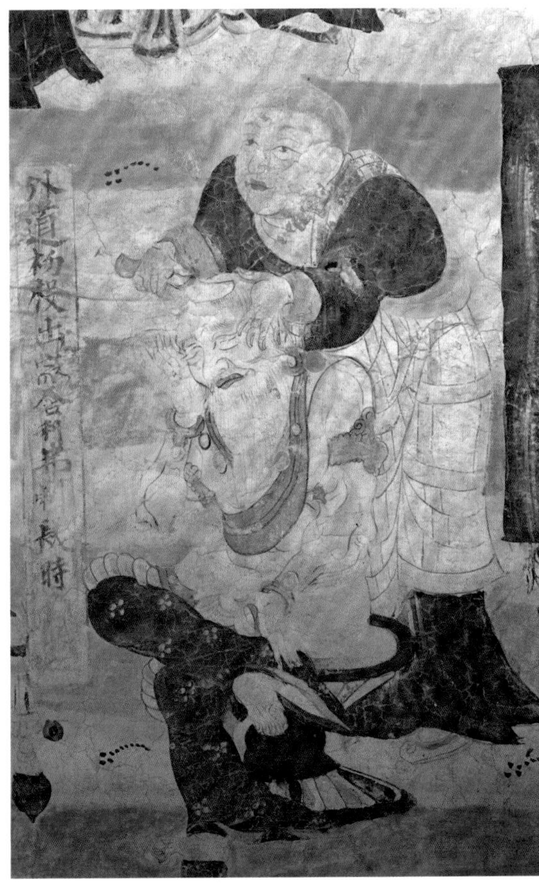

182 勞度叉鬥聖變局部

勞度叉鬥聖變是敍述佛陀與外道鬥法的內容，外道推勞度叉出面，佛遣弟子舍利弗應約，最後舍利弗取勝，迫使外道皈降。在晚唐至宋時期，敦煌壁畫中出現大量勞度叉鬥聖變，可能與其“以正勝邪”的主題，能激勵孤懸於西陲的歸義軍政權圖強自存有關。

宋 莫55 西壁南側

孫志軍 攝

183 金光明經變

經變中央是淨土世界圖，左、右兩側的條幅畫面分別表現“捨身品”和“流水長者子品”。畫面由上而下，故事具連續性，色彩淡雅，具宋代壁畫的特色。
宋 莫55 東壁南側
孫志軍 攝

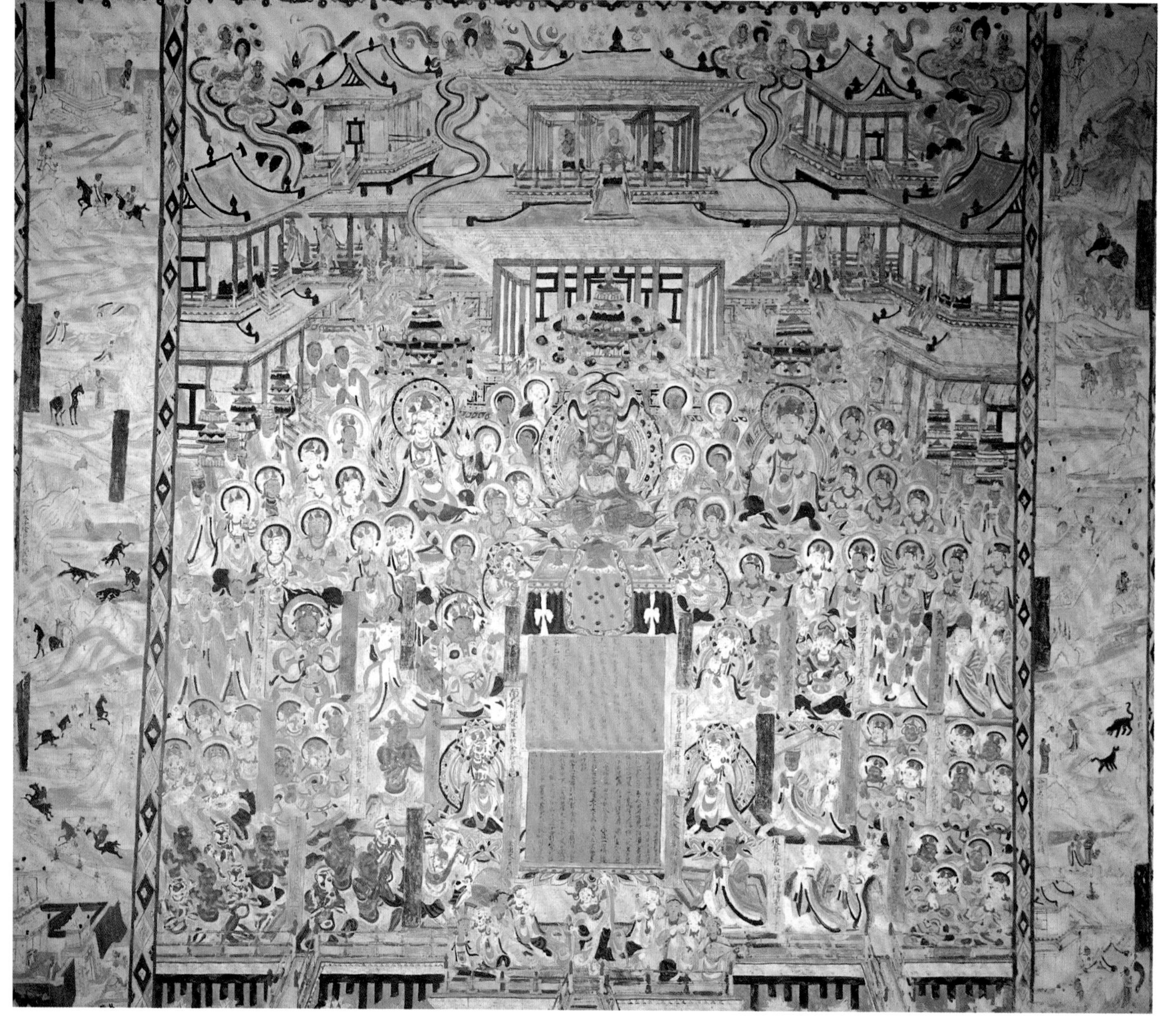

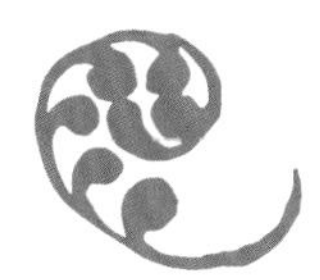

中外風格兼收並蓄的敦煌藝術

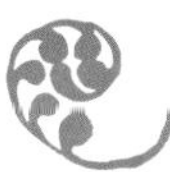

第一節　敦煌藝術特徵

敦煌藝術的性質

敦煌石窟是佛教信徒崇拜的地方，敦煌藝術首先是佛教藝術。然而佛教藝術在中國，卻產生出既莊嚴殊勝，又充滿人間風景的內涵。

藝術是佛教重要的傳教手段，佛教以藝術感化群眾，宣說教義，因而使佛教藝術不僅興盛無比，而且也成為一個時代文化的重要因素。寺院內外講述佛經故事，演為中國小說重要源頭。寺院當中，塑為巨像，牆壁上畫滿與教義相關的繪畫，因此教化當時人的寺院，實在當時是一座公開展示大眾藝術文化的畫廊，亦是增廣當時人視覺眼界的美術館。佛教以藝術宣說教義和人生道理，因此佛教藝術與世俗藝術關係密切，同時，由於佛教藝術盛行，不少宮廷及文人畫家也畫宗教畫，佛教圖像變化，不僅顯示了宗教思想的變化，亦顯示了各代畫家創作的成果。

然而佛教藝術亦有一定的規範。就以作為崇拜中心的佛像來說，佛教最初並沒有崇拜佛像的習慣，後來為了適應崇拜者的需要，又經希臘的影響，開始雕造佛像。雖然各朝各代的佛像風格不同，而且會受到不同創作材料和手段的影響，但是佛的形象有一定規範，無論比例、肉髻、面相、手印、身光等特徵皆是依據佛經所製。在古代印度，佛和菩薩的形象往往是以當時的貴族為模型，按照當時的審美標準來塑造的。佛經中對佛像的特徵作了很多說明，如佛陀應化身所應有的三十二種容貌——“三十二相”，以及佛陀特有的八十種姿容——“八十種好”，例如肉髻、眉間白毫、手指纖長等等，都體現出古代印度有關人體和容貌的審美思想。而在首先雕造佛像的印度北部犍陀羅地區，由於受希臘的影響，審美標準與印度不盡相同。佛教傳入中國後，最初是模仿印度和中亞傳來的佛像形式，隋唐以後，逐漸形成了中國式的佛像。然而佛教造像的規範並沒有改變，到了清代，佛像造型仍按《造像量度經》等書的規定塑造。

因此欣賞敦煌藝術，須了解佛教藝術的規範作為前題。

另一點要注意的，是敦煌藝術的民間性質。

敦煌石窟現存如此多的中古時期藝術瑰寶，全中國獨一無二，然而敦煌石窟的營造以及雕繪裝飾，以民間為主，不是皇家所造。若與位處一朝一國的都城的雲崗和龍門石窟等著名的皇家石窟比較，從石窟開鑿的規模、形制到壁畫、雕塑的工藝水平，都顯出位居邊隅的民間特色。就是同處甘肅省內，也有十六國國主創建的炳靈寺（西秦）、麥積山石窟（後秦）、天梯山石窟（北涼）等皇家石窟。同樣的壁畫，比麥積山石窟亦有差距。雖然敦煌石窟也有皇族和地方豪貴參建，如東陽王，如張家、曹家、翟家等都極力追求皇家風範，但與皇家開造的石窟相比，無論單個洞窟的工程規模，又或洞窟內的塑像或壁畫，都不是當時的最高水平。但是新疆、甘肅等地的石窟受天氣影響，壁畫殘損較多，而中原的雲崗、龍門石窟以石雕為主，壁畫、雕塑不如敦煌保存多且完整，得天獨厚的地理環境和創作手段，使敦煌留下極豐富的壁畫，又有數量不少的精美彩繪泥塑。

當時敦煌壁畫主要依據粉本（即畫稿）來繪製；其次才是創作。粉本的來源包括印度、西域和中原，高手畫師的新風尚往往透過粉本傳到各地，由各地的畫匠依粉本繪畫。當然，由於畫匠各自的生活和社會背景不同，依據同一粉本，也會有差異變化，在敦煌有直接取材於當時當地的，例如"福田經變"所繪商隊正是絲綢之路的情景等等，從壁畫所見，畫師也有不小的創作空間。因此，雖然不是當時最高水平的藝術品，但據之可以見到原來的構圖和風尚，而且敦煌石窟藝術本身的水平亦很高，可以想見，當時最高水平的作品將是如何輝煌動人。

如何欣賞敦煌藝術

敦煌藝術作為佛教藝術，要欣賞了解，首要的基礎是把握佛教藝術的題材，以及這些題材反映豐富的社會生活內涵的方法。

欣賞裝點洞窟的塑像和繪畫之前，先要把握洞窟的形制。洞窟的空間、結構，是洞內佈局安排的一大關鍵。敦煌石窟開鑿時間長達一千年，因此洞窟形制也隨着佛教思潮和崇拜方式的變化而變化。大別之可以隋唐為界，隋唐以前的北朝時期，流行印度中亞式的禪修和崇拜方法，因此洞窟形制有供僧侶們生活和坐禪修行的禪窟，以及供信眾繞柱觀佛像的中心塔柱式石窟。在這兩種形制的洞窟裏，洞窟主角的主尊或塑於主室後壁的佛龕之中，或塑造於中心塔柱的四面。隋唐及以後，中原的佛教鼎盛，信仰的思潮、崇拜的方式以及藝術手法，出現極大變化，洞窟亦改以空間廣大，中間並無塔柱的形制為主，崇拜的主尊像主要塑造於面對門洞的正壁，天花繪成華蓋，有如層層富麗的絲綢帳頂，這種洞窟形制稱為殿堂式，自隋唐成為主流之後，歷久不衰。

敦煌石窟因不是石雕，洞窟內的塑像主要是木（或石）胎泥塑，彩繪壁畫亦佔了相當重要的地位。這就使其比石雕的石窟更容易細膩表達人物神態、社會生活。

敦煌的塑像大多位於洞窟重點位置，以佛、菩薩、弟子、金剛、力士等為題材，這些神祇雖然或多或少受佛教造像的規定限制，但塑造者往往能獨出心裁，在細微處寄託情感。如盛唐第45窟西壁龕內保存的一鋪完整的七身彩塑，以如來為中心，兩側分別站立着弟子、菩薩、天王。阿難雙手抱於腹前，身披紅色袈裟，內着僧祇支（和尚所穿的內衣），衣紋的刻畫簡潔、單純，胯部微微傾斜，神態安詳，在恭謹中又透出青年的朝氣。迦葉則老成持重，頗具長者風範，他一手平伸，一手上舉，慈祥的眼神中充滿睿智的光彩。菩薩上身瓔珞垂胸，披帛斜挎，下身着華麗的錦裙；頭部微側，眼睛半閉，身體微微彎曲作“S”形；一手下垂，一手平端，潔白瑩潤的肌膚下面，似乎能感覺出血液在裏面流動。天王身披鎧甲，一手叉腰，一手執兵刃，足踏惡鬼，英姿颯爽，神情激昂。這些彩塑寫實性很強，藝術家們根據現實生活中的婦女、將軍等形象來塑造菩薩、天王，於是這些神看起來顯得格外的可親。另外，藝術家非常注意雕塑的羣體性，這些彩塑一鋪少則五六身，多則十幾身，層次豐富，彼此呼應。如第45窟的這組彩塑，以佛為中心，左右對稱排列；他們目光俯視，參觀者會發現每身塑像都在慈祥地看着你。而每一身的動作又各不相同：阿難雙手抱在腹前，顯得忠厚、謙恭；迦葉揚手似乎正在說甚麼；兩身菩薩都一手伸出，一手下垂，顯得漫不經心；天王則是表情激昂，肌肉繃緊。這一動一靜、一鬆一緊，各具性格卻又統一在佛的周圍，產生了極強的藝術魅力。

敦煌壁畫的內容主要包括七類：一・與塑像題材相近的尊像畫；二・佛教故事畫，包括有關佛祖生平的佛傳故事，佛的前生及本生故事、因緣故事，佛教傳播和顯示神跡的史跡故事、瑞像；三・中國傳統神怪像，如伏羲、女媧、東王公、西王母、雷公、辟電、風神、雨師等等中國古代傳說中的神怪；四・圖繪某一部經的經變畫；五・佛教東傳故事畫；六・供養人畫像；七・滿飾於洞窟中，起分隔和裝飾作用的圖案。

壁畫中的故事畫、經變畫在敘述故事或圖解經文時，都多少反映了當時社會的生產、生活等內容。如唐代的彌勒經變中，表現了農業耕作與收穫的狀況，剃度出家（如第33窟、445窟）以及婚嫁（如榆林窟第25窟）等場面，法華經變中表現了旅行、看病、僧侶講經等場面（如第217窟）；楞伽經變中表現屠夫賣肉、工作製陶等生產場景（第85窟）等等。

供養人像反映當時人物的面貌及其社會背景，從藝術上來看則反映了當時肖像畫的成就；從歷史上來看，通過供養人可以了解各時代的衣冠服飾，以及當時的一些制度。不同民族的供養人像，還可以推知當時敦煌與周邊少數民族的交往狀況。

此外，敦煌的塑像和壁畫在洞窟裏是有機的結合體，塑成的主尊，其背光、頭光可以是繪畫在壁上的，佛龕內的塑像和佛龕內的壁畫，主題相配，神祇的神情相應，甚至和佛龕兩邊牆壁上的壁畫，也構成一致的主題。

人物造型、色彩、構圖也是欣賞洞窟時，值得留意的創作手法。

敦煌的塑像固無論，壁畫除了裝飾圖案以外，也是以人物（神）為主體，五百多個洞窟中留下無數的人物形象，可以說是中國人物造型藝術的寶庫。

敦煌的人物形象包括兩類，一類是神，如佛、菩薩等；一類是世俗的形象，如供養人以及故事畫、經變畫中的世俗人物等。從造型藝術來看，都要生動而真實可感，要表現出栩栩如生的氣韻，因此雖神、人有異，其實有共同點。人物的造型、姿態體現出來的韻味、風采是體現人物造型藝術美的基本要素。

漢代為止，在繪畫上人物的表現往往以線描造型，注重整體的裝飾性，而在輪廓線以內缺少具體的刻畫，或刻畫簡略。對於人物的比例、形象的寫實等方面不太重視，可以說在人物造型上還沒有形成一套成熟的技法。

佛教藝術傳入中國以後，佛教的造型方法開始影響到中國。出於宗教崇拜的需要，佛像有一套嚴整的規範，這些規範不僅僅是宗教造神的需要，同時也是美術造型的一種技法。在佛教造像及佛教畫的刺激下，中國的寺觀或石窟造像、人物畫藝術，飛速發展。有謂由於佛教藝術的興盛，這時一切藝人都參加了這個大流。大概有唐一代的畫家，多以人物畫為中心，也無不畫佛像，無不畫壁畫。

魏晉南北朝時，中原的著名人物畫家，都與佛教畫有相當關係。畫作也比漢代有突破發展。敦煌壁畫的人物形象比起漢代，一是重視人體比例，一是吸收了暈染法，重視立體表現，尤其是人物的暈染方法逐漸發展起來。

敦煌石窟一千年間，創造佛像與世俗人物形象數以萬計，代有佳作。

十六國北朝時代，神的形象受印度和西域藝術的影響，有的菩薩身體呈“三道彎”式，富於動感，如北涼第272窟的脅侍菩薩、北魏第263窟的菩薩，身體修長，衣服飄舉，手勢和動態具有舞蹈性，也許是來自龜茲的舞蹈之風。及到西魏，第285窟東壁和北壁說法圖的菩薩，衣服和飄帶富麗，體現出南朝貴族的風度。北朝的天王像並不多，一般表現出威嚴和勇武的形象。至於金剛力士像（也稱藥叉）多畫在洞窟四壁下，他們是佛國世界的護法神，表現手法誇張，身軀粗壯，動態強烈，憨態可掬，也有的表現為獸頭人身等怪異形狀。

此時期的供養人形象小，又多畫在下部，損毀較嚴重，特徵不明顯。但也有一些較為生動的，如第285窟北壁一位女供養人，執長柄香爐徐徐走來，飄帶緩緩飄於身後，令人想起顧愷之《洛神賦圖》中洛神那種“矯若游龍，翩若驚鴻”的風采，這是按中原的畫法表現的。此外，表現世俗人物的還有第285窟北坡西起第一身山中修行的禪僧，表現出形同槁木的苦修境界，而嘴角含笑，眼神現出智慧的光彩。

隋唐時，人物畫大有發展，而敦煌畫家亦能進一步通過形態、表情，透視人物的內心。一般來說佛陀保持一貫的莊嚴而慈悲的形象，菩薩則表現出不同的個性。如第172窟北壁觀無量壽經變中的菩薩，她們或專注聽法，或顧盼私語，或歡喜踴躍，不一而足。又如第217窟龕兩側的觀音和大勢至菩薩，穿著華麗，神情雍容，體現出唐代貴族婦女的面貌。畫家往往通過刻畫眼睛，傳達出不同的表情，或沉思，或喜悅，或回眸含笑，或開心得意。舉手投足之間，呈現不同的姿態和風韻。

形象威武勇猛的天王力士已脫離前一期那種臉譜化的誇張，更注重寫實，彷佛現實的將軍形象。佛弟子一般表現為僧人的形象，前一期已經塑造了迦葉、阿難這一老一少僧人的類型，唐代的佛弟子形象更為豐富，如第217窟龕內的迦葉，通過脖頸的線描，表現老僧的形象，同時似在說話的嘴和炯炯有神的眼睛，則表現出他的睿智。

供養人多虔誠恭敬，但唐及以後一些世家大族的供養人像形象高大，表現出貴族顯宦的氣派。

總之，唐代的人物個性化表現較強，出現大量不朽傑作。五代以後，敦煌與中原的交流受阻，壁畫由畫院的畫工製作，嚴重形式化，人物形象失去生氣。西夏、元代開鑿的洞窟不多，卻出現了一些新型的人物形象和表現手法，代表敦煌晚期石窟藝術的新成就。如榆林窟第3窟文殊變、普賢變中，以多種線描手法，表現出不同個性的人物，各具風采。

敦煌石窟從天花到牆腳，滿壁彩繪，是敦煌藝術的重要元素。壁畫的分佈和題材有一定的法則和時代潮流，如天花在北朝時或作西域式的平棋天花，或作中原式的人字坡屋頂，或作覆斗的形狀等，及至隋唐，覆斗頂成為主流，無論天花作何形狀，與天國有關的裝飾圖像如飛天、各種神祇、神獸等，常繪畫於天花或四壁頂部，此因窟中的天花有象徵天的意味。繪畫面積最大的四壁，更是壁畫發揮的地方，說法圖、故事畫、經變畫多在此處安身。有時一壁一圖，有時一壁幾圖。圖的構成傾向於滿，圖與圖之間的空隙還繪裝飾圖案，以為間隔。因此初進洞窟，往往目不暇接，與今人習慣的中國宋元以來繪畫重視留白的情味不同。

構圖之外，色彩也是敦煌石窟重要的創作手法。有謂從中國繪畫的形式和技法來看，五代以前，以色彩為主，元代以後，以水墨為主，宋是色彩、水墨的交輝時期。敦煌的壁畫具見中國繪畫以彩色為主的時期的情況。各時期情況，略述如下：

北魏洞窟的裝飾色彩多以土紅為底色，配以對比強烈的石青、石綠、黑、白等色，構成熱烈莊嚴的宗教氣氛。西魏以後，受中原繪畫的影響，出現以粉白為底色的洞窟，色調顯得輕快而明淨，如第249、285、296等窟的窟頂裝飾，有明朗而飄逸的特徵。但北周和隋代大部分洞窟恢復以紅地為主的裝飾風格，由於洞窟空間擴大，形成嚴整而莊重的裝飾特色。唐代以後，洞窟的裝飾色彩豐富多變，不再以某一種色調為基調。中國傳統的用色並非寫實，而是裝飾性表現。不光圖案，就是大型經變畫的人物色彩也大多有裝飾意味。如菩薩、飛天等形象的衣服紋樣的色彩就往往是為了畫中的色彩需要而點綴的。唐代壁畫多用石青、石綠、土紅等色，這些寶石一般的色彩，使畫面高貴而華麗。尤其是菩薩身上的瓔珞珠寶等，有如處處點綴華美的寶石，突顯佛國世界的美妙。

盛唐畫家李思訓創造以石綠色為基調的青綠山水，曾風靡全國，敦煌石窟也出現不少青綠山水作品。這些有一定規模的山水景物，對壁畫的裝飾也有突出作用，石綠與適當的石青和金色配合，產生高雅而富麗的氣氛，與土紅等暖色調也十分協調。這種協調性極強的顏色，深受當時畫家的喜歡，中唐以後，石綠色便逐步成了壁畫的主調，尤其是到五代宋以後，石窟壁畫的基調差不多都成了石綠色。

184 佛的形相之

佛經對佛的形相作了很多說明，其中稱佛有三十二相，例如手指纖長、肩部圓滿、眉間有白毫、頭頂有肉髻等。在敦煌的佛像中可體現這些特徵的風格變化。
北魏 莫263 北壁前部上層
吳健 攝

185 佛的形相之二

佛頭有肉髻，肩圓滿。
隋 莫412 西龕內
吳健 攝

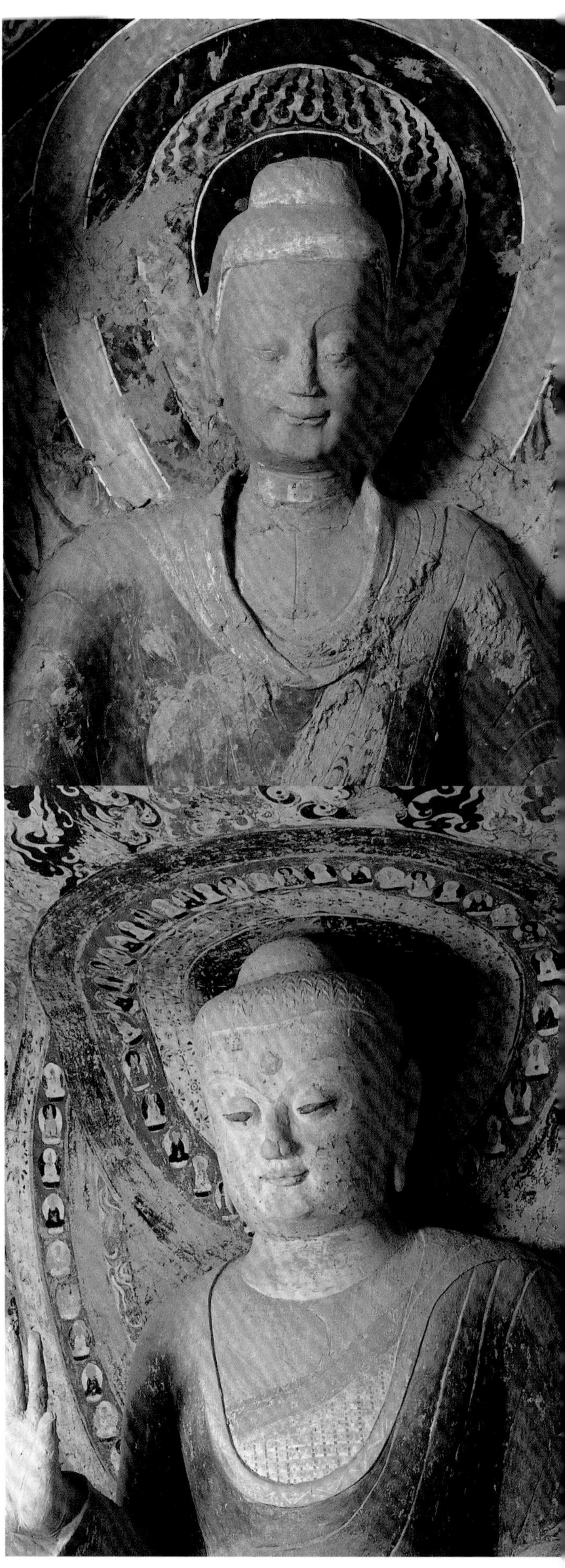

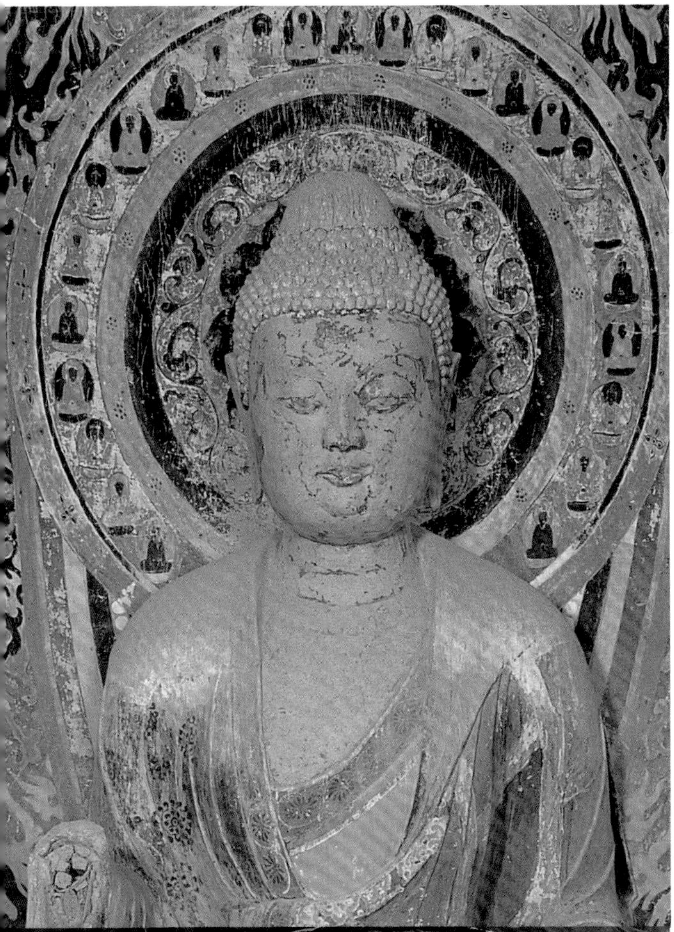

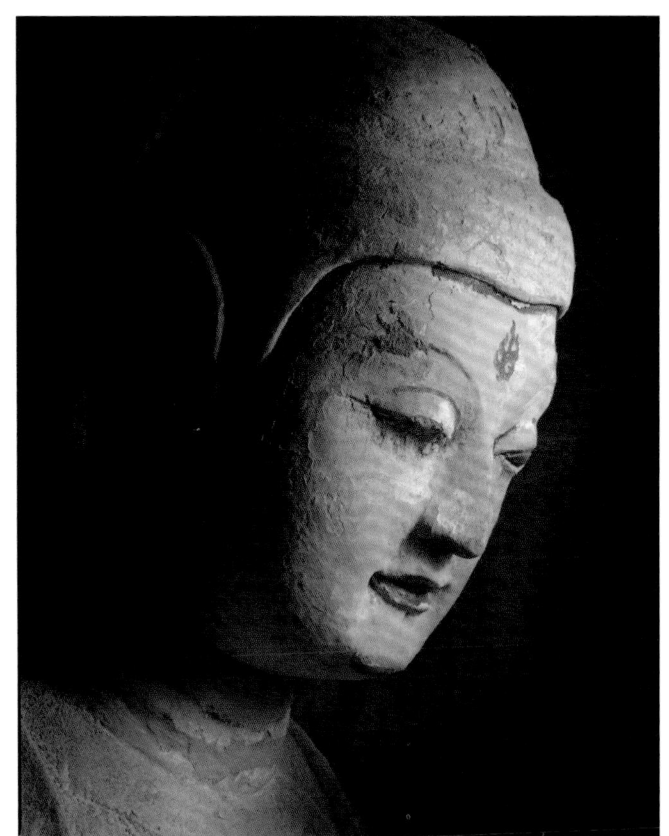

188 **佛的形相之五**
佛頭生肉髻，眉間有白毫。
初唐 莫283 西龕內
吳健 攝

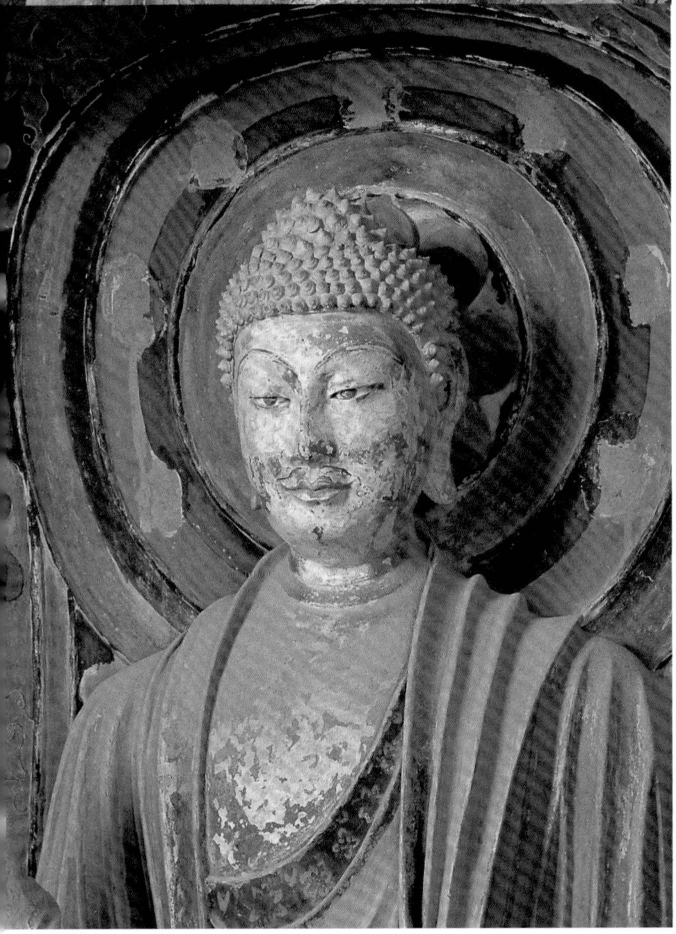

186 **佛的形相之三**
佛頭生螺髻，肩部圓滿。
隋 莫244 西壁
吳健 攝

187 **佛的形相之四**
佛頭生螺髻，手指纖長。
初唐 莫322 西龕內
吳健 攝

189 佛的形相之六
佛頭生肉髻，手指纖長。
北魏 莫251 北壁東側
孫志軍 攝

190 佛的形相之七
佛結跏趺坐，有頭光。
初唐 莫322 東側門上
孫志軍 攝

191 佛的形相之八
佛面容修長，結跏趺坐。
初唐 莫321 東壁南側
孫志軍 攝

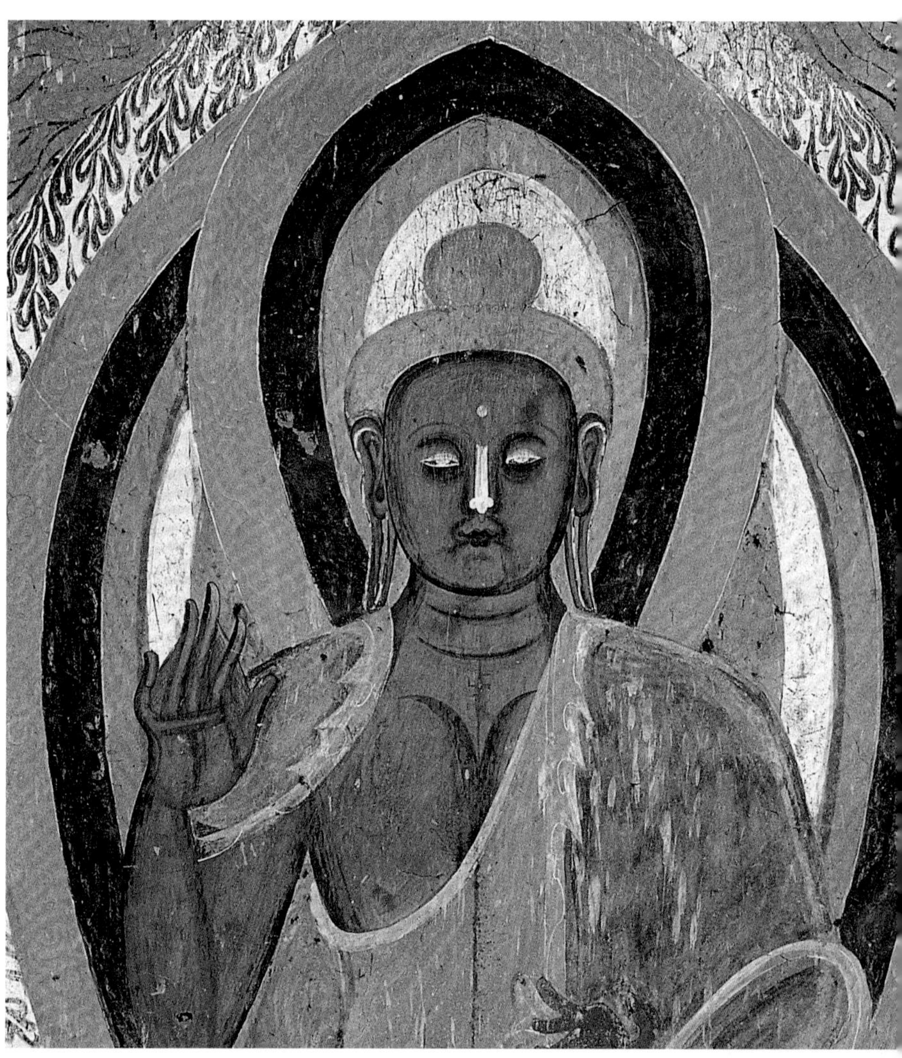

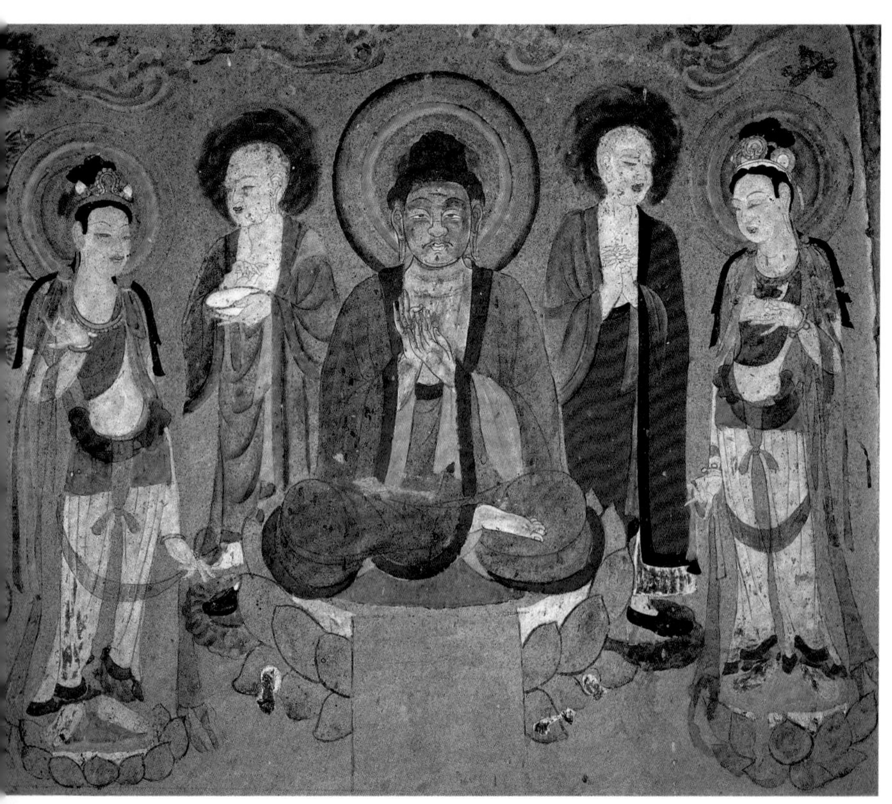

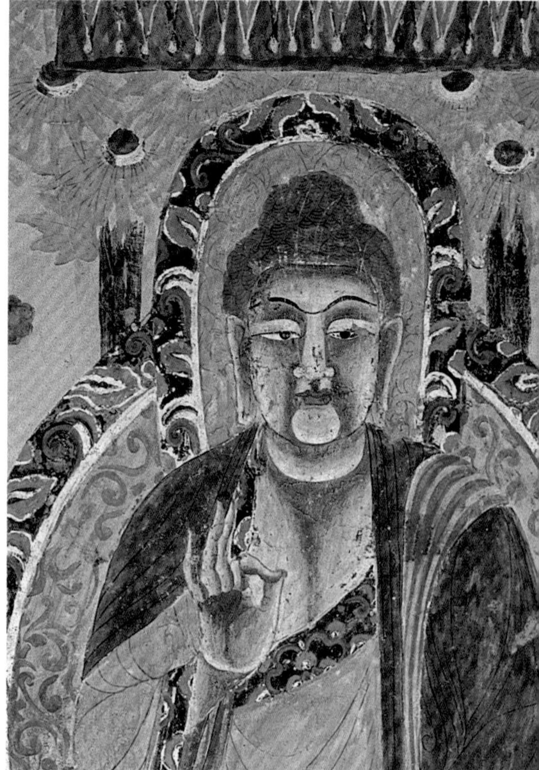

192 佛的形相之九

佛頭生肉髻，結跏趺坐，額間白毫發光。
盛唐 莫205 北壁西側
孫志軍 攝

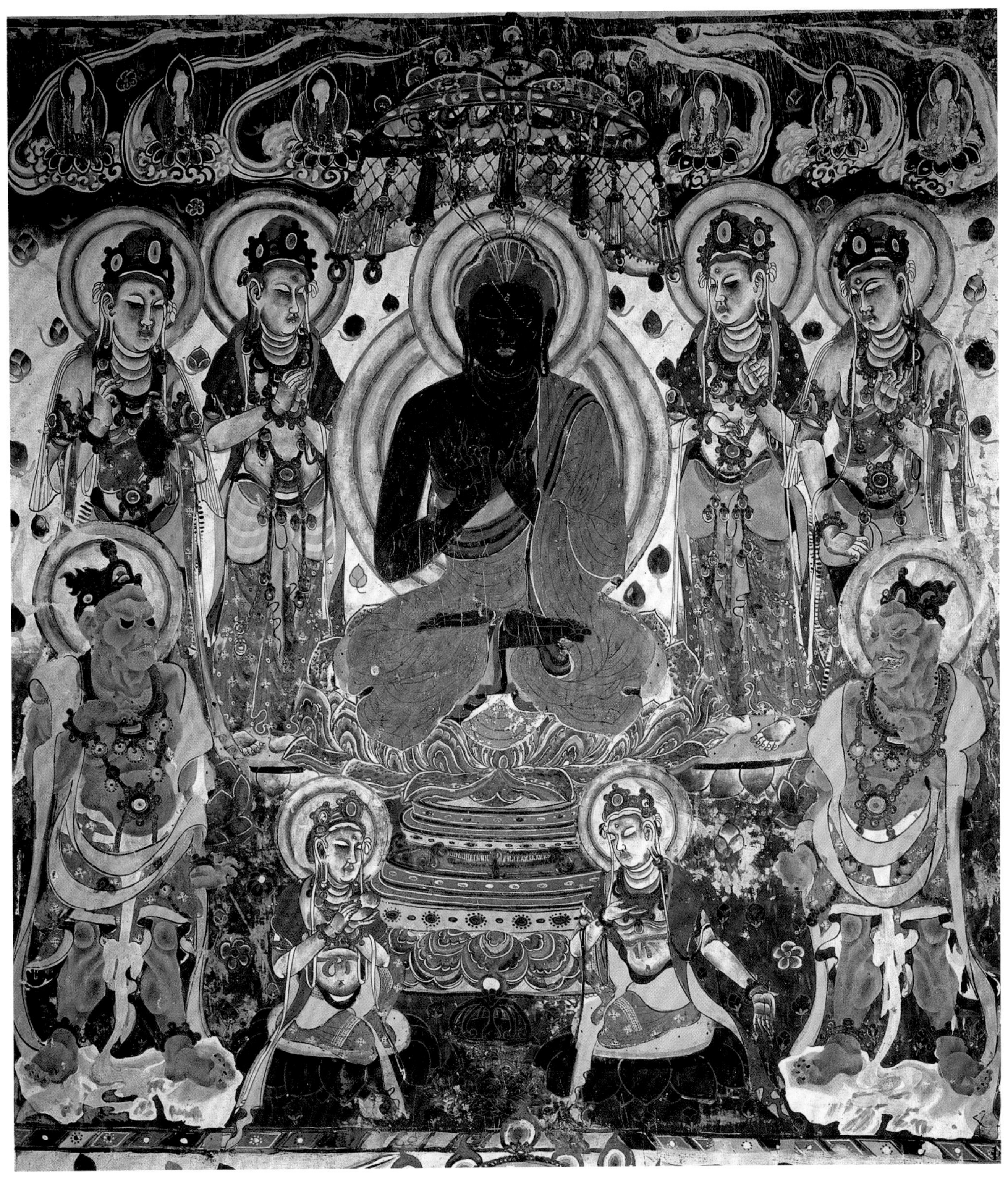

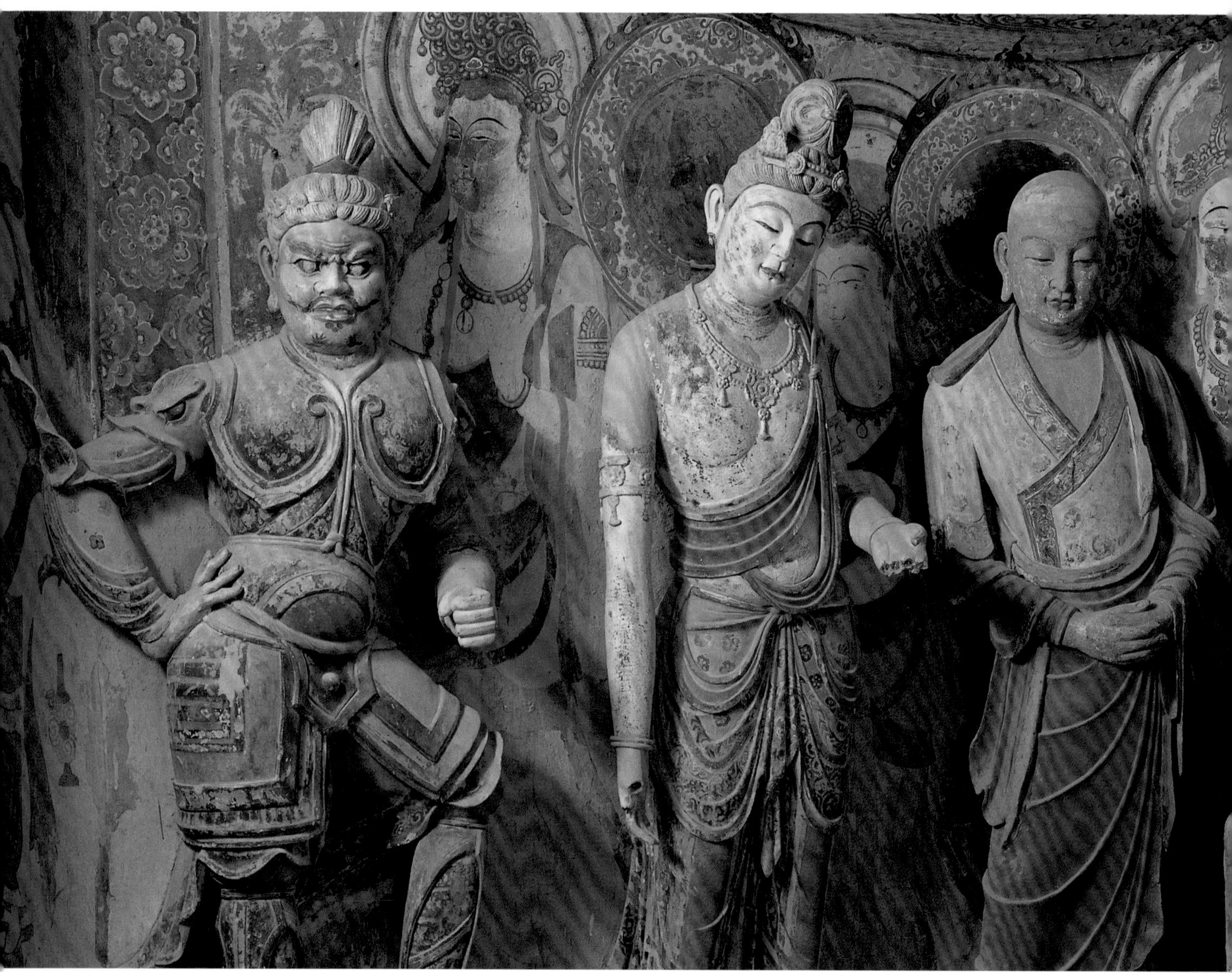

193 **突顯藝術家心思的彩塑羣**

藝術家別出心裁的意念，往往透過動作、表情等細微之處表達，第45窟的彩塑羣就是典型例子。圖中是主尊右側的三身彩塑，佛弟子阿難手抱腹前，胯部微傾，神態安詳，恭謹中透出朝氣。菩薩頭部微側，眼睛半閉，身體微彎，肌膚潔白，流露出一種嬌柔與嫵媚。天王身披鎧甲，威嚴中帶幾分冷峻。透過不同的刻畫，人物各自的性格和內心世界都得到充分的展示。

盛唐 莫45 西龕內南側

吳健 攝

194 塑繪結合——迦葉與弟子

迦葉為塑像，其他佛弟子則為繪畫，但予人渾然一體的感覺。
初唐 莫328 西龕內南側
吳健 攝

195 塑繪結合——主尊

這是以塑繪結合手法表現主尊的例子。主尊為塑像，背光的火焰紋由若干色組反覆連續繪成。地色以青、綠色交替暈染，黃金界線，造成莊嚴宏麗的氣勢。
隋 莫420 西壁龕內
張偉文 攝

196 塑繪結合——菩薩

這是以塑繪結合手法表現的菩薩，最前的菩薩為塑像，其身後的眾多菩薩為繪畫。
隋 莫420 西龕內南側
張偉文 攝

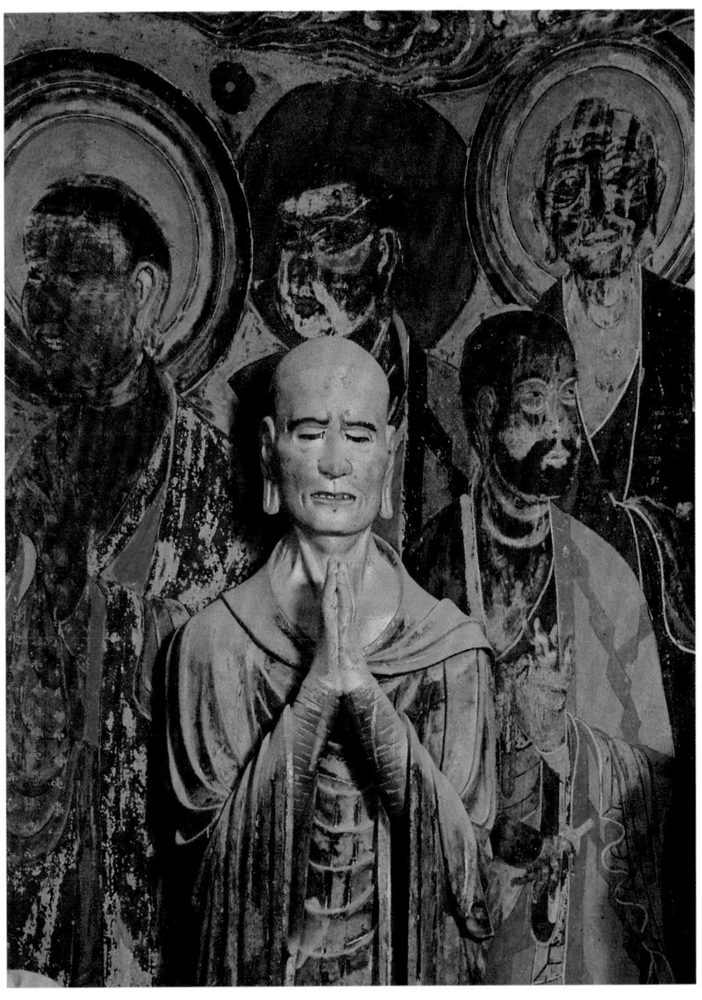

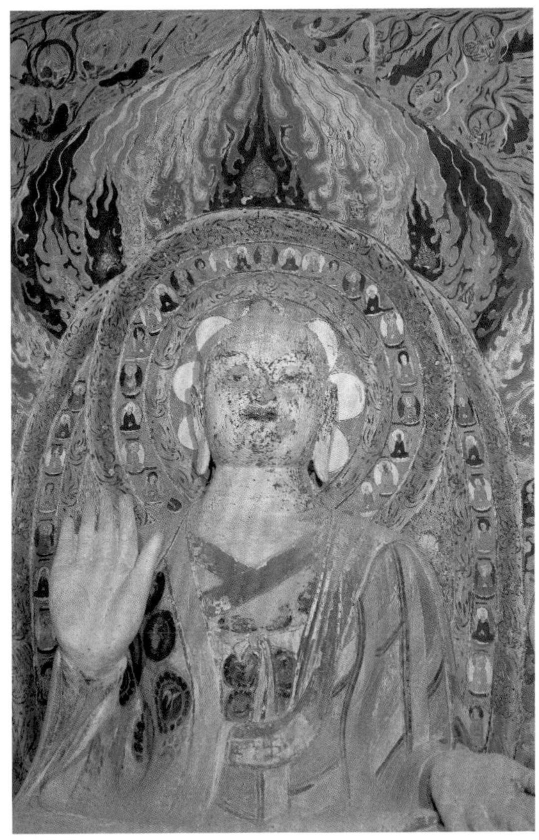

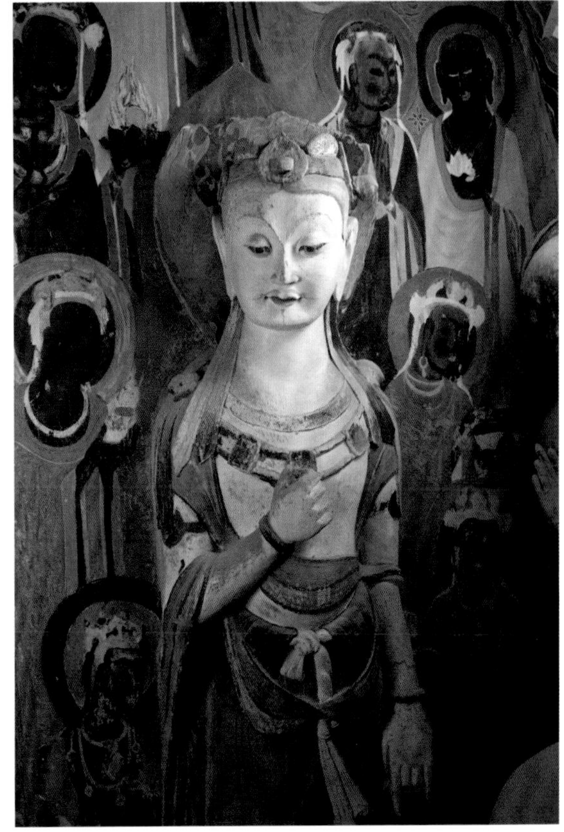

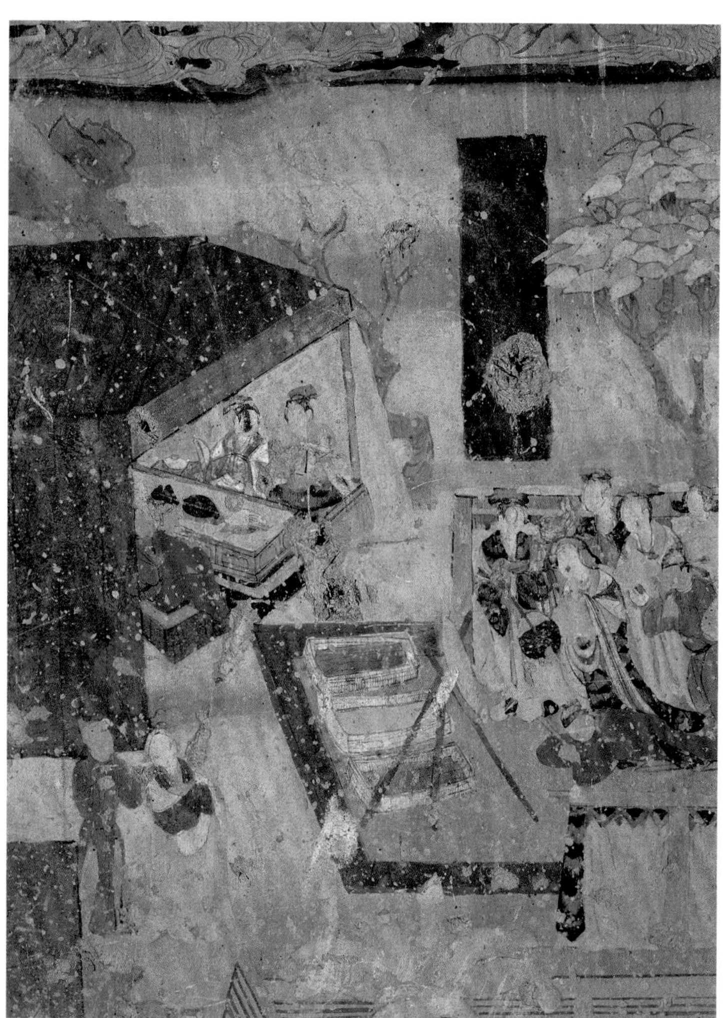

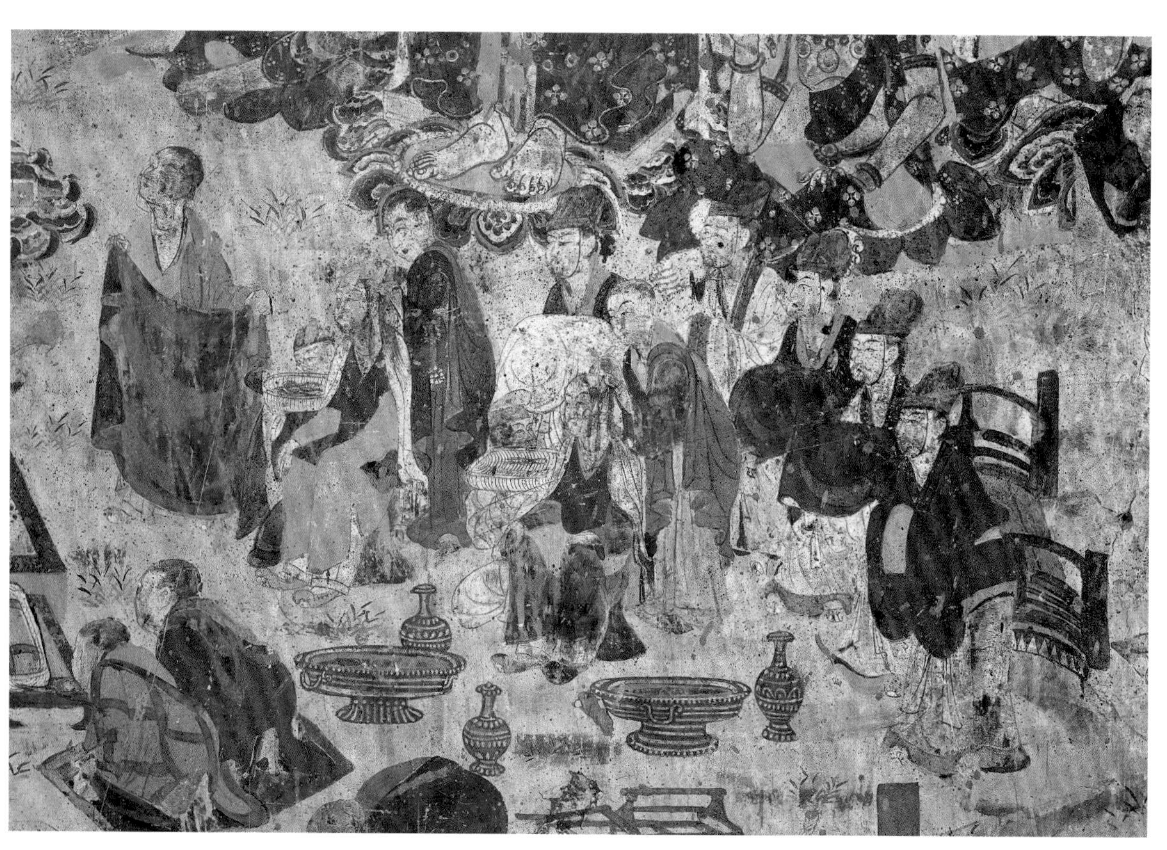

197 **婚嫁**

經變畫中也有不少婚嫁的場面，這幅晚唐的婚嫁圖，既有新郎、新娘，也有儐相和賀婚者。

晚唐 莫12 南壁

孫志軍 攝

198 **國王與百官剃度**

敦煌壁畫雖以佛教為主題，但往往反映了當時生活的實況，在這幅彌勒經變中就描繪了一個剃度場面。

盛唐 莫445 北壁

孫志軍 攝

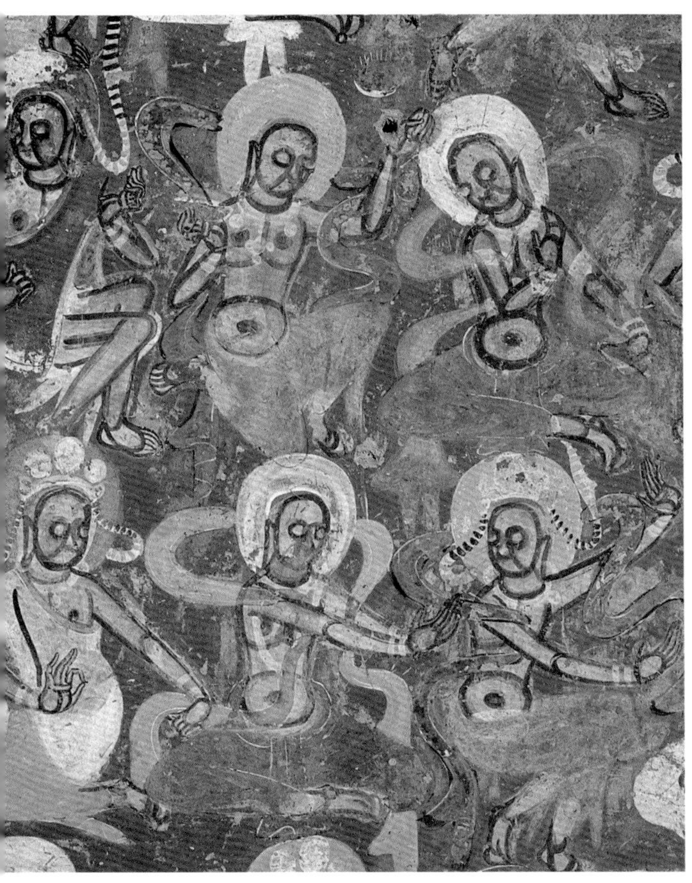

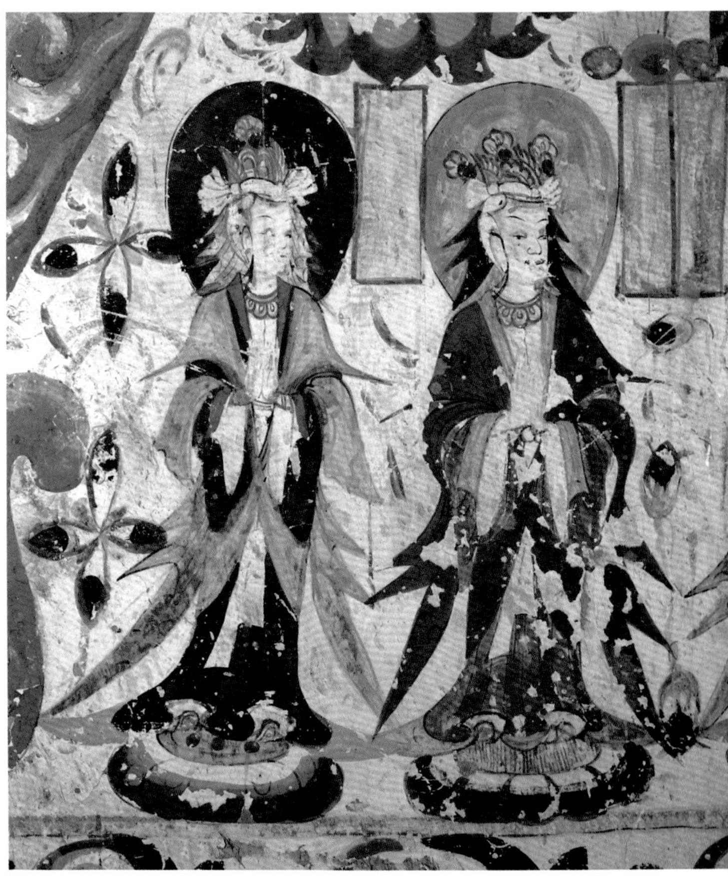

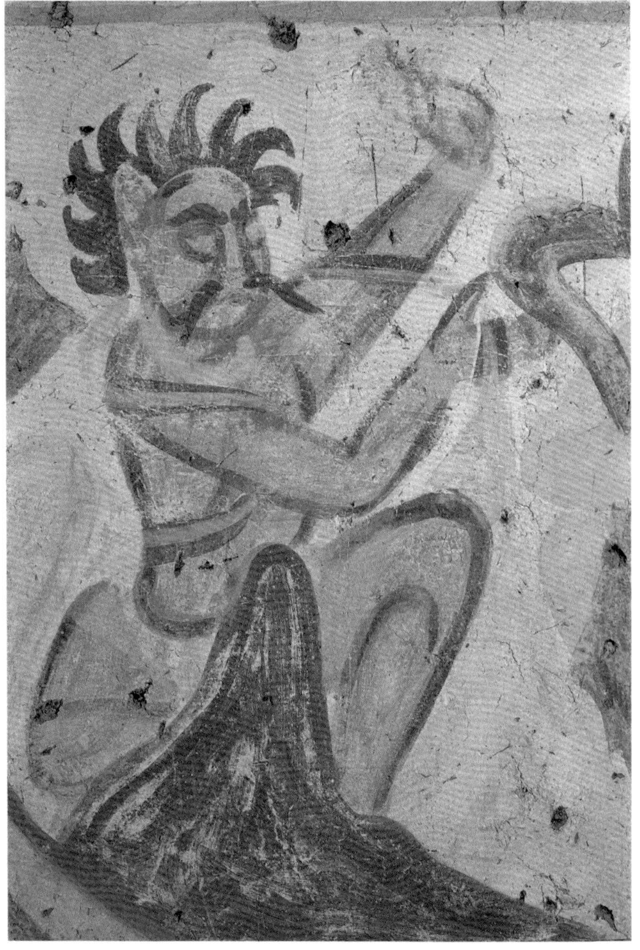

199 具外來風格的菩薩

十六國北朝時代，菩薩具有強烈的印度和西域藝術風格。

北涼 莫272 西壁龕外南側

孫志軍 攝

200 具南朝貴族風度的菩薩

西魏時的菩薩，外來色彩淡化，加以北魏孝文帝漢化以後，南朝的風尚逐漸影響北方，這菩薩的衣飾和身姿表現出南朝貴族的風度。

西魏 莫285 北壁東側下部

張偉文 攝

201 赤髮的力士

金剛力士是佛國世界的護法神。北朝時，表現手法誇張，形象怪異，動態強烈。

北魏 莫251 西壁南側

孫志軍 攝

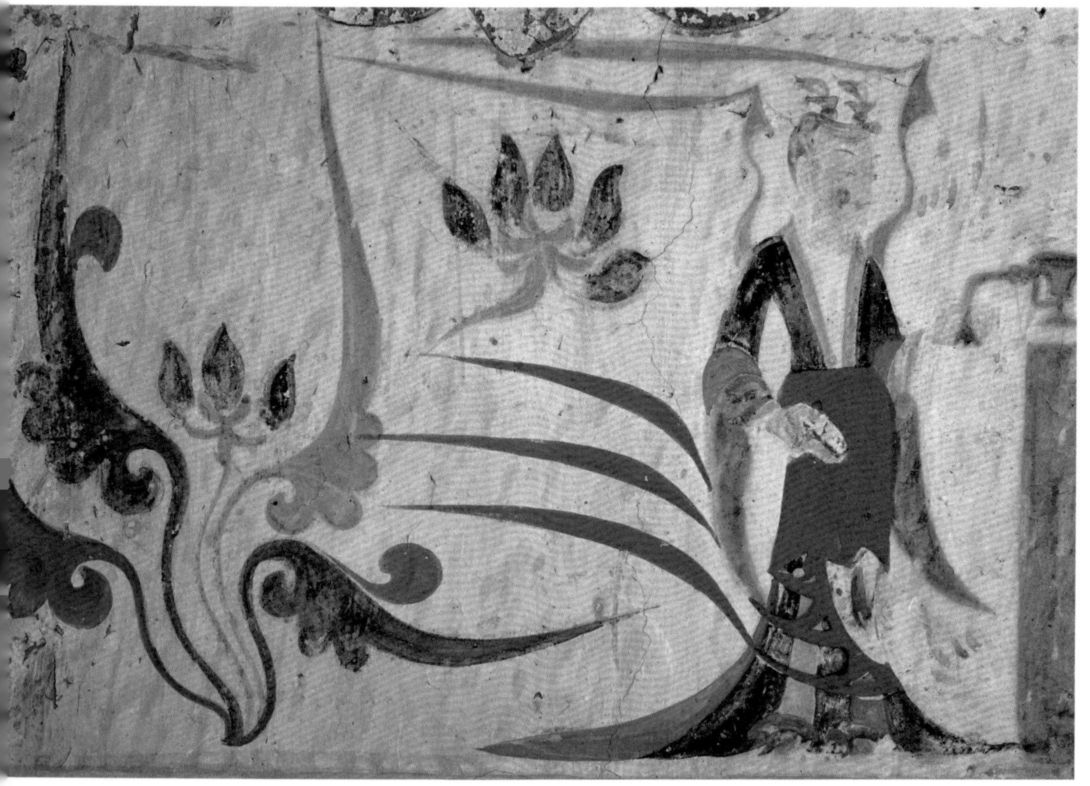

202 持香爐的女供養人

這位供養人執長柄香爐徐徐走來，飄帶緩緩飄於身後，有東晉顧愷之所畫洛神的丰采。
西魏 莫285 北壁西側
張偉文 攝

203 山中修行的禪僧

這些禪僧表現出形同槁木的苦修境界。
西魏 莫285 西壁
吳健 攝

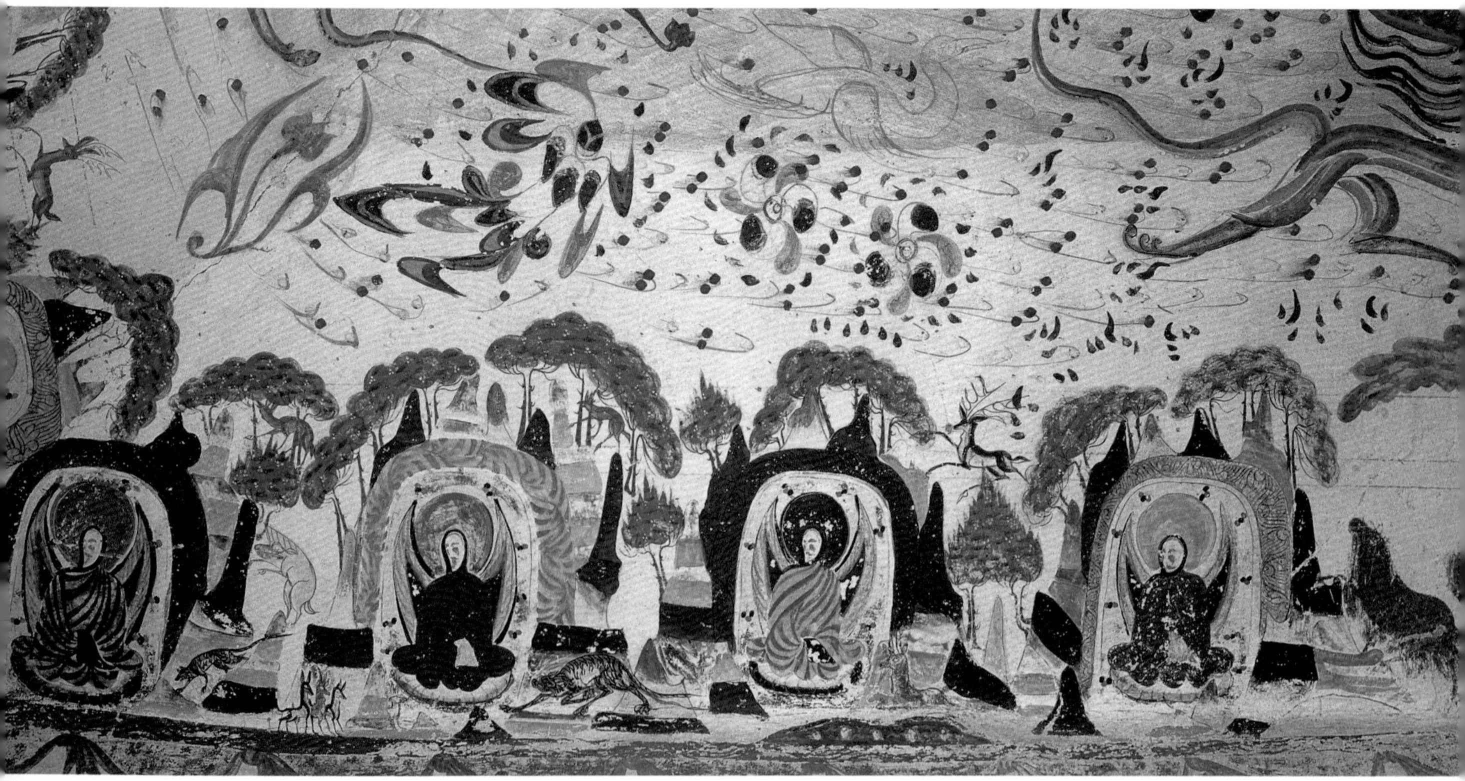

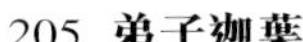

204 觀音菩薩

畫家在人物的舉手投足之間，可表現不同的姿態和風韻。這位菩薩穿著華麗，神情雍容，一手提淨瓶，一手持蓮花，人面花顏相映，體現出唐代貴族婦女的面貌。
盛唐 莫217 龕北側
孫志軍 攝

205 弟子迦葉

通過脖頸的線描，表現出迦葉的老僧形象，似在說話的嘴和炯炯有神的眼睛，則表現出他的睿智。
盛唐 莫217 龕內南側
孫志軍 攝

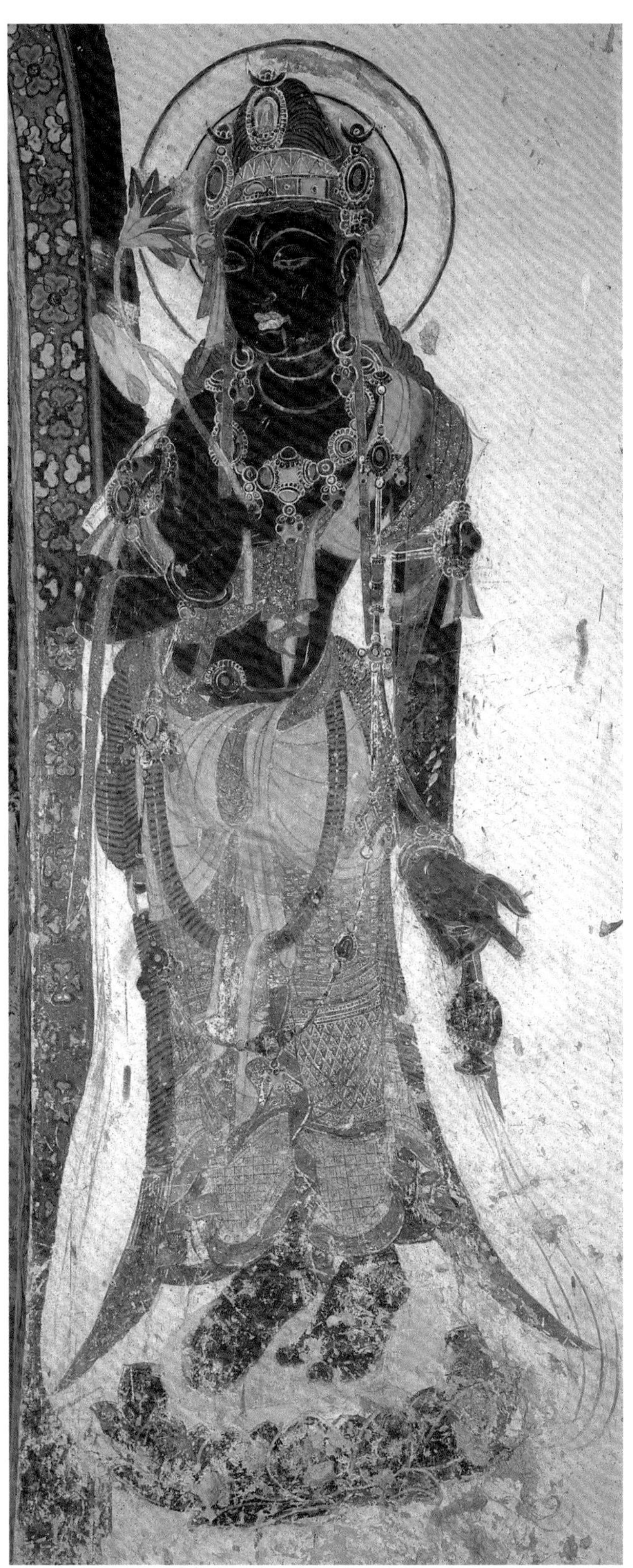

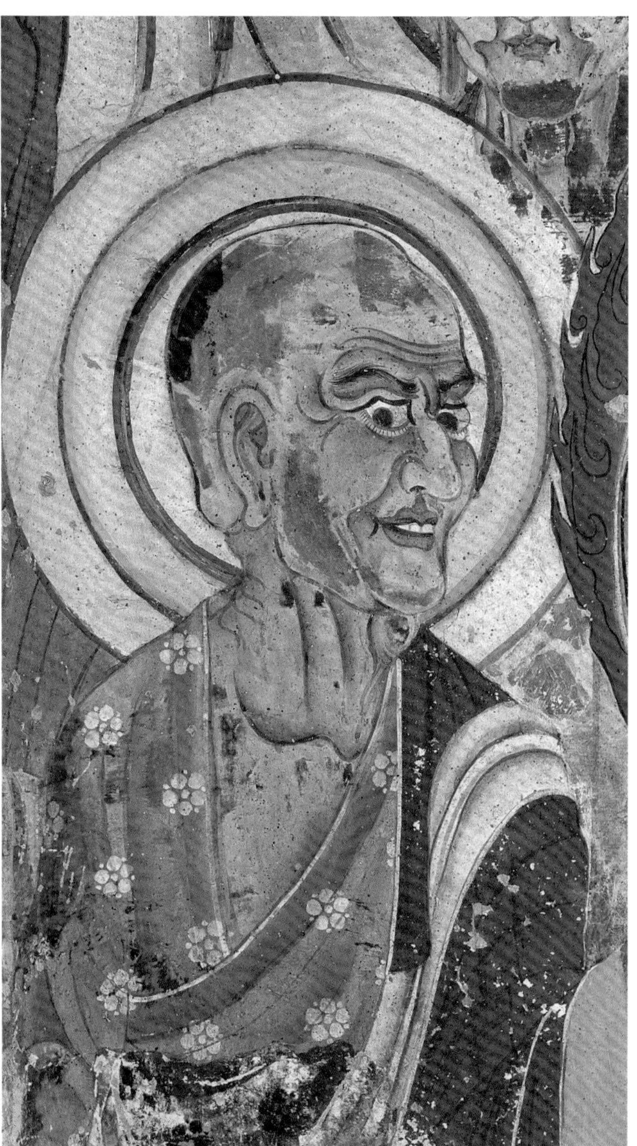

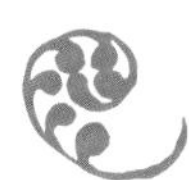

第二節　敦煌藝術的多元風格

敦煌是經營西域的咽喉，中原文化不斷西傳，而西域文化的東流也不絕，佛教藝術成為中古絲綢之路上文化交流的主要現象。

從現存的敦煌石窟藝術，仍頗可探見西域、中原、江南等風格的影響及融合。融合的結果，形成創新的中國藝術形式，因此敦煌的多元風格匯而為一個中國化問題：審美的融合與創新。現舉兩例如下：

線條、暈染和色彩的藝術表現力

以藝術表現力的發展而言，線條、暈染和色彩的手法，可以見到變化軌跡。敦煌壁畫的主流是以線描作為造型手段，但北朝的人物畫明顯有西域暈染的風格。北朝至唐，中原已出現帶有重色彩不重線條的繪畫風格，敦煌壁畫也出現暈染手法的新變化。

線描是中國繪畫的基本手法，也是敦煌壁畫的主要手段。

北朝壁畫通常先作起稿線，然後上色，最後畫一道定型線，這是傳神的關鍵，所以也叫提神線。北朝壁畫多用鐵線描，這是西域的手法，線條較細，但要表現出強烈的力量，所謂"曲鐵盤絲"。西域畫法還注重暈染，造成立體感，表現肌膚的細微變化。這種暈染法通常沿輪廓線向內染，邊沿顏色較深，高光部分顏色淺。在鼻梁、眉棱、臉頰等部位往往先施白色，再以肉色相暈染，形成明暗關係。這種西域式的佛像表現手法是北朝時期壁畫的主流。由於褪色和變色，北朝時期大部分繪畫的暈染過渡關係變得模糊，變成粗黑的線條，給人粗獷的印象。而臉部高光部分的白色卻留下來了，鼻梁和眉棱的三處白點像一個"小"字，有人把它稱作"小字臉"。其實當時並非如此，從第263、275等洞窟部分沒有變色的壁畫中，可以看出原來的面貌。

中國繪畫注重線描，但與西域式的線描不同。西域式的畫法可以說是線描為形象服務，只要造型能夠成立，線描本身並不重要，暈染比線描更重要。而在中國傳統繪畫中線描不僅僅是造型的手段，還有重要的意義，線描本身的流動性也是一種美。六朝畫家謝赫的"六法"論，第一是"氣韻生動"，第二是"骨法用筆"。"氣韻生動"強調畫面或形象整體所反映出來的精神、韻味，"骨法用筆"就是指線描要表現出"骨氣"和力量，使線描本身也散發生命的氣息。畫史上說陸探微的繪畫"筆跡勁利，如錐刀焉"，就是指那種力量飽滿而氣勢流暢的線描。通過飽含力量（骨氣）的線條，塑造出的人物便充滿勃勃生機，"凜凜然有生氣"。經過魏晉南北朝畫家顧愷之、陸探微等的努力，線描造型確定為中國繪畫的主要手段。這一方法也影響敦煌，從西魏的第249、285窟可以看到以這樣挺拔的線描繪的人物、動物。

中原雖重線條，也不是沒有暈染，中原式暈染法也傳入敦煌。其法與西域暈染不同，主要是裝飾性暈染，通常在人物面頰和眼圈施粉紅或其他顏色，所謂“染高不染低”，與西域式的“染低不染高”正相反。中原式暈染法在西魏北周時期流行於敦煌，同時也開始與西域式暈染法結合，北周、隋代的壁畫，往往同一人物採用兩種暈染法。

隋唐以來，線描與暈染並重，而暈染既不同於西域式，也不同於西魏以來的中原式，是根據人物的形象和動態，更為靈活的暈染，使畫面寫實。隋代第276窟的維摩詰像，就是線描造型的典範之作，色彩簡淡，突出線的作用，衣紋線粗壯而流暢，轉折處剛勁有力。甚至面部的鬍鬚也顯得“毛根出肉”，寫實而又富於美感。隋代的暈染，繼承北周以來的做法，把西域式暈染與中原式暈染結合起來，手法多樣，在人物面部表現中，往往形成一些裝飾性的暈染，如第420窟壁畫菩薩的面部中心是圓形的中原式染法，而周圍沿輪廓線進行的暈染又具有西域式特徵。

唐代線描技法有長足發展，以吳道子為首的唐代畫家創造了多種線描技法，使中國繪畫的造型技法十分豐富。被稱為“吳帶當風”的蘭葉描表現力最豐富，在敦煌唐代壁畫中十分流行。由於線描在造型中佔重要的地位，為了不破壞線描的效果，往往減淡顏色以突出線描的神氣，有的地方甚至不加彩繪，形成有似白描的效果。如第103窟東壁維摩詰經變中的維摩詰形象就以力量充沛又富變化的線描，表現維摩詰滔滔雄辯的精神狀態。除了維摩詰的衣服有一些色彩外，大部分不施彩色，卻顯得神氣一貫，有感染力。維摩詰下部的各國王子形象也多用白描，線描水平極高。在莫高窟第103、112、158、159、217窟等唐代的代表洞窟壁畫中，都可以看到線描藝術的成功之作。五代流行轉折強烈，更富於書法氣息的折蘆描等，西夏榆林窟第3窟文殊變和普賢變、元代莫高窟第3窟千手千眼觀音經變等則融匯了多種線描手法，代表了晚期線描藝術的新成果。

唐代以後，寫實性加強，畫家根據人體不同部位的特徵作適當的暈染，往往在不露痕跡下恰如其分地表現出人物的立體感和質感。在初唐第220窟、盛唐第217窟等窟壁畫的菩薩、弟子等形象中表現出暈染的高超水平。

由故事畫到經變畫

再一例是由故事畫到經變畫的盛衰變化。這是佛教藝術題材和形式由印度及西域的風格向中國風格變化的明顯例子。

(一) 故事畫的構圖

故事畫是各時代佛教藝術中表現較多的內容，特別是北朝時期最為流行，多表現與佛（釋迦牟尼）相關的內容，如本生（佛的前生故事）、因緣（佛教化眾生的故事）、本緣（即佛傳，釋迦牟尼生平）等，敍述一個完整故事，出現相當的人物刻畫及景物描繪。敦煌的故事畫受西域影響，但數量不及新疆，且題材及形式無密切連繫。且仔細分析其構圖，略可見變化脱離西域影響之跡。

北涼北魏的故事畫主要受西域影響，以人物為故事主體，景物較少，畫面構圖較滿。北涼第 275 窟的本生故事畫，一幅圖表現故事中一個有代表性的場面，這種一圖一事的表現手法，常見於新疆克孜爾石窟壁畫。亦有異時同圖的手法，也是從印度和中亞傳來的，如北魏第 254 窟的捨身飼虎圖，在一個畫面中表現三兄弟見虎，薩埵太子刺項、投崖、飼虎，親屬收拾遺骨，造塔供養等多個情節。

北魏以後，敦煌壁畫開始出現中國傳統的長卷式構圖，在橫長的畫面中按一定順序表現故事情節，第 257 窟的九色鹿本生、第 285 窟的五百強盜成佛緣等都屬之。

以長卷按順序敍述故事，條理清楚，觀者易於讀懂。同時，這些長卷式故事畫還重視表現景物，把人物放在一定的背景之中，如九色鹿本生故事有長河、山巒等。這些景物一方面是畫面的背景，一方面又把長卷式畫面分割成小場面，以展開故事情節。西魏北周以後，風景的表現進一步發展，體現出一定的空間關係。如第 285 窟南壁的五百強盜成佛緣故事畫中，斜向排列的山巒形成近乎三度空間的深度，樹木和房屋的構成也在加強這種空間感。然而，北朝的故事畫沒有發展這種空間處理手法，而是注重橫向帶狀的故事畫在洞窟中起裝飾的作用。

（二）經變畫的構圖

對空間的表現，唐代開始急速發展。隋唐以來流行經變畫，一般規模較大，綜合地表現一部佛經的主要內容，往往一鋪經變就畫滿一壁。從內容和表現形式可以分成兩大類，一類是敍事性經變，一類是淨土圖式經變。

敍事性經變畫繼承北朝故事畫的傳統，按一定的發展順序表現佛經主題，這類經變有涅槃經變、維摩詰經變、勞度叉鬥聖變等。如第332窟涅槃經變，表現釋迦牟尼由涅槃到八國王為爭舍利九個情節，畫面先從右向左，然後又由左向右發展，全畫以青綠山水環繞，結構完整而統一。維摩詰經變通常繪在佛龕或窟門兩側，採用對稱構圖，表現維摩詰和文殊菩薩對談的場面。其間穿插表現佛經的相關情節，如表現維摩詰運起神通力，五百獅子座自天而降；香積菩薩自香積國托缽而來，傾倒香飯；維摩詰化現妙喜世界。這些情節生動而有故事性，深受時人喜愛。

淨土圖式經變是以淨土圖為中心，在周圍描繪佛經的相關情節。淨土是佛教的理想王國。淨土變大盛於唐朝，在敦煌石窟中經變畫是為大宗，包括西方淨土變（阿彌陀、無量壽、觀無量壽經變）、彌勒經變、藥師（東方淨土）經變，有的經變還在淨土圖兩側像掛兩條條幅似的表現相關內容。如觀無量壽經變，兩側的條幅表現“未生怨”和“十六觀”；藥師經變兩側的條幅表現“九橫死”和“十二大願”。中唐以後，受中原家居佈置風尚影響，屏風畫興起，淨土圖形式依舊，只是在下部以屏風的形式描繪佛經的相關情節。

除自西而來的西域風尚與中原、江南的風格交融之外，敦煌石窟還可見吐蕃、西夏、回鶻等少數民族的元素在這大交融中出現。

206 北朝的鐵線描例子——飛天

鐵線描是西域傳來的繪畫技法，被用作壁畫上最後一次確定輪廓的線描，在敦煌北朝諸窟的壁畫中非常流行。唐人張彥遠《歷代名畫記》談到這種技法說："小則用筆緊勁，如屈鐵盤絲，大則灑落有氣概"。"屈鐵盤絲"形象地概括了線跡均勻、粗細一致、運筆快而富於彈性的線描特色。圖中的飛天就是以鐵線描法勾勒定形。

北魏 莫248 前室人字坡
孫志軍 攝

207 西域暈染手法例子——窺視菩薩

暈染是西域傳來的敷彩技法，透過色彩漸次濃淡來表現物體的透視。在敦煌北朝壁畫中已經出現這種技法，主要用以表現人物的立體效果，予人"遠望眼暈如凹凸，就視即平"的感覺。由於褪色和變色，北朝大部分繪畫的暈染過渡關係變得模糊，變成粗黑的線條，而臉部高光部分的白色卻留下來了，變成圖中這種"小字臉"。

北周 莫290 窟中心柱北向龕內西側
孫志軍 攝

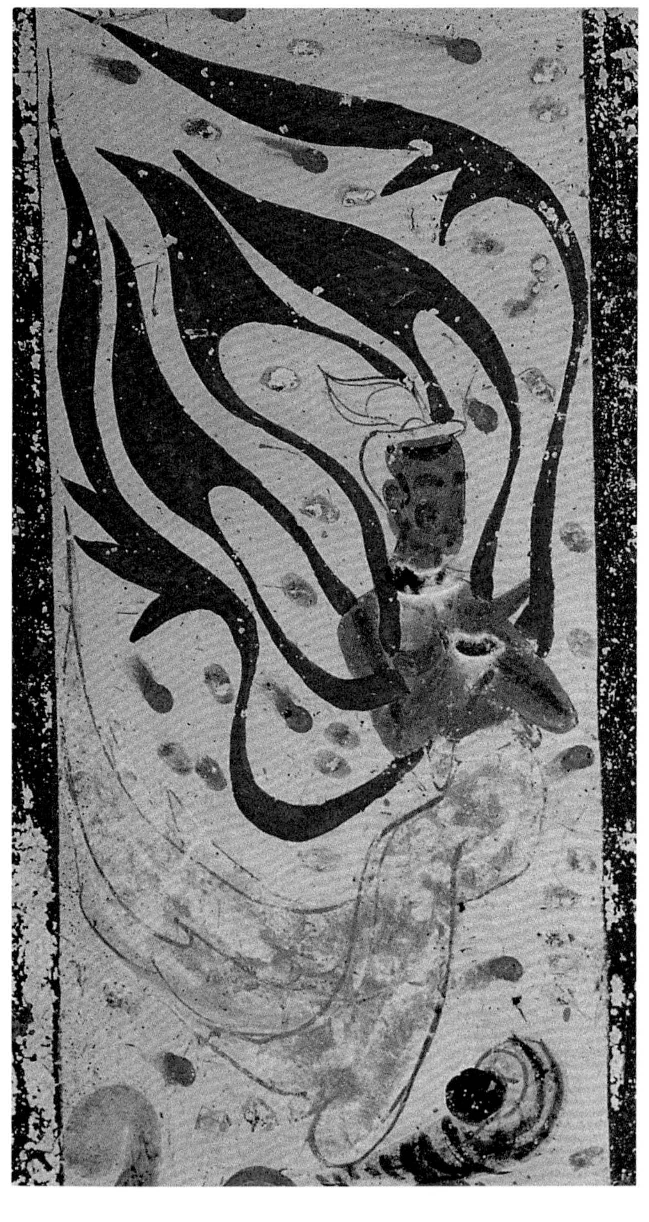

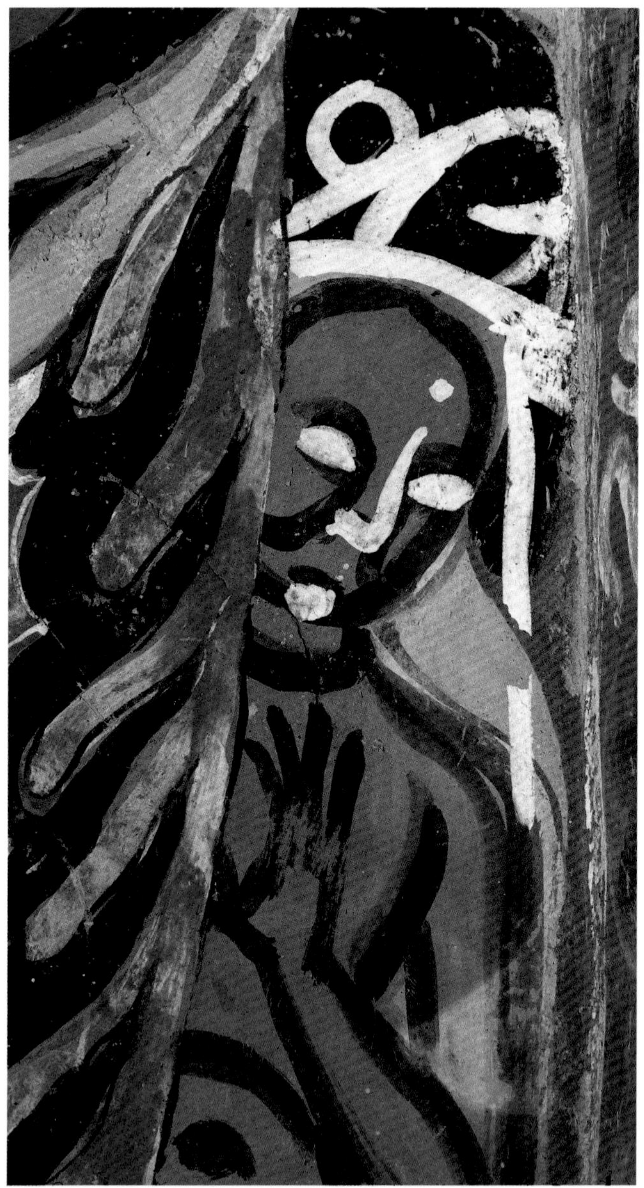

208 未變色的供養菩薩

這幅壁畫讓我們看到北朝沒有變色的壁畫人物的面目。原來的北魏畫幅被西夏壁畫所覆蓋，未與空氣、陽光等接觸，把西夏壁畫剝離後，現出北朝菩薩較明亮的原色彩。這與小字臉的菩薩對比，尤其明顯。

北魏 莫263 北壁東側

余生吉 攝

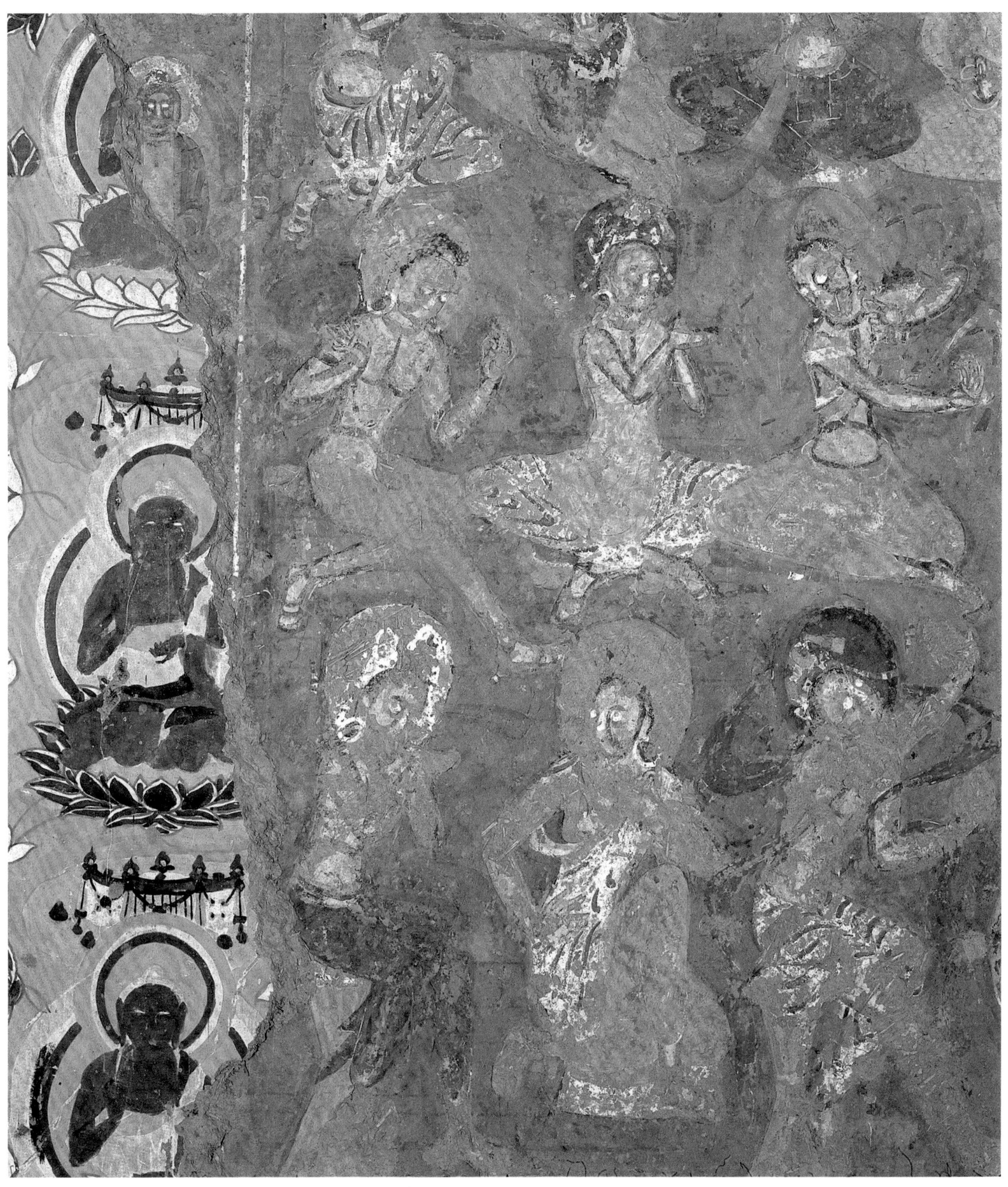

209 隋唐線描例子——維摩詰像

此像色彩簡淡，突出線的作用，衣紋線粗壯而流暢，轉折處剛勁有力，髯鬚也顯得“毛根出肉”，是線描造型的典範。
隋 莫276 西壁龕外北側
孫志軍 攝

210 隋唐暈染例子——供養菩薩

隋代把西域式暈染與中原式暈染結合，此菩薩的面部中心是圓形的中原式染法，周圍沿輪廓線進行的暈染則具有西域特徵。
隋 莫420 西壁龕內
孫志軍 攝

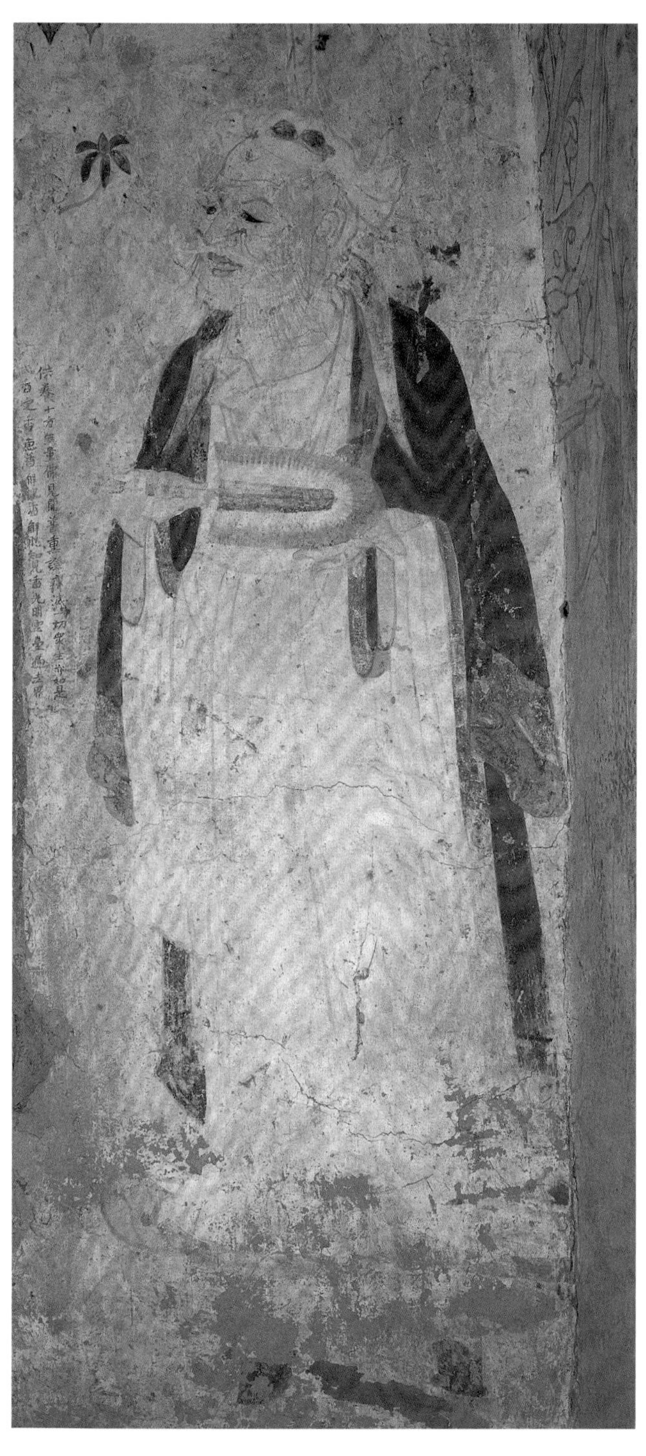

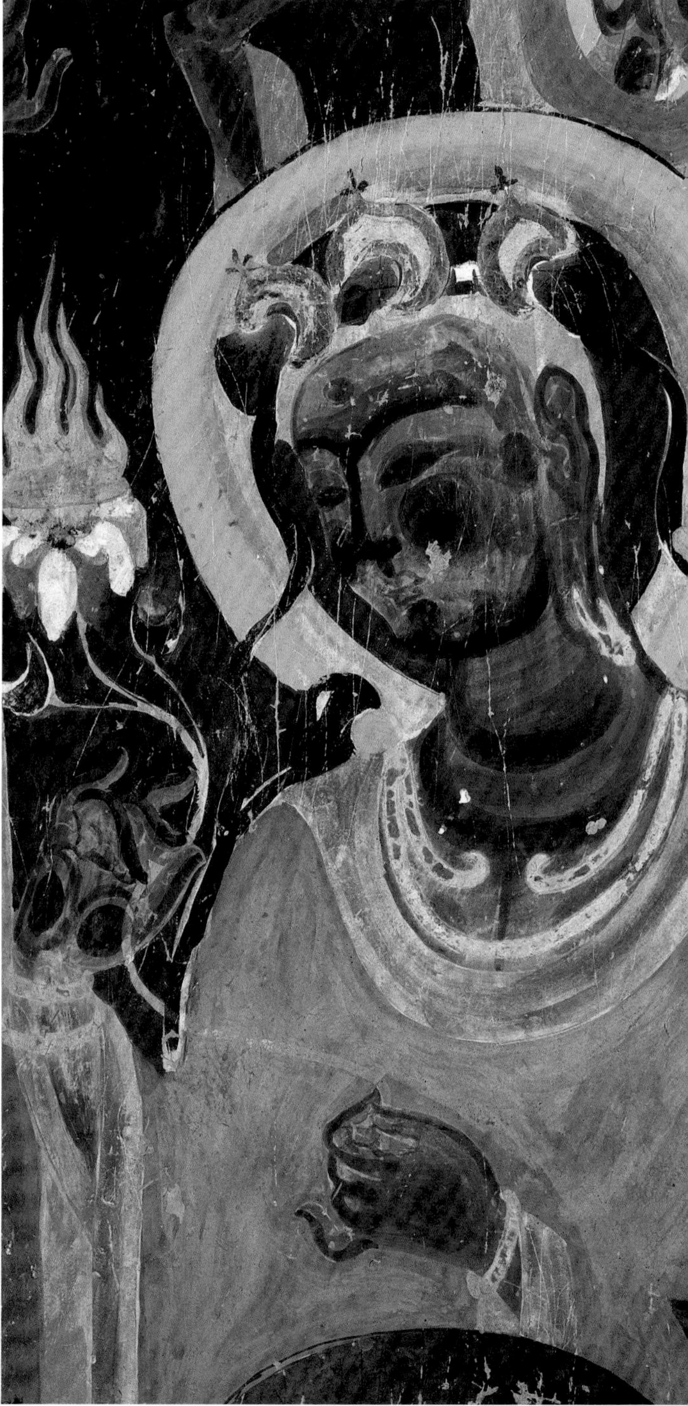

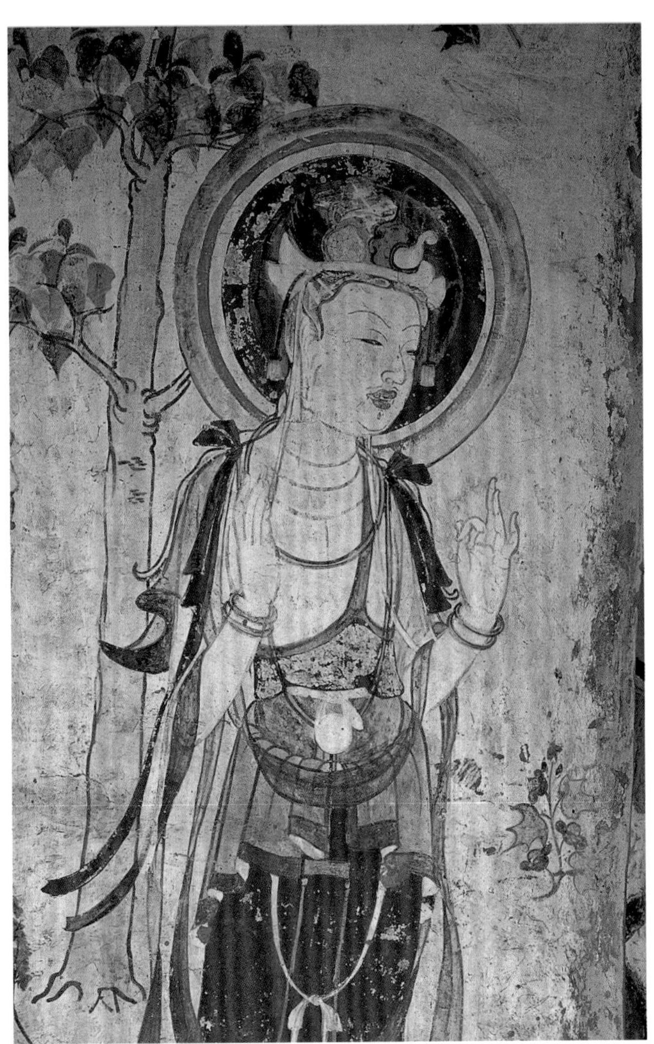

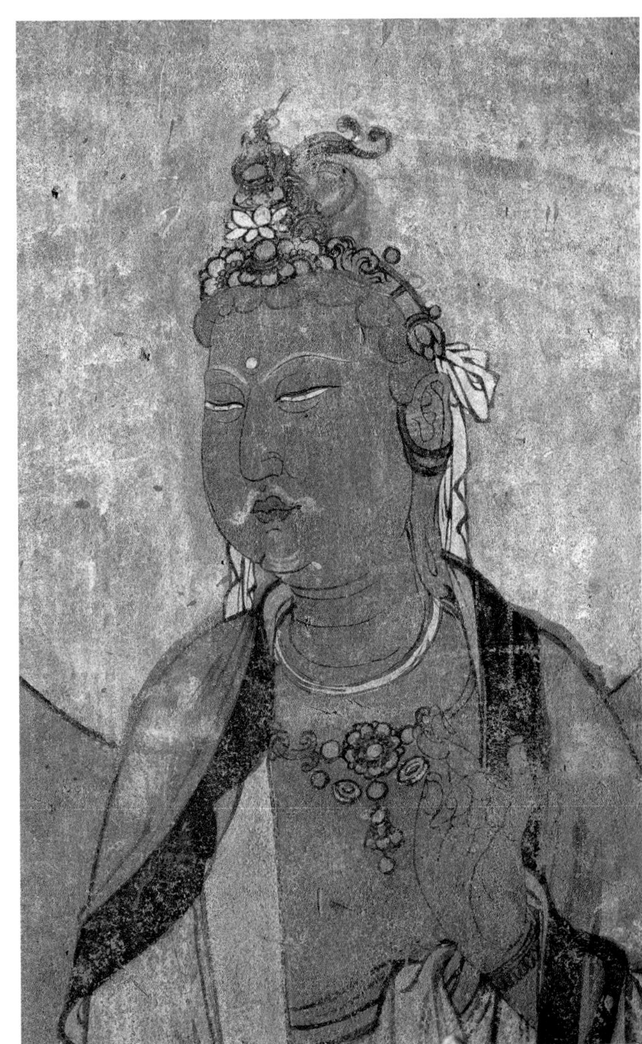

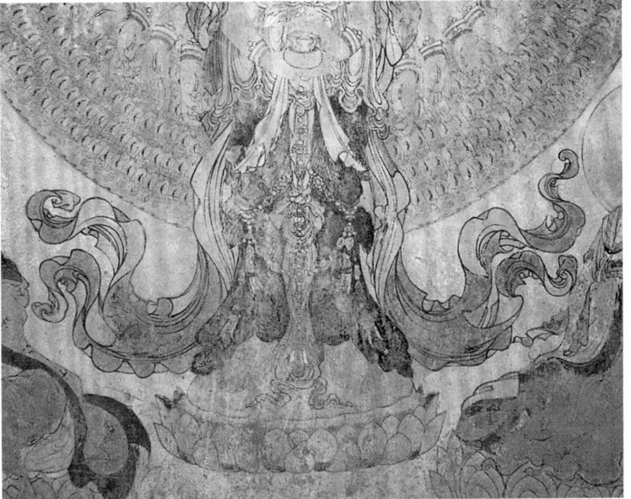

211 白描的例子——文殊像

白描又稱白畫，指描繪形象而不施色彩。在敦煌壁畫中，甚少完全不加色彩的白畫，但不缺少與敷彩並存的白畫。從北朝到隋代都有敷彩與白畫並存的實例，如這位文殊菩薩與同窟的維摩詰像都是白畫顏面。

隋 莫276 西壁龕外南側

孫志軍 攝

212 折蘆描的例子——白觀音

折蘆描是一種線描技法，用筆挺勁，凡轉折處均用力頓挫，急行急收，形似蘆葦斷痕。這種技法在敦煌出現較晚。白觀音衣裙巾帶的線描，時而筆勢酣暢，如行雲流水，時而勁拔頓挫，如蘭葉折蘆，和諧統一。

元 莫3 西壁龕外南側

孫志軍 攝

213 折蘆描的例子——千手千眼觀音的衣袍

這是千手千眼觀音下身的衣袍特寫，轉折處頓挫明顯。

元 莫3 南壁

吳健 攝

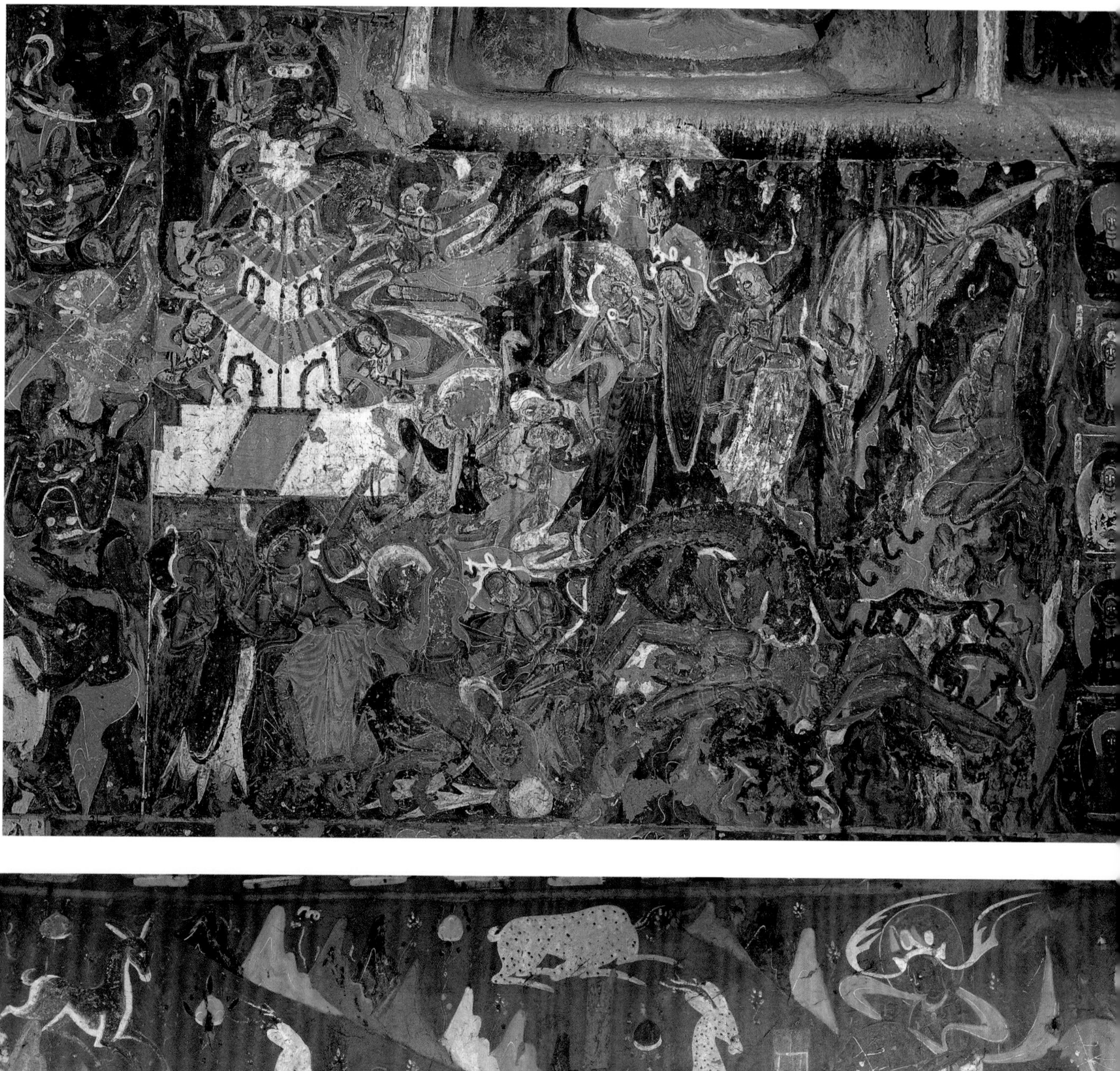

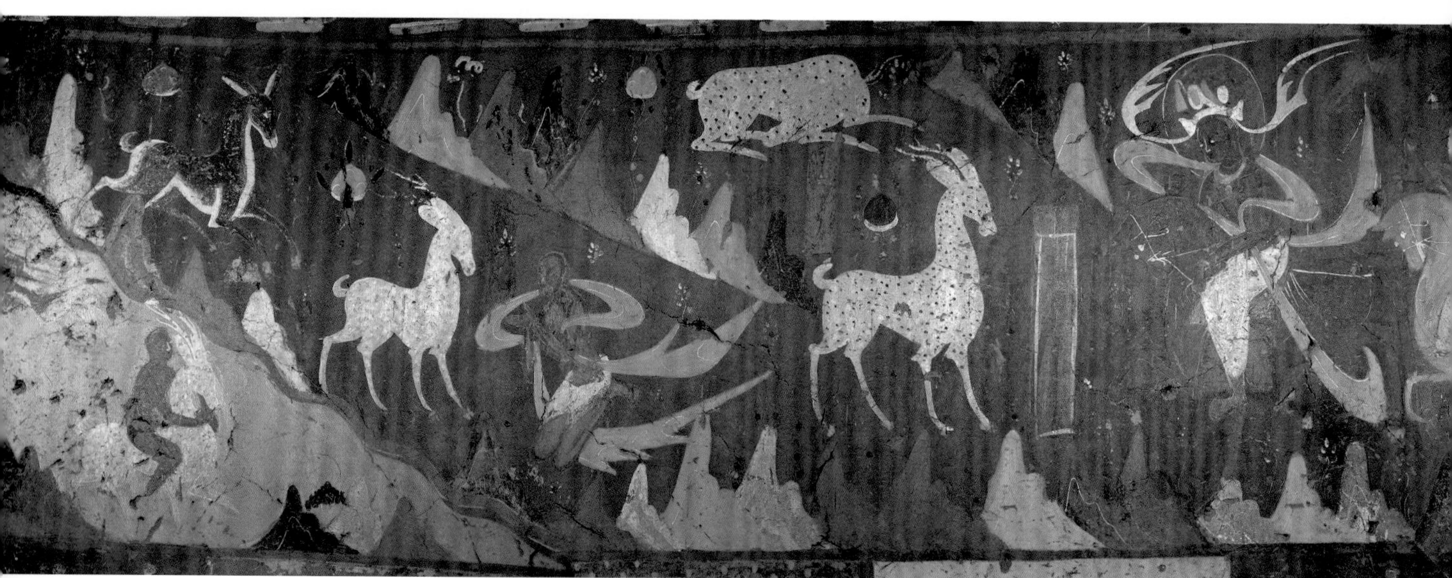

214 薩埵太子本生全圖

此圖採用了由印度和中亞傳來的異時同圖的手法，把不同場景合繪於一圖，表現了三兄弟見虎，薩埵太子刺項、投崖、飼虎，親屬收拾遺骨，造塔供養等多個情節。飼虎及國王王后撫屍兩個重要情節，則安排於最顯要的位置。

北魏 莫254 南壁

宋利良 攝

215 九色鹿本生全圖

此圖採用中國傳統的長卷式構圖，按順序敘述故事，最左面是九色鹿在河邊遊玩，遇見溺人，讓他騎在背上脫險。畫的另一端，王后要求國王獵鹿，溺人向國王洩露九色鹿行縱，於是國王乘馬出獵。故事的結局繪於畫的中心，九色鹿向國王陳述溺人見利忘義，溺人則遭到報應。

北魏 莫257 西壁

宋利良 攝

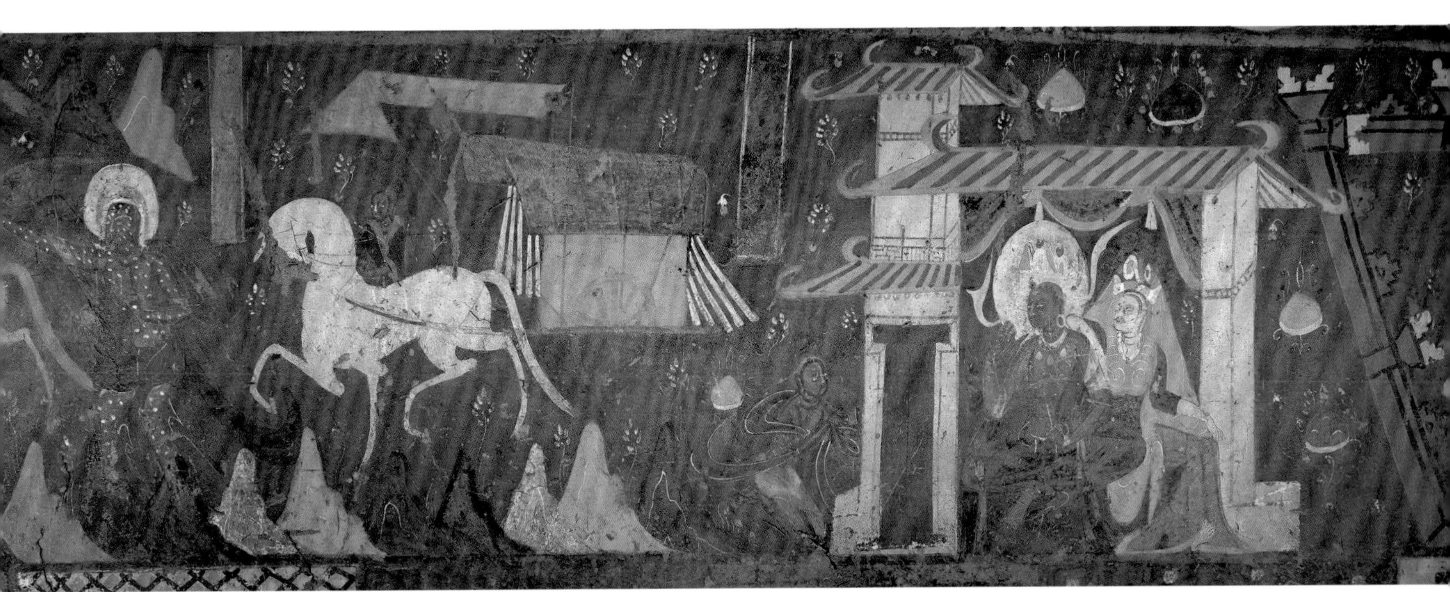

216 勞度叉鬥聖變

這是敘事性經變畫的典型作品。此圖是鬥法的佈局，全圖對稱，左右是對坐鬥法的舍利弗和勞度叉，中間佈置各個鬥法情節。
宋 莫25 南壁

217 觀無量壽經變

這是淨土圖式經變，以淨土圖為中心。
盛唐 莫113 南壁
孫志軍 攝

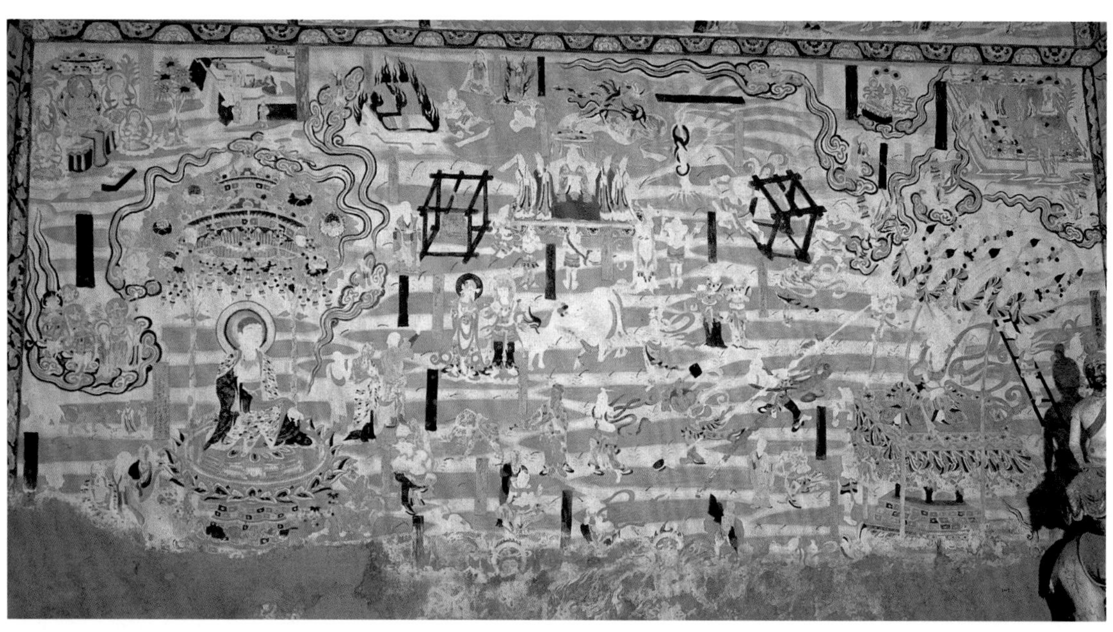

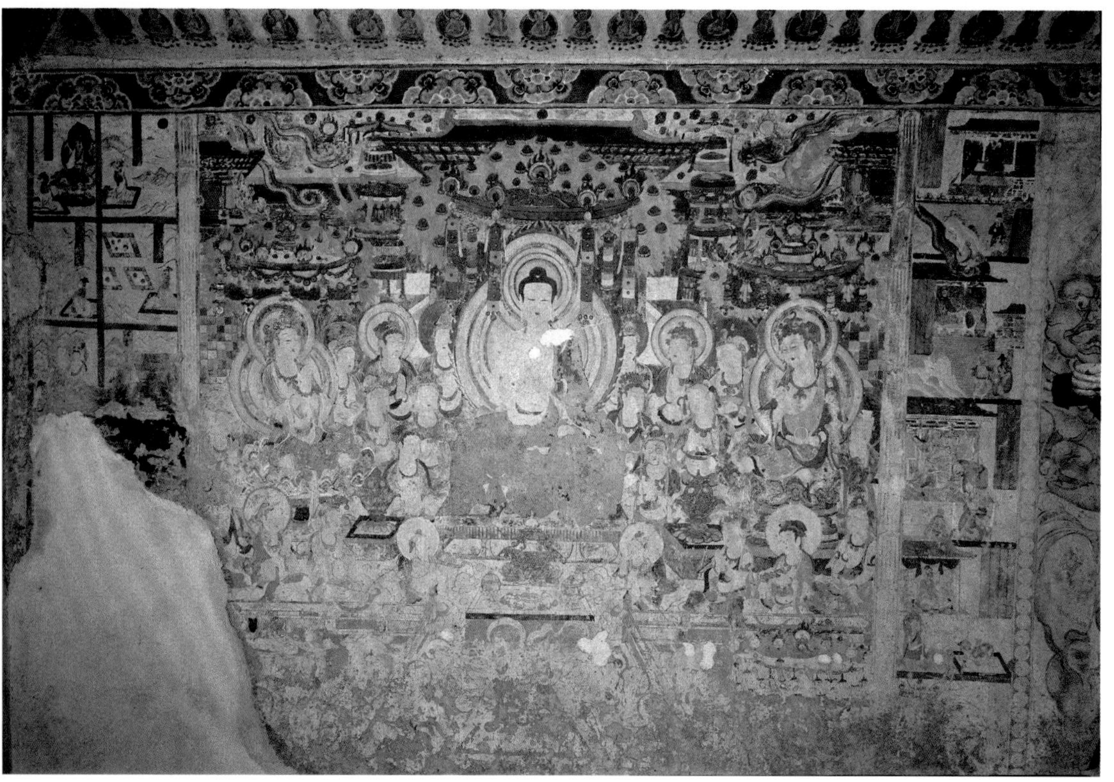

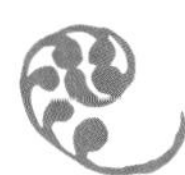

第三節 敦煌藝術在中國美術史的地位

"當我到敦煌，經過了一短時期之後，我逐漸驚心於壁上的一切，逐漸發現個人平時熟習於一些明清的以及少數宋元絹或紙上的繪畫，將這種眼光來看壁畫，一下子是無法妥洽的。這正如池沼與江海之不同。平時所見的前代繪畫，只是其中的一角而已。今天要論祖國的傳統藝術，循着當時的歷史與社會背景，來認識和辨析它的變遷和盛衰之跡，因而莫高窟自北魏到趙宋，這惟一的、有系統的人民藝術，是更能尋求得全面的理解的。"這是一位當代名畫家在戰亂中萬里尋索到敦煌石窟參觀研究後的感言，也是許多了解敦煌藝術的人的共同意見。中國美術的面目，中期有一大段，因歲月滄桑變化，而為後人所不識。敦煌石窟保存的藝術品，有助今人探尋中國中古藝術的軌跡，可以與美術史文獻相對證，並且具體見出中國美術發展的多民族文化貢獻。

石窟保存的佛教美術

由於佛教與藝術的特殊緊密關係，佛教東傳，使中國中古時期的美術界洋溢一片宗教藝術創作的熱情。當日盛極一時的宗教藝術融合了多種藝術新養分，提升了中土古代藝術本來的樸素風格，最後成就一種新的藝術作風——既有中土傳統，又有新素養的轉化。隋唐及以前，美術的載體主要不是今人重視的卷軸畫，卷軸畫形式還不普遍，當時基本上是壁畫的時代，藝術家主要從事於裝飾殿堂廟宇。著名畫家不分族屬，都花大量時間和精力在寺廟繪製大型壁畫，像唐代名畫家吳道子即以畫寺觀壁畫聞名，紙絹畫作極少。

敦煌石窟藝術也是這一大流激成的，雖然名畫家未必去過僻遠的敦煌，然而依託粉本，潮流風尚傳播仍然傳到這個地方，因此敦煌藝術是與時代大流同方向的。中土寺院毀於年月或戰亂，大名家的作品無存，石窟寺院較易保存，讓後人還能見到當日盛況的大致輪廓，尤其敦煌石窟保存了幾達一千年的豐富雕塑與壁畫，文獻所載佛教繪畫題材幾乎都可以見到，是理解中國佛教美術史的百科全書。敦煌藝術水準亦高，本身就是探討美術史發展的無價寶，據以推想，大名手的成就可能更輝煌百倍。

我們能夠透過可以推定年代的敦煌石窟藝術品，探尋長達一千餘年的藝術發展蹤跡：憑藉敦煌現存大量北朝及唐的建築繪畫，少量宋朝木簷結構，有助探知佛教寺院及其他建築的變遷。早在二十世紀五十年代，就有考古學和古建築專家專門研究了敦煌現存建築和壁畫中的建築形象。八十年代以後，出現了敦煌建築研究的專門著作，這些研究指出了中國建築發展史中南北朝到唐代是一個發展變化較大的時代，而這一階段的建築實物所存極少。敦煌壁畫中的建築形象正好補充了這一缺陷，特別是唐代經變畫中的建築畫，對於認識當時的宮殿以及寺院建築有重要的作用。

從雕塑、壁畫及文様，可探知佛教藝術的題材或內容，以及各時代的風格、表現、技巧等的發展。對佛教藝術，過去的美術史是不太重視的。二十世紀五十年代以後，學者開始把敦煌壁畫和彩塑寫入中國美術史。在現存的佛教藝術中，敦煌壁畫和彩塑以其數量之多，保存之完好，及其時代之完整性而成為中國佛教藝術的代表。更重要的是敦煌藝術的研究已不僅僅限於佛教藝術的範疇，對於中國南北朝至唐代的美術史來説，敦煌藝術具有不可替代的作用。

二千多彩塑，各時代數量皆豐，可推定他地佛像時代，及顯示佛教造像種種發展變化，且對涼州與西域，涼州與中原之間的佛教圖像關係，及各時期的佛像製作及其成果提供實例依據（如交腳彌勒到半跏思惟像）。從佛教藝術的變遷中還可以了解古代中國與中亞、西亞及印度等地的文化藝術交流的狀況。如北朝佛像具有犍陀羅風格，從菩薩的服飾等物可以看出波斯藝術的特點。隋代以後，印度本土的馬土臘等地風格也在敦煌石窟中出現等等。另外還有，北魏以後，以雲崗、龍門石窟為代表的中原藝術對敦煌壁畫和彩塑的影響，隋唐以後，中原流行的各畫派在敦煌壁畫中的反映等等。

繪畫活教科書

敦煌石窟藝術是中土古代美術史的活教科書。敦煌石窟雖然是佛教藝術，但對了解中土此時期美術的發展，有普遍意義。單以經變畫一項為例，經變畫來自中土，但當地寺廟罕能保存，名震一時的經變畫已幾乎不存在，後人難以猜測面目。但是敦煌保留的經變畫數量多，品種亦多，成為了解各種經變發展的依據，並且知道各種經變出現和發展與中原有密切關連，是佛教經變獨一無二的寶庫。經變畫大型構圖的全面場景，巧妙綜合了人物、山水、動物、建築畫，是探知當時繪畫水準的具體資料。

從中國繪畫的主題內容看，五代以前以人物為主，元以後以山水為主，宋代是人物、山水並盛時期。在敦煌可以清楚看見五代以前人物畫盛況，又見到山水畫漸興的軌跡。下面茲就敦煌如何見出中國繪畫幾個主要畫種的面目，略作介紹。

（一）人物畫

敦煌石窟藝術自初創到大盛，正值是人物畫主流的時代，著名畫家都擅長人物。文獻所載的當時許多名畫家作品，流傳至今寥寥可數，像吳道子在唐朝兩都畫了幾百幅大型壁畫，但至今只有一兩件卷軸作品留下來，而且真偽尚有疑問。這些畫史上著名的人物畫家名震一時，他們的繪畫風格當日亦可能以粉本等形式傳到敦煌。在敦煌壁畫中往往可見各名家具體而微的影響。

以畫史上最有名的人物畫家為例，除顧愷之時代早於敦煌之外，陸探微、曹仲達、張僧繇、吳道子、周昉的畫風，未嘗不可在敦煌見到影響之跡。

顧愷之弟子南朝宋的陸探微，人物造型瀟灑秀麗，稱為秀骨清像，風行一時，百多年之後在敦煌西魏的洞窟，如莫高窟第285窟的塑像和說法圖風格，可以見到這種影響。佛教哲學受儒教影響，佛畫亦受南朝人物畫影響。

秀骨清像的風格到南朝中期逐漸衰微，另一種畫風由南朝梁的張僧繇帶動。張僧繇重視色彩，極致者可不用線只用色彩，公認為創造了沒骨畫法，他吸收西域風格，以紅綠兩色畫"凹凸花"，有立體感。張僧繇的人物造型稱為"張家樣"，面短而艷，整體傾向豐腴，後來的敦煌北周佛像亦見有這種傾向。

至於畫史上有名的"曹衣出水"和"吳帶當風"的風格，是兩種表現衣紋皺摺的方法。"曹衣出水"出現於魏晉南北朝，把衣紋皺摺繪塑得緊貼身體，有如從水裏出來，乃是印度笈多王朝（約公元320年－540年）流行的佛像造型風格。曹衣出水一說形容早到三國時代的曹不興的風格，當時印度還未流行笈多王朝風格佛像，採此說的較少，一般認為指北齊曹仲達的畫風。曹仲達本是中亞人，衣紋貼體本來就是西域風格，到曹仲達大加發揮，曹衣出水更為畫評家所盛稱。回看敦煌，則從最早期洞窟的塑像已可見到這種衣紋貼體的風格，早於曹仲達。由敦煌的材料不但可以猜想曹衣出水的風姿，而且對這種風格傳入中國的時間和影響之跡，可作更深入的研究。

"吳帶當風"指盛唐著名人物畫家吳道子的人物畫線描功夫，稱為"吳家樣"。他重視線的速度、輕重，表現於人物的衣服飄帶尤其突出，天衣飛揚，滿壁風動。他的人物畫只施淡彩，"焦墨痕中略施微染"，全仗線描，極致者可以白描不用色彩。莫高窟第103窟維摩變、第172窟淨土變，都有吳家樣的基本特徵。

中唐人物畫名家則數周昉，他以仕女畫著名，稱為"周家樣"，他的仕女、菩薩頗極風姿，衣裳簡勁，彩色柔麗。他還有一種佛畫題材為人盛稱，"菩薩端嚴，妙創水月之體"，即水月觀音。周家樣在敦煌較少，但敦煌亦有水月觀音（榆林窟第2窟），亦近於周昉風格。

名家風格之外，在敦煌還可以見到後期印度、西藏人物畫風留存，印度波羅蜜王朝的寬肩細腰鬈髮人物傳到西藏，經吐蕃而傳到敦煌，這種佛、菩薩造型風格，與元以來藏傳佛教藝術，顯然有密切關係。

此外，看敦煌的人物畫自然不能不提飛天，其飛躍活潑的形象在壁畫中引人注目，是敦煌壁畫中的熱門畫題。飛天的職能是在佛說法時作歌舞供養或散花。敦煌飛天的造型與印度較寫實的飛天不同，更強調一種理想的形式美，一種流動之美。長長的飄帶，輔以流雲，形成了一種飛動的韻律。這種形體的流動，又如書法一般，通過線條的流動感而體現出一種暢快而生動的氣韻。總之，敦煌飛天藝術是中國人物畫藝術中的一朵奇葩，它介乎似與不似之間，真實與理想之間，創造了無限動人的形象。畫家以極大的熱情來描繪飛天，活潑而歡快的飛翔小天人與佛的莊重說法形成對比，同時也使經變畫的氣氛變得活躍起來，使嚴肅的宗教繪畫變得富有情趣，富有動感。飛動中的不同舞姿，反映出畫家表現人體動態的高超技巧。

飛天的形象不是敦煌獨有，但卻是敦煌最美，敦煌保存的大量彩繪壁畫，令飛天美態得為今人所見的，可以想見當年中土寺廟裏的名家之作，更會美不勝收。敦煌的飛天，到宋元時期已呈衰落，水墨山水畫極美的榆林窟第 3 窟已見不到飛天的身影。從飛天的興衰，也可以見到敦煌的藝術確與中土同其路向。

（二）山水樓閣畫

山水畫自宋元起，成為中國繪畫一大潮流。敦煌石窟鼎盛時期，山水畫仍未完全脱離人物畫成為獨立畫種。在敦煌所見，山水畫主要仍只是人物故事的背景，到了唐代，才與人物畫漸漸分工發展。盛唐畫家李思訓創造以石綠色為基調的青綠山水曾風靡全國，敦煌石窟中也出現了不少青綠山水作品，如第 217 窟和第 103 窟南壁的法華經變，都畫了青綠山水。第 148、332 窟的涅槃經變則進而以相當面積的青綠山水為背景。到西夏石窟裏則水墨山水畫成為大幅經變畫的重要背景（見榆林窟第 3 窟），所佔面積大於畫中主尊。與山水畫關係密切的樓閣畫，即界畫，在經變中比山水畫更早進佔重要背景的地位，但在榆林窟第 3 窟裏已變成山水畫中的景物。

雖然敦煌所見的山水畫、樓閣畫始終沒有完全脱離經變，只是人物畫（主尊説法）的背景，但是在經變中包容蘊釀的山水樓閣畫，其空間表現的探索，值得留意。經變畫裏以佛説法為中心，周圍繪佛經相關情節的構圖形式，即淨土圖式經變的空間表現引人矚目，在中心的佛説法之外，周圍或者描繪山水風景，如法華經變、彌勒經變等；或描繪華麗的殿堂樓閣和寶池平台，如觀無量壽經變。於是，經變不再只是圖解佛説法等情節，而是以豐富的環境，烘托出理想的佛教世界，這個理想世界的一山一水和無數樓閣，連同其中的佛、菩薩、伎樂、飛天等等卻真實可感。這種對空間的設計，充分體現唐代畫家技法的一大飛躍。

西方淨土變包括阿彌陀經變、無量壽經變、觀無量壽經變，是敦煌經變最大宗，佛說法之外，都離不開建築物背景，畫家通過這些建築背景就表現出遠近空間的關係。

初唐的淨土經變畫往往按水平線分成三部分，中段是說法場面；下段描繪淨水池和平台；上段象徵天空。如第329、334等窟的西方淨土變，下部通過水池或平台來表現由近及遠的空間關係。第329窟經變中，中部的建築結構複雜，以中央的大殿和兩側的配殿形成嚴謹的空間結構，初步具備一定的透視關係。但依然表現出較高的視點，彷彿是從空中俯瞰下面的建築。在第321窟北壁的經變中也體現出這種傾向。

盛唐的西方淨土變以中軸線為中心對稱構圖，兩側的建築等景物形成的斜線與中軸線相連，形成像魚骨那樣有規律的排列形式，造成一定的透視感，第172窟的觀無量壽經變就是典型例子。中國8世紀前後產生的這種"魚骨"式處理方法，大有助於空間關係的表現。比起歐洲從13世紀開始研究，到了文藝復興時產生的科學透視法，它還不完善，但在未有這種科學透視法的8世紀，敦煌壁畫所見的這種構成，就是表現空間遠近關係最有效的辦法。

"魚骨"似的構成在盛唐很快就普及，從莫高窟以後的經變可以看出，絕大部分經變畫都採用了這種以中央殿堂為中心，兩側配置建築，形成對稱構成的經變畫。第45、148、171等窟的經變畫，都有成功的描繪。

建築以外，不少經變畫也以山水為背景，或在建築物周圍描繪山水樹木，補充建築物沒有完成的空間。如第172窟的觀無量壽經變透過在建築物後面畫一些遠景山水，給人無限遠之感。中唐以後綜合處理山水與建築的經變較多，通常以建築物為近景，山水作為遠景，把遠近空間聯繫起來，如中唐第231窟的彌勒經變、第112窟的金剛經變、晚唐第85窟的報恩經變等。

亦有以山水為遠景，人間生活場面為近景的。彌勒經變本來以建築為中心景物，通常在中央繪須彌山，山上繪宮殿以象徵兜率天宮，但自盛唐開始以山水為背景，並形成固定的形式。第445、446窟的彌勒經變都是以山水為中心。第33、446窟的彌勒經變形成了新的山水空間。中心仍然是須彌山，但在周圍繪出綿延的小山，彷彿從宇宙向下俯視的遠景山巒，給人無限遠，無限遼闊的空間感。這樣的描繪符合佛經的記載。須彌山作為遠景置於畫面上部，而近景則表現儴佉王及眷屬剃髮出家以及嫁娶、耕作等場面。把兩重世界：須彌山的世界（天國）和人間世界統一在一個畫面中。近景的場面富有人間生活氣息，十分寫實，而空間處理手法的成功，也加強了畫面的寫實性。中唐第231窟的彌勒經變沒有繪出像第33窟那樣帶有神秘色彩的須彌山，卻描繪出雲環霧繞的兜率天宮，近景也是寫實的山水風景，近處是平原，其中還有動物在安靜地棲息徜徉。同樣也是天界與人間都描繪在同一畫面中，而人間的現實世界特徵更強一點。

法華經變的山水又稍有不同，盛唐第 103 、 217 窟的法華經變，中央的說法場面彷佛與周圍分離。這兩幅法華經變周圍的山水風景描繪十分成功，特別是化城喻品這一畫面，充分表現出當時青綠山水的特徵。

以山水風景為主體的還有寶雨經變、金剛經變、楞伽經變、報恩經變等。其中初唐第 321 窟的寶雨經變的山水風景手法最為獨特，整體看來，金字塔式的山峰佔滿了全畫面，主峰兩側還有連綿的山巒。在主峰下面是經變的中心，即佛說法場面。整體構圖十分穩定，所有場面都在山巒中展開。

金剛經變是中唐才開始流行的。通常以巍峨的金剛山為中心景觀。如中唐第 369 窟的金剛經變，中央是金字塔式的山峰，有一種震撼人心的力量。

順便一提，經變畫的人物組合與排列也可以表現空間關係，最簡單的是說法場面的人物排成八字形，通過這樣斜向排列的羣像而表現出一定的空間來，形成遠近關係。如第45窟西龕頂上部的二佛並坐說法的場面，兩側的菩薩較多，形成兩重的八字形排列；第 205 窟的淨土變也是以佛像為中心形成兩重或三重的八字形構成；稍加變化的如第 148 窟涅槃經變的釋迦為佛母說法情節，中心的釋迦不是正面說法，而是半側面的形象，釋迦的身後一列人物面向右，與之相對的一組人物則面向左，兩組聽法的人物正好形成八字形排列。

除了八字形，人物眾多的經變畫中，羣像往往以佛為中心呈圓形組合，表現更為豐富的空間層次，盛唐淨土經變畫中出現較多，第 45 及 217 窟北壁的觀無量壽經變都可以見到。這種圓形排列進一步發展，人物再增加，可以形成多組羣像。每一組以某一主尊為中心，隨侍的神祇或近或遠，或聚或散，但都向着中心，好像星雲一樣。盛唐經變畫規模較大，常常在上部描繪三組羣像，又在下部兩側各繪一組以佛像為中心的羣像，形成五組的構成。如第 148 窟和第 172 窟的觀無量壽經變就是其例。

印度、中亞的佛教美術雖然也表現背景，但以人物為主，尤其雕刻作品中幾乎看不出對空間的表現。而中國自南北朝以來，對於山水自然的品評與欣賞，促成了山水畫的興起，也促進了畫家探索空間深度表現。東晉顧愷之、南朝的宗炳、王微等都是以山水著名的畫家。隋代以後，建築畫也發展起來，董伯仁、展子虔便是以台閣（建築畫）而著稱。表現山水和建築都要考慮空間遠近關係，唐代經變畫可說是探索空間表現技法的重大成果。而經變的意義不止於此，它表現出一個完美、豐富淨土世界，使佛教的理想境界變得具體可感。經變表現的是佛國之境，然而這些建築、山水則是人間的風景，它反映了中國人對風景審美的需要，從敦煌的經變畫，我們可以感受到由於唐代山水畫、建築畫流行，使對風景的審美風氣也滲透到佛教藝術中，畫史記載吳道子、李思訓等畫家都曾在佛寺中描繪山水畫，敦煌壁畫中的山水畫也為畫史提供了可感的形象資料。

（三）動物畫資料

宋元以來，中國於山水畫之外，花鳥畫也極流行，梅蘭寒禽等等常是宮廷畫家的題材，又是文人畫家表現心境意趣的媒介。而與花鳥同科的動物畫，相比之下，難以稱盛。然而在敦煌石窟所見，與山水畫關係密切的花鳥畫，卻未見繁盛。雖然迦陵頻伽、鸚鵡、鶴等等，也是天國世界的常客，但是與宋元以來的花鳥畫氣氛不同。這與唐朝墓葬壁畫或傳世卷軸畫中，仕女畫背景常有花樹為襯的情況，亦有不同，可能與敦煌題材究屬佛畫有關。反而動物畫在敦煌的故事畫和經變畫的背景裏，有相當表現。馬、牛、象、獅、虎、鹿等常常見諸畫中。畫風有中原的，也有西域的，有工筆、寫意、白描，也有沒骨重彩。

從敦煌動物畫來看，不免與宋元以來花鳥畫異趣，而可以見出更多中古風尚。例如敦煌的畫馬不少，跟唐朝傳世畫作和墓室壁畫相比，可見唐朝實在是一個愛畫馬的時代：貴族墓中大量馬球圖、狩獵圖，畫史記載的畫馬名家亦不少，韓幹即是畫馬能手之一，至今有傳為韓幹的《照夜白圖》，敦煌所畫的唐朝馬，風格也與墓室壁畫一致。

縱覽中國動物畫史，宋代以前的傳世真跡甚少，而且其中尚有後人臨摹的。縱加上近百年出土的墓室壁畫，也難以得見動物畫較完整的面貌。敦煌的動物圖像，種類多，技法翻新，而且系統可靠，是十分難得的畫史資料。

敦煌後期也出現折枝花，雖然畫面小而且位置不顯著，但未嘗不是與中國折枝花卉繪畫同其大流的一點表現。

從上述情況，亦略可以見出敦煌發展千年的藝術作品裏，西域的風格固然在敦煌有相當表現，但中土的藝術也傳播於此，政治混亂，南北分裂時代，南朝的人物畫的秀骨清像風格也能影響到敦煌，統一的時代，中土的影響更無與倫比，因此初唐侯君集大軍及於西域高昌，打通了絲綢之路，或可說明敦煌初唐藝術風尚出現變化的原因。除了中土影響可以區分出不同時代、不同流派風格之外，西藏或西域的影響也能一一辨出：中亞、波斯的西胡風格一脈，印度經西藏的藏傳佛教風格一脈，與乎河西的西夏、新疆的回鶻，在唐的基礎上的變化，也有時代確鑿的作品供今人欣賞研究。因此敦煌以多民族活動的地緣特色，留下一個多民族藝術寶庫，不光可見中國美術發展的重要軌跡，也可了解中國與亞洲各地的藝術交流。

218 蓮花伎樂化生童子圖案畫

圖案畫是敦煌七大類壁畫的其中一類。這是一幅以蓮花化生伎樂童子為主題的圖案畫，童子或合十敬禮，或演奏樂器，繪工精緻，色彩保存完好。

西魏 莫285 西壁

張偉文 攝

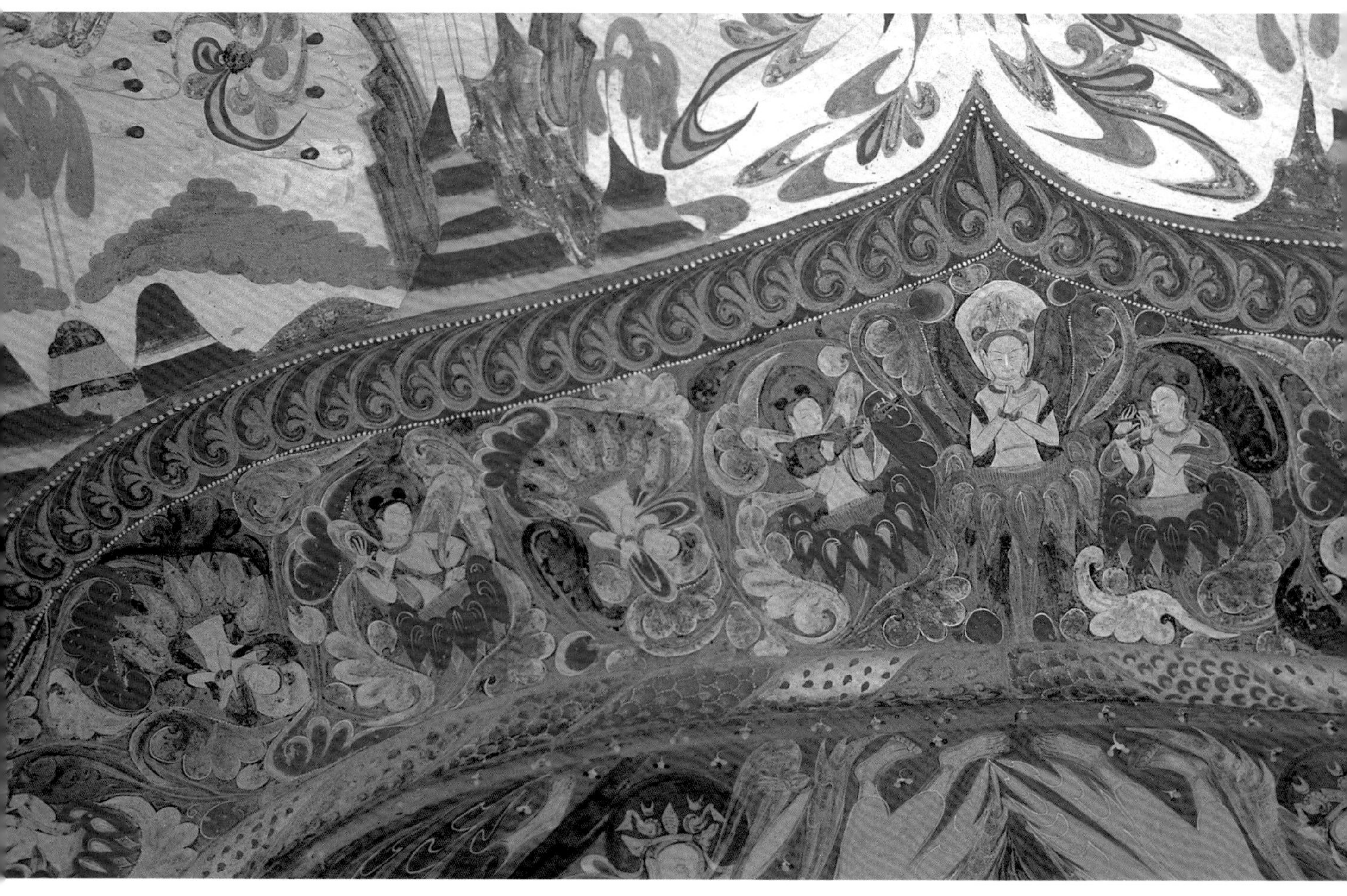

219 團龍捲瓣蓮花紋圖案畫

圖案畫往往由多種不同紋飾構成，此圖在中心繪團龍戲珠紋，龍體修長，外環捲瓣蓮花，四角有祥雲托火燄寶珠。

宋 莫29 窟頂

張偉文 攝

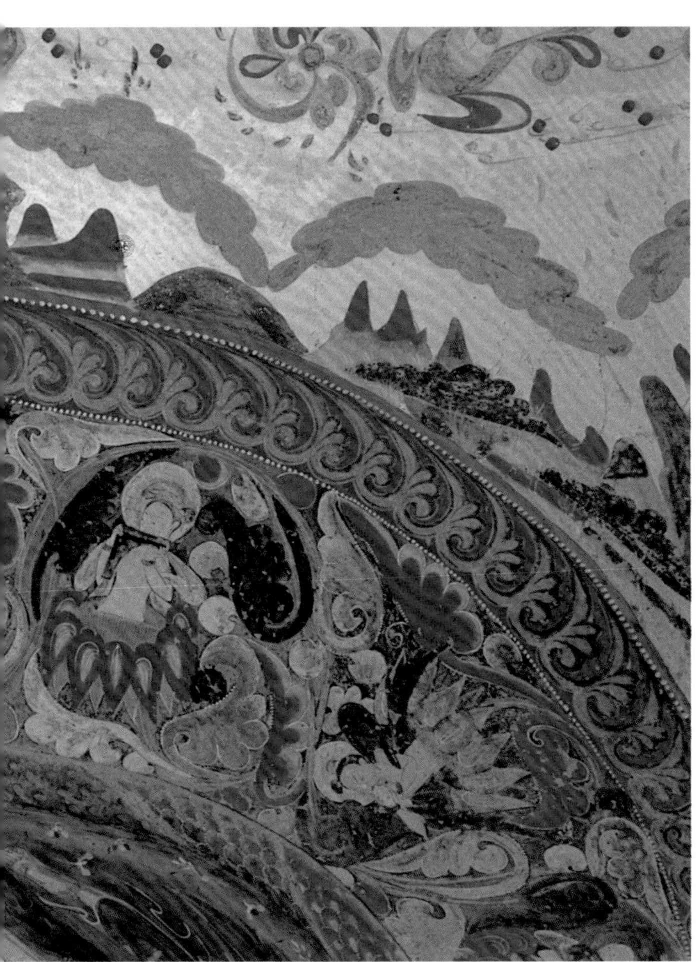

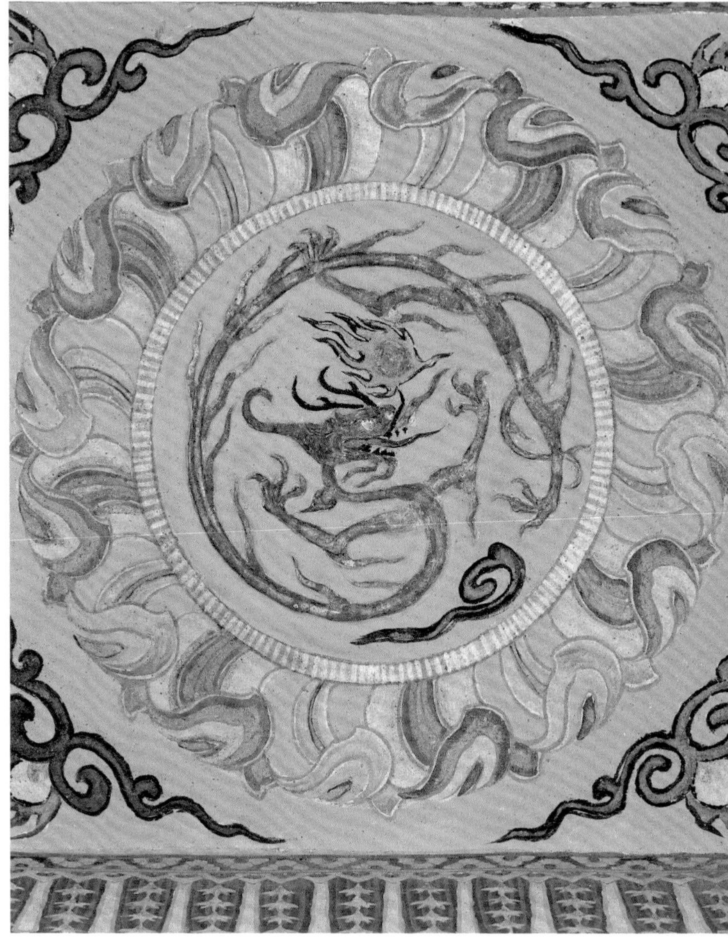

220 遠山行雲

盛唐畫家李思訓的青綠山水風靡全國，並傳到敦煌。這是涅槃經變中的青綠山水背景，峰巒秀麗，行雲從高空掠過，畫面多用石綠色，加墨線勾勒，層次豐富。

盛唐 莫148 北壁

張偉文 攝

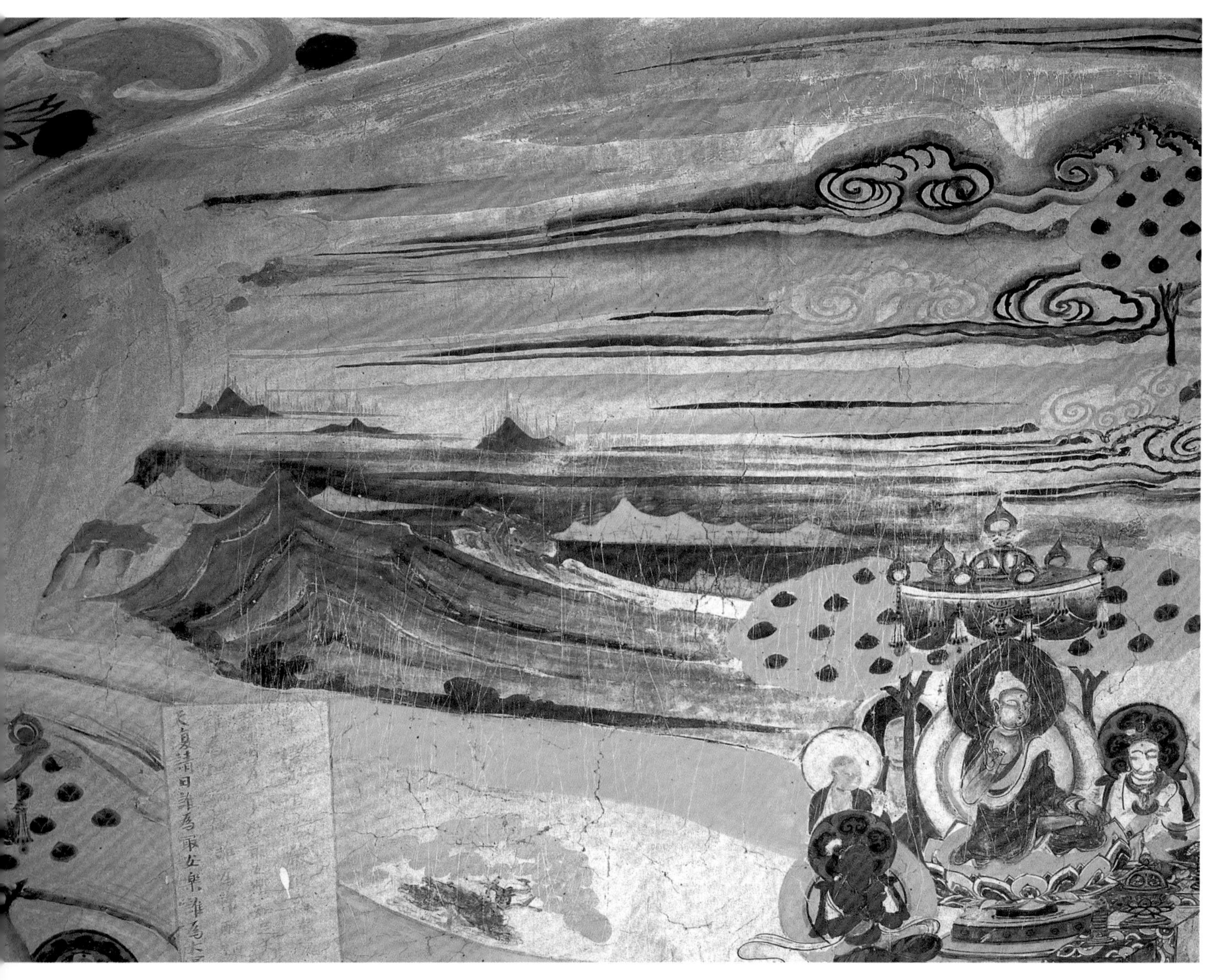

221 金剛山

中唐流行的金剛經變，常以巍峨的金剛山為中心景觀，此圖是典型例子。中央的金字塔式山峰是佛說法的背景，兩側畫山崖。

中唐 莫369 南壁西側

張偉文 攝

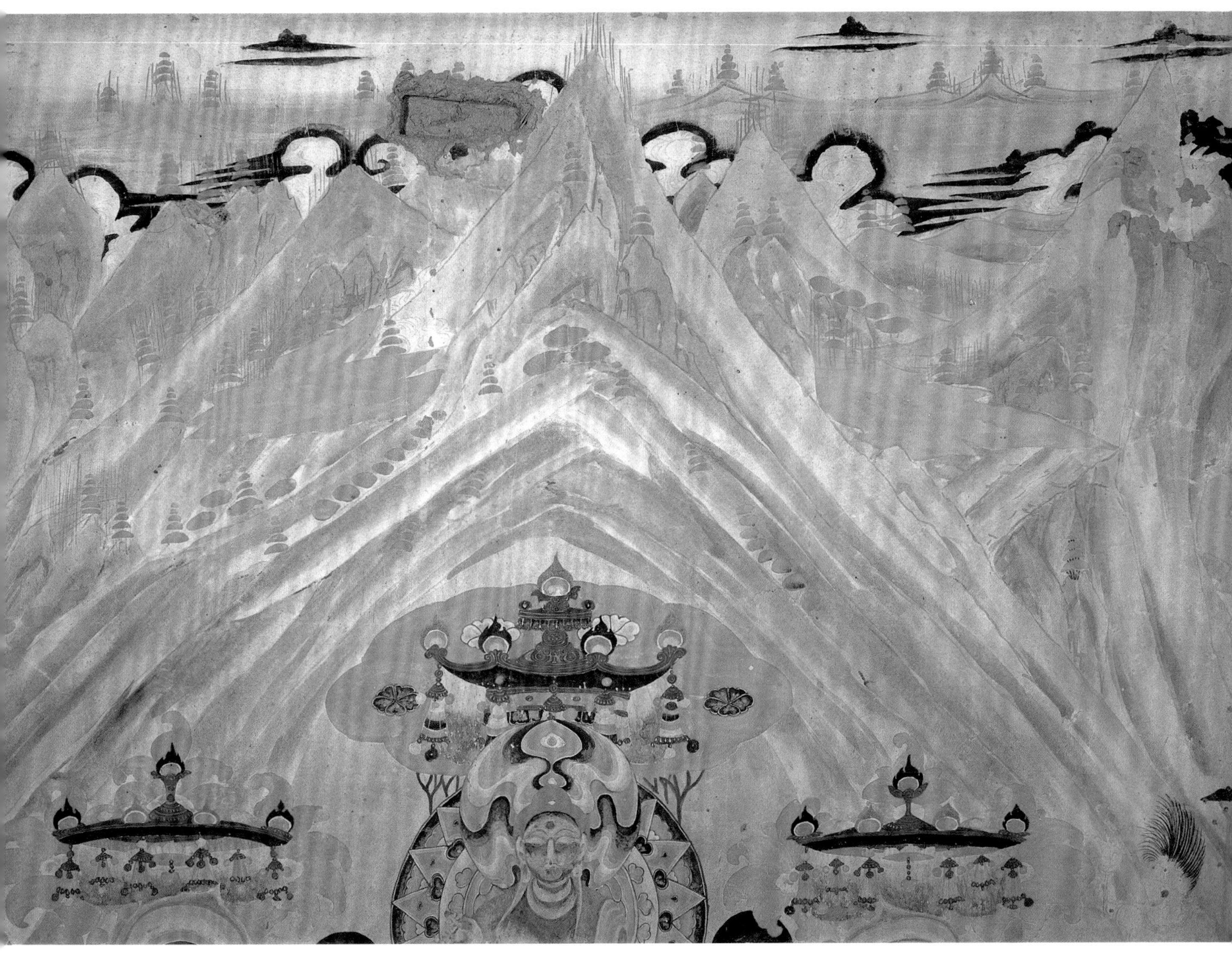

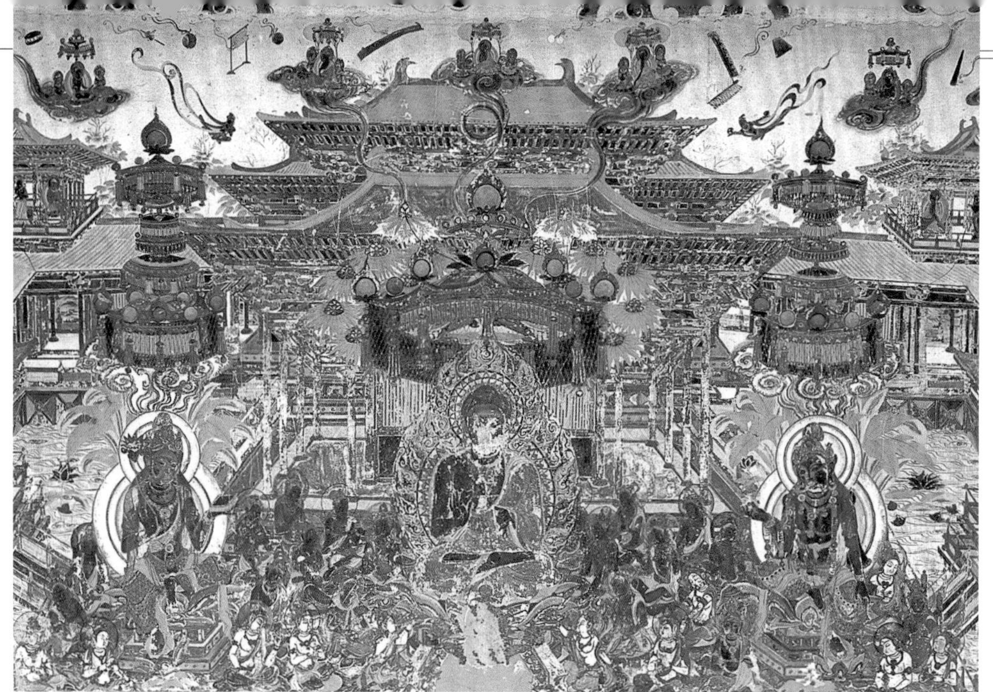

222 淨土寺院的殿宇

經變畫中很多時表現出樓台建築。在虛空段中，與飛天、樂器同時飄揚的，還有殿宇建築，它們一起讚揚淨土世界的莊嚴美麗。

盛唐 莫172 北壁

宋利良 攝

223 界畫樓台

這是敦煌壁畫中界畫的代表作，建築結構刻畫具體。

西夏 榆3 南壁

孫志軍 攝

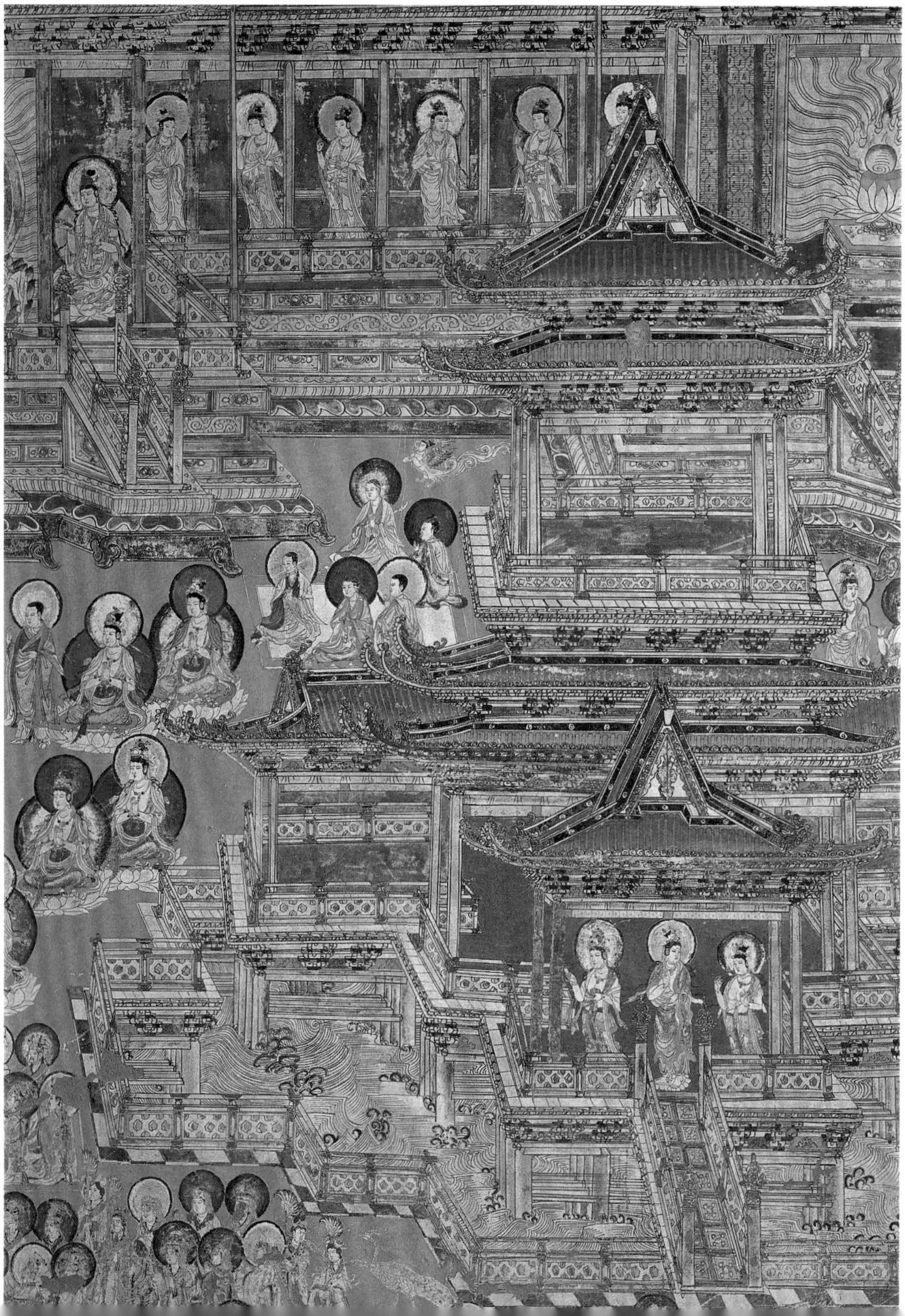

224 宋代窟簷

古代在開鑿石窟的同時，會在窟前興建木構的建築，到了唐代，莫高窟崖面已遍佈密集的窟簷，洞窟之間還有棧道懸閣相連。但由於年代久遠，今天只殘餘幾座唐宋的窟簷。第427窟的窟簷是一座典型的宋代木作結構，全部門窗欄額等大木框架都是宋代原物，唯有直棱窗棱和門板為以後補配，可以讓我們大概了解宋代建築的情況。

宋 莫427
吳健 攝

225 窟簷內的彩畫

宋初的窟簷彩畫，反映了古代裝飾達到“屋不呈材，牆不露形”的程度。牆壁滿繪彩畫，就連沒有彩畫的木構件上也遍刷紅顏料。

宋 莫427
吳健 攝

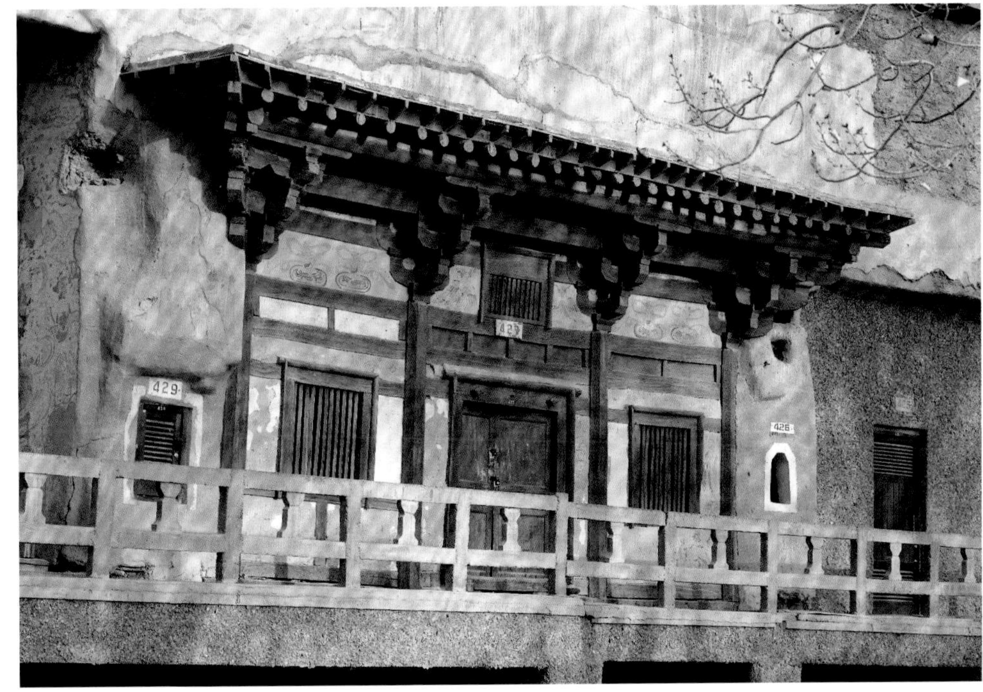

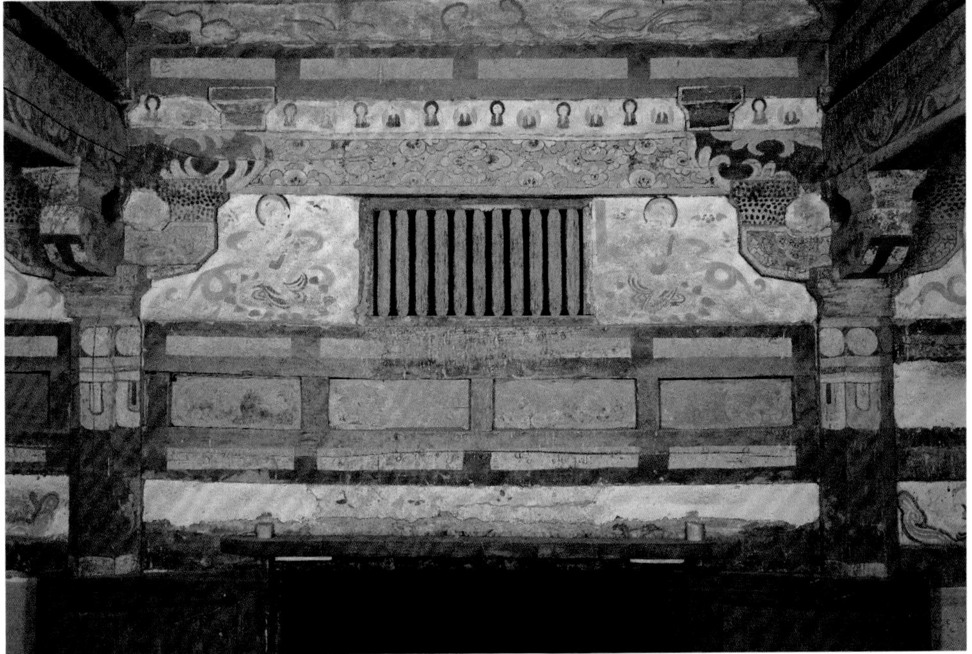

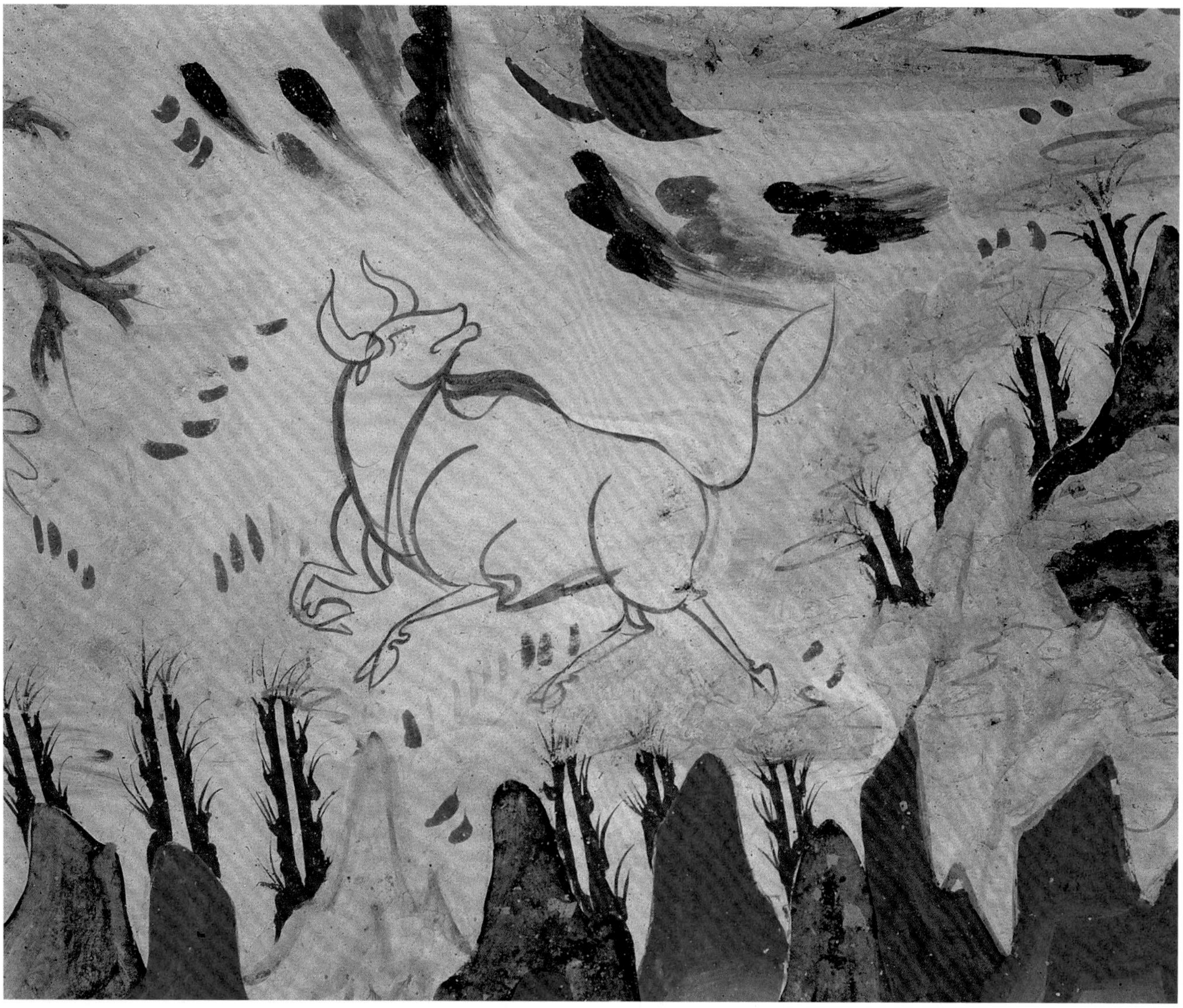

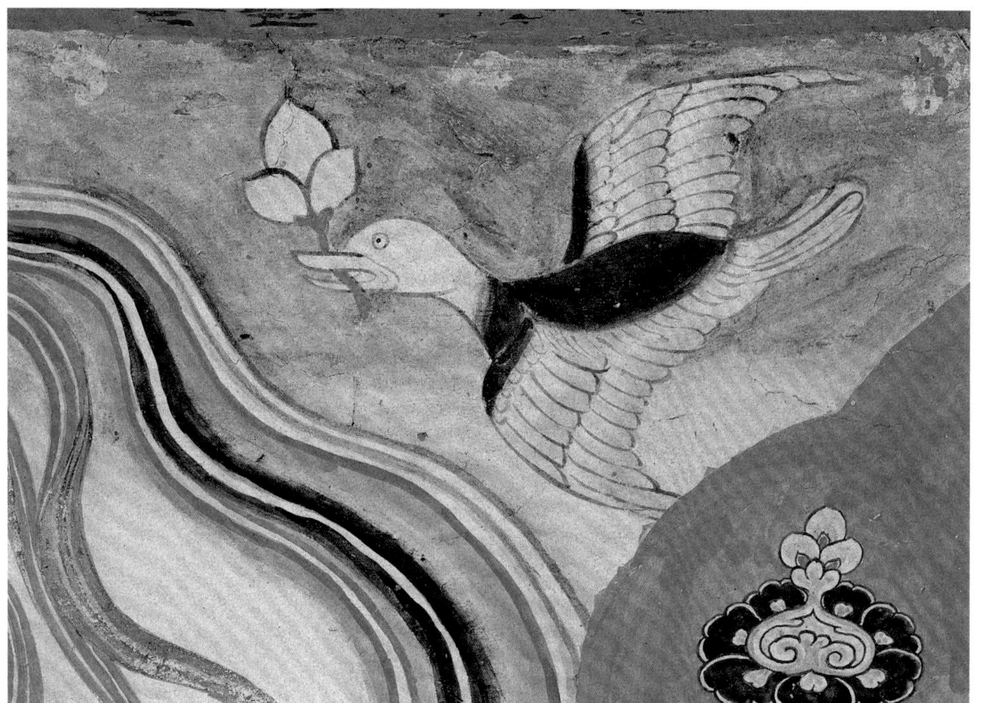

226 動物畫——受驚的野牛

動物畫在敦煌的故事畫和經變畫中，作為配襯，有相當表現。圖中一頭受驚的野牛，邊逃邊回首。畫師用概括簡練的速寫勾勒出野牛的動態神情，逼真傳神。

西魏 莫249 北坡
吳健 攝

227 動物畫——啣花的大雁

這是涅槃經變的大雁。佛涅槃時，各種動物悲鳴。大雁從遠處飛來，啣鮮花向佛作最後供養，眼神帶有驚愕與悲哀，與主題氣氛協調。

中唐 莫361 西龕頂
吳健 攝

228 陸探微風格的人物

陸探微式的人物造型風格，被稱為秀骨清像，南北朝時期在中原地區廣為流行，北朝時期傳入敦煌。造像特徵是廣額，削頜，眉楞、顴骨、下巴突出，圖中人物極為典型。
西魏 莫285 南壁
宋利良 攝

229 張家樣的菩薩

南朝畫家張僧繇式的藝術風格，俗稱“張家樣”。宋人米芾稱張僧繇筆下的天女宮女“面短而艷”。敦煌北周時期的壁畫人物繼“秀骨清像”之後，面相由清瘦復歸豐滿，被認為具有“張家樣”特徵，圖中的菩薩正是當中的典型。
北周 莫428 南壁東側上部
孫志軍 攝

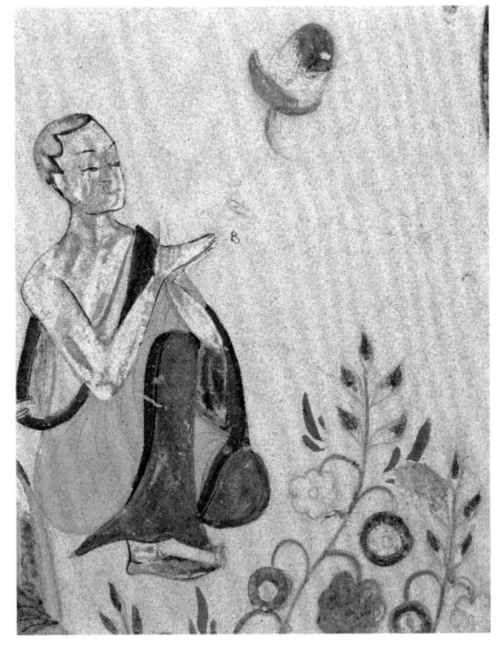

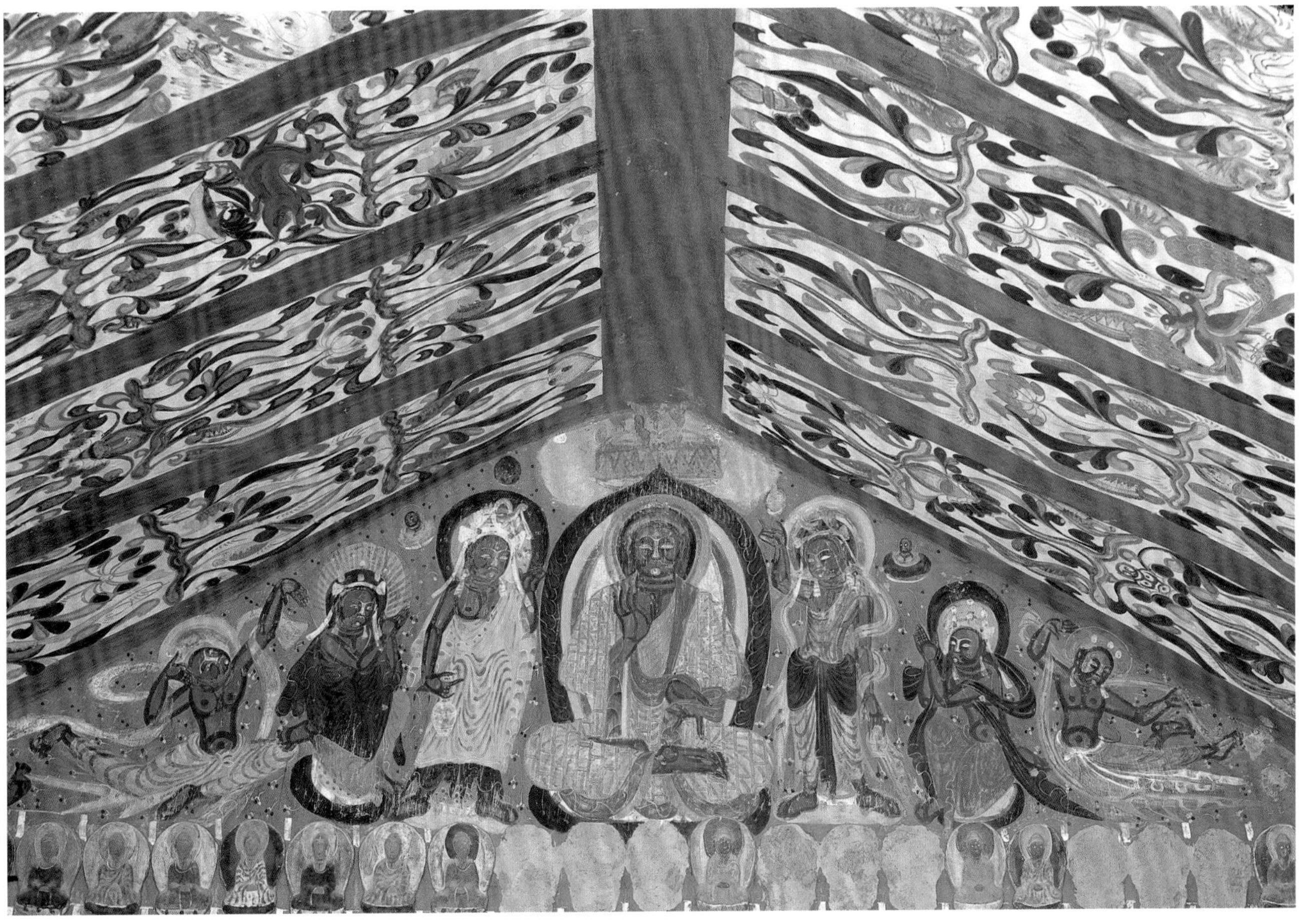

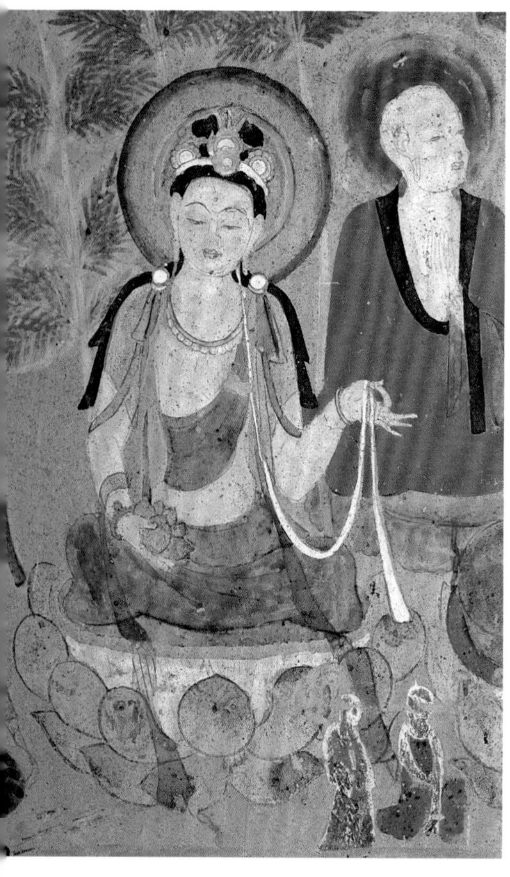

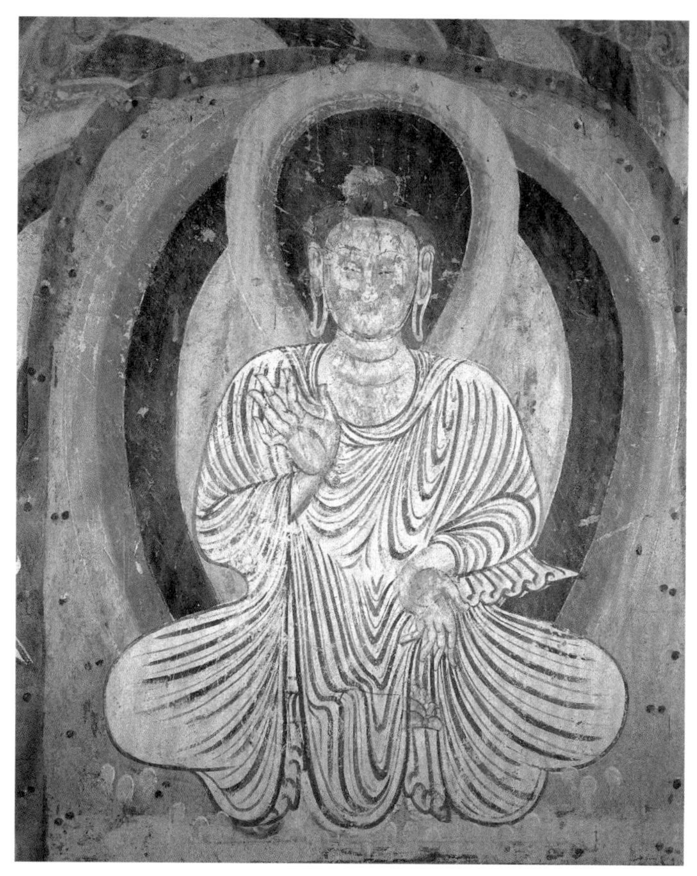

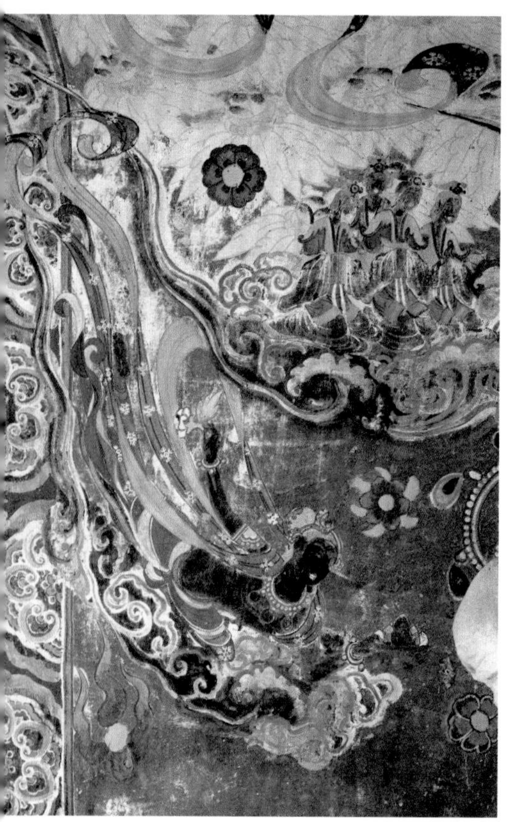

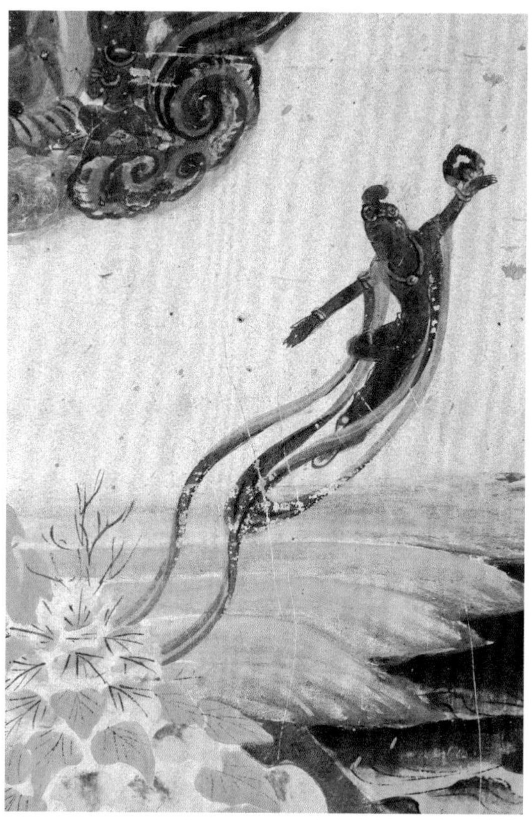

230 **竹林說法圖中的張家樣菩薩**

南朝畫家張僧繇式的藝術風格，俗稱“張家樣”。宋人米芾稱張僧繇筆下的天女宮女“面短而艷”。圖中的菩薩面相豐滿，有張家樣的風格。

初唐 莫322 東壁門上

孫志軍 攝

231 **曹衣出水的例子——白衣佛**

曹衣出水是一種從西域傳入的描繪衣紋皺摺的方法，其特徵是“其體稠疊，而衣服緊窄”，彷彿在水中出來的樣子。在敦煌藝術中，“出水”式的風格在北涼時期已經流行，圖中的白衣佛是典型例子。

西魏 莫431 西壁

孫志軍 攝

232 **吳帶當風的例子——飛天**

吳帶當風是指唐代大畫家吳道子的描繪衣紋皺摺的方法，又稱“吳家樣”，其特徵是“其勢圓轉，而衣服飄舉”，瀟灑自然，圖中的飛天是典型例子。

盛唐 莫39 西壁龕內

孫志軍 攝

233 **具動感的飛天**

敦煌的飛天非常著名，即使只在淨土經變角落的小飛天，都能透過兩根飄帶、兩手的動態以及上身略彎的體態，帶出快速飛翔的動感。

盛唐 莫172 北壁

孫志軍 攝

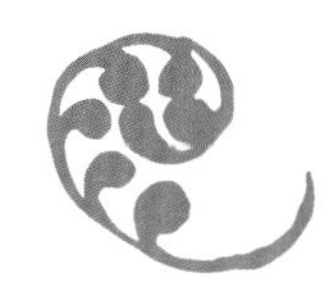

敦煌藝術的大唐氣象

以敦煌材料追溯唐代風貌

敦煌石窟壁畫既是弘揚佛法、化度眾生的宣傳品，同時帶有濃濃的世俗之情，是面向社會、面向生活、面向眾生的歷史記錄，被譽為"中世紀的百科全書"。這部百科全書用生動的圖像記錄了千多年來的社會風貌，唐代是其中精彩和全面的一頁。

唐代是中國中世紀的高峰，出土文物及遺跡頗為豐富，然而即以當年的都城長安（今西安）而言，已發掘的地面建築和陶俑、絲綢、金銀器、玻璃器、墓葬壁畫等等，可使我們窺見唐代盛世的輪廓，但仍不足以全面感受到昔日的大唐氣度，不一定能輕易構想出唐代鼎盛時期的生動圖像。敦煌石窟雖然位置偏遠，但保存的唐代遺跡相對集中，部分重要品種已不能復見於長安遺址，部分圖像所展示的環境又可以和出土的實物配合，為實物提供鮮活的背景。以石窟內容追溯唐代風貌，配合其他地方的發掘，可以看到更立體的盛世景象。

泱泱大國

唐代建立在隋代強盛的基礎上，自立國開始，已經是中古時期的世界強國，這種強大直接體現於首都長安城。當時長安城的人口約有一百萬，是世界上規模最大的城市，渤海國上京龍泉府城以及日本都城的佈局，都是完全仿照長安城建造的。詩人駱賓王說"山河千里國，城闕九重門。不睹皇居壯，安知天子尊"正是大唐盛況的寫照。

大唐氣度反映於敦煌石窟，最顯而易見的是一種宏大的氣魄。在敦煌一千六百年的開窟歷程中，唐代只佔近三百年，但在莫高窟有編號的492個洞窟中，唐窟佔近一半，是莫高窟建窟最多，現存洞窟也最多的朝代。唐朝又改變了北朝的洞窟形制，仿照中國殿堂建築石窟，窟內就如一個大殿，空間極為寬敞，畫師可以盡情利用整壁去繪製巨幅壁畫，例如處於莫高窟位置最高的第196窟，其西壁著名的勞度叉鬥聖變壁畫面積逾35平方米，予人的視覺以強烈震撼。又如體量巨大，使人仰望的大佛窟，莫高窟僅有的兩個都是唐代建造，其中第96窟是現存世界最大的大佛窟，也是莫高窟最高大的窟簷建築，內有高34.5米的彌勒像，是現存的室內第一大佛。這種碩大的巨像，建築工程浩大，唐人宏大雄強的氣魄至今仍叫人讚歎。

開拓進取

唐代的繁榮與其強大的軍事力量息息相關。唐立國後，銳意開拓，天降時機而破突厥，一洗自隋以來屈服於漠北之雄的無奈，西域各國紛紛歸附，成就了唐皇帝被西域各族尊為"天可汗"，影響力史無前例，遠及中亞及遠東各地。國力蒸蒸日上之際，全國瀰漫着一種為國立功的榮譽感和英雄主義，甚至文人也有出入邊塞，習武知兵的，唐詩中"寧為百夫長，勝作一書生"、"但使龍城飛將在，不教胡馬度陰山"等名句，就是時人追求建功立業的説明。

敦煌地處西北，是唐代的邊塞重鎮，"西出陽關無故人"的"陽關"就在敦煌的前沿，從敦煌石窟回溯唐代的開拓精神有其特別意義。唐人在進取中帶着一種銳氣，透現於敦煌藝術中，有一種剛強勇武的感覺，明顯有異於之前的南北朝與之後的宋代。唐代塑造的天王和金剛力士特別多，並且打破了宗教神話造像的形式，以現實生活中的將帥武士做模特兒，如第46窟西壁北側的天王，身高與真人相當，身穿鎧甲，體態成內弛外張之勢，呈現出一種向外爆發的力量。與天王不同，金剛力士則是以男性健美的體魄和隆起的筋骨、肌肉來表現特有的大力士雄風。如第194窟西壁北側的金剛力士，赤裸上身，肩臂胸腹以及兩腿的肌肉表現，既誇張又符合人體結構，配合身上飄動的衣裾，顯示出力量與動感。這些雄糾糾、氣昂昂的將帥武士以外，唐朝所塑的女性塑像也並不柔弱，在嬌媚中帶英氣。

唐人也把他們對軍旅生活的嚮往，透過壁畫發揮出來，部分壁畫繪畫了戰爭和軍事演習的真實場面。如第14窟的《法華經變》中，就有一個戰爭畫面，面對敵人的進攻，城中衝出一支部隊，越過吊橋，追殺而來，敵方的士兵倉惶逃走，有的還邊逃邊回身挽弓射箭。第156窟的《張議潮統軍出行圖》更有一個統軍出行的場面，旁有題記，突出張議潮的威儀及收復河西的軍功，簡直是一首英雄的贊歌。

華麗時尚

唐代社會富庶，人民安居樂業，杜甫對當時的情況有這樣的描述："憶昔開元全盛日，小邑猶存萬家室。稻米流脂粟米白，公私倉廩俱豐實。"豐衣足食，人們自然追求生活享受。唐人喜歡華麗，表現於敦煌壁畫中，是一幕幕金碧輝煌，富有氣派而不庸俗的圖像，具有明顯的唐代風格。

服飾是時尚的表現，壁畫中的婦女服飾多種多樣，不少是當時流行的衣飾，如第329窟東壁的女供養人，穿上初唐時的時世裝，是受“胡服”影響而形成的時裝。第130窟的都督夫人則是另一種味道。她頭梳高髻，穿碧羅花衫，其裝飾也是當時最流行的，“施素粉於兩頷”，化“黑眉白妝”，畫短眉，一派雍容華貴的風度。此外，透過壁畫也可以感受不同紡織品的質感與特色，如第57窟說法圖中的菩薩，身上的層層披帛，讓我們看到輕薄透體的絲、羅、紗等衣料，反映了唐代紡織技術的高超。

唐人喜歡用華麗的金銀器作為不同用途的器皿，這在壁畫中十分常見，而且往往是實際使用情況的寫照。壁畫中出現最多的金銀器，應該是佛的供器，主要繪於說法圖和經變畫，如第220窟北壁的《藥師經變》，有佛像前燃燈供養的場面，畫出了大型的金屬燈輪，燈輪建在水池中央，有虹橋與陸地相連。這燈輪是敦煌壁畫中最大的一座，氣派豪華。香爐和淨瓶也是佛前少不了的供器，唐代的香爐工藝精湛，如第220窟南壁《阿彌陀經變》有一個蓮花杯形的香爐，中間嵌有兩顆寶珠，華麗非常。第445窟北壁的香爐也是蓮花形，爐蓋中央飾有寶珠，與近年法門寺出土鍍金的銀香爐相似。淨瓶通常與香爐同放，菩薩和佛弟子也有很多手持淨瓶的畫面。與南北朝時代相比，唐代的淨瓶有很多不同的形象和裝飾，有的還可以辨別出陶瓷或金屬製品的特點。從出土情況看來，唐代較為流行瓷製的淨瓶，與此配合，敦煌壁畫中大多數淨瓶也像是陶瓷，如第225窟南壁菩薩就手持一個像是瓷製的淨瓶。而第44窟南壁菩薩手持的淨瓶，可能是銅製。

唐代菩薩手持的玻璃製品，也非常奪目，如第401窟南壁菩薩手托淺藍色的玻璃碗，碗口鑲有八顆珠子。第159窟西壁菩薩手托玻璃盤，盤身透明，盤邊呈褐色，彷佛有金屬邊沿。玻璃製品主要產於古代埃及、伊拉克、伊朗一帶，經絲綢之路傳入中國，在唐代應是十分貴重的用品。

以上所述，只能大概反映敦煌壁畫中大唐氣象的幾個方面，當然也不完整，敦煌這部“中世紀的百科全書”還有待進一步解讀，進一步探索。

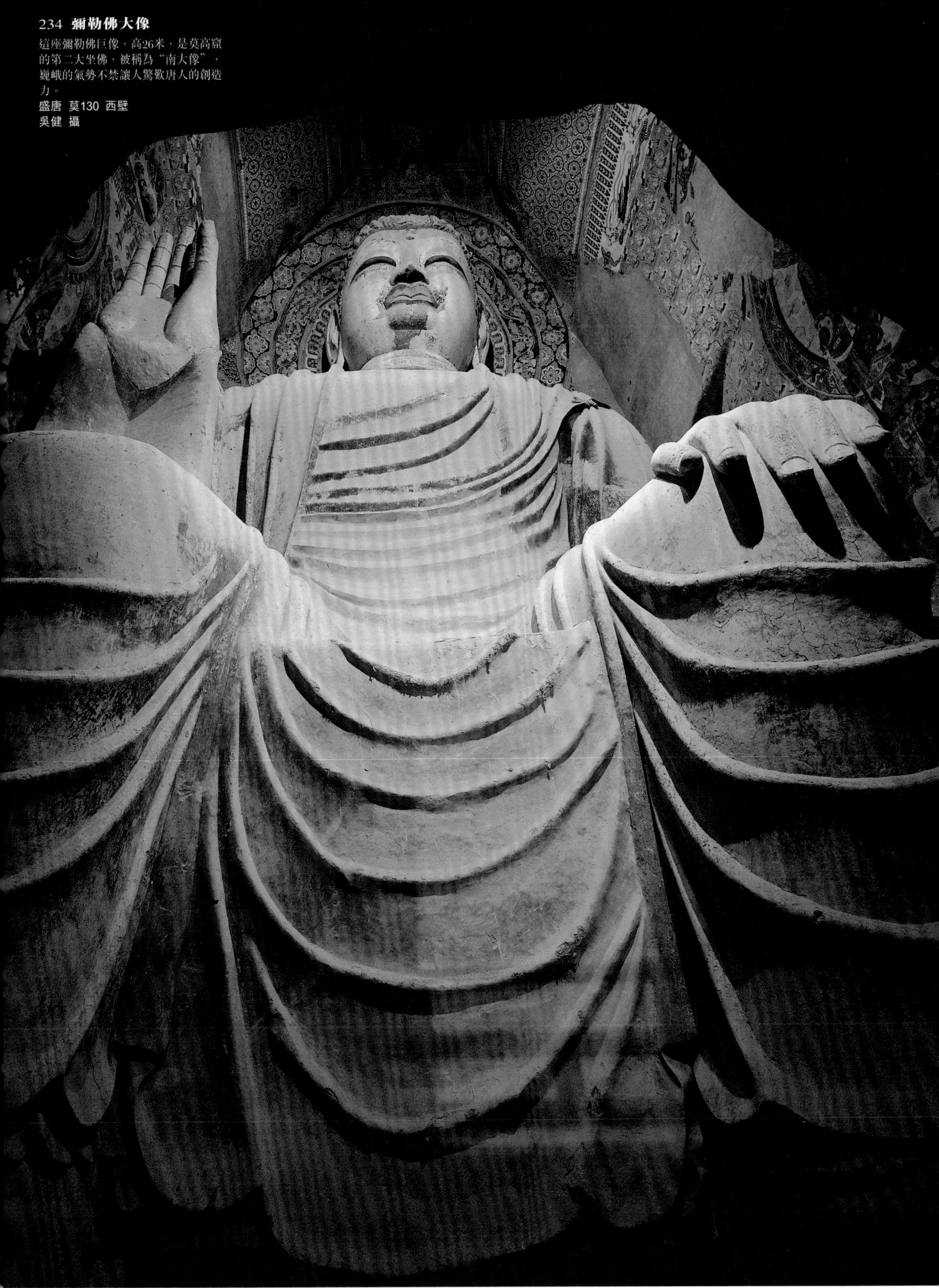

234 彌勒佛大像

這座彌勒佛巨像，高26米，是莫高窟的第二大坐佛，被稱為"南大像"，巍峨的氣勢不禁讓人驚歎唐人的創造力。

盛唐 莫130 西壁

吳健 攝

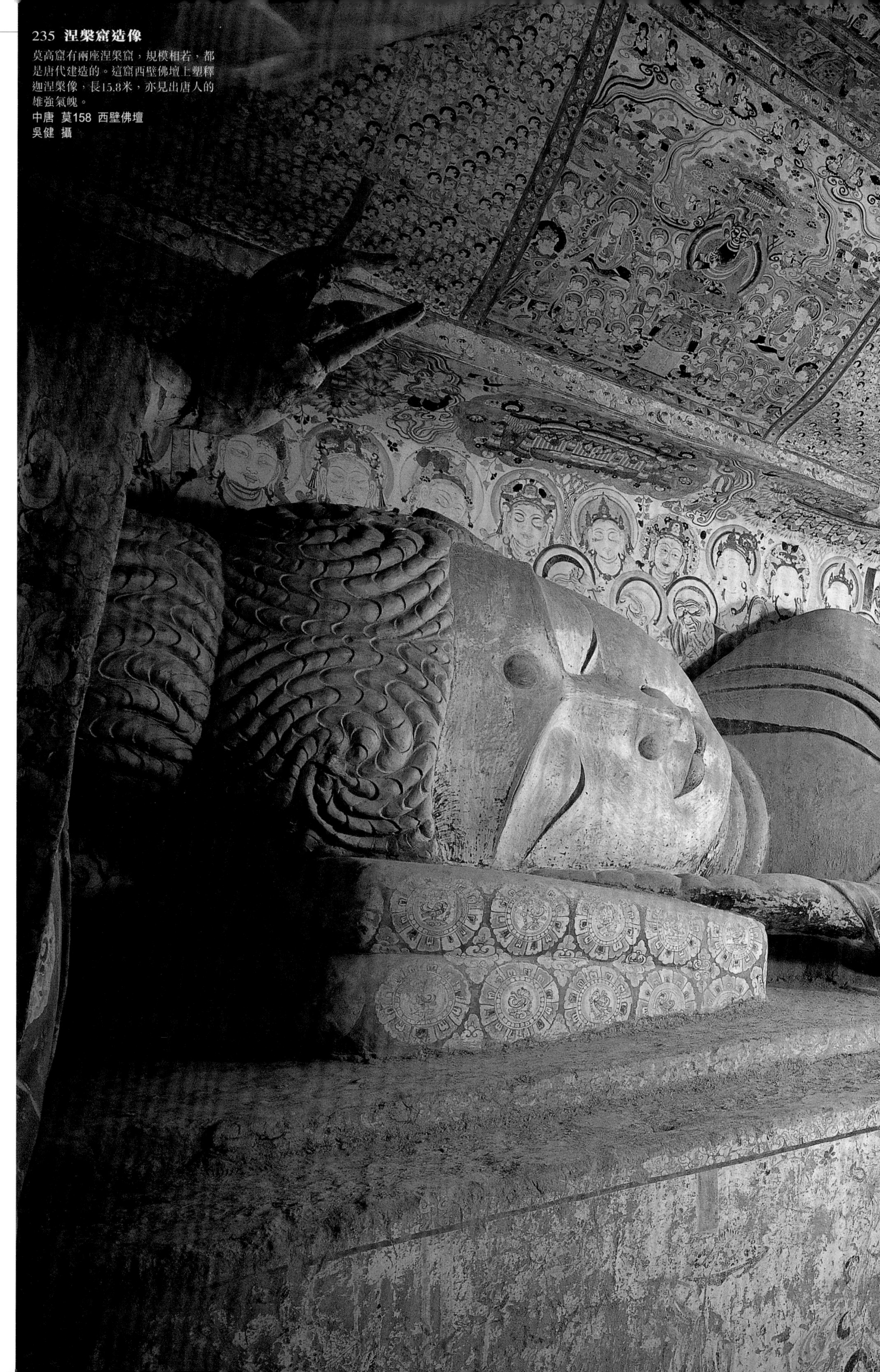

235 **涅槃窟造像**

莫高窟有兩座涅槃窟，規模相若，都是唐代建造的。這窟西壁佛壇上塑釋迦涅槃像，長15.8米，亦見出唐人的雄強氣魄。

中唐 莫158 西壁佛壇

吴健 攝

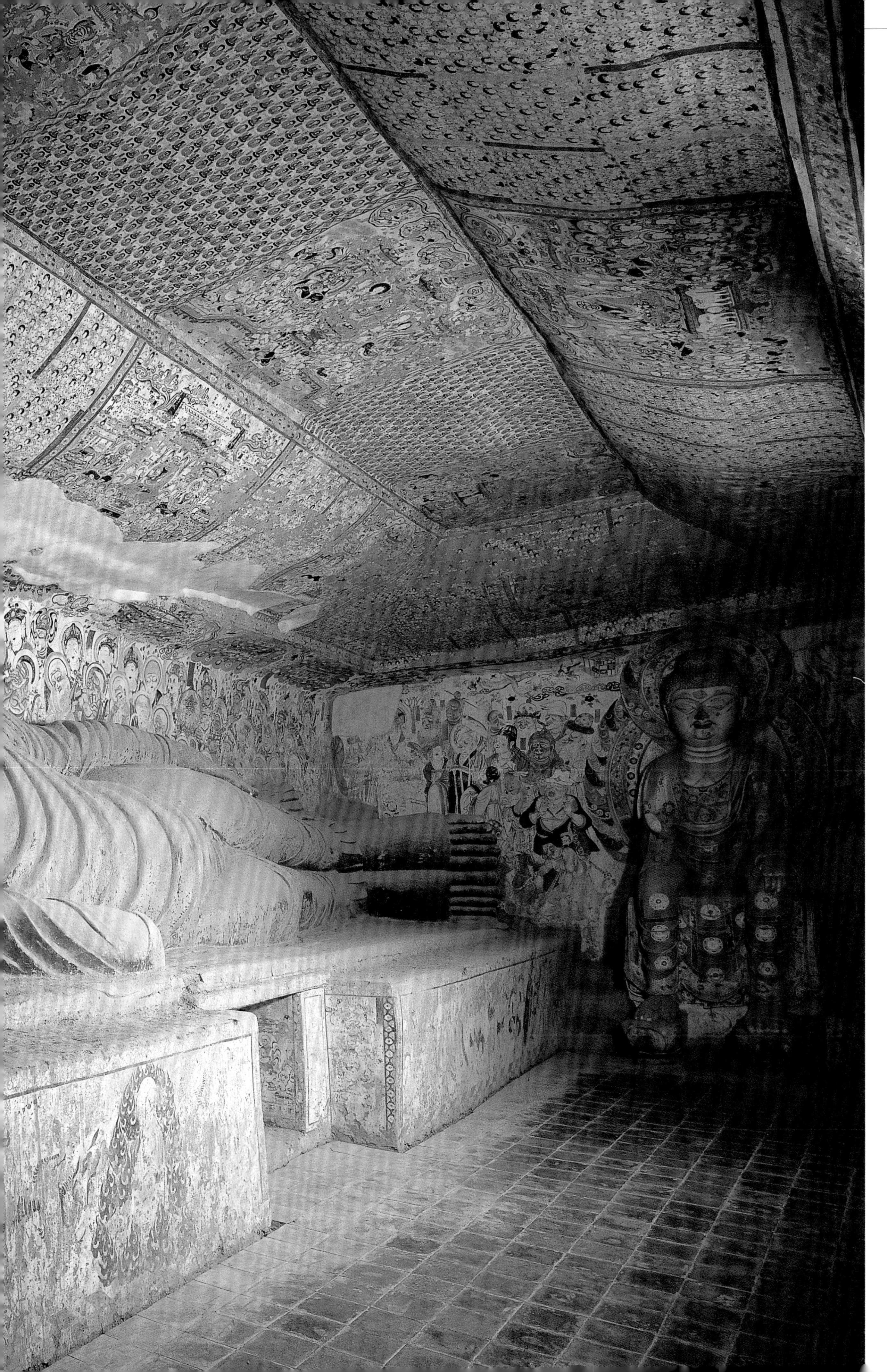

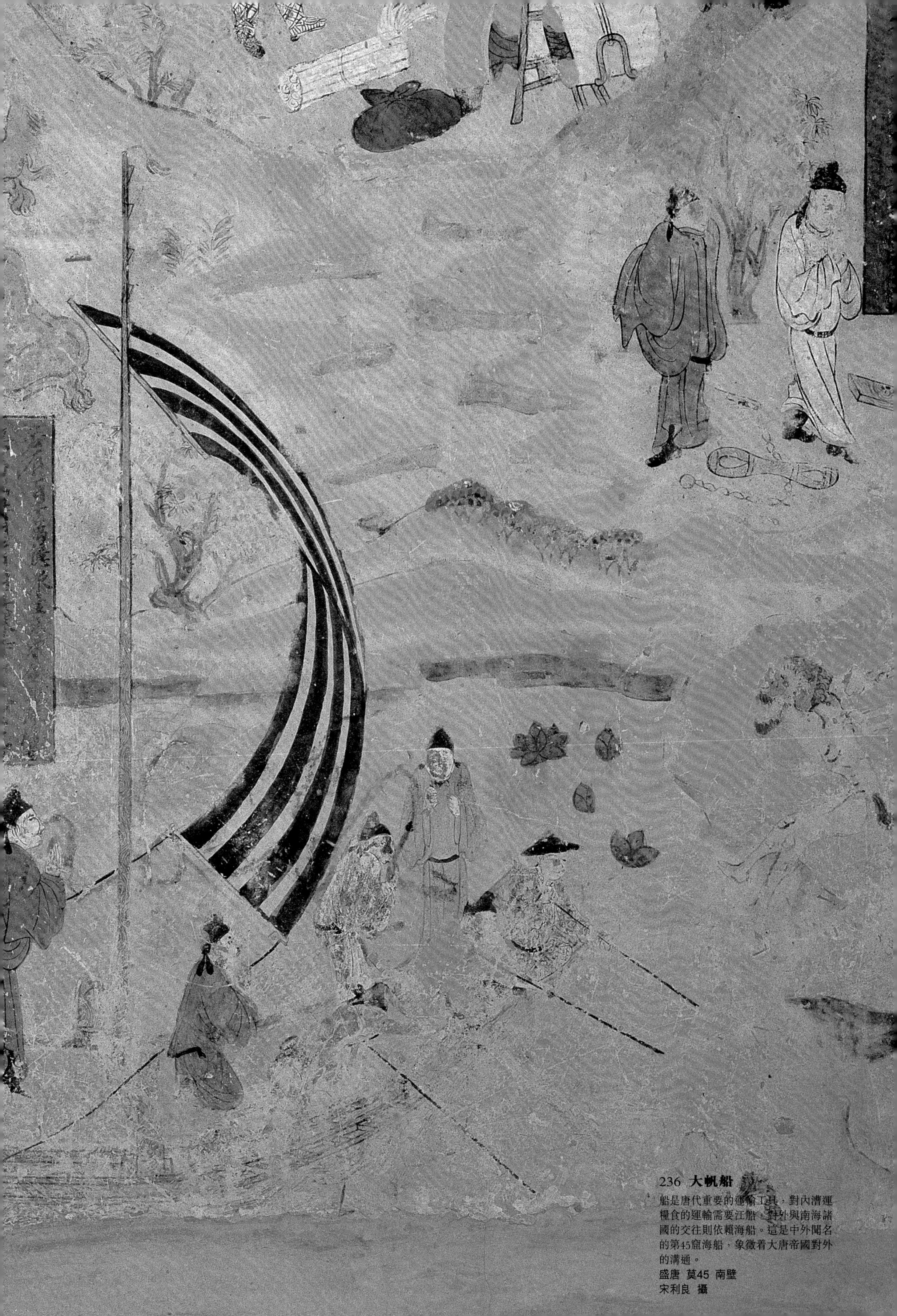

236 大帆船

船是唐代重要的運輸工具，對內漕運糧食的運輸需要江船，對外與南海諸國的交往則依賴海船。這是中外聞名的第45窟海船，象徵着大唐帝國對外的溝通。

盛唐 莫45 南壁

宋利良 攝

237 北方多聞天王側面特寫

天王怒目張口大吼，表現出無比的威猛和強大的震懾力。
盛唐 莫46 西龕內北側
吳健 攝

238 力士

力士赤裸上身，左手五指憤張，好像將全身的力量都集中在左手上，予人力拔千鈞之感。值得注意的是，他腰間的戰裙，有一種飄飛的動感，顯得格外英武。
中唐 莫194 西龕外北側
吳健 攝

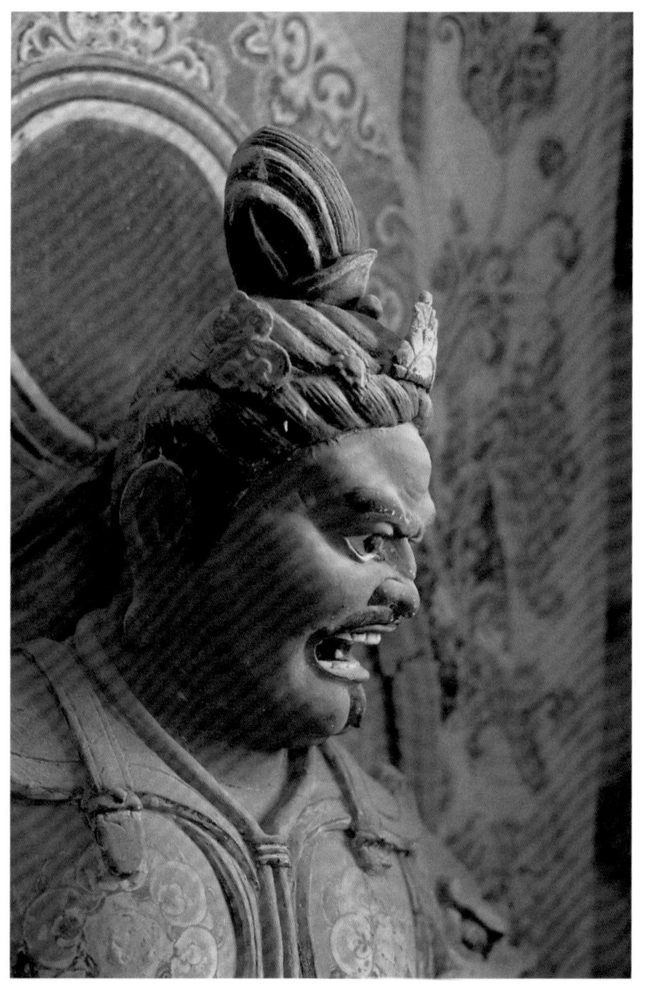

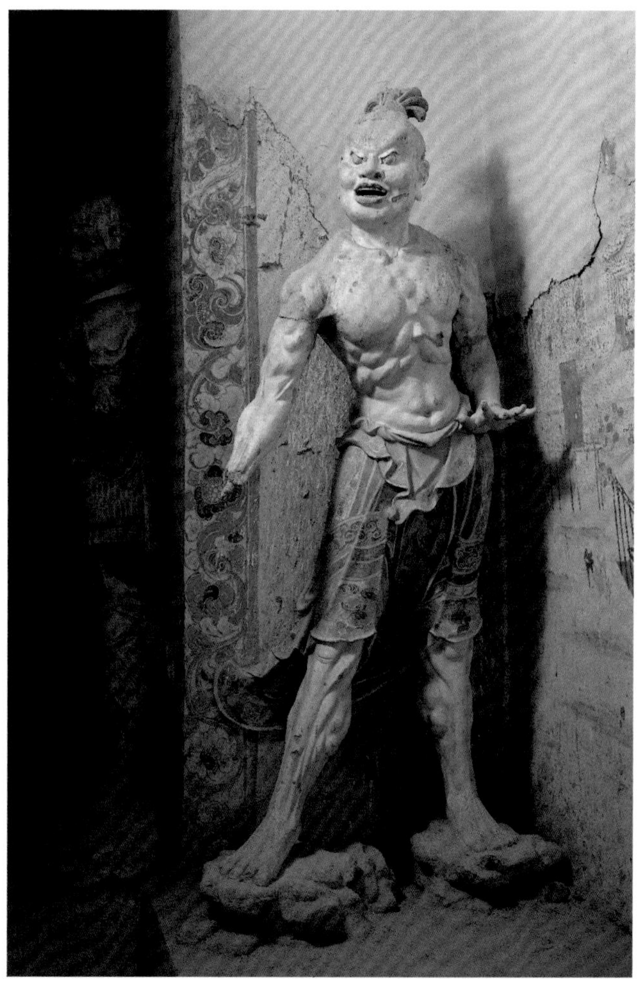

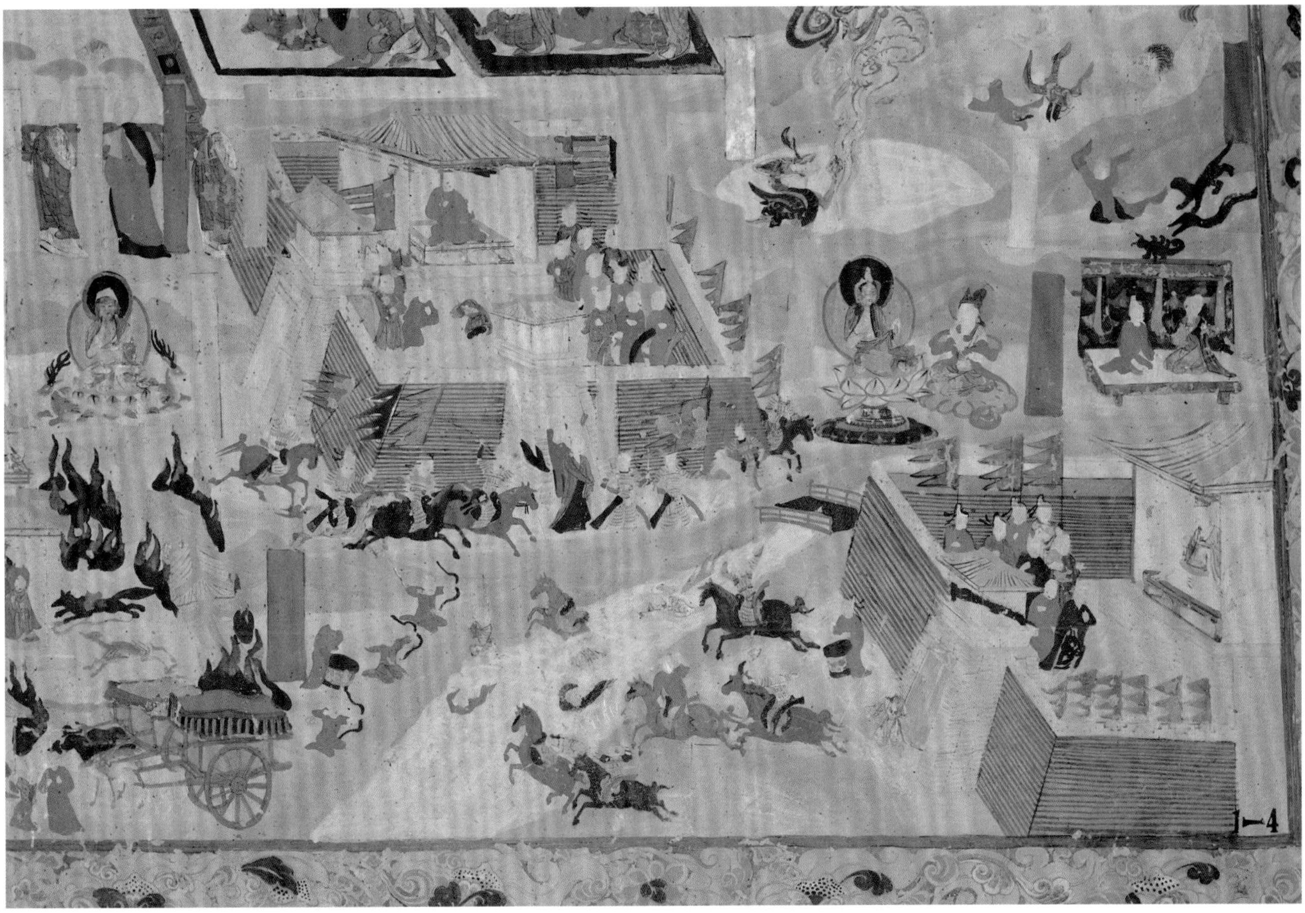

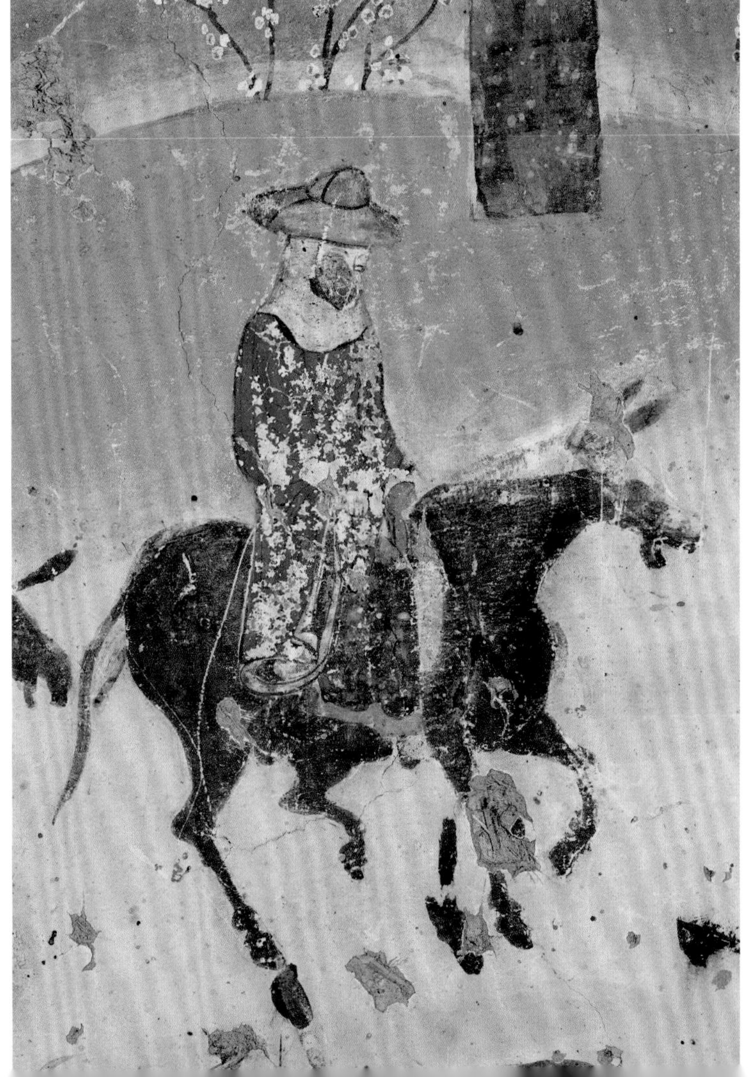

239 戰爭場面

這是《安樂行品》中的一個攻城場面。畫面中有兩個城池，隔河相向，周圍戰旗飄揚，騎兵穿行其間，箭飛弩張，受傷的戰馬、士卒在急流中掙扎，活現了唐代的作戰場面。
晚唐 莫12 南壁
孫志軍 攝

240 外出的婦女

唐代婦女非常自由，在出土文物和敦煌壁畫中，都可見婦女穿這種裝束騎馬，嬌媚中帶英氣。
盛唐 莫217 南壁
吳健 攝

241 張議潮統軍出行圖

晚唐時期，張議潮憑藉地方力量收復河西，被封節度使。張氏後人開鑿的第156窟中，畫出了這幅有一百多個人物，八十多匹馬，場面宏大，氣氛熱烈而莊嚴的出行圖。此圖強調統軍出行，正是唐代開拓邊疆、崇尚軍功等思潮的反映。

晚唐 莫156 南壁

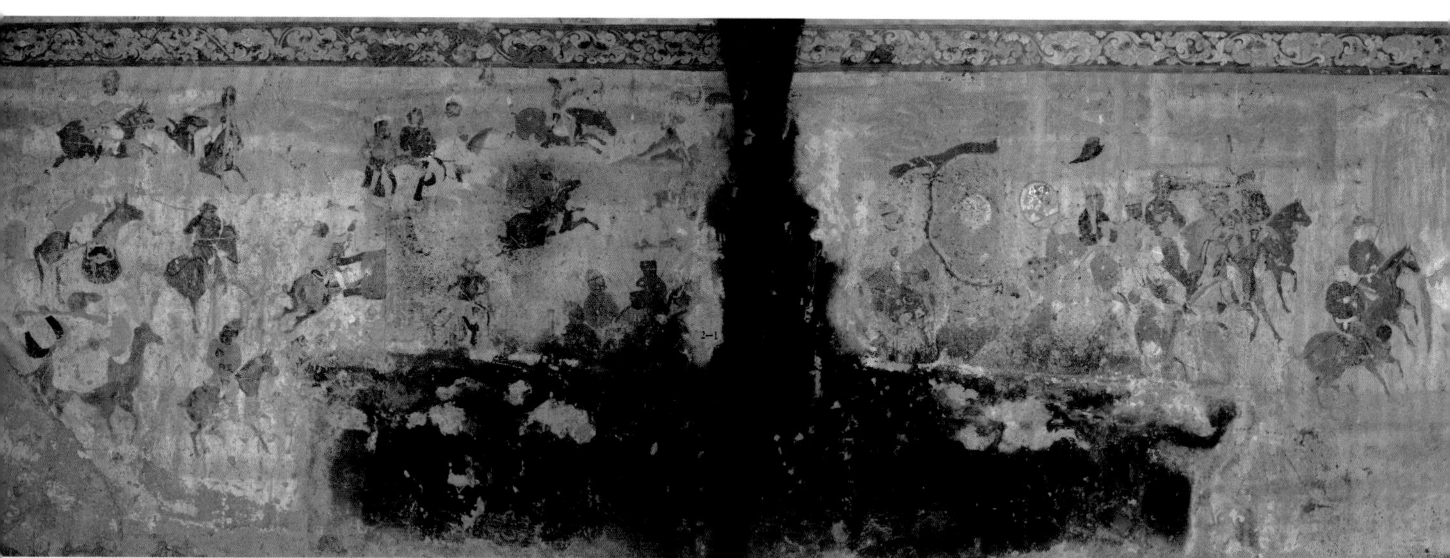

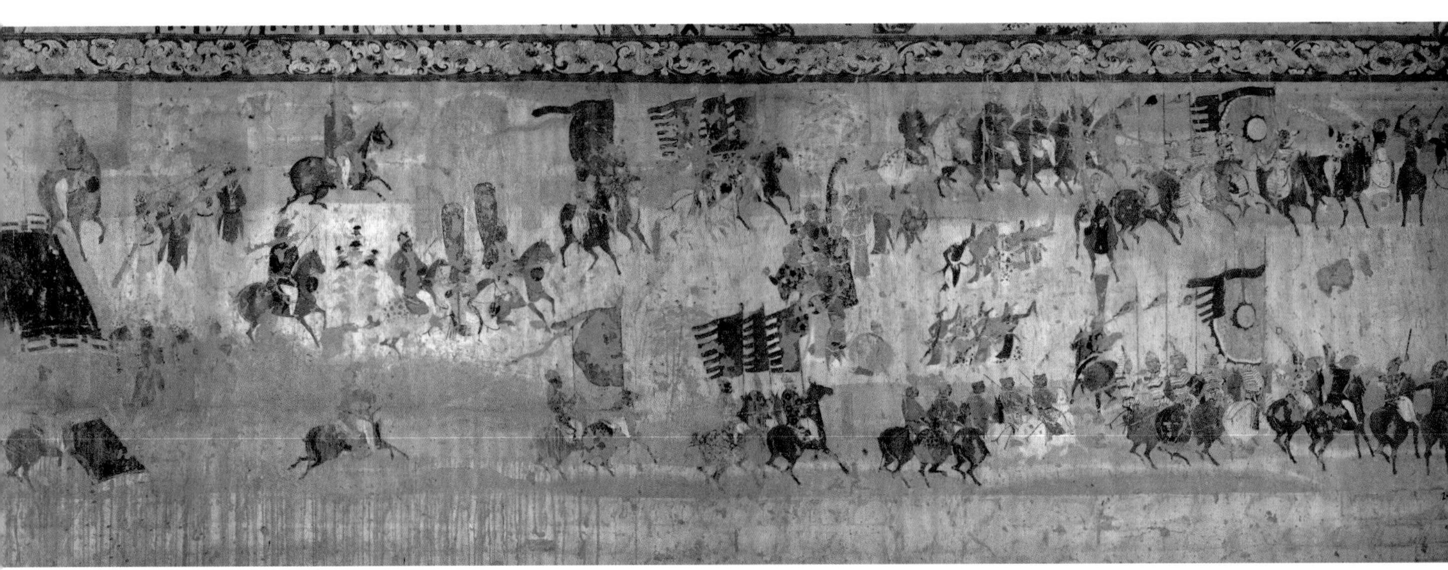

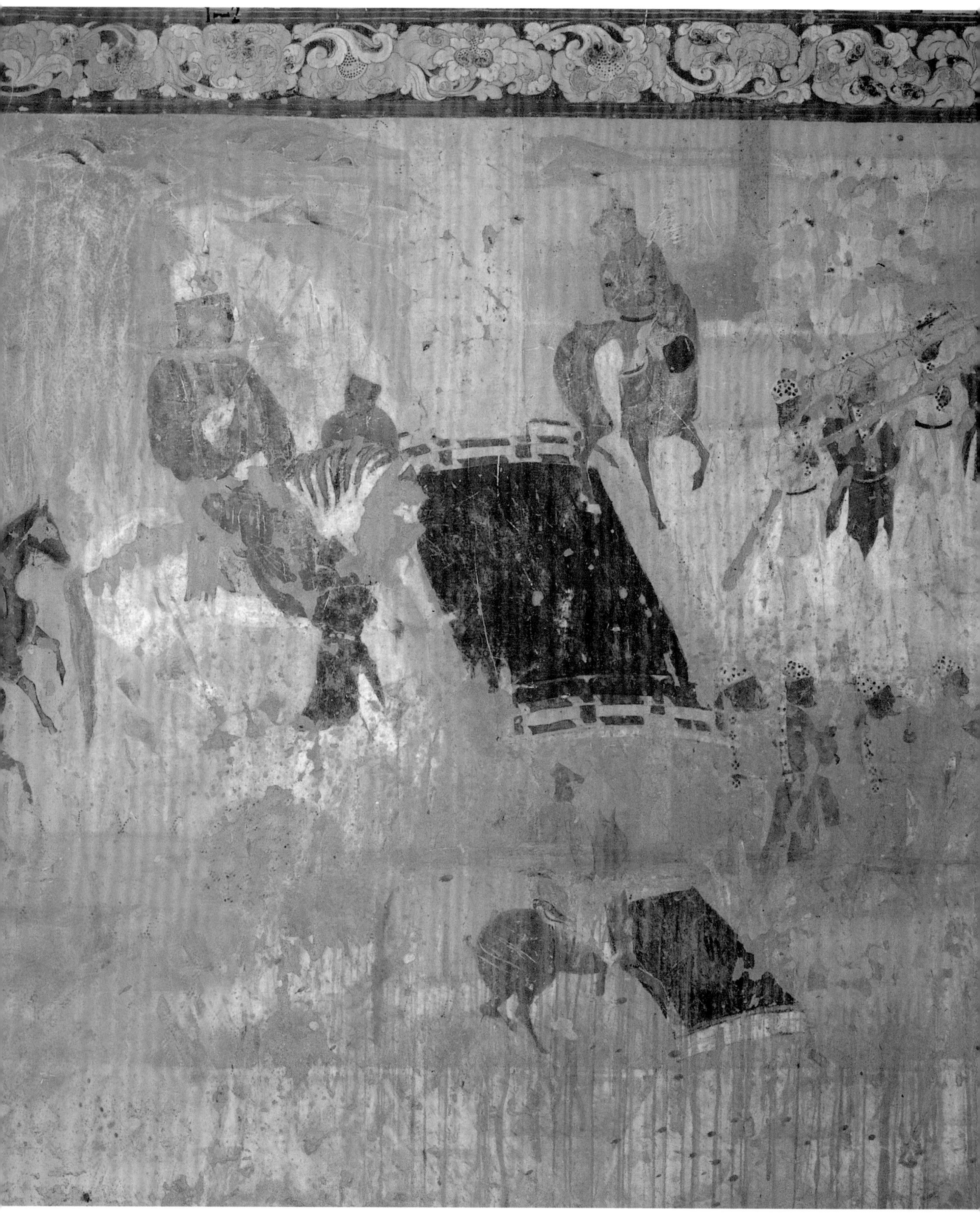

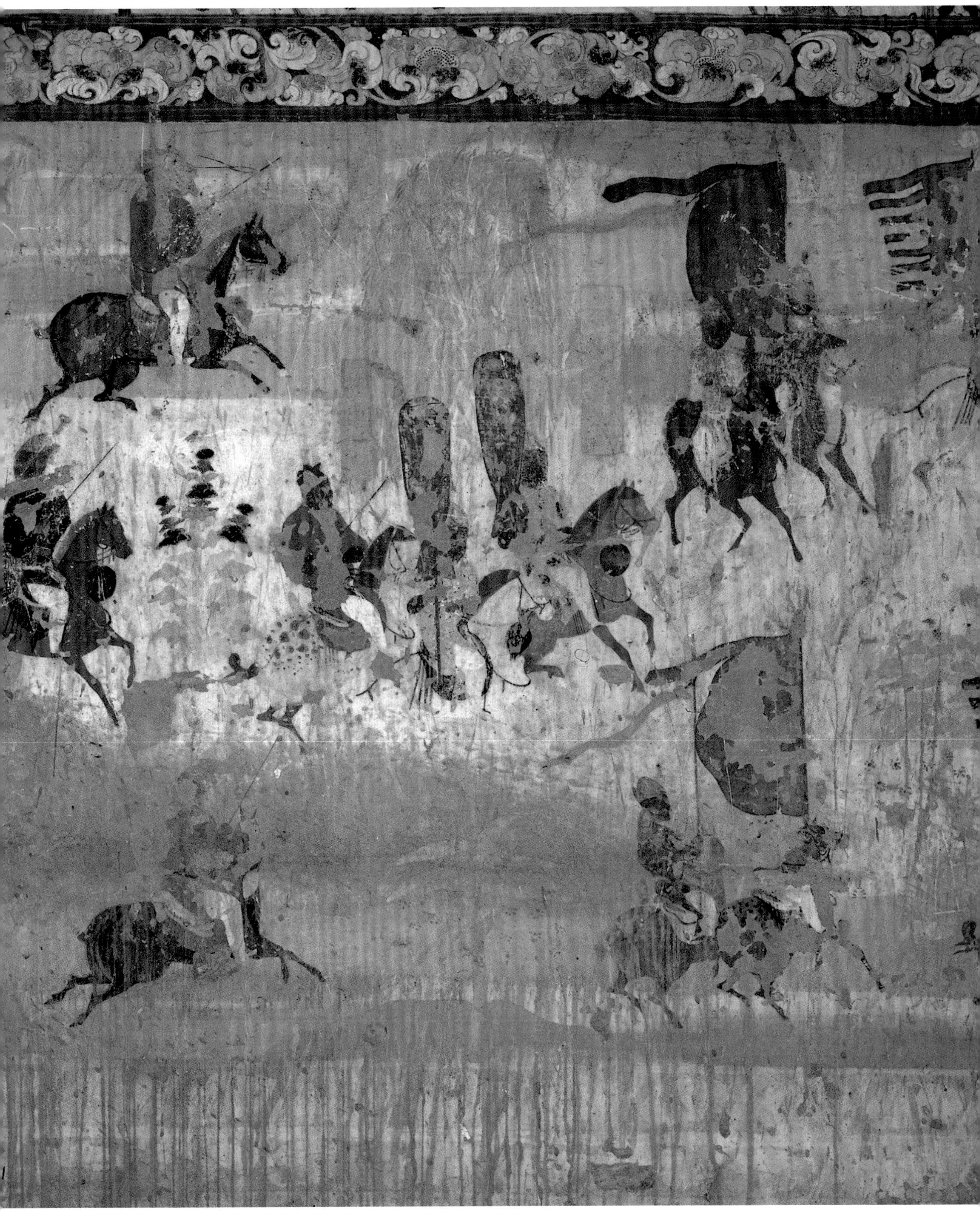

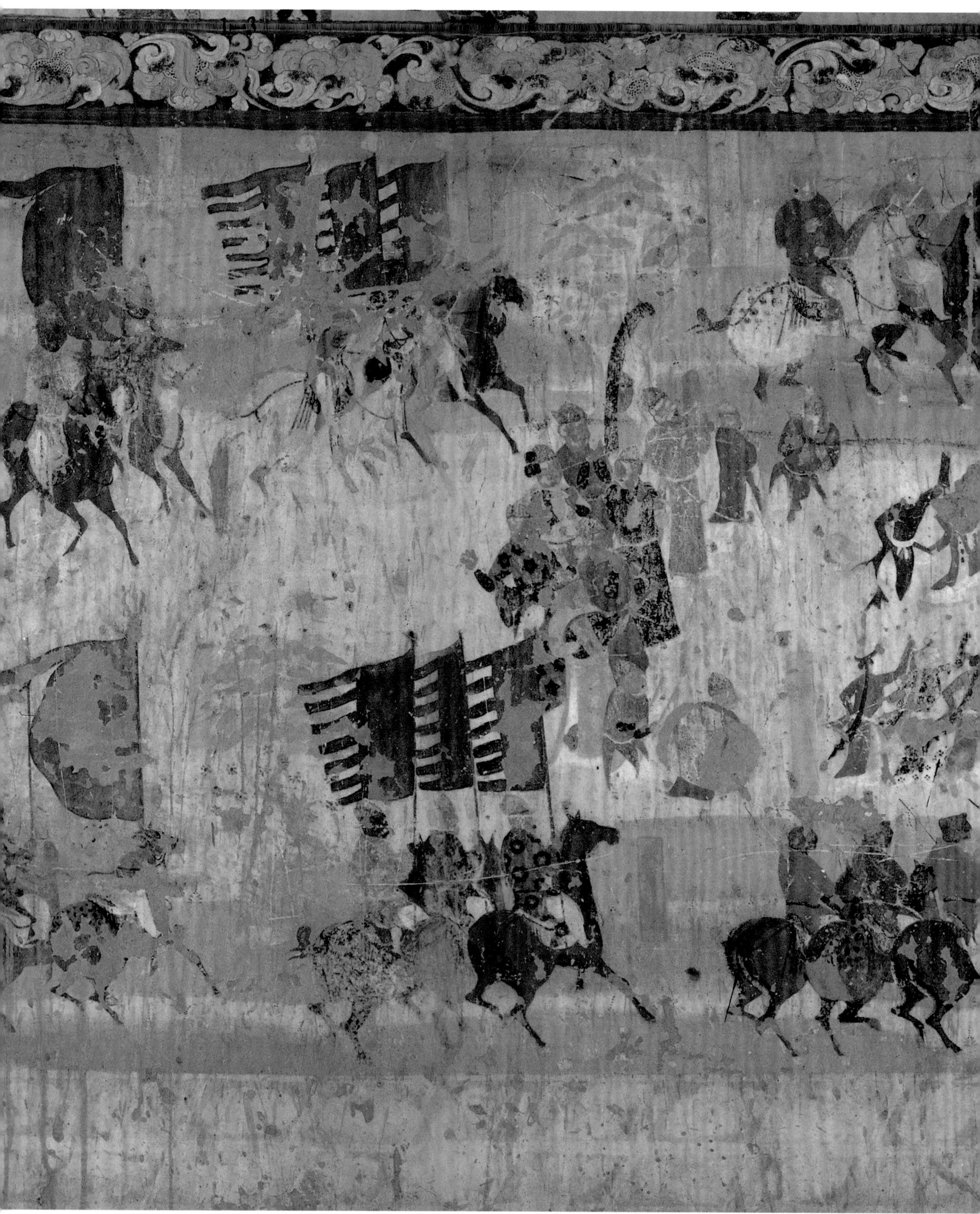

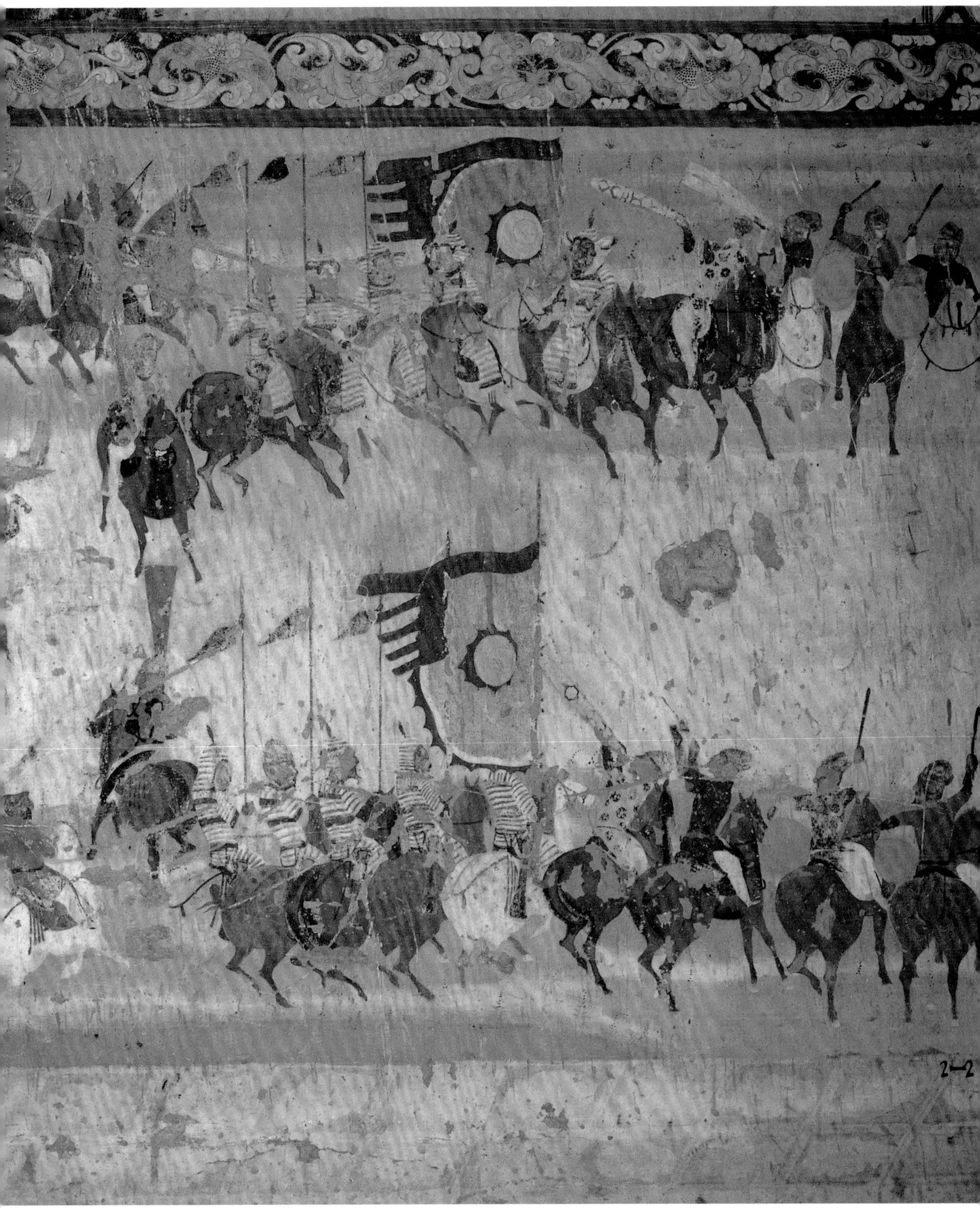
2-2

242 都督夫人

都督夫人頭梳高髻，穿碧羅花衫，袖大尺餘，外套絳地花半臂，穿紅裙、雲頭履，披白羅花帔，雍容華貴，是唐代貴族婦女的典型。
盛唐 莫130 南壁

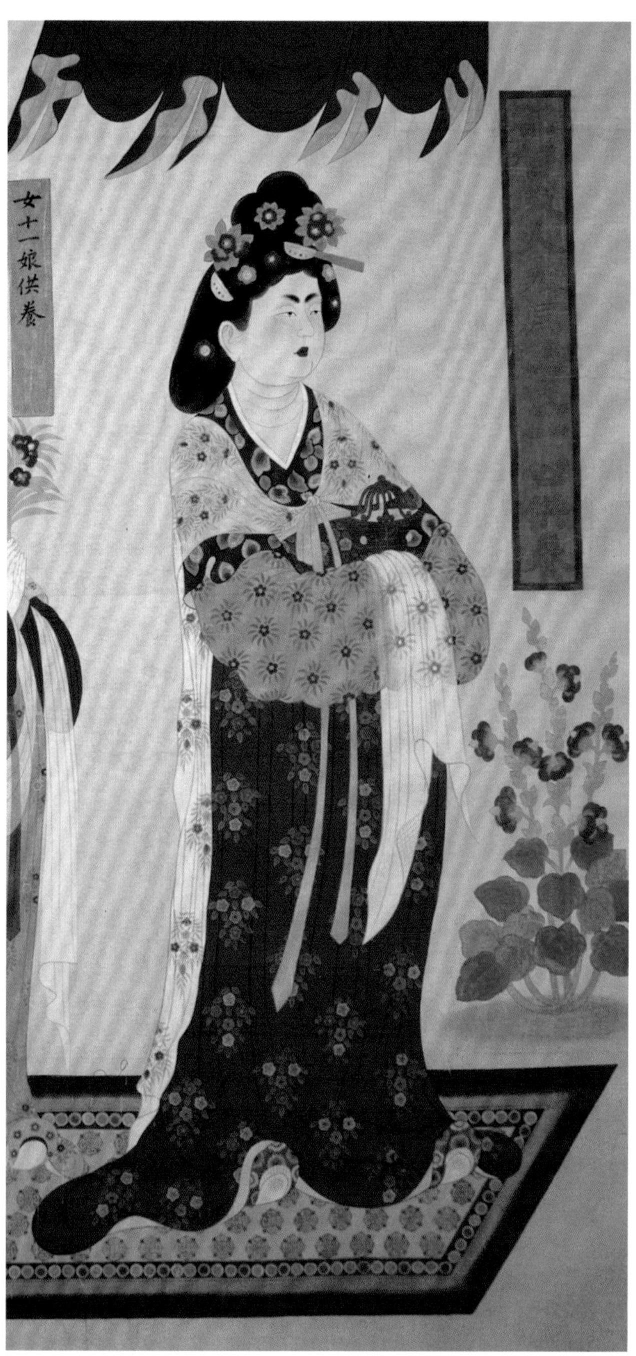

243 說法圖中的菩薩

菩薩所穿的雖然不能肯定是當時真實的服飾，但可以從中感覺到衣料輕薄的質感，側面反映唐代紡織技術的高超。
初唐 莫57 南壁
孫志軍 攝

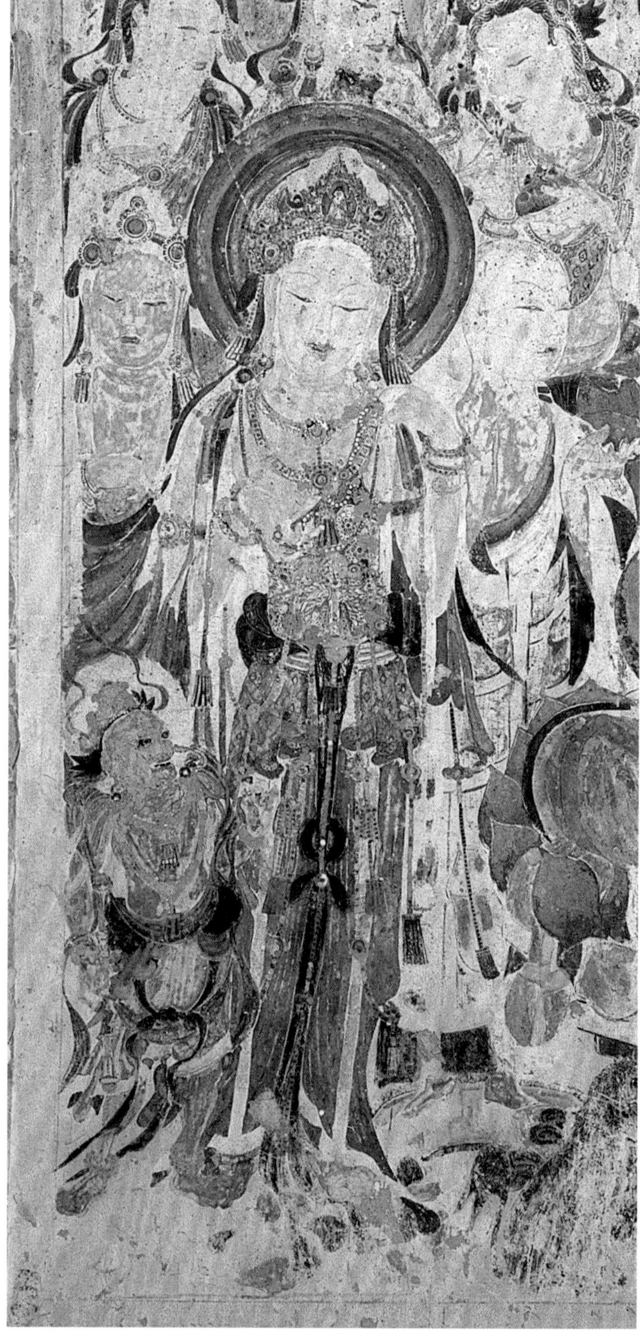

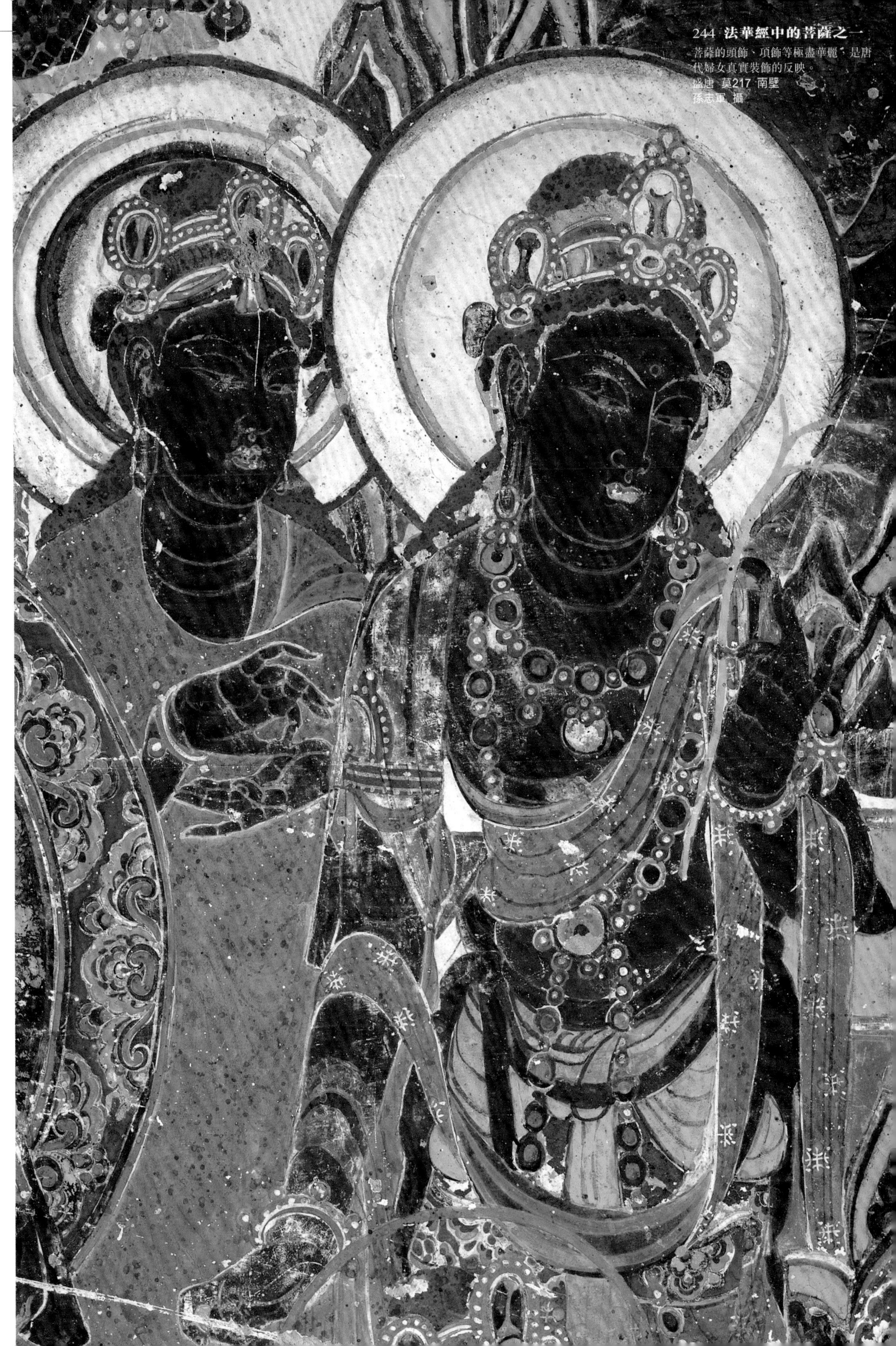

244 法華經中的菩薩之一

菩薩的頭飾、項飾等極盡華麗，是唐代婦女真實裝飾的反映。

盛唐 莫217 南壁

孫志軍 攝

245 法華經中的菩薩之二

盛唐 莫217 南壁
孫志軍 攝

246 法華經中的菩薩之三

菩薩穿戴的飾物，精緻非常。
盛唐 莫45 窟頂
孫志軍 攝

247 法華經中的菩薩之四

菩薩面部雖略有殘破，仍無損其雍容氣度。
盛唐 莫45 窟頂
孫志軍 攝

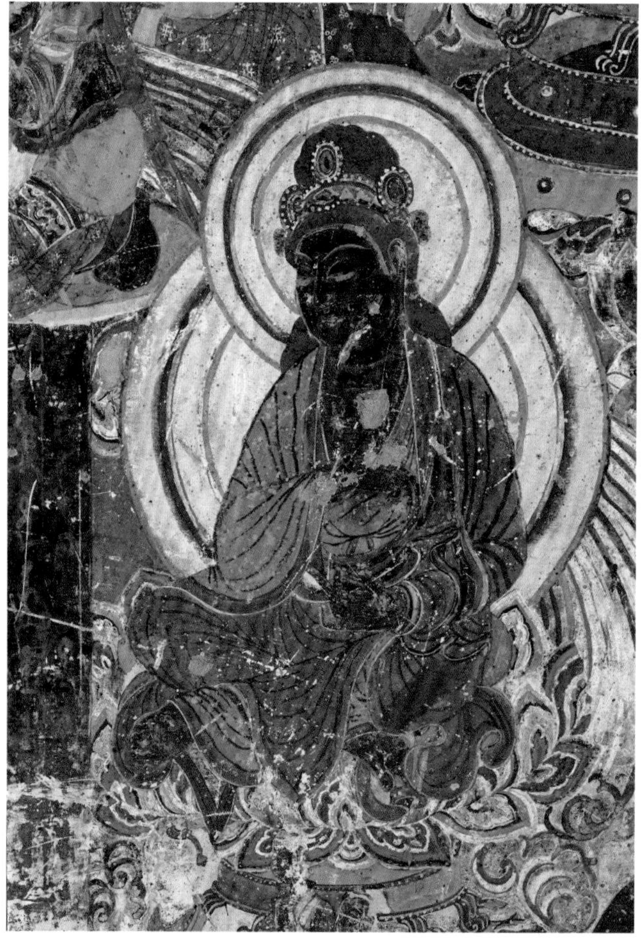

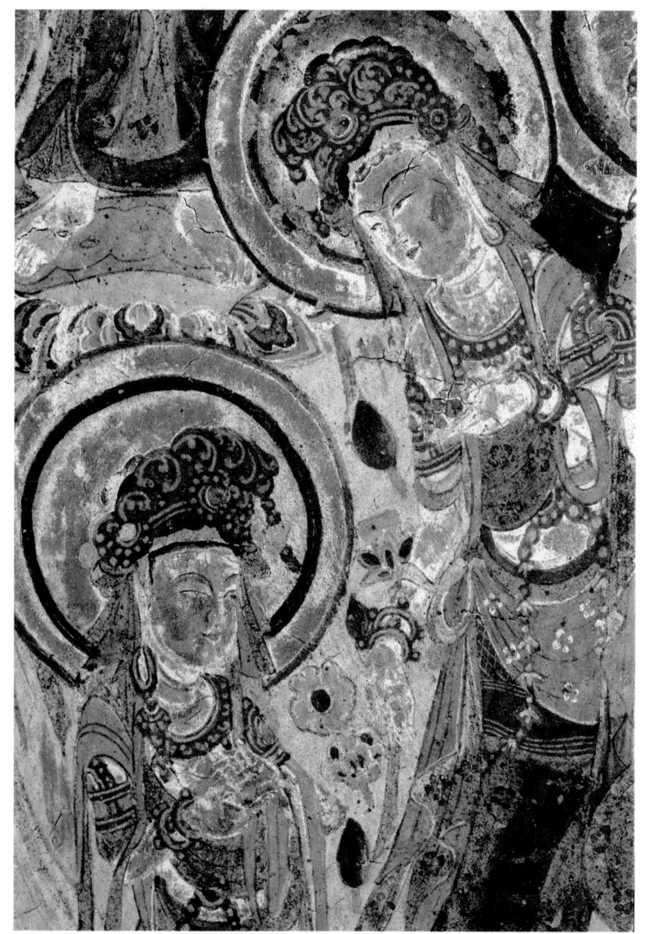

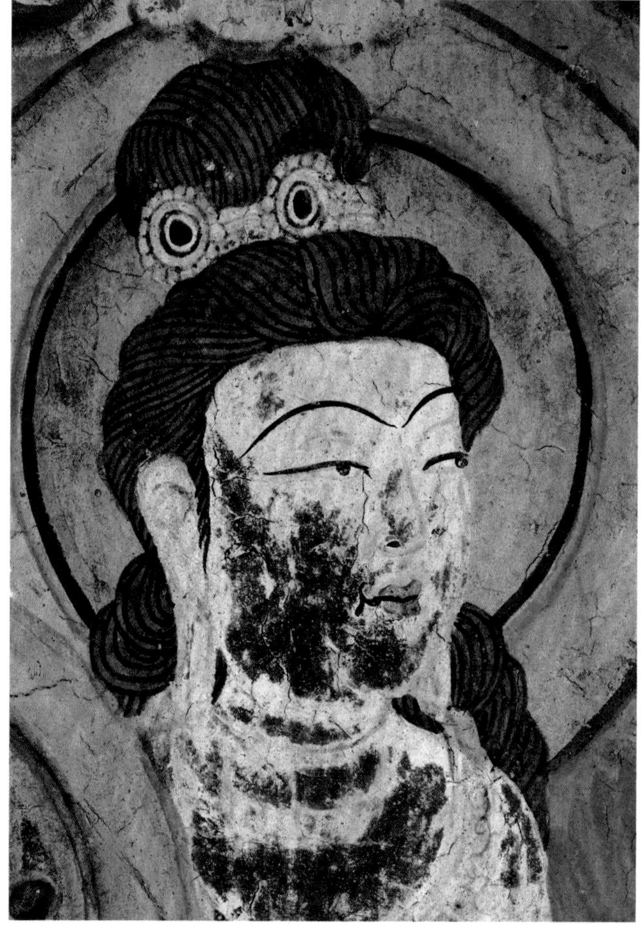

248 **淺藍色玻璃碗**

這個玻璃碗比較特別，口沿鑲有八顆珠子作裝飾。
初唐 莫401 北壁東側
余生吉 攝

249 **褐色勾沿的玻璃盤**

玻璃盤口沿有褐色勾線，盤身有天藍色圈點紋。
中唐 莫159 西壁南側
余生吉 攝

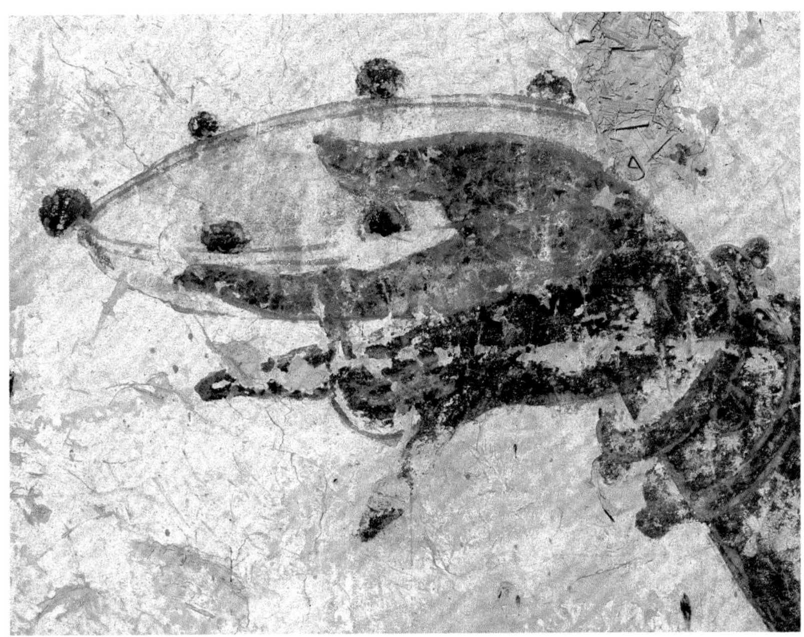

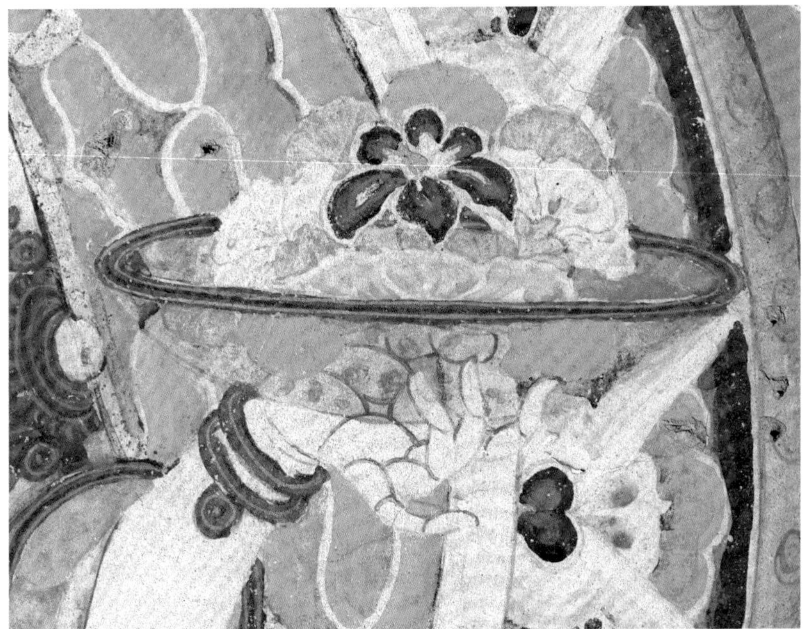

250 巨大的燈輪

這燈輪與唐睿宗時"於安福門外作燈輪，高二十丈……燃燈五萬盞，簇之如花樹"的記載有相似之處，可見壁畫中的燈輪是有歷史依據的。
初唐 莫220 北壁
孫志軍 攝

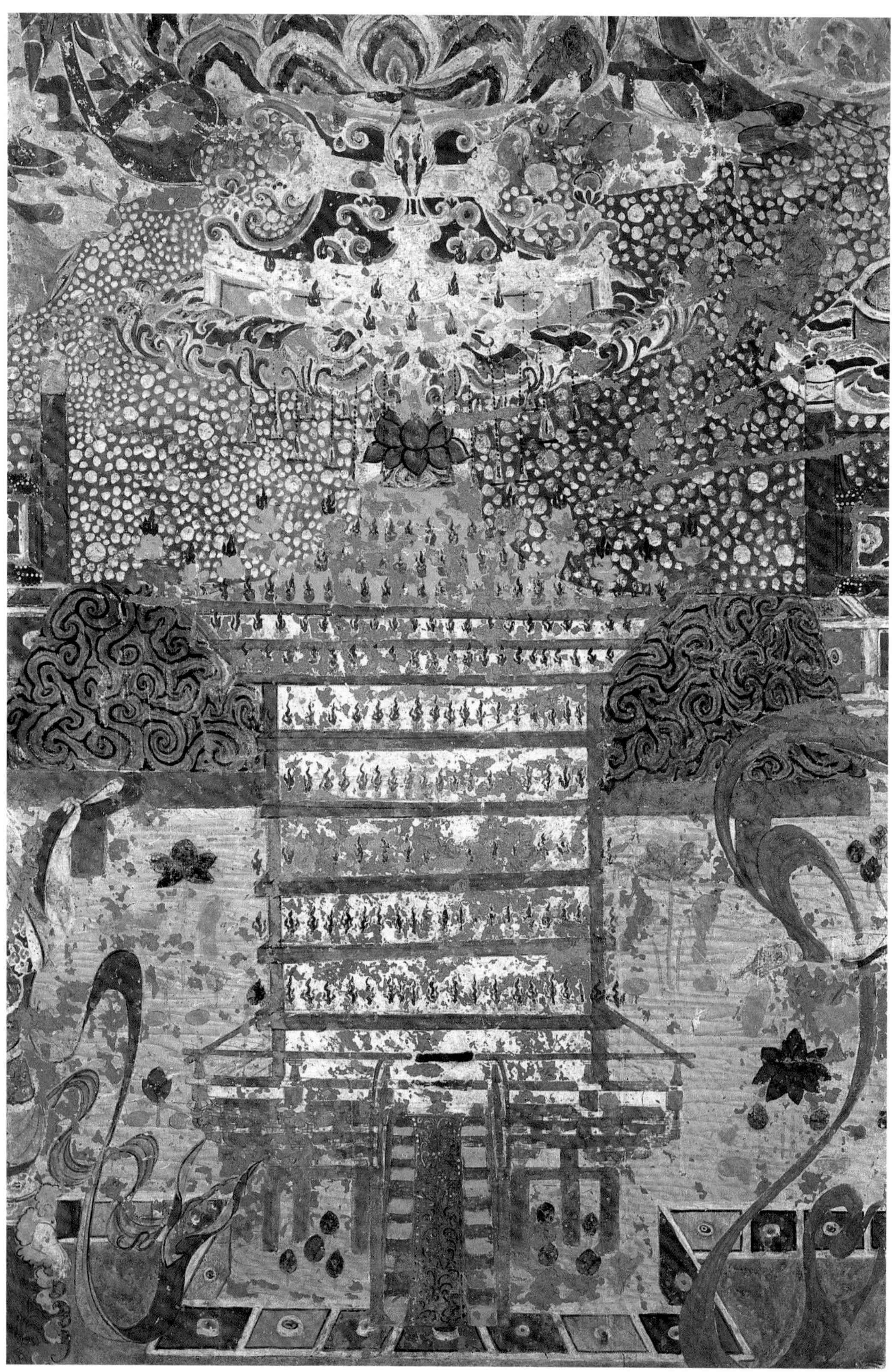

251 圓頂透雕香爐

香爐上部鏤空蓋，中央嵌有寶珠，極具堂皇。

初唐 莫220 南壁阿彌陀經變東側

余生吉 攝

252 曲腿香爐

蓮花形香爐，底座有六條曲腿，上部如盛開的蓮花，在花瓣尖上還有小鈴垂下。鏤空的爐蓋中央飾有寶珠。

盛唐 莫445 北壁

余生吉 攝

253 銅製的淨瓶

這是觀音菩薩手持的淨瓶，瓶身邊緣有一圈裝飾圖案，中間也有圖案。

中唐 莫44 南壁兩龕中間

余生吉 攝

254 瓷製的淨瓶

這也是觀音菩薩手持的淨瓶。

中唐 莫225 南壁龕西側

余生吉 攝

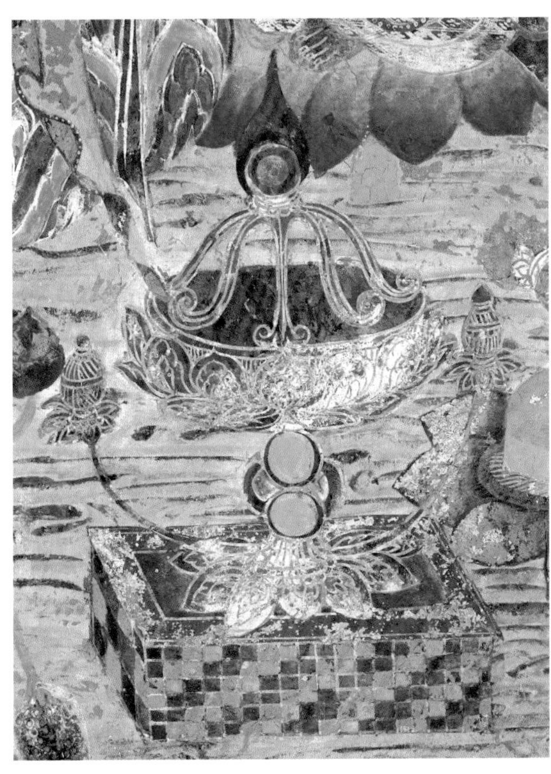

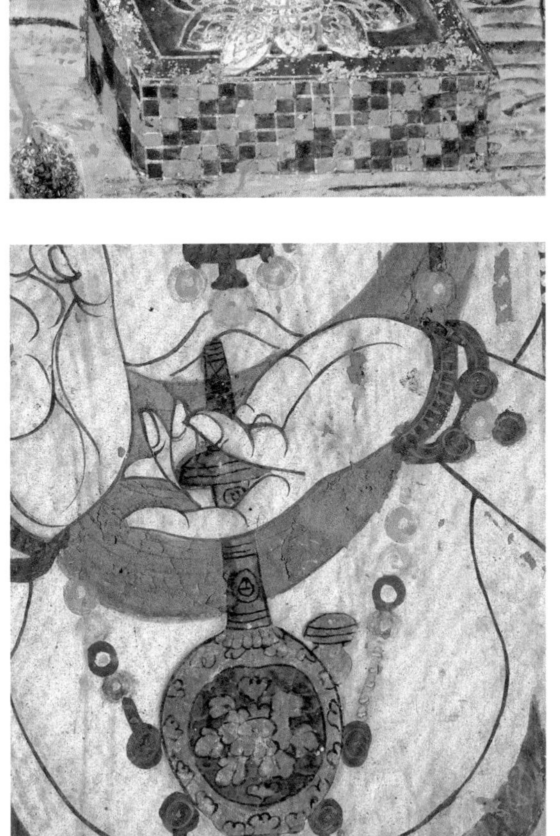

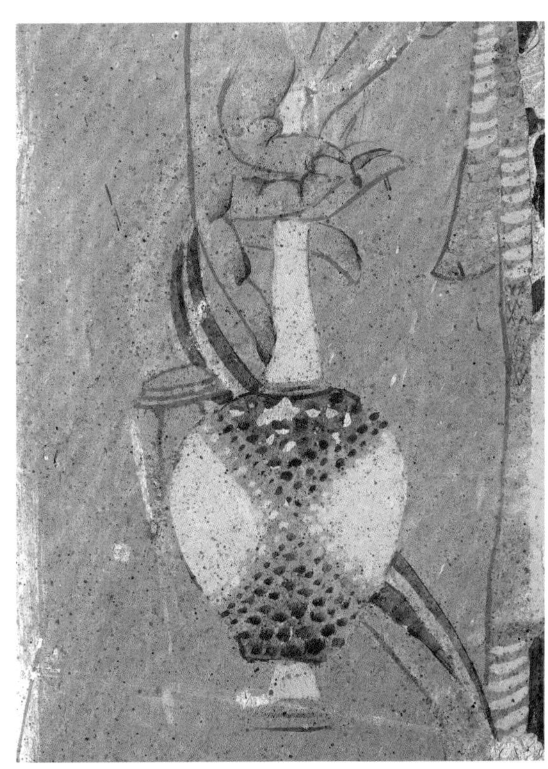

255 淨土寺院建築

唐代淨土經變畫中的佛國建築，是模仿人間的宮殿建築而畫的。唐代建築一般以對稱設計，中央有大殿，兩側有側殿，中央與兩側以迴廊連接。盛唐以後，大殿和配殿增加，出現多重殿宇，兩側有多重樓閣，並有不同形式的露台、迴廊。其間廊柱、欄杆，彩畫雕刻，地面及牆壁裝飾的琉璃花磚，燦爛華麗。

盛唐 莫217 北壁

宋利良 攝

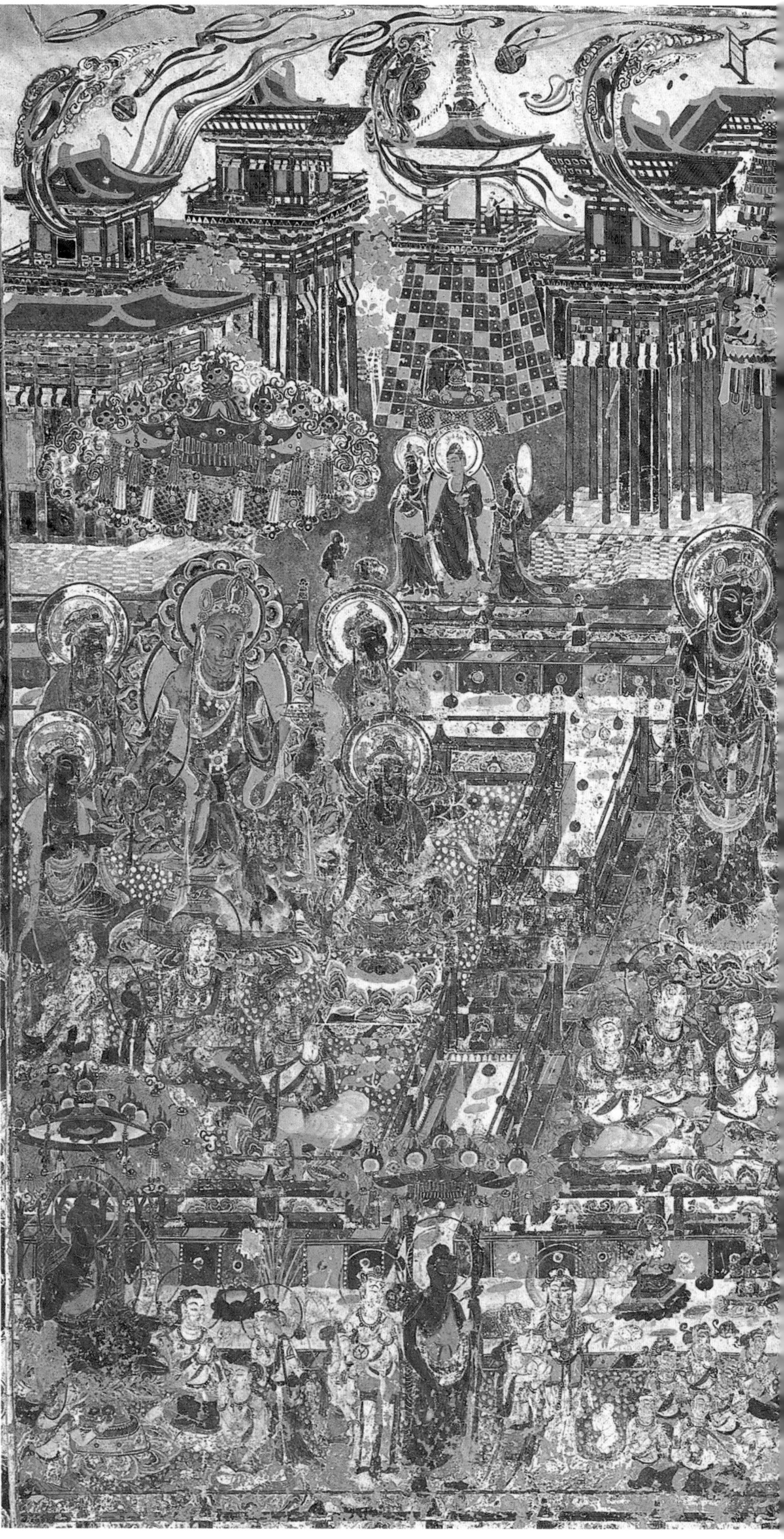

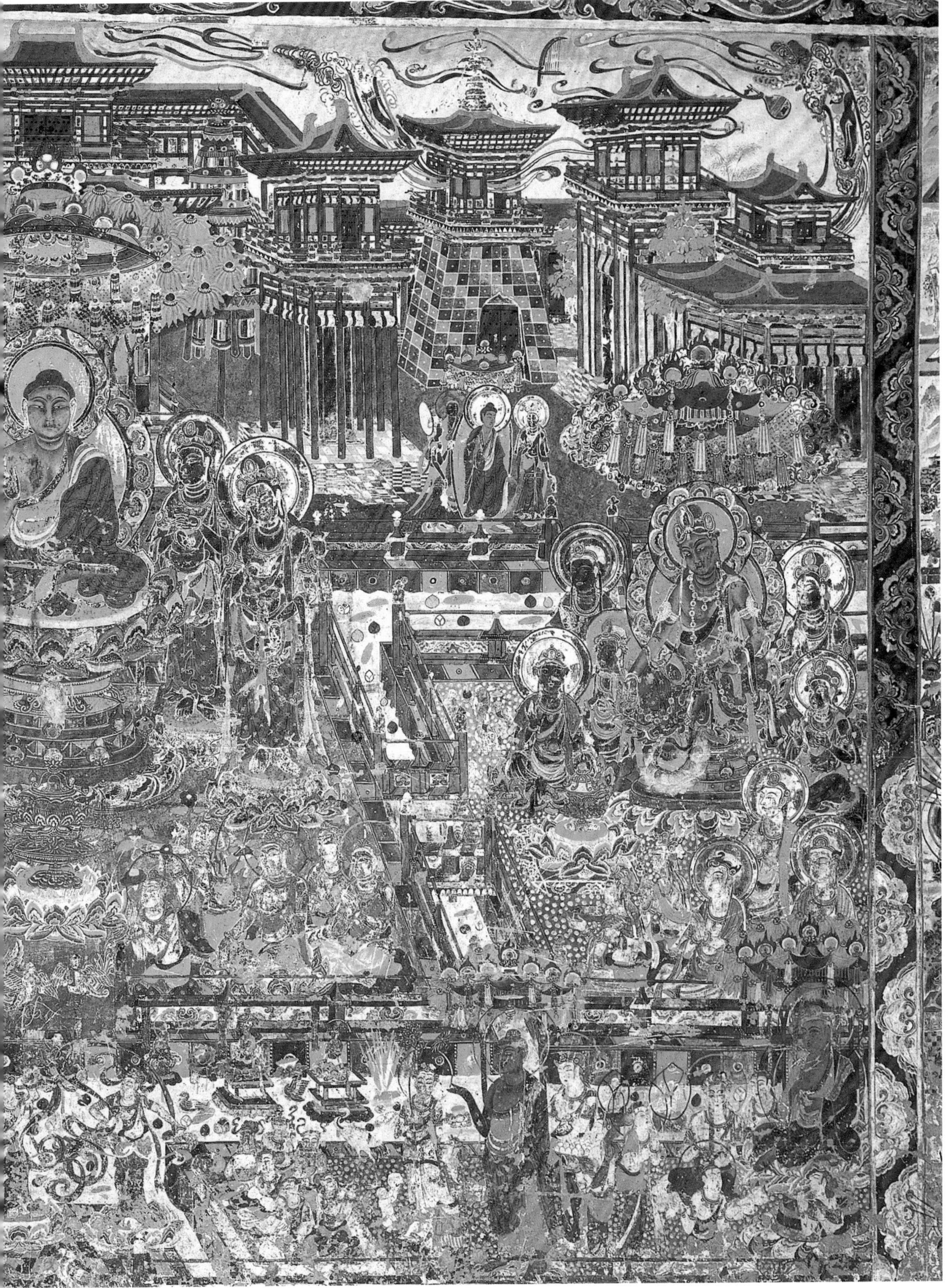

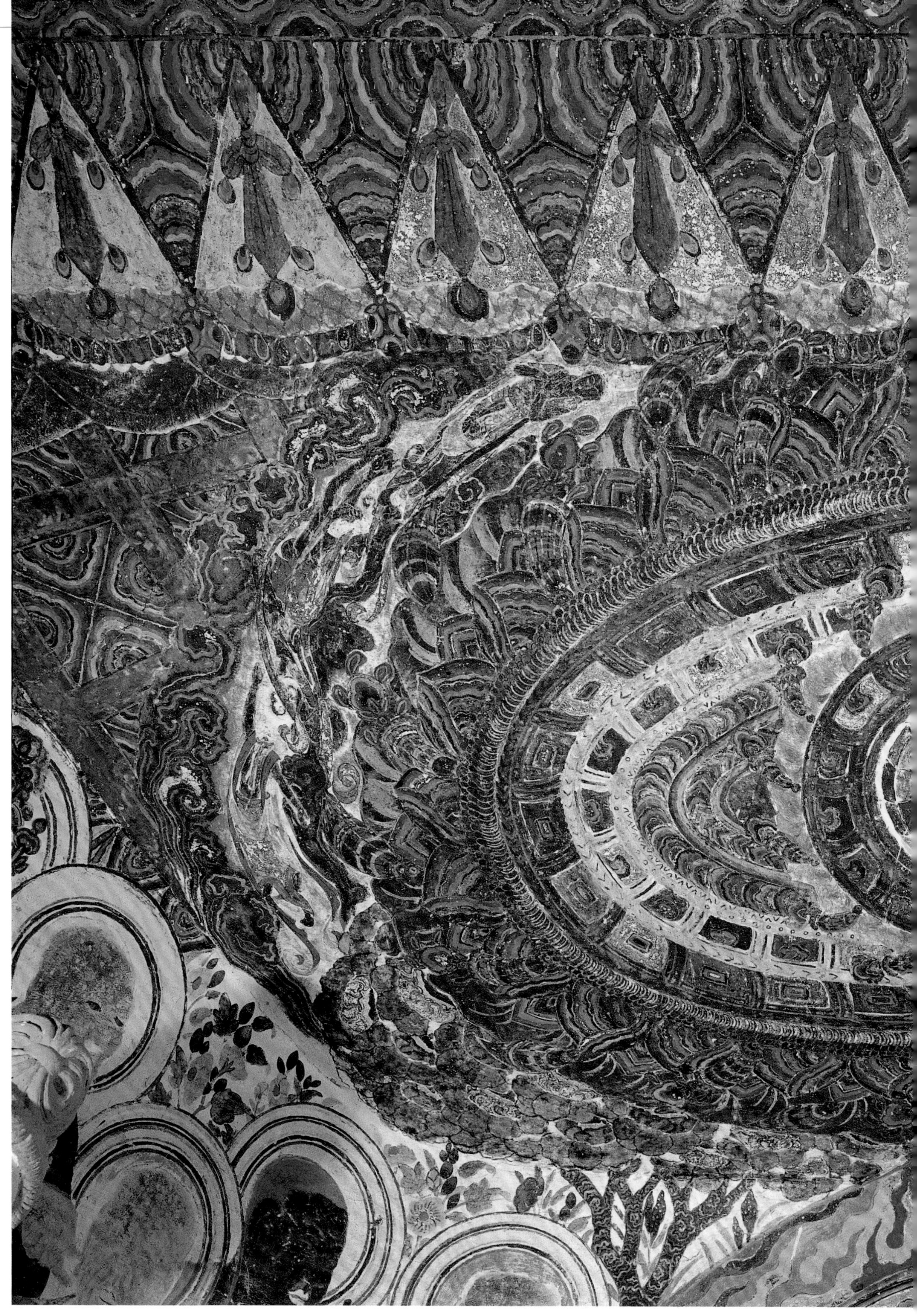

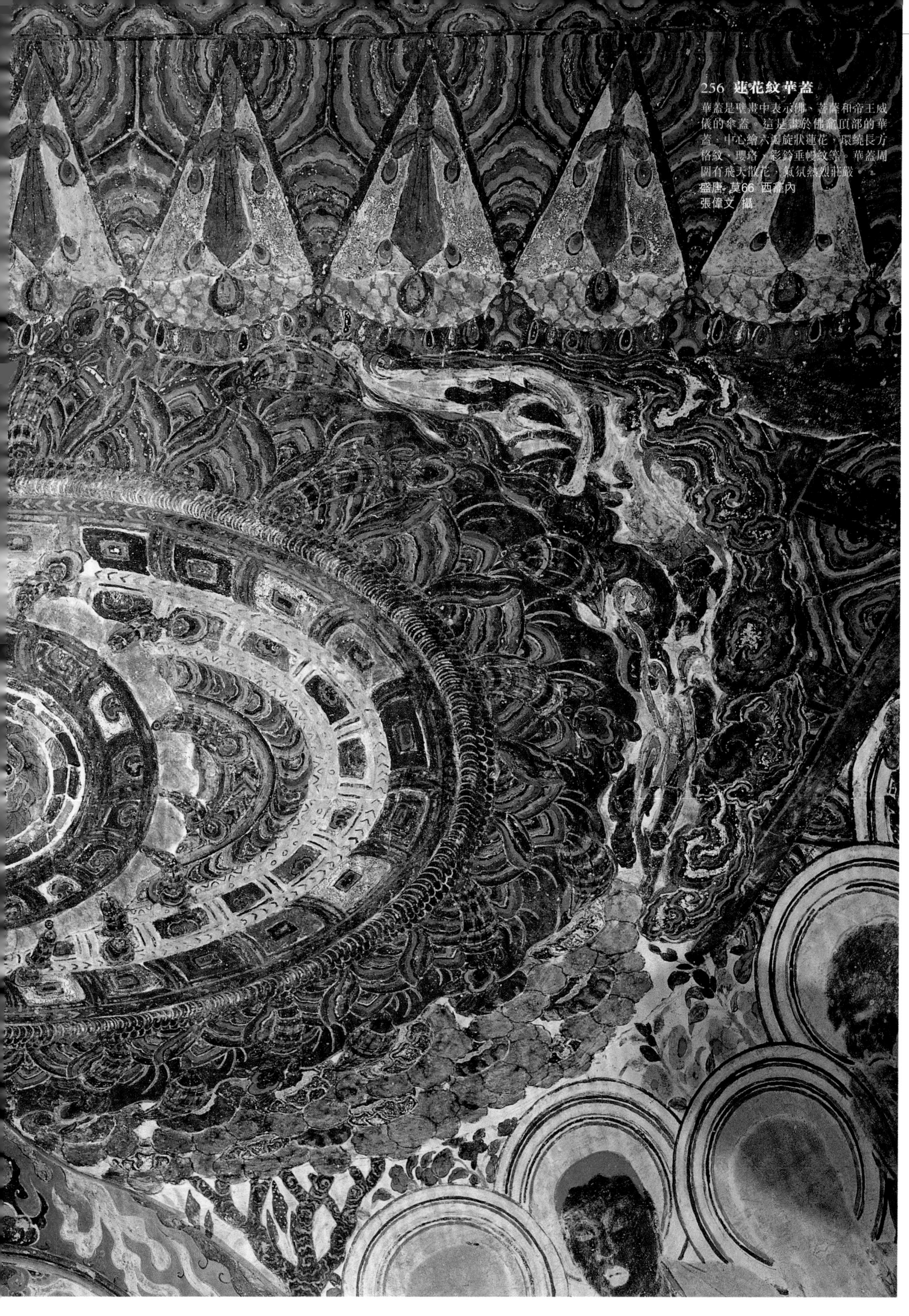

256 蓮花紋華蓋

華蓋是壁畫中表示佛、菩薩和帝王威儀的傘蓋。這是畫於佛龕頂部的華蓋，中心繪六瓣旋狀蓮花，環繞長方格紋、瓔珞、彩鈴垂幔紋等。華蓋周圍有飛天散花，氣氛熱烈莊嚴。

盛唐 莫66 西龕內

張偉文 攝

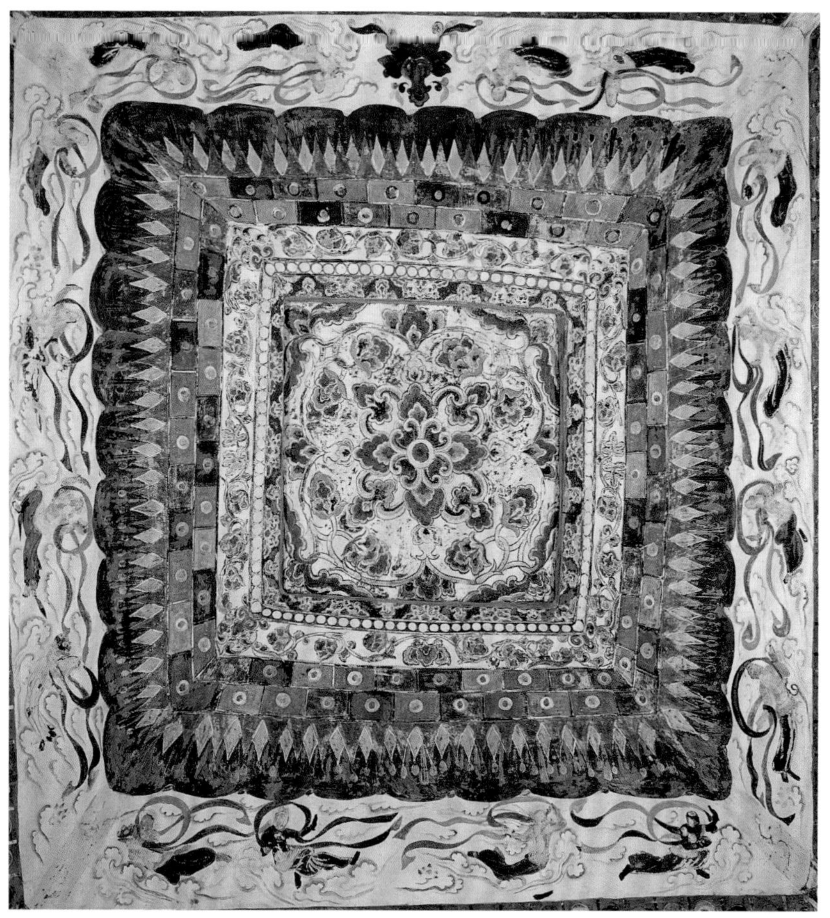

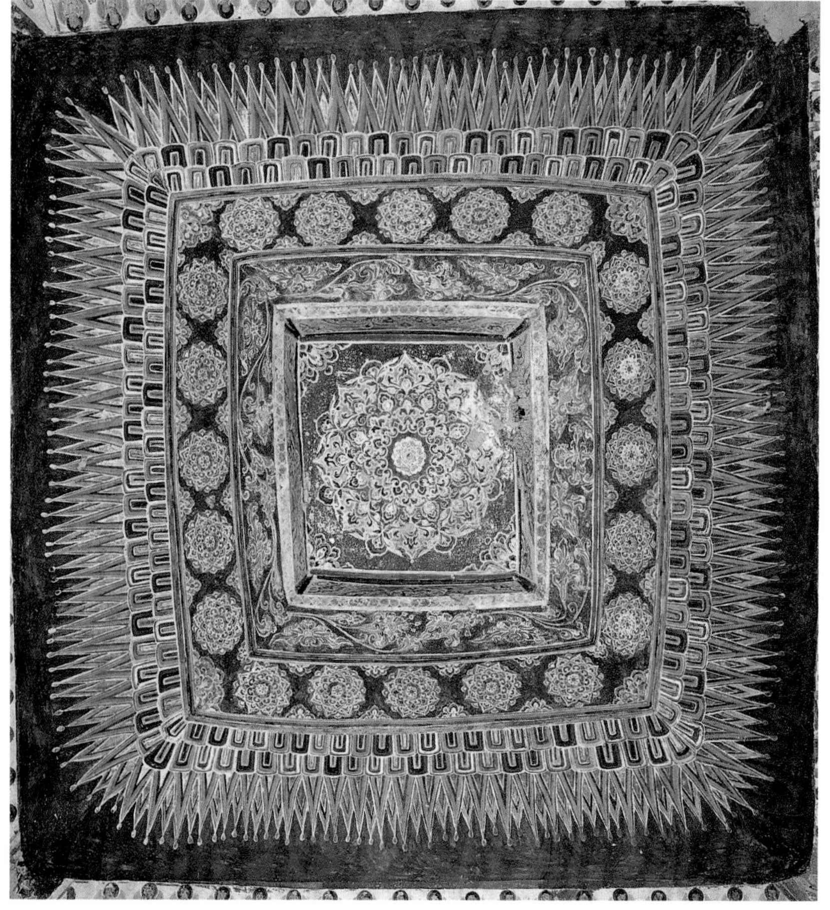

257 葡萄蓮花紋藻井

唐代石窟中的裝飾圖案反映着當時的宮殿、寺院乃至居室極盡華麗的裝飾特色。窟頂的藻井圖案是其中重要的裝飾。這種萄葡蓮花圖案是初唐流行的藻井紋樣，中心多為大蓮花，環繞纏枝葡萄紋，構成米字形圖案。

初唐 莫387 窟頂

張偉文 攝

258 桃形瓣蓮花紋藻井

盛唐以後，由蓮花與牡丹等花紋組合、變形而成的寶相花十分流行，有桃形花瓣、碎葉形花瓣、捲瓣等變形組合。這個藻井圖案繪工精緻，層次繁縟富麗，色彩重重疊疊，冷暖色調相間，對比鮮明而又協調。

盛唐 莫217 窟頂

張偉文 攝

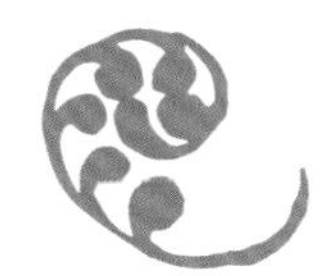

說不完的故事

敦煌的故事雖然講了一個世紀，恐怕還沒有講完。

過去一代又一代敦煌人傾心盡力，保護和研究石窟，獲得不少成果。研究敦煌石窟也就是發現敦煌石窟。只要你長期待在敦煌石窟，用心去保護它，往往就有新的發現。

早期有一個故事，畫家張大千說，他1941年在敦煌石窟臨摹時，一天在石室積沙間食哈密瓜，吃完沒有水洗手，於是用沙來擦，忽然覺得沙裏有麻布袋。打開一看，裏面竟然有一個沒頂骨的人頭，應是位臨終前許以頭骨供佛的僧人，後腦下有一染血有字的紙卷，這紙卷揭下來後，竟然是四件文書，包括唐代的勳告一張。這張勳告輾轉多地，今天已成為敦煌研究院的藏品。吃瓜而找出一件唐代文書，聽來似是傳奇，只能說世事可能比故事更出人意表。

當敦煌研究機構成立，保護工作進入科學管理的階段，傳奇的色彩自然減少，而系統的發現就增加。研究院佔有地利，經過數十年努力，基本理清了洞窟，解讀了大部分壁畫的內容，探明壁畫產生的背景和石窟的性質，並探索不同的臨摹方法，臨摹出超過二千幅壁畫，複製出原大的洞窟模型，讓敦煌石窟的藝術品可以到敦煌以外的地方，供愛好者欣賞。臨摹壁畫、複製塑像和石窟時，就是學習敦煌藝術技術、構圖、用色的最好機會，這時才體會到唐代畫工一筆畫出長而美麗線條的功力，推敲出壁畫所用顏料和變色前的可能面貌。當我們修復和保護洞窟時，也可能發現在現有的壁畫下面，還有一層更早期的壁畫，這時就要用方法把面層壁畫移去，揭出下層的壁畫。新揭出來的壁畫有些在當日加繪時已被破壞，有些還色彩鮮艷，一如上千年前的面目，有些揭出之後，要經過悉心清理，才顯出往日的風采。在這些細心而艱巨的工作中，第220窟是一個很典型的例子。該窟是初唐極有代表性的洞窟，但已被後世的壁畫和設施覆蓋，初唐的模樣相信世紀初歐美日的探險家，甚至王道士，也沒有見過。這個美麗洞窟四壁的壁畫是1943年由研究所剝去上層壁畫才赫然耀於人前的，到1975年，又因為發現該窟的甬道有兩層，底下一層應該是更早的甬道，於是因地制宜，運用嶄新的整體搬遷技術，把第220窟面層的西夏甬道壁整個往外推，結果露出中唐和五代的題記和新樣文殊圖。

像第220窟的發現雖然可遇而不可求，敦煌石窟仍然是日新又新的地方。像60年代為了加固崖面而作地面大面積發掘，發現洞窟前面的殿堂遺址，可以據以推測以前石窟寺的形制；近年在北大像窟（第96窟）又發掘到各朝代的地層；在莫高窟北區發現二百多個洞窟，有禪窟、僧房窟、瘞窟（作埋葬之用）、禮佛窟等，發現了不少珍貴文獻，包括唐朝的文書，西夏文、回鶻蒙文和八思巴蒙文、藏文文書，敍利亞文聖經殘篇。北區洞窟中又發掘出與張大千謂在沙中找到的勳告相同的唐代文書，因此估計張大千的傳奇發現可能也是挖掘北區洞窟所出。

敦煌的故事還會繼續說下去，未來還要有新話題，然而保護洞窟是研究、發現的先決條件。自1943年國立敦煌藝術研究所籌備開始，保護工作就一直進行，40年代修築沙土牆，實現了最基本的區域隔離保護，50至60年代大規模加固莫高窟崖體，使瀕臨倒塌的洞窟、損壞的壁畫和彩塑得以脱離險境。80年代以來，敦煌石窟進入科技保護階段，集合化學、物理、地質、建築、電腦、檔案、氣象等各方面人才，並注意到環境的治理和協調。窟區整修過程中，新增基建項目都盡可能與原有建築協調，以保持整體的歷史文化氣息。

展望未來，還要面對許多困難與挑戰，包括參觀人潮帶來的洞窟保護問題。莫高窟開鑿於距今一千六百至六百年間，仰仗氣候乾燥和人跡罕至，才得以保存下來。如此高齡的石窟，已經非常脆弱，而且洞窟大多只有二三十平方米，壁畫和雕塑又都是泥質的，進窟的遊人太多，就會導致濕度、溫度升高，給文物保護帶來問題。隨着西部開發，交通幹道等大型基建動工，帶來汽車廢氣、噪聲震動等等，都會對莫高窟的環境產生無法估量的破壞。

此外，自然的規律，也非人力能夠完全改變。石窟內的彩塑是用泥土、麥草和木頭作材料製成的，壁畫的顏料主要是礦物質。這些東西都會慢慢衰亡，加以風沙等惡劣氣候對石窟的破壞，現今莫高窟的壁畫，一半以上患有被稱為壁畫“癌症”的酥鹹病。一些唐代壁畫，六十年代尚清晰可見，現在已經消失；第3窟東壁“施財觀音”，三四十年代依然清晰，現在卻漫漶不清。面對自然的損耗，一方面用數碼技術，存儲壁畫和文物的資訊，甚至按原樣複製整個洞窟，以保存現有的資料，另方面採用固沙技術，減少窟區的流沙，並派工作人員修護壁畫，但人才缺乏，待修的範圍又太大，修復工作也只能勉強維持。

過去一百年的努力，僅僅打開了敦煌寶庫的門窗，研究院的未來，取決於人才，要培養出願意為敦煌事業奉獻的優秀人員。此外，研究院自身也需要不斷成熟和完備，作為研究機構，要結合石窟與文獻，結合人文與自然學科，走學科綜合與交叉之路，同時，研究成果也必須公諸於眾；作為文物收藏、展示的機構，要擴大視野，致力收藏流散海內外的敦煌文物和文獻，以達到世界一流博物館的水平；作為遺跡的管理和保護者，我們已充分利用先進科技，透過數碼儲存與圖像處理技術，以及數字攝影測量技術，保存敦煌珍貴文物的資訊，實現敦煌壁畫永存世間的夢想；作為一所石窟博物館，正在籌劃的窟外數字化虛擬觀摩設施，使部分洞窟的全方位實景漫遊能夠實現。

一百年前藏經洞的發現震動了世界，一百年來敦煌研究獲得令人驚訝的成果，在未來許多個一百年，有賴新一代敦煌人薪火相傳，延續這說不完的故事。

259 東壁左上角重層壁畫

初唐壁畫上面的深色色塊，是西夏壁畫，剝取時特意保留。
初唐 莫220
孫志軍 攝

260 第220窟立體圖

窟頂是西夏重繪覆蓋的部分，牆壁大面積的，是初唐的畫作。此外，圖中所見的甬道，也是經工作人員運用整體搬遷技術，移開西夏甬道壁後發現的唐代甬道，壁上有題記和新樣文殊圖。
初唐 莫220

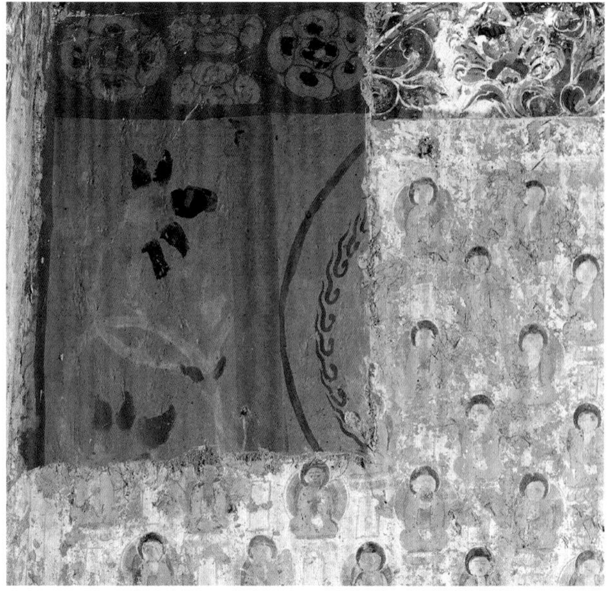

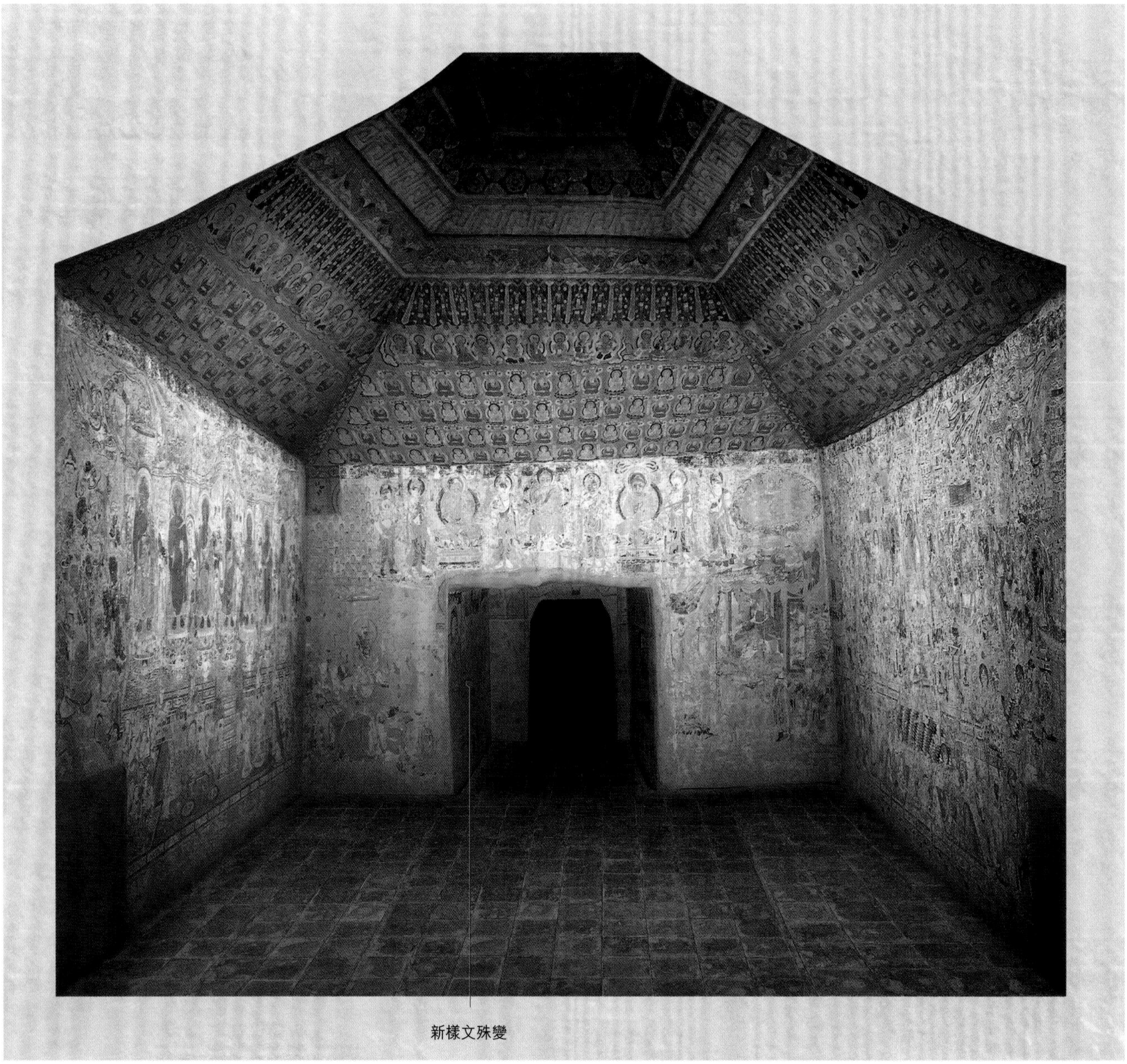

新樣文殊變

圖版索引

敦煌石窟分佈圖

本全集所用洞窟簡稱：莫即莫高窟，榆即榆林窟，東即東千佛洞，西即西千佛洞，五即五個廟石窟。

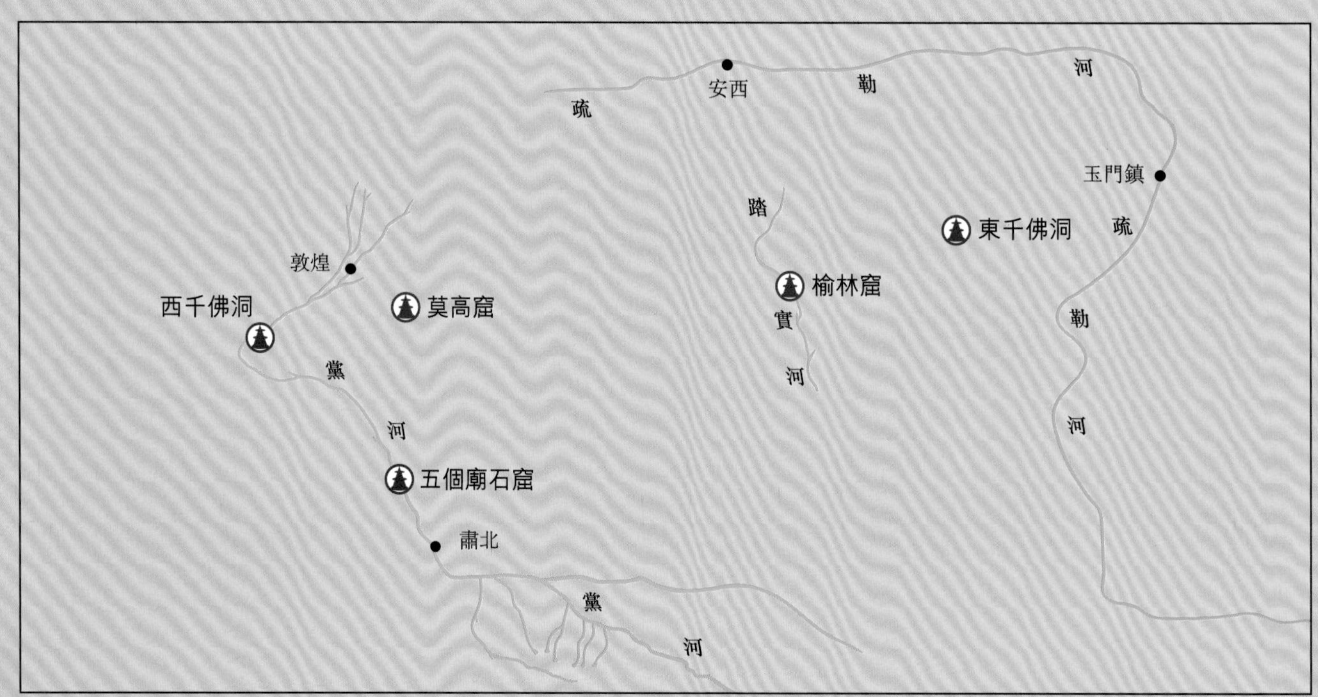

敦煌、中原及鄰近地區歷史文化大事記

年代	敦煌	中原王朝	印度、中亞、波斯、阿拉伯、東羅馬諸國
前 2 世紀	前 127 年：衛青、霍去病出擊匈奴，歷時八年，河西走廊歸入西漢版圖，敦煌成為通西域的門戶。 前 111 年：敦煌設郡。	前 139 年：張騫出使西域，歷十三年，獲大量西域資料。 前 119 年：張騫再次出使西域。	前 174 年：大月氏部落離開中國西部前往中亞。
前 1 世紀	前 69 年：大族張氏自清河遷敦煌，家於北府，號北府張氏。	前 60 年：西漢置西域都護，統轄西域。 前 33 年：王昭君出塞，嫁匈奴單于。	
1 世紀	16 年：大族索氏自鉅鹿遷敦煌，號南索。	2 年：博士弟子秦景憲受大月氏使臣口授浮屠經，為佛教傳入中國的最早記錄。 57 年：倭奴國到洛陽朝貢，為中日政府第一次友好往來的記錄。 64 年：蔡愔等人從印度帶回佛經返國。 73 年：班超出使西域，漢與西域斷絕六十五年後恢復通好。 97 年：東漢使節甘英到達波斯灣。	52 年：貴霜帝國建立，統治中亞地區及印度北部，成為與中國、羅馬、波斯並列的四大帝國之一。 60－200 年：印度編成《般若經》、《法華經》、《華嚴經》、《無量壽經》等大乘佛教經典。
2 世紀	120 年：東漢置西域副校尉，主管西域事務，治所設在敦煌，敦煌成為中原王朝統轄西域的軍政中心。	105 年：蔡倫發明植物纖維造紙術。 132 年：張衡創製地動儀，為當時世界上第一台探測地震儀器。	
3 世紀	244 年：竺高座收竺法護為徒。後來，竺法護遊歷西域諸國，攜佛經東歸，在長安、敦煌、洛陽傳教譯經，被稱為"敦煌菩薩"。	238 年：邪馬台國女王首次遣使到洛陽朝獻。 260 年：首位受戒的中國僧人朱士行，西行求經，得《放光般若經》。	226 年：波斯薩珊王朝建立。 229 年：貴霜王遣使到中國。 242 年：波斯人摩尼開始傳教。
4 世紀	320 年：竺法護弟子竺法乘在敦煌立寺延學。 366 年：沙門樂僔在莫高窟修建第一個洞窟。 384 年：苻堅徙江漢民眾到敦煌。	353 年：王羲之寫成《蘭亭序》。 399 年：法顯西行求法。	320 年：印度笈多王朝建立。 339 年：波斯禁基督教。 395 年：羅馬帝國分裂為東、西兩部。 約 4 世紀：印度教形成。

5 世紀	413 年：中天竺名僧曇無讖到敦煌譯經弘法。	445 年：北魏萬度歸破鄯善，西域復通。 446 年：北魏太武帝滅佛。 452 年：北魏文成帝詔復佛法。 453 年：北魏開鑿雲崗石窟。 483 年：北魏孝文帝開始漢化運動。 495 年：始建龍門石窟。	422 年：波斯下弛禁基督教之令。 455 年：波斯薩珊王朝遣使到中國。
6 世紀	約 530 年：東陽王元榮在莫高窟修造佛窟。 571 年：瓜州刺使、建平郡公于義在莫高窟修造佛窟。	502 年：張元伯在麥積山造窟。 518 年：比丘惠生與敦煌人宋雲，繼法顯之後，西行取經。 551 年：中國的蠶種技術傳入東羅馬。 574 年：北周武帝禁斷佛道二教。 580 年：北周靜帝詔復佛道二教。 582 年：隋朝修長安城，是當時世界上規模最大、最繁榮的大都會。	518 年：波斯與北魏通使。 521 年：龜茲王遣使致書南朝的梁朝，贈送方物。 528 年：東羅馬帝國宣佈取消阿利烏斯教派、猶太教和一切異教。 542 年：黑死病流行於東羅馬帝國。
7 世紀	601 年：隋文帝詔天下諸州建靈塔，送舍利至瓜州崇教寺(莫高窟)起塔。 609 年：隋煬帝巡幸河西，會見西域諸國可汗，並派人到敦煌造寺修塔，三十多年間在敦煌開窟九十四個。 695 年：禪師靈隱、居士陰祖等在莫高窟修建高達 140 尺的北大像。 698 年：李克讓於莫高窟修造佛龕，並立《大周李君修佛龕碑》。	607 年：隋煬帝派裴矩經略西域，撰《西域圖記》。 629－645 年：玄奘西行求法，遍遊印度，攜大量經書歸國，並撰《大唐西域記》。 630 年：唐平西突厥，西北少數民族擁戴唐太宗為"天可汗"。 635 年：早期西方基督教派之一的景教傳入中國。 638 年：唐太宗准許波斯人阿羅本在長安建立大秦景教寺。 639 年：高昌王遏絕西域朝貢，唐以侯君集伐高昌，戰後設安西都護府，西域復通。 640 年：唐以文成公主嫁吐蕃贊普，中原文化傳入吐蕃。 643 年：李義表、王玄策等出使西域，攜回佛像圖本。 671 年：僧人義淨往印度求法。	606 年：戒日王即位，定都曲女城，北印度歸於統一。 610 年：阿拉伯人穆罕默德創立伊斯蘭教。 615 年：吐火羅、龜茲、疏勒、于闐、安國、何國、曹國等遣使到中國向隋朝貢。 630 年：穆罕默德以麥加作為伊斯蘭教朝聖之地。同年，阿拉伯帝國建立。 634－642 年：阿拉伯軍征服敍利亞、印度和埃及。 640 年：戒日王遣使到長安，為中印邦交之始。 644－656 年：阿拉伯文《古蘭經》成書。 651年：阿拉伯軍攻波斯，波斯向唐求援。 652年：阿拉伯滅波斯薩珊王朝。 661 年：穆阿維葉為全阿拉伯的"哈里發"，遷都大馬士革，倭馬亞王朝的統治開始。 692 年：伊斯蘭偉大建築物耶路撒冷之石製圓頂教堂建成。

8 世紀	721 年：僧人處諺與鄉人馬思忠等造高達 120 尺的南大像。 781 年：吐蕃佔領敦煌，統治當地達六十七年，這段時期在敦煌歷史上為中唐，也稱吐蕃時期。	751 年：唐軍與阿拉伯軍交戰，軍中造紙工匠被俘，造紙術傳入阿拉伯。 755 年：安史之亂爆發，唐朝由盛轉衰。 768 年：唐朝皇帝准許回紇在長安建摩尼教寺，賜額"大雲光明寺"。	716 年，印度沙門善無畏來長安。 756 年：阿拉伯帝國分裂為後倭馬亞朝和阿撥朝。 795 年：巴格達設造紙作坊，以中國方法造紙。
9 世紀	848 年：張議潮逐走吐蕃，歸降唐朝，後來被冊封為歸義軍節度使，開啟張氏歸義軍統治敦煌的時代。 851 年：唐朝以沙門洪辯為河西都僧統，管理僧侶事務。後來名震中外的藏經洞，就是紀念洪辯的影窟。 868 年：敦煌發現的最早的雕版印刷佛經在這年出版。	806 年：日本僧人空海回國。 818 年：唐憲宗遣使迎佛骨。次年，佛骨至京師，韓愈諫迎佛骨。 823 年：唐蕃會盟碑刻成，結束唐蕃之爭。 845 年：唐武宗滅佛，拆寺院四千六百餘所，二十多萬僧尼被勒令還俗。	
10 世紀	906 年：歸義軍節度使張承奉自立為白衣天子，號西漢金山國，敦煌受其統治。 914 年：曹議金取代張承奉，廢金山國，仍稱歸義軍節度使，開啟曹氏歸義軍統治敦煌的時代。	918 年：遼太祖下詔建立孔廟。 920 年：遼創製契丹大字，後來又創製契丹小字。	916 年：通往中亞的路被藏人和阿拉伯人佔領。 991 年：阿拉伯數字開始傳入歐洲。
11 世紀	1036 年：西夏攻佔沙州，歸義軍政權結束，敦煌由西夏控制。西夏在莫高窟重修六十窟。	1023 年：益州設交子務，發行世界上最早的紙幣——交子。 1036 年：西夏頒佈西夏文字。 1055 年：西夏遣使入貢於宋，仁宗賜大藏經。	1000－1026 年：伊斯蘭教傳入印度。
12 世紀		1119年：金頒行女真文字。	
13 世紀	1227 年：蒙古佔領敦煌。 1229 年：蒙古自敦煌置驛抵玉門關以通西域。	1219－1260 年：蒙古軍先後三次西征，建立四大汗國，版圖橫跨歐亞。 1269 年：八思巴創蒙古新字。 1275 年：意大利人馬可波羅來中國，他的《東方聞見錄》激起了歐洲人對中國文明的嚮往。 1297 年：地理學家周達觀隨使真臘返國，後撰《真臘風土記》。	1204 年：十字軍攻陷東羅馬的君士坦丁堡，建立"拉丁帝國"。東羅馬帝國分裂為三部。 1256 年：波斯被蒙古軍征服。 1258 年：阿拉伯阿撥朝被蒙古軍征服。同年，蒙古軍在其征服的伊朗、阿富汗、兩河流域等地建立伊兒汗國。
14 世紀	1372 年：明將馮勝經略河西，建嘉峪關，敦煌被棄置關外。	1337 年：地理學家汪大淵第二次出遊海外，歸國後撰《島夷志略》。 14 世紀：中國的木活字、火器、算術傳入阿拉伯。	1369 年：帖木兒汗國建立，以撒馬爾罕為首都，成為中亞強國。

15 世紀		1405－1431 年：鄭和先後七次出使西洋，遠達非洲東部，是世界航海史的創舉。 1407 年：官修大型類書《永樂大典》完成。 1421 年：紫禁城建成，成祖遷都北京。	1404 年：帖木兒準備進攻中國，後來在征途中病死。 1453 年：君士坦丁堡被土耳其軍攻陷，東羅馬帝國滅亡。 1498 年：達伽馬航抵印度。
16 世紀	1516 年：敦煌被吐魯番佔領。 1524 年：明朝關閉嘉峪關，沙州民眾內遷，敦煌淪為遊牧之地。	1517 年：佛郎機經葡萄牙人傳入中國。 1578 年：李時珍編成《本草綱目》。	1500 年：帖木兒帝國滅亡。 1526 年：印度莫臥兒帝國建立。 約 16 世紀：阿拉伯民間故事集《一千零一夜》成書。
17 世紀		1601 年：意大利傳教士利瑪竇到北京傳教。 1610 年：欽天監預測日蝕不準，李之藻等參用利瑪竇所傳的曆法修曆，西方曆法自此在中國應用。 1637 年：科學巨著《天工開物》刊行。 1661 年：清廷實行海禁，江、浙、閩、粵沿海居民內遷，商船和漁船不得出海。	1632 年：印度修築泰姬瑪哈陵，被譽為世界七大建築奇跡之一。 1669 年：莫臥兒帝國禁止婆羅門教。
18 世紀	1715 年：清兵出嘉峪關收復敦煌一帶。 1724 年：清廷在敦煌築城置縣。	1725 年：大型類書《古今圖書集成》成書。 1757 年：開放廣州海關，一口通商。 1773 年：開四庫館，修《四庫全書》。	
19 世紀		1842 年：中國在鴉片戰爭戰敗，與英國訂《南京條約》。 1861 年：清廷設總理各國事務衙門，管理各國通商事宜。 1862 年：建同文館，培養翻譯人才。 1872 年：清廷派第一批幼童赴美留學。 1895 年：康有為聯合舉人上書，維新思潮興起。	1857 年：英軍攻陷德里，印度莫臥兒帝國滅亡。
20 世紀	1900 年：道士王圓籙在清除積沙時，發現藏經洞。	1900 年：義和團事件爆發，八國聯軍攻入北京。	

《敦煌石窟全集》書目

(1) 再現敦煌
(2) 尊像畫卷
(3) 本生因緣故事畫卷
(4) 佛傳故事畫卷
(5) 阿彌陀經畫卷
(6) 彌勒經畫卷
(7) 法華經畫卷
(8) 塑像卷
(9) 報恩經畫卷
(10) 密教畫卷
(11) 楞伽經畫卷
(12) 佛教東傳故事畫卷
(13) 圖案卷（上）
(14) 圖案卷（下）
(15) 飛天畫卷
(16) 音樂畫卷
(17) 舞蹈畫卷
(18) 山水畫卷
(19) 動物畫卷
(20) 藏經洞珍品卷
(21) 建築畫卷
(22) 石窟建築卷
(23) 科學技術畫卷
(24) 服飾畫卷
(25) 民俗畫卷
(26) 交通畫卷

莫高窟各朝代洞窟分佈圖

（南區）

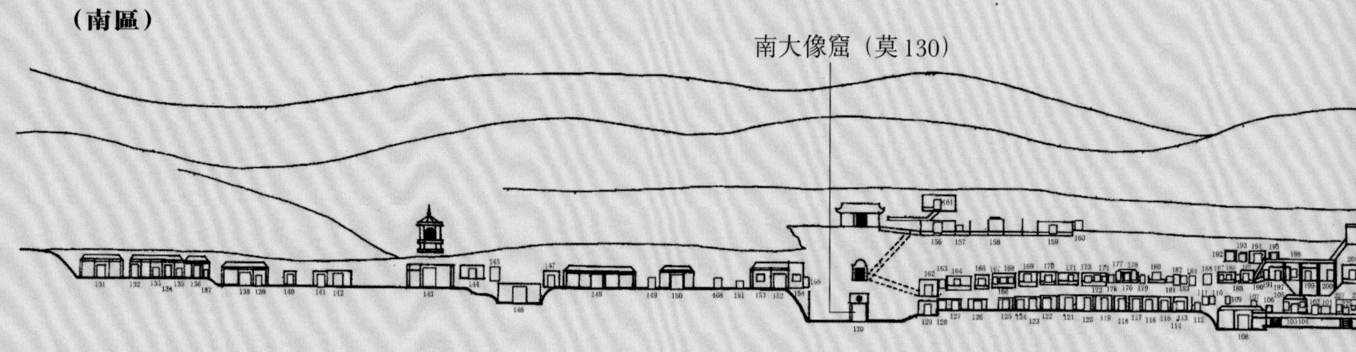

早期（北朝）洞窟

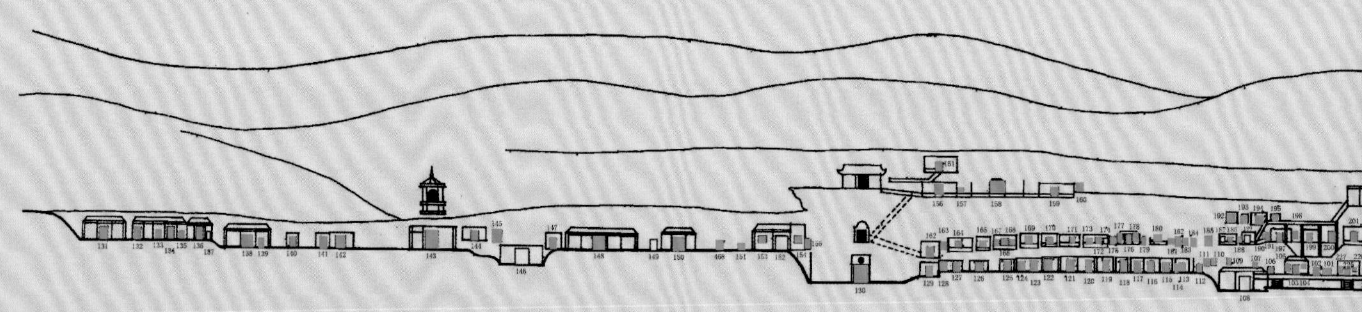

中期（隋唐）洞窟

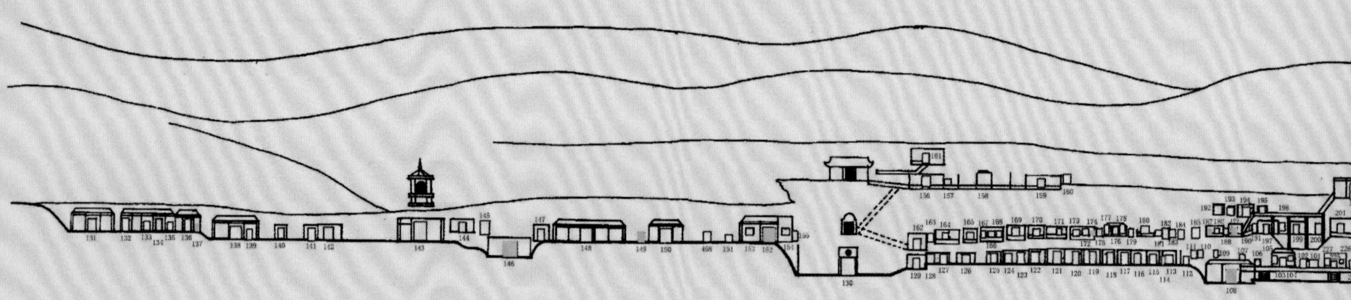

晚期（唐以後）洞窟

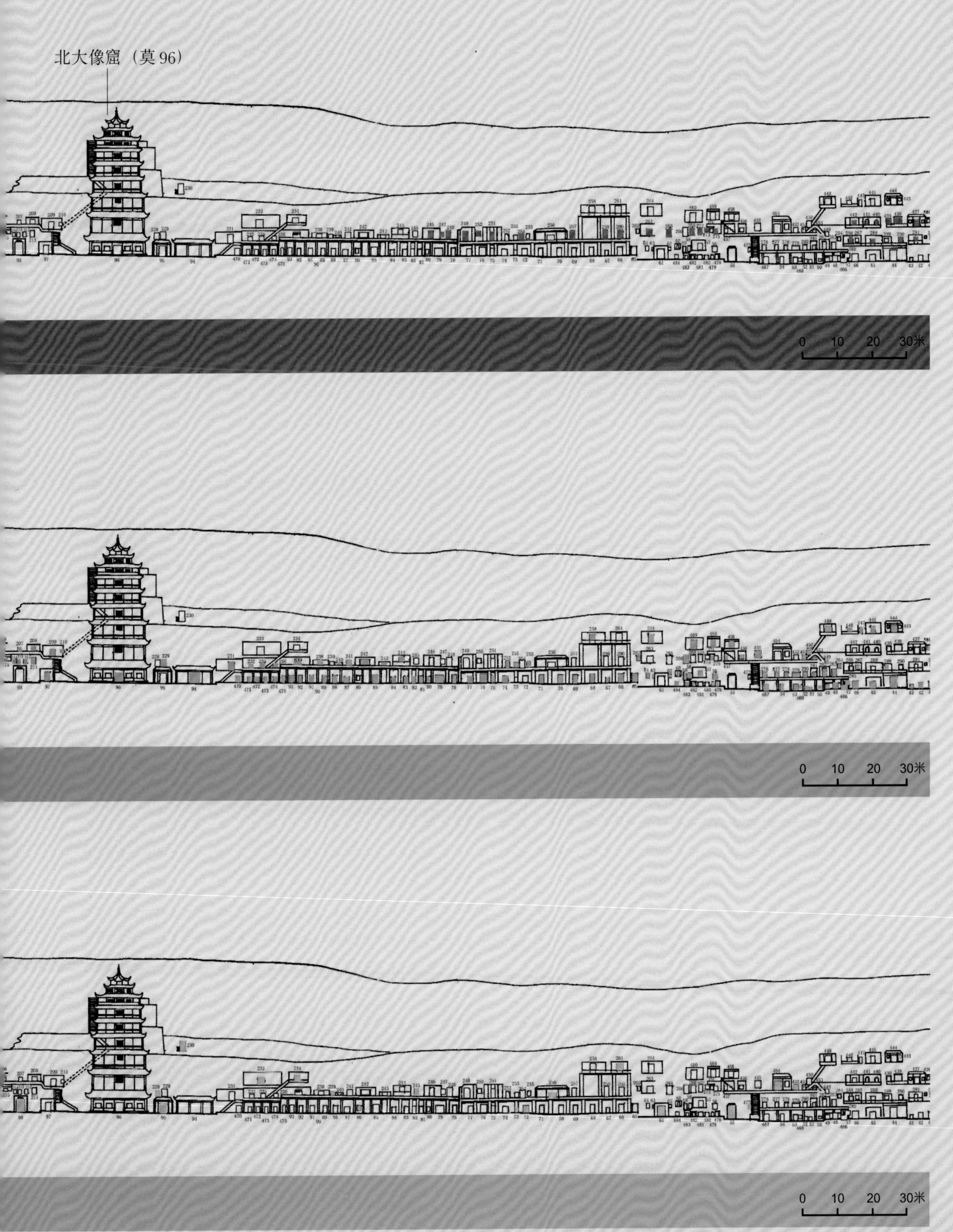

（接下頁）

（南區）

藏經洞（莫17）

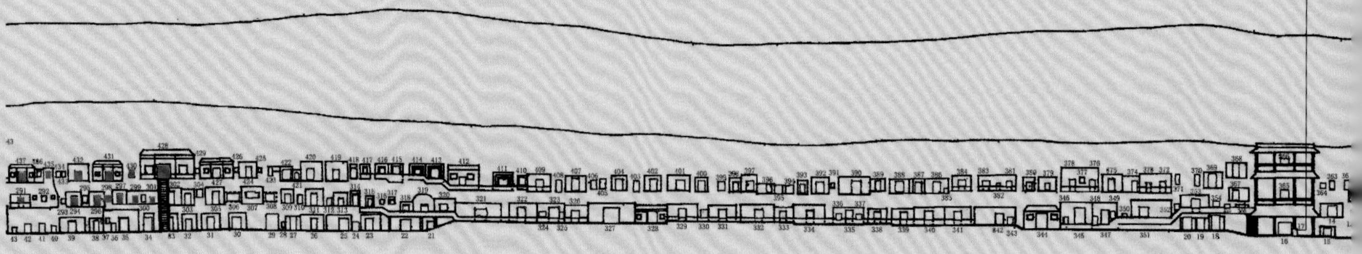

早期（北朝）洞窟

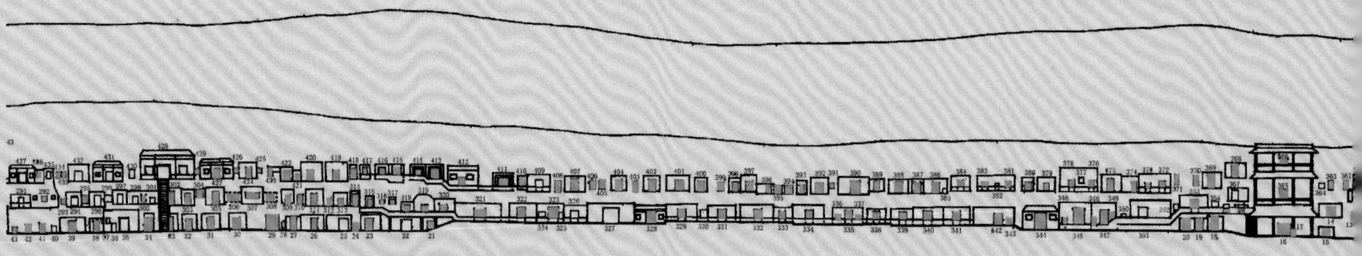

中期（隋唐）洞窟

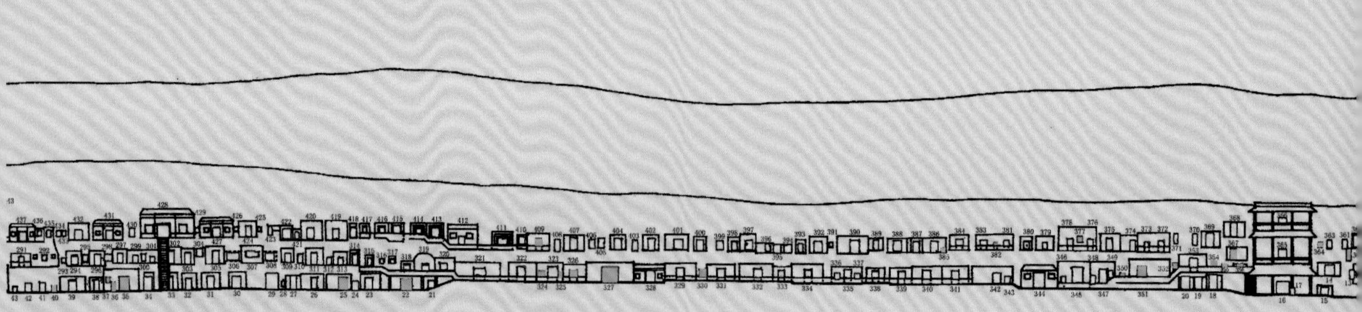

晚期（唐以後）洞窟

（北區）

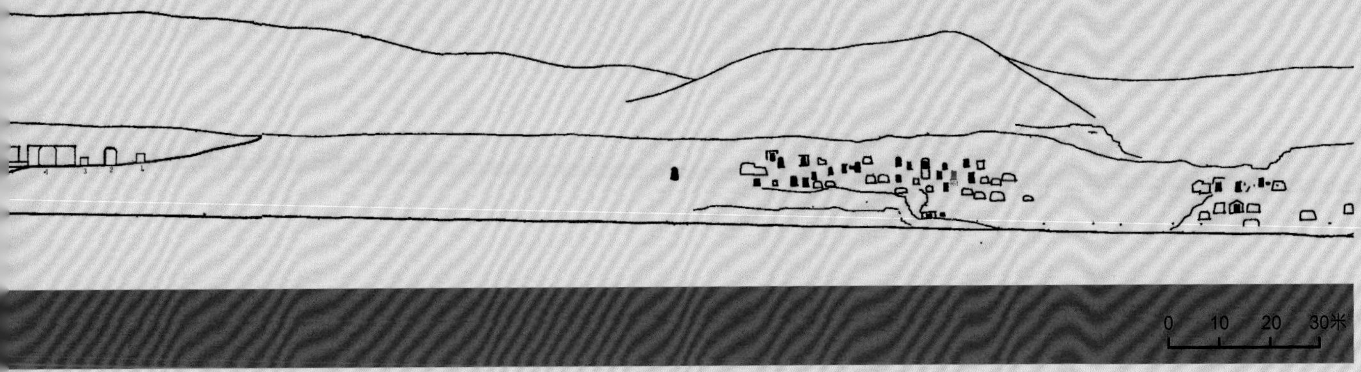

0 10 20 30米

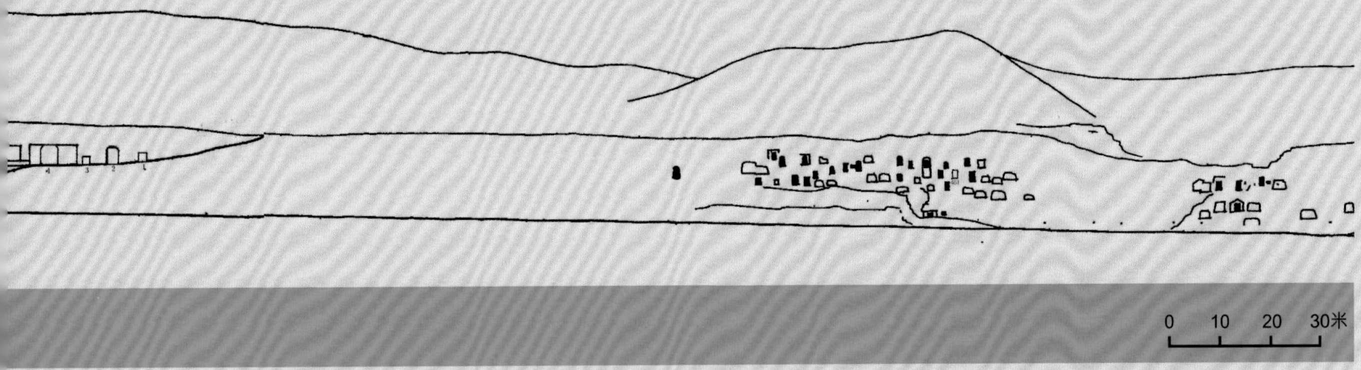

0 10 20 30米

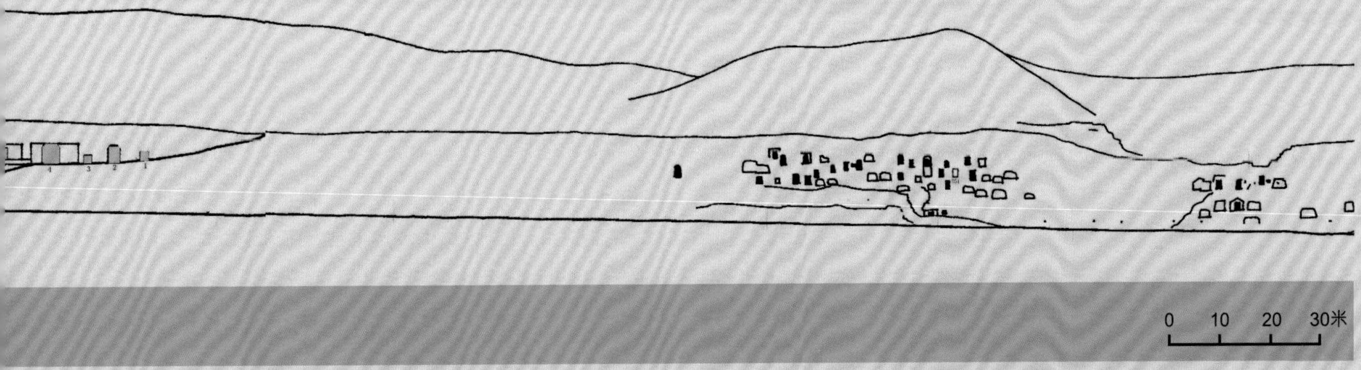

0 10 20 30米

（接下頁）

（北區）

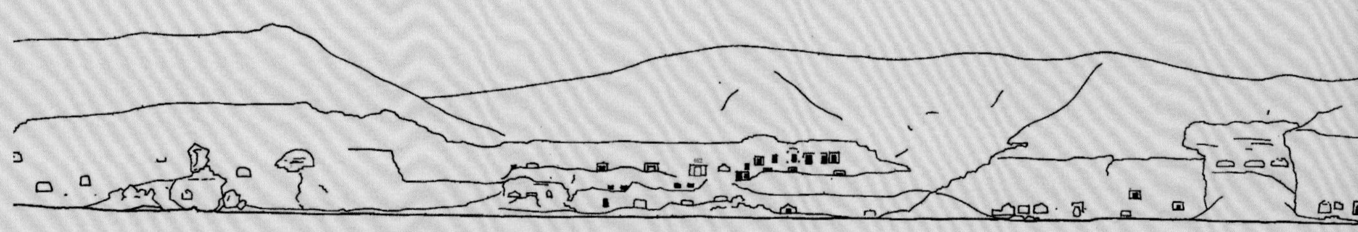

早期（北朝）洞窟

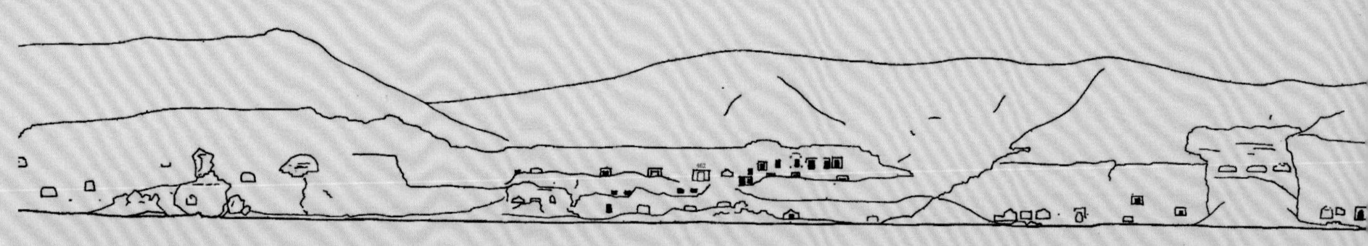

中期（隋唐）洞窟

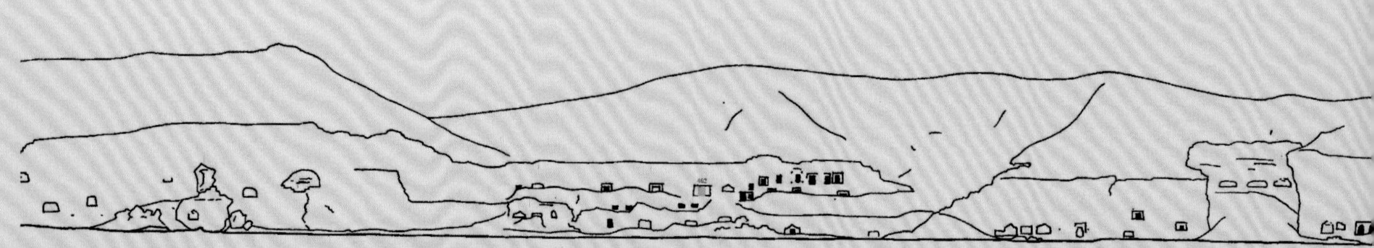

晚期（唐以後）洞窟

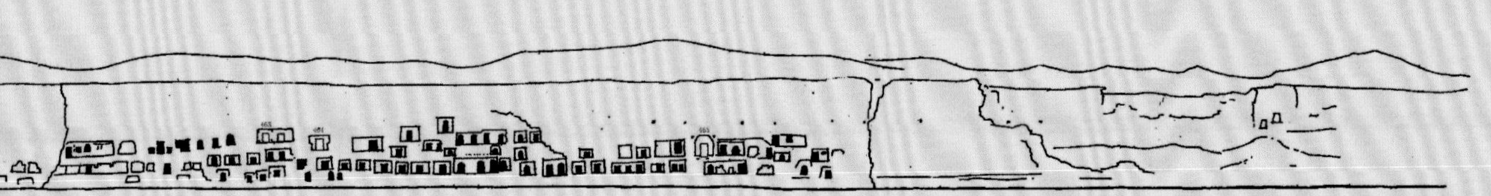

0 10 20 30米

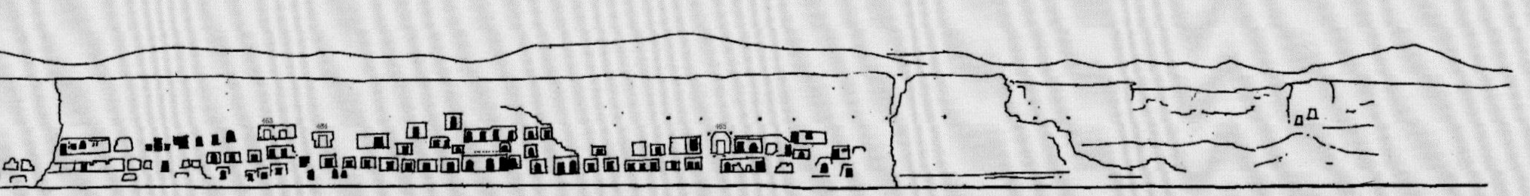

0 10 20 30米

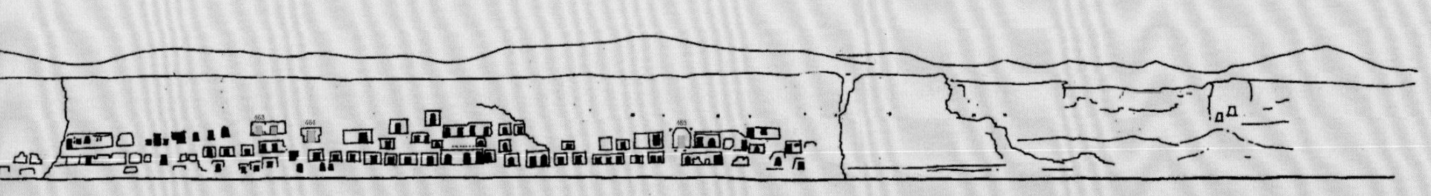

0 10 20 30米